[redacted]

Tadeusz A. Zieliński
Bartók [redacted]

SERIE MUSIK
PIPER · SCHOTT
Band 8237

Zu diesem Buch

Béla Bartók ist die bedeutendste ungarische Musikerpersönlichkeit und überhaupt einer der größten Komponisten des 20. Jahrhunderts. Bartók wurde 1881 in Nagyszentmiklos (heute Rumänien) geboren und starb 1945 in New York. Erst im Juli 1988 wurden seine sterblichen Überreste nach Ungarn überführt und in Budapest im Rahmen einer Gedenkfeier beigesetzt.
Der polnische Autor dieser Bartók-Biographie hat eine dem Gegenstand angemessene Darstellungsform gefunden. Er sieht die einzelnen Werke Bartóks in einem kanonischen Zusammenhang und erläutert sie in ihrer Bedingtheit durch die schöpferischen Phasen in Bartóks Leben. Die detaillierte Biographie bringt auch erstmals in dieser Vollständigkeit eine Erörterung der wichtigen Jugendjahre und der damals entstandenen Frühwerke, die ein Schlüssel zum späteren Schaffen Bartóks sind. Vor dem Hintergrund der Lebensgeschichte werden alle wichtigeren Werke einer ausführlichen Analyse unterzogen.

Tadeusz A. Zieliński, geboren 1931 in Warschau, studierte an der dortigen Universität Musikwissenschaft. Seit 1961 ist er Redakteur einer musikwissenschaftlichen Zeitschrift und hat sich mit einer Reihe von gewichtigen Aufsätzen und kleineren Publikationen einen Namen gemacht.

Tadeusz A. Zieliński

BARTÓK

Leben · Werk · Klangwelt

Mit 14 Abbildungen
und über 300 Notenbeispielen

Piper München · Schott Mainz

SERIE MUSIK
PIPER · SCHOTT

Aus dem Polnischen von Bruno Heinrich, Warschau.

Die Originalausgabe erschien 1969 im Verlag Polskie Wydawnictwo Muzyczne, Krakau.

ISBN 3-492-18237-2 (Piper)
ISBN 3-7957-8237-6 (Schott)
Januar 1989
R. Piper GmbH & Co. KG, München
Lizenzausgabe mit Genehmigung der Atlantis Musikbuch-Verlag AG
Dr. Daniel Bodmer, Zürich

Umschlag: Federico Luci,
unter Verwendung des Gemäldes »Béla Bartók« von Alfred Lent
(Archiv für Kunst und Geschichte, Berlin)
Satz: Buchdruckerei Berichthaus, Zürich
Druck und Bindung: Clausen & Bosse, Leck
Printed in Germany

INHALT

VORWORT

Dieses Buch, das zwar auf Fakten und Analysen fußt, erhebt nicht den Anspruch, eine wissenschaftliche Studie zu sein. Es will dem Leser einfach – in eingängiger und attraktiver Form – eine möglichst vollständige Sammlung von Informationen über das Leben, das Werk und die Klangwelt eines der größten Schöpfer unseres Jahrhunderts vorlegen und dabei gewisse wesentliche Lücken füllen, die in den bisherigen Monographien über Bartók zu finden sind.

Der Leser wird im Text keinerlei Angaben über den Verlauf meiner Arbeit antreffen. Um seine ungeteilte Aufmerksamkeit auf den Gegenstand selbst zu konzentrieren, habe ich den ganzen wissenschaftlichen Apparat mit Kommentaren, methodologischen Digressionen und Anmerkungen über die zitierten Quellen und mein Verhältnis zur bisherigen Literatur über Bartók beiseite gelassen. In dieser Lage bin ich dem Leser einige allgemeine Erläuterungen schuldig.

Meine Darstellung des Lebenslaufs Bartóks fußt auf folgenden Quellen: den bisher erschienenen monographischen Arbeiten, den in den letzten Jahren in Budapest veröffentlichten Heften *Documenta bartókiana*, den zahlreichen Briefen des Komponisten (die das ‹Kalendarium› der wichtigsten Ereignisse in seinem Leben ziemlich genau zu bestimmen erlauben), den vielen Beiträgen in ungarischen und amerikanischen Zeitschriften, ferner auf Materialien, die ich während meiner Besuche im Bartók-Museum in Budapest durchsehen konnte. Außerdem – und das war meine wertvollste Informationsquelle – stand ich zwei Jahre in einem regen Briefwechsel mit dem belgischen Musikologen Professor Denijs Dille, dem hervorragendsten Kenner und begeisterten Erforscher der Biographie Bartóks (von 1961 bis 1971 Leiter des erwähnten Archivs in Budapest), der nachsichtig alle meine Fragen über Einzelheiten oder unklare Umstände im Leben des Komponisten beantwortete, meine Hypothesen bestätigte oder korrigierte und sogar selbst Informationen für mich einholte, indem er sich in den mich interessierenden Angelegenheiten an die Familie Bartóks und an Zoltán Kodály wandte. Der persönliche Beitrag Professor Dilles und sein Eifer, mit dem er die Arbeit an meinem Buch förderte, können nicht hoch genug eingeschätzt werden; ich kann mir heute kaum vorstellen, wie meine Monographie ohne diese brieflichen Konsultationen ausgefallen wäre. Ihm hauptsächlich verdanke ich, daß mein Buch wichtige biographische Einzelheiten enthält, die in der bisherigen Literatur über Bartók keine Berücksichtigung gefunden haben. Ich fühle mich zu großem Dank verpflichtet, und so möchte ich es nicht unterlassen, Herrn Professor Denijs Dille, der auch den Kontakt mit dem Atlantis Verlag vermittelt hat, an dieser Stelle meiner aufrichtigsten Dankbarkeit zu versichern.

Unabhängig von dem weit ausgebauten biographischen Leitgedanken bildet die Musik den Mittelpunkt dieser Arbeit. Im Gegensatz zu anderen Autoren habe ich mich nicht auf die Beschreibung ausgewählter Werke des ‹reifen› Bartók beschränkt, sondern beschlossen, ein möglichst vollständiges Bild seines Schaffens zu bieten, indem ich nacheinander sämtliche herausgegebenen und manche nicht erschienenen Kompositionen behandle, auch diejenigen, die in seiner Jugendperiode entstanden. Ich bin überzeugt, daß nur die Verfolgung seines ganzen Schaffensweges – von den frühesten Jahren an – die Wurzeln seines originären Stils zu erfassen und die außerordentlich interessante Evolution Bartóks zu erkennen erlaubt; überhaupt verdient das frühe Schaffen des Komponisten der *Bagatellen* seine Ergründung und Untersuchung durchaus.

Bei der Erörterung der einzelnen Werke war ich zunächst bemüht, die neuartigsten und für die Individualität des Komponisten charakteristischsten Merkmale zu ermitteln. In den Analysen konzentrierte ich mich hauptsächlich auf Probleme der Harmonik und Melodik, da in diesen die Originalität Bartóks am stärksten zum Ausdruck kommt. Ich war auch bestrebt, gewisse Gesetzmäßigkeiten der neuen Klangsprache, die sich in den Werken dieses Komponisten manifestieren, theoretisch zu erfassen. Getreu dem Grundsatz, daß der Zweck der Analyse in der Enthüllung und Deutung derjenigen musikalischen Merkmale liegt, die uns im Hörerlebnis gegeben sind, versuchte ich, jedwede spekulativen Einfälle zu vermeiden, und ich distanziere mich auch von den bekannten Theorien E. Lendvais, der Bartóks Musik ausschließlich auf Grund der Notenanalyse beschreibt und Schlüsse formuliert, die sich gehörmäßig nicht verifizieren lassen.

Was die Einteilung des Buches betrifft, so ging ich von dem Grundsatz aus, die Ereignisse und Werke in streng chronologischer Ordnung zu behandeln, und ich bin überzeugt, daß nur diese Einteilung dem Leser die schöpferische Evolution Bartóks und zugleich sein Lebensbild so zu erfassen erlaubt, wie es in Wirklichkeit der Fall war. Ich bin mir dessen bewußt, daß dieser Grundsatz den allgemeinen Verlauf und den Stil der Erzählung ein wenig kompliziert, und zwar wegen des ständig notwendigen Übergangs von der biographischen Chronik zur musikalischen Analyse. Doch ist mir das lieber als die programmatische Loslösung der Werke von der Zeit und den Umständen ihrer Entstehung oder die Darstellung des Lebenslaufs des Komponisten unter Ausschluß so wichtiger Ereignisse, wie es die aufeinanderfolgenden schöpferischen Akte waren. Selbstverständlich kann der Leser, der kein Interesse für die strenge Analyse hat oder zu ihrer Lektüre nicht vorbereitet ist, diese übergehen und sich auf die Verfolgung des biographischen Fadens und der allgemeinen Betrachtungen über Bartóks Schaffen beschränken. Andererseits können die Ausführungen über die einzelnen Werke auch getrennt gelesen werden, sofern es sich um gelegentliche Informationen über ein Werk und seine Problematik handelt. Im Prinzip wurde das Buch jedoch unter der Voraussetzung geschrieben, daß der Leser es als eine einheitliche Darstellung ansieht und – was mir wichtig erscheint – die im Buch auftretende Reihenfolge der beschriebenen Fakten nicht durchbricht.

GENESIS

Die Merkwürdigkeit der Natur, der wir das Auftreten genialer Schöpfer und den kreativen Akt verdanken, könnte zu weitschweifigen Betrachtungen Veranlassung geben. Am Ende dieses Aktes steht das Werk von ungewöhnlicher Gestalt, mit der Kraft, ganze Generationen zu faszinieren. Der Anfang ist eine geheimnisvolle Verkettung von Umständen, die Zeit und Ort der Geburt eines Menschen bestimmen, dessen Lebenslauf unzertrennlich mit der Entstehung des Werkes verbunden ist.

So fiel die Wahl der kapriziösen Natur auf eine kleine, einige tausend Einwohner zählende Ortschaft in der ungarischen Ebene, die den Namen Nagyszentmiklós trug und machte, daß sie zum Geburtsort eines der größten Schöpfer des 20. Jahrhunderts wurde. Der Ort liegt etwa vierzig Kilometer südöstlich der Stadt Szeged und gehörte damals zum Bestand der österreichisch-ungarischen Monarchie; nach 1920 wurde er Rumänien einverleibt und nahm den Namen Sînnicolau Mare an. Seine Bedeutung als eine Art kultureller Mittelpunkt verdankte Nagyszentmiklós der landwirtschaftlichen Schule, die in den siebziger Jahren des vergangenen Jahrhunderts der ehrgeizige Wirtschaftler und Sozialreformer János Bartók geleitet und ausgebaut hatte. Nach seinem Tod übernahm sein Sohn Béla diese Stellung, dessen Interesse sich jedoch nicht nur auf Agrarwissenschaft und Probleme der Landwirtschaft beschränkte, obzwar er auf diesem Gebiet als Publizist und Redakteur der lokalen Zeitung tätig war. Seine Leidenschaft war die Musik. Er betrieb sie mit jener unbekümmerten Sorglosigkeit, die vielen edlen Dilettanten eigen ist: Er spielte auf dem Klavier Polkas, Walzer und populäre Lieder, komponierte zum Tanz und organisierte schließlich ein Amateurorchester im Städtchen, um selbst als Cellist auftreten zu können.

Jener Béla Bartók heiratete die junge und distinguierte Lehrerin Paula Voit aus Preßburg, für die die Musik mehr als nur Zeitvertreib war: Sie hatte eine gewisse Ausbildung im Klavierspiel genossen, und wenn es auch übertrieben wäre, hier von einem besonderen Talent zu sprechen, so spielte sie doch vornehmlich Salonstücke und populäre Werke sehr gut und ließ dabei einige Kultur und Musikalität erkennen. Ein Jahr nach der

Trauung, am 25. März 1881, gebar Frau Paula einen Sohn, der auf den Namen seines Vaters, Béla, getauft wurde. Die Persönlichkeit, die diesem Namen so viel Ehre einbringen sollte, hatte von Anfang an mit mißlichen Umständen zu kämpfen. Im Alter von drei Monaten erkrankte das Kind an einem schlimmen Ekzem. Körperliches Leiden und das beschwerliche, unerträgliche Jucken waren die ersten Erfahrungen des kleinen Béla, und sie verfolgten ihn bis zu seinem fünften Lebensjahr. Bis zur vollständigen Heilung war das Aussehen des Jungen derart, daß die Eltern ihn vor den Menschen versteckten und in einem Zimmer einschlossen, sobald jemand zu Gaste erschien. Der Kleine war sehr empfindlich und ehrgeizig, und sobald er sich über seine Lage im klaren war, vermied er selbst jede Begegnung mit Fremden. Dieser Komplex aus seiner Kindheit hinterließ dauernde Spuren in seiner Psyche, denn auch in den späteren Jahren blieb er meist einsam und war – trotz seines lebendigen, spontanen Charakters – zur Anknüpfung näherer Kontakte wenig geneigt.

Die Welt der Klänge faszinierte ihn von Anfang an. Eines Tages – Béla war damals anderthalb Jahre alt – bemerkte die Mutter, daß das Kind seine Beschäftigung unterbrach und ihrem Spiel mit sichtlichem Interesse zuhörte. Am nächsten Tag machte sich der Kleine am Flügel zu schaffen, war unruhig und ließ deutlich erkennen, daß es ihm um Musik ging; er gab sich jedoch nicht zufrieden, bis ihm Paula dieselbe Melodie wie beim erstenmal vorspielte, er lächelte und nickte erst dann voll Zufriedenheit mit dem Kopf. Nach einigen Versuchen war es klar, daß das Kind die Melodie erkannte, daß ihm irgendein Motiv oder eine rhythmische Wendung gefiel und daß er sich jedesmal freute, wenn er das Werk hörte. Bald danach nahm die Musikalität des Jungen aktive Formen an. Mit drei Jahren erhielt er eine Trommel, die sein Lieblingsspielzeug wurde. Sobald sich die Mutter an den Flügel setzte, rückte er sein Taburett heran, setzte sich und begleitete sie mit ernster Miene auf der Trommel, indem er den Rhythmus des Stückes genau mitschlug. Beim Übergang auf ein anderes Metrum (Paula machte absichtlich solche Experimente) hielt er eine Sekunde inne und setzte dann sein Spiel im richtigen Rhythmus fort.

Die Bekanntschaft mit dem Klavier machte er selbst, ohne Mithilfe und Zureden seitens der Eltern. Auf eigene Faust untersuchte er die Möglichkeiten, die sich aus dem Niederdrücken der verschiedenen Tasten ergeben, und suchte darin Motive aus ihm bekannten Melodien. Im Alter von vier Jahren fand er mühelos jeden gesuchten Ton und spielte nach dem Gehör einige Dutzend Lieder, die er auf Verlangen fehlerlos vortragen konnte. Seine Musikalität war nicht nur auf eine einfache physiologische Fähigkeit beschränkt, sondern ging Hand in Hand mit einem sehr deutlichen ästhetischen Empfinden. Kennzeichnend dafür ist ein Vorfall aus dem Jahre 1885, während des ersten Konzertes des Orchesters, in welchem Bartók senior spielte. Es fand in der Gastwirtschaft bei gedeckten Tischen statt, und die Gesellschaft war wie üblich sehr laut, ohne der Musik mehr Aufmerksamkeit zu schenken, als es gewöhnlich beim Essen und Trinken der Fall ist. Als das Orchester ein ernsteres Werk zu spielen begann, hörte der kleine Béla zu essen auf, lauschte gespannt der Melodie und sagte, auf die belustigten Tischnachbarn weisend, mit höchstem kindlichem Unwillen: ‹Schau, Mama, die hören diesem schönen Stück gar nicht zu!› Das Stück war die Ouvertüre zur *Semiramis* von Rossini.

Angesichts so deutlicher Neigungen zur Musik und der nicht alltäglichen Fähigkeiten in dieser Richtung beschloß die Mutter, mit dem Klavierunterricht zu beginnen, obschon Béla noch so klein war. An seinem fünften Geburtstag fand die erste richtige Klavierstunde statt, und knapp einen Monat danach, anläßlich der Familienfeier zum Namenstag des Vaters wie auch des Sohnes, wurde dem Vater eine angenehme Überraschung bereitet: Der Junge spielte mit der Mutter vierhändig ein leichtes klassisches Stück.

Der Direktor der provinziellen landwirtschaftlichen Schule konnte mit den überdurchschnittlichen Fähigkeiten und guten Fortschritten seines Sohnes zufrieden sein. Doch wohin diese führen sollten, hat er nie erfahren. Sein Tod am 4. August 1888, nach einer langdauernden Blutkrankheit, kam nicht überraschend, aber für den siebenjährigen Béla, der von Kindheit an eine große Empfindlichkeit und emotionale Erregbarkeit zeigte, war es ein Schock. Sicherlich schon damals, als er gespannt in das leblose Gesicht des Vaters starrte, begann er sich mit dem schwierigen Problem des Lebens und des Todes auseinanderzusetzen, einem Problem, das ihn in den frühen Jugendjahren stark beschäftigen wird.

Für Paula Bartók war der Tod des Mannes weit mehr als eine persönliche Tragödie. Der Verstorbene war der einzige Ernährer der Familie. Der jungen Witwe fiel die nicht leichte Aufgabe zu, ihre beiden Kinder, Béla und sein dreijähriges Schwesterchen Erzsébet, zu ernähren und zu erziehen. Eine schwere Pflicht, denn in Nagyszentmiklós gab es keinen Platz für die Beschäftigung einer neuen Lehrerin, und Paula hatte sich seit der Verheiratung und der Ankunft im Städtchen nur mit dem Haushalt beschäftigt und beruflich nirgends gearbeitet. Kurze Zeit hegte sie die Hoffnung, eine Anstellung in der Privatschule zu finden, die in Nagyszentmiklós eröffnet werden sollte. Dieses Projekt scheiterte jedoch, und so begann sie Klavierstunden zu erteilen, was ihr – übrigens unter ausgiebiger Hilfe der Freunde ihres Mannes – erlaubte, einige Monate lang ein kümmerliches Leben zu fristen. Doch die Anforderungen wuchsen; Béla mußte zur Schule. Als sich im Jahr 1889 die Möglichkeit bot, eine Anstellung als Lehrerin in dem entfernten Nagyszőllős zu finden, packte Frau Paula ihre Koffer und reiste mit ihren Kindern und ihrer Schwester Irma Voit (die seit dem Tod des Schwagers bei Paula wohnte und den Haushalt führte) dorthin.

Nagyszőllős, ein malerisch am Fuße der Berge in Karpatenrußland gelegenes Städtchen (jetzt Winogradow in der UdSSR), war der Ort, in welchem Béla die heitersten, sorglosen Monate seiner Kindheit verbrachte. In der Schule lernte er gut, ohne sich dabei besonders anzustrengen. Wenn er auch das geräuschvolle Spiel seiner Kollegen nicht immer mitmachte und in der Klasse etwas abseits stand, so fand er doch einen Kameraden namens Endre, mit dem er sich bald sehr gut verstand; die künstlerischen Neigungen beider Jungen waren sicherlich ein Faktor, der ihre Freundschaft förderte. An warmen, sonnigen Tagen zogen sie hinaus zu den nahen Anhöhen, wo Endre seine Farben zurechtlegte und Landschaftsbilder malte, während Béla im Gras lag und den Stimmen der Vögel lauschte oder mit großer Aufmerksamkeit dem Treiben der Ameisen, Raupen und Insekten zusah.

Das Interesse für die Natur war seine Liebhaberei, die ihm bis zu seinem Lebensende blieb. Später, als er schon einige Jahre älter war, sollte er sich in vollem Ernst mit dem Sammeln von Käfern und Insekten befassen, sie mit einer staunenswerten Pedanterie ordnen, sie in Arten und Unterarten einteilen, worin sich das offenkundige Temperament eines Wissenschaftlers äußerte, was bei künstlerisch veranlagten Menschen nicht oft vorkommt. Diese Eigenschaft, die Vorliebe für das Sammeln und die Fähigkeit zur wissenschaftlichen, schöpferischen Systematisierung werden später in seinen reifen Jahren noch auf einem ganz anderen Gebiet, das neben der Komposition die Leidenschaft seines Lebens sein wird, zutage treten.

Vorläufig hält ihn die Musik ganz gefangen. 1890, als Béla eben das neunte Lebensjahr beendete, fiel ihm eine vorher nie gehörte Melodie ein. Abends im Bett summte er sie immer wieder vor sich hin; sie gefiel ihm. Er hätte sie gern gespielt, doch das hätte die Mutter geweckt, aber am nächsten Morgen erinnerte er sich daran, stand auf und lief sofort zum Klavier. Die Mutter hörte sich die Komposition aufmerksam an und schrieb sie auf; es war ein Walzer, der an keine Melodie erinnerte, die der Junge bereits kannte. Nach diesem kleinen Werk kamen andere, ebenfalls Tanzstücke: eine Polka, dann eine Mazurka. Béla begann schon bewußt zu komponieren.

Mit zehn Jahren komponierte er ein größeres Werk, Spieldauer zwanzig Minuten, das die Mutter sorgfältig als ‹op. 18› notierte und das den programmatischen Titel *Der Lauf der Donau* erhielt. Das geschah unter dem Einfluß des Geographieunterrichts; dem Jungen kam der Gedanke, die einzelnen Phasen im Lauf der Donau, von dem er in der Schule lernte, in Klängen auszumalen. Die einzelnen Teile des Werkes erhielten Kommentare: ‹Die Donau freut sich, daß sie sich Ungarn nähert› ... ‹Sie freut sich noch mehr, weil sie schon in Ungarn ist. Polka› ... ‹Die Donau unterhält sich mit ihren Nebenflüssen› ... ‹Die Donau kommt in Budapest an. Csárdás› ... ‹Die Donau nimmt die Theiß auf› ... ‹Sie verabschiedet sich von Ungarn› ... ‹Die Donau ist am Eisernen Tor angelangt› ... ‹Die Donau ist traurig, weil sie Ungarn verläßt› ... ‹Sie ergießt sich ins Schwarze Meer›. Interessant ist, daß in diesen Kommentaren der besondere Patriotismus Bartóks zutage tritt, der ein so charakteristischer Zug der Persönlichkeit des reifen Künstlers sein wird. In dieser Beziehung scheint der jugendliche *Lauf der Donau* symbolhaft für die Richtung zu sein, die der Autor in seinem späteren Schaffen konsequent verfolgen wird.

Ist dieses Werk auch die erste Ankündigung einer großen Begabung? Wer es mit den Kompositionen aus der Kindheit Mozarts oder Chopins vergleichen wollte, dürfte enttäuscht sein. Es ist in harmonischer Hinsicht dürftiger: Dem kleinen Komponisten genügen die einfachen Funktionen von Tonika, Dominante und Subdominante. Darin nähert er sich mehr dem Genre der Salon- und Unterhaltungsmusik als dem ernsten Stil. Doch muß man im Auge behalten, daß die Kompositionsversuche von Kindern – auch wenn es sehr begabte Kinder sind – immer an die Vorbilder anknüpfen, mit welchen sie am engsten vertraut sind. In diesem Fall waren die Vorbilder – populäre Tanzstücke, die in dem Provinzstädtchen am meisten zu hören waren – sicherlich nicht von besonders hohem Flug und konnten den kleinen Béla nicht zur Schaffung ausgesuchter melodisch-harmonischer Phrasen anregen. Dem Jungen ging es zunächst um etwas anderes: blendende ‹virtuose› Stücke zu komponieren, in deren pianistischen Effekten sich seine ganze Invention erschöpft. Auf diesem Gebiet verrät er eine bei einem zehnjährigen Kind überraschende Ungezwungenheit und Gewandtheit, wovon beispielsweise solche Effekte wie die Umflechtung der Melodielinie mit Sechzehntelfiguren (eine geschickte Illustration des Wasserlaufs) im ersten Teil oder die ergötzlichen Sprünge der rechten Hand in der Polka zeugen.

Moderato

Polka

Und wenn das auch unwahrscheinlich klingt, der *Lauf der Donau* birgt trotz seiner ganzen kindlichen Primitivität gewisse Keimzellen des künftigen Stils Bartóks, vielleicht richtiger: des Stils eines Teils seines Schaffens. Nicht nur in seiner allgemeinen Einstellung, in der Vorliebe für den burlesk-derben Ton und für scharfes Akzentuieren des Rhythmus, sondern auch in solchen Einzelheiten, wie übermäßiger Gebrauch von Verzierungen, die fast bei jedem Ton der Phrase stehen, wie die Staccatowiederholung einer Note oder die Hervorhebung eines rhythmischen Motivs durch gleichzeitigen Anschlag beider Hände. Heute sind wir geneigt, in dem kleinen Musiker den ‹kleinen Bartók› zu erkennen, zu jener Zeit jedoch konnte man in ihm schwerlich einen großen Komponisten ahnen.

Es fand sich aber jemand, der in ihm zumindest einen großen Virtuosen voraussah und ihm eine herrliche Zukunft und Ruhm prophezeite. Das war Christian Altdörfer, ein Organist, der kurz zuvor aus Sopron angekommen war und in der Stadt als größte musikalische Autorität galt. Unter seinem Einfluß entschloß sich die Mutter, mit dem Jungen nach Budapest zu fahren, um dort eine endgültige Meinung aus dem Munde der Pädagogen der größten musikalischen Lehranstalt Ungarns zu hören. Ihre Erwartungen wurden nicht enttäuscht: Béla hatte zweifellos die Voraussetzungen zu einem hervorragenden Pianisten und möglicherweise auch Komponisten. Professor Károly Aggházy, ein Schüler Liszts und Bruckners, hörte sich sein Spiel an und war auf der Stelle bereit, ihn bei sich zu behalten und sein Talent auszubilden. Auf eine solche Eventualität war Frau Paula nicht vorbereitet: Im Gegensatz zu vielen Eltern von ‹Wunderkindern› hielt sie nichts von einer frühzeitigen Karriere ihres Sohnes, für die, wie sie glaubte, die Zeit später noch kommen würde. Sie dachte vor allem daran, dem Jungen den Besuch des Gymnasiums zu ermöglichen. So dankte sie für die freundliche Aufnahme, begnügte sich mit dem erhaltenen Bescheid und kehrte nach Hause zurück, wo sie sich ihre eigenen Pläne für die Erziehung des Kindes überlegte.

In Nagyszőllős gab es kein Gymnasium, so wurde beschlossen, Béla der Obhut seiner zweiten Tante, Emma Voit, anzuvertrauen, die in Nagyvárad (heute das rumänische Oradea), einer der größeren Städte Siebenbürgens, wohnte. Die Reise erfolgte im Herbst 1891, und der von seiner Mutter in Latein etwas vorbereitete Junge wurde in die zweite Gymnasialklasse aufgenommen und im Internat untergebracht. Seine musikalische Ausbildung übernahm der Domkapellmeister Ferenc Kersch, der die große Begabung seines Schülers erkannte und voller Eifer seine Fortschritte im Klavierspiel vorantrieb.

Das war leider ein platter und oberflächlicher Unterricht. Kersch gehörte nicht zur Gattung der ‹edlen Musiker›, und ihm lag mehr daran, mit den unvermittelten Ergebnissen seiner Klavierstunden zu brillieren als die musikalische Entwicklung seines Schülers zu überwachen. Es freute ihn, wenn Béla in wenigen Tagen ein schweres Stück lernte, und er gab ihm in seinem Eifer immer wieder neue Stücke auf. Es waren überwiegend zu schwere Kompositionen, und ihr Vortrag war natürlich nicht vollkommen, immerhin blieb die Tatsache, daß der Junge im Laufe von einigen Monaten ein riesiges Repertoire bewältigte, in welchem sich neben typischen ‹Vortragsstücken› auch klassische Werke, einschließlich Beethoven, befanden.

Béla fühlte sich in Nagyvárad nicht besonders wohl, er hatte großes Heimweh und schwärmte für sein Zuhause. Seine Fortschritte in der Schule ließen viel zu wünschen übrig, er bekam immer schlechtere Noten. Besonders in Mathematik wußte er sich keinen Rat, so daß seine Versetzung in Frage gestellt war; auch hatte er ständig Konflikte mit den Lehrern, denen er Ungerechtigkeit vorwarf. Der von der Mutter so sorgfältig durchdachte Plan endete mit einem gänzlichen Fiasko. Auf die immer inständigeren Bitten des Sohnes war sie gezwungen, ihn noch vor Ende des Schuljahres nach Nagyszőllős zurückzuholen.

Noch ehe über das weitere Schicksal des Jungen beschlossen wurde, trat ein für ihn weittragendes Ereignis ein, eines jener Ereignisse, an die man bis ans Lebensende denkt. Am 1. Mai 1892 veranstaltete die städtische Schule in Nagyszőllős ein Wohltätigkeitskonzert, an welchem Béla zusammen mit einer Schülerin, die einige Lieder vortrug, mitwirken sollte. Das war Bélas erster öffentlicher Auftritt als Klavierspieler und Komponist; er trug unter anderem den 1. Satz der *Waldsteinsonate* von Beethoven sowie seinen *Lauf der Donau* vor. Der Erfolg war überwältigend, der Applaus wollte kein Ende nehmen; der junge Künstler mußte zum erstenmal dem Publikum wiederholt danken, und zum erstenmal erlebte er auf dem Podium die Beklemmung und den aufregenden Schauer des Erfolgs. Er bekam sieben Sträuße, einer davon war geschickt aus Bonbons zusammengestellt.

Nach ein paar Tagen erschien die erste Rezension in seinem Leben. Die lokale Zeitung ‹Ugocsa› erwähnte zunächst den erfolgreichen Auftritt seiner Kollegin Róza Lővy und schrieb weiter: ‹Noch größere Aufmerksamkeit beim Publikum weckte der kleine Béla Bartók, ein Schüler der zweiten Gymnasialklasse, der nach Nagyszőllős zu einem Gastauftritt kam und uns seine Kunst im Klavierspiel vorführte. Der Vortrag der klassischen Stücke zeugt von größter Fingerfertigkeit, und daß der zehnjährige Knabe eine große Begabung zum Klavierspiel hat, das hat er zweifellos durch die vorgetragenen Stücke bewiesen. Das junge Genie führte auch ein Stück seiner eigenen Kompositionen auf, den *Lauf der Donau*, dem ebenfalls viel Beifall gespendet wurde.›

Dieses Ereignis bewog die Mutter zu einem endgültigen Entschluß, der in der gönnerhaften Haltung der Schuldirektion noch seine Unterstützung fand. Sie erhielt einen einjährigen Urlaub und beschloß, mit ihren Kindern nach Preßburg zu übersiedeln, der Stadt, in welcher sie einst selbst studiert hatte. Dort sollte Béla den Besuch des Gymnasiums fortsetzen und auch sein musikalisches Talent unter den Augen der besten Spezialisten ausbilden können.

Preßburg, das ungarisch Pozsony hieß, war nach Budapest der größte kulturelle Mittelpunkt Ungarns, ein Zentrum von nicht geringen Traditionen. Vom 16. bis zum 18. Jahrhundert, als der größte Teil Ungarns von den Türken besetzt war, war Pozsony Landeshauptstadt und Krönungsstadt; hier wurden die ungarischen Könige feierlich gekrönt und Landtage abgehalten, deren letzter im Jahre 1848 zusammentrat. Bei der geringen Entfernung von Wien waren hier die deutschen Kultureinflüsse besonders stark, was dieser Stadt, in welcher viele Slowaken lebten, ein besonderes, von Budapest verschiedenes Gepräge verlieh.

In den Lebensläufen der führenden ungarischen Musiker scheint Preßburg einen besonderen Platz einzunehmen: Hier begann der neunjährige Liszt seine Karriere, als er mit seinem ersten Auftritt Bewunderung erregte und dadurch die finanzielle Unterstützung der lokalen Magnaten gewann; hier absolvierte Ferenc Erkel, der Begründer der ungarischen Nationaloper, sein Musikstudium. Ende des 19. Jahrhunderts wirkte hier dessen Sohn, der hervorragende Dirigent und Klavierpädagoge László Erkel, und bei diesem eben sollte der junge Bartók privaten Unterricht im Klavierspiel erhalten.

Bis es dazu kam, lernte er eine Zeitlang noch bei einem anderen Pädagogen: Ludwig Burger. Dieser Unterricht brachte ihm großen Nutzen; nicht nur konnte er sein von Kersch unrichtig geformtes technisches Niveau ausgleichen, sondern auch die musikalische Kultur seines Spiels bedeutend vertiefen und damit die ihm drohende Gefahr des Dilettantismus abwenden. Man darf sagen, daß von diesem Augenblick an die richtige Ausbildung seines Talents begann. Gleichzeitig besuchte er fleißig das Gymnasium und absolvierte mit einjähriger Verspätung die zweite

Klasse. Die Lage war aber weiterhin unsicher. Paula Bartók gelang es nicht, ihr Ziel – eine berufliche Anstellung in Preßburg – zu erreichen. Obwohl sie keine Schulgebühren für ihren Sohn zu zahlen brauchte (dank den guten Ergebnissen bei der Aufnahmeprüfung wurde er von den Gebühren befreit), wurde das Auskommen immer schwieriger, und so beschloß sie, die Stadt nach einjährigem Aufenthalt zu verlassen. Aus gewissen Gründen wollte sie jedoch nicht nach Nagyszőllős zurückkehren, sie begab sich nach Beszterce (rumänisch Bistriţa), einem Städtchen im östlichen Teil Siebenbürgens, wo sie endlich eine Anstellung fand.

Der Aufenthalt in Beszterce war für Béla in jeder Hinsicht ungünstig. Der Typ der provinziellen Mittelschule, die er dort besuchen konnte, war im Rahmen des damaligen ungarischen Schulwesens dem Gymnasium nicht gleichgestellt. Dazu mußte der so vorteilhaft begonnene Klavierunterricht unterbrochen werden. Eine gewisse Entschädigung für den musikbegeisterten Jungen war die Bekanntschaft mit einem jungen Förster namens Sándor Schönherr. Schönherr spielte sehr gut Violine und schlug Béla, weil es in Beszterce keinen besseren Pianisten gab, vor, gemeinsam zu musizieren. Einmal in der Woche, wenn der Geiger vom Försterhaus kam, fanden sich die jungen Musiker zusammen und spielten Beethoven, die *Kreutzersonate* und die *7. Sonate a-Moll* sowie Mendelssohns *Violinkonzert*. Für Béla war das ein reiner Genuß, von dem er nicht genug haben konnte; besonders das Spiel der 2. Variation der *Kreutzersonate* versetzte ihn immer wieder in freudige Erregung.

Schon von dem Augenblick an, da er sich mit der *Waldsteinsonate* vertraut machte, empfand Béla eine tiefe Verehrung für Beethoven. Diese Musik lag ihm von Anfang an ganz besonders nahe (so ist es übrigens bis zu seinem Lebensende geblieben), sie stieß zweifellos auf eine verwandte Anlage in seiner Psyche. Die in dieser Musik verborgene vitale Kraft und Leidenschaft, die man bei Mozart oder Mendelssohn vergeblich suchen würde, der Dynamismus und die scharfe Plastizität der Themen, die nie vornehm sein wollen, aber in ihrer Einfachheit doch so gewählt sind, der Ernst des Ausdrucks, verbunden mit einer auffälligen Logik der Form, das alles war für den jungen Bartók weit attraktiver als die schönsten Einfälle anderer ihm bekannter Komponisten. Ehe die Jahre kommen sollten, da er dem Hörer eine ziemlich ähnliche Ästhetik in modernem Klanggewand enthüllen würde, war Beethoven für ihn das größte musikalische Ideal und nachahmenswerte Vorbild. Ein geheimes Verlangen des Jungen war es, selbst solche Musik schreiben zu können, er fühlte bereits die Kraft, die ihm das erlauben würde; schon damals erfaßte ihn ein großer Ehrgeiz.

Nach sieben Monaten Aufenthalt in Beszterce erhielt Bélas Mutter eine erwünschte Nachricht: Ihr wurde die Stelle im Lehrerseminar in Preßburg anvertraut. Im April 1894 waren sie wieder in Preßburg, und obwohl es nur noch einige Wochen bis zum Ende des Schuljahres dauerte, wurde der Junge sofort in die dritte Klasse des katholischen Gymnasiums aufgenommen. Eine schwere Aufgabe stand ihm bevor: Er mußte das ganze Schulprogramm bewältigen und die Lücken auffüllen, die der Schulunterricht in Beszterce hinterlassen hatte. Die Hartnäckigkeit, mit der er dieses Ziel verfolgte, zeugt von seiner großen Charakterstärke. Der Unterricht und die Schulaufgaben füllten seinen ganzen Tag – er mußte auch die beliebten Spaziergänge am Donauufer aufgeben, und – was schon eine ungewöhnliche Aufopferung war – er näherte sich in dieser ganzen Zeit dem Klavier nicht. Er stand schon um sechs Uhr früh auf, um die Aufgaben zu wiederholen. Trotz des kurzen Termins erfüllte er seinen Plan: Er bestand als Fünfter unter fünfundvierzig Schülern das Examen mit Auszeichnung und erhielt einen Preis von fünfzehn Gulden.

Im Herbst begannen endlich die Klavierstunden bei Erkel. Von da an datiert in seinem Leben die Periode einer besonderen musikalischen Aktivität und schnellen Reife, eine Zeit, in der er mit echt jugendlicher Besessenheit ein Höchstmaß an Fähigkeiten und Kenntnissen über Musik zu erlangen trachtete. Erkel, von der Intelligenz seines Schülers und dessen Eifer beeindruckt, führte mit ihm lange Gespräche und machte ihn mit den wichtigsten Werken der Musikliteratur, angefangen bei Bach, bekannt. Diese Musikstunden vermochten Béla viel zu geben. Aber auch zur selbständigen Beschäftigung mit der Musik brauchte der Junge nicht angespornt zu werden. Von seinem dreizehnten Lebensjahr an erteilte er Nachhilfestunden, und für das verdiente Geld kaufte er Noten und Partituren, unter anderem die *Missa Solemnis* von Beethoven. Er besuchte billigere Opernaufführungen, wo er sich mit den Werken von Lortzing Nicolai, Verdi, Gounod und Bizet bekanntmachte, sowie Konzerte, hauptsächlich Kammerkonzerte, unter anderen die des berühmten Hellmesberger-Quartetts, bei dem er die Werke von Haydn, Schubert und, was ihn am stärksten beeindruckte, die letzten Streichquartette Beethovens kennenlernte. Die Kammermusik fesselte ihn von Anfang an, er selbst spielte im privaten Kreis mit dem Vorgesetzten seiner Mutter, dem Inspektor Róth, der ein guter Cellist war. Die musikalischen Neigungen Bélas (und was damit einherging: sein eigener schöpferischer Ehrgeiz) hatten seit seiner Ankunft in Preßburg natürlich eine gewisse Entwicklung durchgemacht. Wenn auch Beethoven weiterhin seinem Herzen am nächsten stand, nahmen den Jungen die moderne Musik und die neuen Klangmöglichkeiten immer mehr gefangen.

Wie sah die musikalische ‹Moderne› in den Jugendjahren Bartóks aus? Damit meint man üblicherweise die avantgardistischen Richtungen der letzten Jahrzehnte. In diesem Fall erfüllte die Spätromantik diese Rolle, die sich schon sehr weit von der Romantik Schuberts, Mendelssohns und Schumanns (die immer noch den Geschmack der Musikliebhaber in ihrer Mehrheit bestimmte und Vorbild für das Schaffen zahlreicher Epigonen war) entfernt hatte, eine Richtung, die der bisherigen Tradition bewußt den Krieg erklärte und deren führende Vertreter und Ideologen Franz Liszt und Richard Wagner waren. Das Schaffen und der Ruhm dieser beiden Künstler, die in der Musik eine bisher ungeahnte Gärung auslösten, war damals, in den neunziger Jahren, noch etwas sehr Neues: Beide waren erst vor wenigen Jahren gestorben (Wagner 1883, Liszt 1886), und ihre letzten, neuartigsten Werke waren noch nicht allgemein bekannt und stießen auch nicht auf allgemeines Verständnis. Die harmonische Sprache Wagners und Liszts, voller raffinierter Zusammenklänge, ausgesuchter Akkordverbindungen, üppiger Chromatik und Enharmonik, die das Gefühl für die Tonalität ins Schwanken brachten, mußte in den Ohren des damaligen Hörers kühn und überraschend klingen. Der neue instrumentale Glanz und der bisher nie gekannte Farbenreichtum und die Virtuosität der Klanggebilde mußten diesen Eindruck noch steigern. Das ausdrücklich revolutionäre Merkmal war jedoch die ästhetische Idee selbst, die den traditionellen Verlauf und die klassische Form zugunsten neuer Anforderungen der Expression unterwanderte und die Musik poetischen und philosophischen Zielsetzungen unterordnete. Dieser Stil weckte von Anfang an Widersprüche und Einwendungen; noch in den neunziger Jahren haben Musiker, die an der Tradition festhielten, ihre Anerkennung nicht nur der extremen Ästhetik, sondern auch den hier verwendeten Klangmitteln versagt.

Stilistische Kompromißlosigkeit ist in den Augen der Allgemeinheit keine Tugend, und so war das Schaffen des gegenüber Wagner und Liszt jüngeren (und damals in Wien noch lebenden), aber weniger revolutionär eingestellten Johannes Brahms populärer als die Musik zu *Tristan* oder die *Sonate h-Moll.* Dieser Komponist vereinte modernen, ausgesuchten harmonischen Geschmack, der sich vor der Anwendung kühner Dissonanzen nicht scheute, mit tonaler Klarheit und Eindeutigkeit sowie der klassischen Form und Ästhetik; sein Stil war ein idealer Kompromiß zwischen der Beethovenschen und Schumannschen Tradition und der zeitgenössischen klanglichen Raffinesse, ein Kompromiß von allerhöchstem künstlerischem Rang, genial in seiner Form und mit allen Merkmalen einer großen Individualität. Die Kompliziertheit dieser Tatsache war der Grund, daß die damaligen heftigen Auseinandersetzungen zwischen den Anhängern Wagners und den Anhängern Brahms' nicht nur ein gewöhnlicher Konflikt waren zwischen den Parteigängern des Fortschritts und den Konservativen, sondern ein tiefschürfender ästhetischer Disput, in welchem es darum ging, ob der expressiven Freiheit und uneingeschränkten Phantasie oder den Werten der rigoristischen und disziplinierten Form der Vorrang gebühre, ein Disput, der auch nach vielen Jahrzehnten seine Aktualität nicht eingebüßt hat. Brahms' Schaffen, das zwar an die Ideen der Klassiker anknüpft, brachte einfach eine andersgeartete Konzeption des zeitgenössischen Stils in der Musik.

Dieser Konzeption hat im gegebenen Moment die Geschichte ihre Anerkennung nun versagt. Die jüngste, Ende des 19. Jahrhunderts auftretende Avantgarde ging von genau entgegengesetzten Voraussetzungen aus, indem sie an den Neuerungsgeist und die radikalen stilistischen Merkmale Liszts und Wagners anknüpfte. In den Jahren, da der junge Bartók in Preßburg Unterricht in Klavierspiel und Harmonielehre erhielt, entstanden Werke, dank denen die weiteren Schicksale der Musik besiegelt waren; *24 Préludes op. 11* (1896) von Alexander Skrjabin, die sinfonischen Dichtungen *Till Eulenspiegels lustige Streiche* (1895) und *Also sprach Zarathustra* (1896) von Richard Strauss, Gustav Mahlers *Sinfonien Nr. 2* (1894) und *Nr. 3* (1896), die sinfonische Dichtung *Prélude à l'après-midi d'un faune* von Claude Debussy (1894). Diese Werke waren aber zu neu, als daß sie in der ganzen Welt hätten bekannt und berühmt sein können; in Preßburg war davon zunächst nichts zu hören.

Was von der modernen Musik war dem jungen Bartók damals zugänglich? Wagner kannte er aus dessen früher Schaffensperiode, bis zum *Tannhäuser*. Die Ouvertüre zu dieser Oper übte er aus dem Klavierauszug eifrig, und die erlesenen harmonischen Verbindungen konnten ihm nicht gleichgültig sein. In Ungarn war natürlich Liszt viel beliebter, er wurde sehr viel gespielt, doch, wir dürfen uns darüber nicht täuschen, es war nicht der wertvollste Teil seines Schaffens, sondern nur effektvolle und virtuose Stücke, vor allem die *Ungarischen Rhapsodien*. Béla spielte seine *Spanische Rhapsodie*, was ihm aber kaum einen Einblick in den pianistischen Stil des Autors gewährte. Doch fand sich Gelegenheit, etwas mehr über diese Musik zu erfahren. Aus irgendeinem Anlaß, wahrscheinlich in der Wohnung seines Lehrers, wurde Béla mit János Batka, einem Archivar und

Musikschriftsteller, bekannt, der einst mit Wagner und Liszt verkehrt hatte und als ein hervorragender Kenner des letzteren galt. Batka fand Interesse an dem jungen Musiker, er lud ihn zu sich ein, lieh ihm Noten und Bücher und lenkte Bélas Aufmerksamkeit beharrlich auf die neuen ästhetischen Ideen Liszts hin. Der Junge war für alles Neue und Wissenswerte aufgeschlossen, und manche Gespräche und die durchblätterten Werke hinterließen einen nachhaltigen Eindruck. Doch immer noch war nicht Liszt der Gegenstand seiner Begeisterung. Wie er später selbst bekannte, war er den äußerlichen, ornamental-virtuosen Merkmalen seines Stils, die seinem eigenen Musikgefühl widersprachen, abgeneigt. Die musikalischen Neigungen des Jungen entwickelten sich in einer ganz anderen Richtung.

In dieser Zeit war Béla häufig privater Gast seines Physik- und Mathematiklehrers vom Gymnasium, Dr. Frigyes von Dohnányi, in dessen Haus viele Musiker verkehrten, darunter auch zugereiste Künstler aus dem Ausland. Dort wurde er mit Ernő, dem um vier Jahre älteren Sohn des Hausherrn, bekannt, der alle Voraussetzungen erfüllte, um Béla zu imponieren und ein Vorbild, eine Autorität zu werden. Für die weitere Entwicklung des jungen Bartók war diese Bekanntschaft von größter Bedeutung. Ernő Dohnányi war ein außerordentlich begabter Pianist und vielversprechender Komponist. Im Jahre 1893 wurde in Wien sein *Klavierquintett op. 1* unter Mitwirkung des sechzehnjährigen Komponisten mit Erfolg aufgeführt; auch Béla begeisterte sich für dieses Werk. Der junge Dohnányi verehrte Brahms, dessen Spuren in seinem Schaffen deutlich erkennbar sind (später sollte er sogar der ‹ungarische Brahms› genannt werden), und diese Verehrung teilte sich auch dem jüngeren Kollegen mit, den er mit den Werken des deutschen Komponisten bekannt machte. Für Béla war das eine Offenbarung: Für ihn war es ein neuer, frischer und eigenartiger Stil, der zugleich seinem bisherigen Ideal, der Musik Beethovens, sehr nahe stand, ein Stil, der ihm neue Perspektiven der harmonischen Empfindung eröffnete und dabei – was seinem Temperament ganz besonders entsprach – auf einfacher, entschlossener Linienführung und logischer Konstruktion fußte. Diese Verehrung für Brahms, die die beiden jungen, in Zukunft so verschiedenen Künstler noch enger miteinander verband, war für Bartók ein tiefergreifender Akt, als es scheinen könnte. Nach vielen Jahren wird es sich zeigen, daß es schon damals die richtige (obwohl noch unbewußte) Wahl der Richtung war, in welcher später sein harmonisches Neuerertum verlaufen sollte, das für seine Einfälle immer nach entschiedenem tonalem Rückhalt und deutlicher Tonzentralisation suchte. In dieser Hinsicht konnte Brahms das Vorbild für eine solche Haltung sein, ähnlich wie er zweifellos das Vorbild für den Klaviersatz in Bartóks Werken auch aus dessen radikalster Periode gewesen ist. Es ist also keine Übertreibung, wenn wir feststellen, daß durch die Entdeckung Brahms' der junge ungarische Musiker schon damals in ihm (ähnlich wie früher in Beethoven) sich selbst entdeckt hat.

Die Faszination für Brahms, die sich lange auf den Stil des jungen Bartók auswirken sollte, fand keinen sofort deutlichen Niederschlag in seinen damaligen Kompositionen. Für ihn ist ein neuer Impuls, ein neues Gefühl für musikalische Schönheit immer eine Angelegenheit, die ihn innerlich eine lange Zeit bewegt, ehe sie Früchte in Gestalt eines stilistisch neuen Werkes trägt. Mit dieser Erscheinung haben wir wiederholt zu tun, wenn wir Bartóks schöpferische Entwicklung verfolgen. Er gehört zu den Künstlern, die langsam heranreifen. In seinen in Preßburg geschriebenen Kompositionen sucht man vergeblich nach genialen Merkmalen, obwohl es schon kunstgerechte Werke sind, die jedem reifen Künstler aus der Reihe derjenigen, die zwar Begabung besitzen, aber nicht originell geworden sind, zur Ehre gereichen würden. Es sind geschickte, fehlerfreie Kompositionen, die beweisen, daß der Autor mühelos einen glatten musikalischen Gedanken niederschreiben kann, der ‹etwas› ausdrückt. Aber ihre Abhängigkeit vom Stil anderer Schöpfer ist unverkennbar.

Die in den Jahren 1896/97 komponierten *3 Klavierstücke* (ohne einzelne Titel) sind sehr konventionell. Das erste (wahrscheinlich früheste) greift noch auf den Stil der Epoche Beethovens und Schuberts zurück und schreitet nicht über die elementare, klassische Harmonik hinaus:

Der Autor begnügt sich hier mit den drei grundsätzlichen Funktionen, wenn man von dem sporadischen Gebrauch der Durtonika mit Septime, als Spannung zur Subdominante, sowie der Modulation in der Koda zur Mediante und Mollparallele absieht. Er fühlt sich noch nicht bemüßigt, die reichen Mittel, die er in den von ihm gespielten romantischen Werken kennengelernt hat, zu verwenden.

Diese Mittel finden wir indessen in den zwei größeren Kompositionen aus dem Jahre 1897: der *Sonate* und dem *Scherzo* für Klavier. Im Vergleich zu den *3 Klavierstücken* ist es kein geringer stilistischer Sprung. Interessant ist insbesondere das *Scherzo*, das an Schumann und den jungen Brahms gemahnt und wohl das bestgelungene Werk dieser Periode ist. Die Melodie, mit der das Werk beginnt, würde selbst dem Autor des *Carnaval* alle Ehre machen:

Schumann allerdings hätte einen Zusammenklang wie in Takt 7 nicht benutzt: Es ist zwar nur eine einfache Verzögerung der Melodie über der schon ‹fertigen› Tonika in der linken Hand, was aber einen Dreiklang mit gleichzeitiger großer und kleiner Terz ergibt, eine von Bartók in seinem reifen Stil geliebte Klangzusammenstellung. Der sechzehnjährige Autor bedient sich hier ungezwungen einer neueren, erleseneren romantischen Harmonik. Das Werk ist überreich an Modulationen, chromatischen und enharmonischen Akkordverbindungen, wie zum Beispiel der eines Wagner würdige Übergang fis–a–cis, f–a–his, e–a–cis. Der Nebengedanke in den Ecksätzen des Scherzos fußt nur auf der Gegenüberstellung der Tonika (dis-Moll) und der nicht dominantischen chromatischen Spannung:

Der kühne und phantasievolle Schluß des Werkes entbehrt überhaupt der üblichen Kadenz und ersetzt die Dominante (in H-Dur) durch die Spannung g–h–d–f. Das zeugt deutlich davon, daß die Lektüre der Werke Liszts ihre Spuren hinterlassen hat.

In diesem Werk kann man auch schon das deutliche Interesse für Brahms' Harmonik ablesen, insbesondere in der parallelen Führung der Sext- und Terzakkorde oder nur Terzakkorde, die oft diatonische, vorübergehende Dissonanzen im Verhältnis zur harmonischen Grundlage im Baß ergeben (im Trio). Auf Brahms ist auch der einfache und sparsame Klaviersatz zurückzuführen, der weit von der virtuosen Ornamentik Liszts oder auch nur Chopins entfernt ist. Das ist um so beachtenswerter, als doch der junge Bartók großen Ehrgeiz für Virtuosität und blendendes Klavierspiel verriet; man sieht, daß sein eigentliches schöpferisches Temperament hier allen diesen oder jenen Lockungen des Pianisten überlegen war.

Eine gänzliche Abhängigkeit von Brahms weisen die ein Jahr später komponierten *3 Klavierstücke* (*Intermezzo*, *Adagio*, *Scherzo*) auf. Dieser Einfluß beginnt sogar beunruhigend zu werden, und er beweist, daß der einzige Ehrgeiz Bartóks in dieser Zeit darin bestand, den verehrten Meister wortwörtlich in allen Einzelheiten nachzuahmen, was ihm auch ausgezeichnet gelingt. Das *Intermezzo* könnte getrost als ein unbekanntes Werk von Brahms gelten:

Der Komponist wendet hier sogar die Brahmssche Rhythmik an, mit ihrer Vorliebe für Triolen und (im weiteren Verlauf) auch gleichzeitigen Führung des zwei- und dreiteiligen Rhythmus in der rechten und der linken Hand. Das harmonische Raffinement fließt nicht aus der tonalen Vieldeutigkeit und Verbindung von weit entlegenen Akkorden, was eine Tendenz bei Wagner und Liszt war, sondern aus der subtilen innerakkordischen Differenzierung im Rahmen einer einfachen Tonart. Brahms war der Ansicht, daß man sich sogar auserlesene Dissonanzen erlauben darf, sofern nur die Richtung, in der sie gravieren, und ihr tonaler Sinn ganz klar sind. Der junge Komponist hielt sich hier an diesen Grundsatz: In tonaler Hinsicht ist das Werk außerordentlich einfach (drei grundsätzliche Funktionen und Wechseldominante), gleichzeitig aber voller Dissonanzen und an Zusammenklängen viel reicher als das frühere *Scherzo*.

Diesem Zweck dient ein ganzes Arsenal Brahmsscher Mittel, mit der geschmackvollen Differenzierung der Vierklänge und ihrer Umkehrungen, der unaufhörlichen Schattierung von Dur und Moll und vor allem der Überlagerung von Tönen, die aus verschiedenen Funktionen stammen, in Gestalt verschiedener Arten von Verzögerungen und Verzahnungen, oder, wie im angegebenen Beispiel, beim Orgelpunkt im Baß.

Brahms war auch der Schirmherr anderer Kompositionen, die in dieser Zeit entstanden sind. Béla schreibt schon sehr viel und nicht nur für Klavier solo: Im Jahre 1898 entstehen die *3 Lieder* zu deutschen Texten (darunter Heines ‹Im wunderschönen Monat Mai›, ein Text, den schon Schumann vertont hatte), ferner das *Quartett für Klavier und Streicher*, und ein Jahr später das *Streichquartett*. Schon damals zeigt es sich, daß die Kammermusik neben der Klaviermusik ein im Schaffen Bartóks besonders bevorzugtes Gebiet ist; für einen jungen Pianisten, der noch keinerlei Kompositionsstudien absolviert hat, schreibt er in dieser Musikgattung mit einer staunenerregenden Leichtigkeit.

Unterdessen bewundert seine Umgebung in ihm vor allem den sehr begabten Pianisten, der zu keinen geringeren Hoffnungen berechtigt als Dohnányi, der Stolz der Stadt. Im katholischen Gymnasium rückt er – mittelbar – zu dessen ‹Nachfolger› auf: Ein Jahr, nachdem Ernő nach Budapest gegangen war (und als noch ein anderer Schüler die Stelle verlassen hatte), fiel Béla die Ehre zu, jeden Sonntag die Orgel während der Messe zu spielen; nach der lokalen Tradition war dieses Amt für den musikalisch fähigsten Schüler des Gymnasiums vorgesehen. Auch durch seine öffentlichen Auftritte wurde er immer bekannter. 1896 trat er erstmalig im Theater auf, wo er den Rezitator in dem Melodram *Rákoczi* von Antal Várady begleitete. 1897, anläßlich des Namenstags des Gymnasialdirektors, spielte er in der Aula vor einem zahlreich versammelten Publikum die *Spanische Rhapsodie* von Liszt und genau ein Jahr später – diesmal wurde der Tag noch festlicher begangen – die Ouvertüre zum *Tannhäuser* sowie die *Rhapsodie* von Karl Tausig; in dem Konzert wurde auch, unter Bélas Mitwirkung, sein eigenes *Klavierquartett* aufgeführt, und das Schulorchester spielte die von Béla instrumentierten *Ungarischen Tänze* von Brahms. Der junge Musiker war natürlich der Held des Tages und empfing viele Zeichen der Anerkennung und Gratulationen zu seinem vielseitigen Talent.

Die Zweckmäßigkeit der weiteren musikalischen Ausbildung in Preßburg war immer mehr in Frage gestellt. 1896 starb Erkel, und so ging Béla zu einem anderen Lehrer namens Anton Hyrtl. Nach zwei Jahren zeigte sich, daß der neue Pädagoge nicht imstande war, ihn weiter auszubilden. Außerdem nahte die Zeit des Abiturs heran – Frühjahr 1899 –, und so wurde schon ernsthaft an die Möglichkeiten eines höheren Musikstudiums für Béla gedacht. Über den Ort dieser Studien waren die Meinungen geteilt: Die Mutter schwärmte von einem Studienaufenthalt in Wien, während Ernő Dohnányi, der jedesmal in den Ferien nach Hause kam, voller Begeisterung von seinem Professor Thomán, einem Schüler Liszts, erzählte und Béla immer wieder aufforderte, mit ihm nach Budapest zu gehen. Dennoch begab sich Frau Paula mit ihrem Sohn im Dezember 1898 nach dem nahen Wien, um dort die Lage zu erforschen. Sie statteten im Konservatorium eine Visite ab, wo Béla unter anderem seine *Sonate* spielte und so großes Interesse weckte, daß man sich bereit erklärte, ihn unentgeltlich aufzunehmen. Béla konnte sich aber nicht entschließen; seit dem Tode Brahms' (1897) war Wien für ihn nicht mehr so interessant wie früher, während patriotische Rücksichten und der Wunsch, dem älteren Kollegen zu folgen, eine immer größere Rolle zu spielen begannen. Darauf entschloß sich die Mutter, mit ihm im Januar 1899 nach Budapest zu fahren und bei Thomán vorzusprechen, der übrigens von Dohnányi bereits davon Kenntnis erhalten hatte. Auch diesmal verlief die Präsentation außerordentlich vorteilhaft. Der Professor hörte dem Spiel des jungen Pianisten (*Fugen* von Bach, *Appassionata* von Beethoven und eine *Etüde* von Paganini/Liszt) mit unverhohlener Anerkennung zu und erklärte sich sofort bereit, Bartók in seine Klasse in der Akademie aufzunehmen, ohne daß dieser eine zusätzliche Prüfung ablegen mußte. Er empfahl ihn auch dem Kompositionslehrer Koessler, der, nachdem er sich das *Quintett für Klavier und Streicher* angesehen hatte, Bélas Fähigkeiten lobte und ihn gern unter seinen Schülern sehen wollte.

Damit war die Sache entschieden: Ab Herbst sollte Béla Student der Königlichen Musikakademie in Budapest werden.

Trotz Thománs Bereitwilligkeit zeigte es sich, daß Béla doch gewisse Formalitäten erledigen mußte; im September 1899 spielte er vor dem Prüfungsausschuß der Akademie eine *Sonate* von Beethoven und zwei eigene Werke. Nach dem Examen gratulierte der Direktor der Akademie, Ödön Mihalovich (gleichzeitig einer der führenden ungarischen Komponisten jener Zeit), der Mutter zur großen Begabung ihres Sohnes. Der Junge wurde sofort in die zweite akademische Klasse als Schüler von István Thomán (Klavier), Hans Koessler (Komposition) und Xavér Szabó (Instrumentation und Partiturlesen) aufgenommen. Letzterer erkannte bald die große Fähigkeit seines Schülers in dem von ihm geleiteten Studienfach und befreite ihn von den anfänglichen Stunden.

Bartók mietete ein Zimmer mit Flügel in der Nähe der Akademie auf einer der elegantesten Straßen von Pest, der Andrássy útca (heute Népköztarsaság út), an der sich auch die Oper befand und unter welcher eine der ersten Untergrundbahnen Europas fuhr (dennoch war die Pferdestraßenbahn weiterhin das wichtigste städtische Verkehrsmittel). Béla pflegte die alte Freundschaft mit dem nun schon berühmten Dohnányi und knüpfte neue an; insbesondere sympathisierte er in dieser Zeit mit einer Schülerin von Koessler, Felicitas Fábián, bei der er häufiger Gast war. Von Anfang seines Aufenthaltes in der Hauptstadt an war er gezwungen, ziemlich ärmlich zu leben – das Geld, das ihm die Mutter senden konnte, war sehr knapp –, und so reichte er schon in den ersten Wochen eine Bitte um die Erlaubnis ein, private Musikstunden zu erteilen.

Bald nach Beginn des Studienjahres trat ein unerfreuliches Ereignis ein. Anfang Oktober erkrankte Béla ernstlich; der Arzt stellte eine Infektion der Bronchien fest und vermutete sogar Tuberkulose. Der nach Budapest herbeigeeilten Mutter empfahl einer der Professoren, die weiteren Musikstudien des Sohnes aufzugeben und ihn Jura studieren zu lassen. Der Kranke, unterstützt von Professor Thomán, setzte sich dem energisch entgegen und erklärte, daß er unabhängig von seinem Gesundheitszustand den einmal erwählten Weg nicht aufgeben werde. Nichtsdestoweniger mußte Béla vorderhand das Studium unterbrechen und mit der Mutter nach Hause fahren.

Nach Budapest kehrte er erst im Dezember zurück und trat mit noch größerer Energie an die Durchführung seines Programms heran. Er übte damals das *Wohltemperierte Klavier* und das *Italienische Konzert* von Bach, die *Sonate As-Dur op. 26* und das *3. Klavierkonzert* von Beethoven, *Impromptus* von Schubert, *Fantasiestücke* von Schumann und *Präludien* von Chopin. Thomán, der Liszts Schule repräsentierte, arbeitete ausdauernd an seiner Technik und führte ihn in die Geheimnisse des Spiels des großen Meisters ein. Das Verhältnis zwischen dem Schüler und dem Pädagogen gestaltete sich sehr herzlich; Thomán interessierte sich sogar für seine privaten Angelegenheiten. Anläßlich einer Stunde wies er ihn an, Schuberts *Impromtus* in der Ausgabe von Liszt zu kaufen; Béla stellte bekümmert fest, daß er sich den Ankauf von Noten in diesem Monat nicht mehr erlauben könne, daraufhin besorgte Thomán die Noten und schenkte sie ihm ‹zum Andenken›. Das war nicht das einzige Mal; des öfteren gab er ihm auch Eintrittskarten zu Konzerten und unternahm auf eigene Faust Bemühungen um ein Stipendium für den Jungen.

Weniger günstig gestalteten sich die Verhältnisse mit dem Kompositionslehrer. Hans Koessler, ein Deutscher und Vetter von Max Reger, hatte ausgesprochen konservative Anschauungen und war dabei ein sehr anspruchsvoller Pädagoge. Es läßt sich schwer feststellen, ob ihn allein schon Bélas musikalische Einfälle befremdeten, die seinem Ideal und Begriff vom guten Geschmack so zuwiderliefen, oder ob ihn die zu frühe Routine und Leichtigkeit beunruhigte, mit welcher der begabte Schüler so schnell komponierte, ohne dabei auf Schwierigkeiten zu stoßen, genug – er begann ihn, entgegen seiner ursprünglichen Meinung, jetzt sehr kritisch zu beurteilen. Als Anfang Januar 1900 Béla sein neues *Klavierquintett* zeigte, verwarf es Koessler unverblümt als eine schlechte und mißratene Komposition. Der bisher sehr selbstsichere Jüngling geriet in Verlegenheit und fühlte sich gekränkt. Zu Hause dachte er sehr lange darüber nach und griff schließlich zur Feder. ‹Herr Koessler sagte› – schrieb er seiner Mutter – ‹das Ganze sei schlecht und ich solle etwas anderes anfangen, in Liedform. Aber was schlecht war, weiß ich nicht, denn er sprach ganz allgemein, daß bessere Themen gewählt werden müssen usw. Das heißt, kein Thema ist gut; wenn aber diese keinen Wert haben, dann weiß ich nicht, ob ich zum Beispiel nach einem Jahr wertvollere werde schreiben können. Und überhaupt, warum hat er im vergangenen Jahr nicht gesagt, daß meine Arbeiten nichts wert seien? Nach meinem Empfinden ist dieses *Quintett* in jeder Hinsicht besser als das *Quartett* vom vorigen Jahr. Damals glaubte ich, daß meine Kompositionen im allgemeinen gut sind und nur einer kleinen Retouche, hauptsächlich was die Form anlangt, bedürften. Wenn sie aber so schlecht sind, daß man mit ihnen nichts anfangen kann, dann sieht die Sache wirklich ernst aus...›

Heute klingen diese Worte, wenn man sie dem schöpferischen Talent Batóks gegenüberstellt, wie ein Paradoxon. In Wirklichkeit waren sie aber damals nicht weit von der Wahrheit entfernt. Auch wenn man Koesslers Meinung als zu streng und ungerecht nicht anerkennt, so trifft es doch zu, daß Bartók in seinem jugendlichen Schaffen in dieser Zeit eine deutliche Krise durchmachte, was zu einigem Pessimismus hinsichtlich seiner weiteren Entwicklung berechtigte. Die bald nach dem *Quintett* komponierten *Liebeslieder* auf Texte von Rückert sind im stereotypen, romantischen Sinne eine wohl hübsche, aber keinesfalls hervorragende Komposition. Die gefühlswarme Brahmssche Harmonik (deren sich der junge Autor ganz vorzüglich bedient) geht hier mit einer naiv einfachen und fast banalen Melodie einher. Gegenüber den in Preßburg geschriebenen Werken ist hier kein Fortschritt festzustellen, weder im Stil noch in der Anziehungskraft des musikalischen Gedankens; was man sieht, ist größere Routine, und das in negativem Sinne. Es ist natürlich, daß man von dem neunzehnjährigen Komponisten schon mehr erwarten durfte; erinnern wir uns in diesem Zusammenhang nur an die in derselben Zeit entstandenen *Präludien op. 1* des um ein Jahr jüngeren Karol Szymanowski.

Diese auffallende schöpferische Krise erreichte bald ihren Höhepunkt: Béla gab das Komponieren auf. Der Grund lag sicherlich nicht nur in der durch Koesslers Beurteilung hervorgerufenen Entmutigung. Zutiefst in seinem Inneren legte er sich wohl schon Rechenschaft darüber ab, daß er stilistisch an einem toten Punkt angelangt war und daß die immer gefälligere, mechanische Vervielfältigung des Brahmsschen Vorbildes nicht zum Guten führte, und da er noch keinen Ausweg aus dieser selbst übernommenen Konvention sah, wollte er lieber schweigen. Auf jeden Fall ist irgend etwas in dem jungen Komponisten ins Stocken geraten; es werden zwei weitere Jahre vergehen, ehe er seine alte Schaffensfreude zurückgewinnt und sein Talent aufs neue erweckt.

Zunächst entdeckte er ein ihm bisher unbekanntes, großes Kapitel der neueren Musikgeschichte: das späte Schaffen Wagners. In der Bibliothek der Akademie stieß er auf eine von Franz Liszt zurückgelassene Partitur von *Rheingold*, die ihn wegen mancher harmonischer Einfälle, die er anderswo nicht vorfand, besonders fesselte. Der wie immer wohlgesinnte Professor Thomán bemerkte das neue Interesse Bélas, und so schenkte er ihm eine Partitur der *Walküre*, was den Jüngling zu weiterem Studium der Werke Wagners anspornte: In kurzer Zeit machte er sich mit dem ganzen *Ring*, dem *Tristan* und den *Meistersingern* bekannt, die er in dieser Zeit auch auf der Bühne der Budapester Oper erleben konnte. Gleichzeitig vertiefte er sich in die sinfonischen Werke Liszts. Diese Erfahrungen gaben zwar noch nicht den Impuls zu seinem eigenen Schaffen, brachten aber ein gewisses Ferment in seine musikalische Begriffswelt und bereiteten damit den Boden für seine weitere Entwicklung vor.

Vorläufig interessierte sich Béla weniger für die Komposition, sondern viel mehr für Probleme der Interpretation. Im ersten Studienjahr besuchte er fleißig die Konzerte weltberühmter Pianisten und kommentierte ihr Spiel mit großem Eifer in seinen Briefen an die Mutter. Er begeisterte sich für d'Albert (der Bach und Beethoven spielt) und Emil Sauer (in den Werken von Schumann, Chopin und Liszt), hörte Teresa Carreño und besuchte jeden Auftritt von Dohnányi. Natürlich versäumte er die Kammerkonzerte nicht, in welchen Ensembles wie das Joachim-Quartett, das Hubay-Popper-Quartett oder das berühmte Böhmische Streichquartett Vihans auftraten. Die virtuose Technik faszinierte ihn dermaßen, daß er das musikalisch wenig ehrgeizige Repertoire des zwanzigjährigen, aber in Europa schon berühmten tschechischen Violinisten Jan Kubelik verzieh und von seiner Darbietung des *Hexentanzes* von Bazzini gar berauscht war, was Thomán durchaus nicht billigte.

In dieser Zeit weckte Bélas pianistisches Talent schon allgemeines Interesse in der Akademie. Seine Aufführung des 1. Satzes des *Klavierkonzerts c-Moll* von Beethoven (mit Thomán am zweiten Flügel) bei dem Studentenkonzert am 31. März 1900 war die größte Attraktion des Abends. Knapp zwei Monate danach wurde ihm eine besondere Ehre zuteil; der weltberühmte Cellist David Popper (damals Professor der Budapester Musikakademie) schlug Béla vor, mit ihm öffentlich als Begleiter aufzutreten. Das Konzert fand am 18. Mai statt.

Leider machte sich Bélas schwacher Gesundheitszustand bald wieder bemerkbar und verursachte diesmal eine längere Unterbrechung der Studien. Kurz vor Ende der Ferien, die er in diesem Jahr mit seiner Mutter in Sankt Johann bei Herberstein in Österreich verbrachte, erkrankte er schwer an einer Lungenentzündung, hatte hohes Fieber und mußte dort, obwohl das neue Studienjahr nahte, noch einige Wochen verbleiben. Erst Mitte September kehrte er mit seiner Mutter nach Preßburg zurück, wo sich sein Zustand noch verschlechterte. An eine Rückkehr nach Budapest war natürlich nicht zu denken. Die Ärzte verordneten nach der Genesung einen längeren Aufenthalt in den Bergen und Vermeidung jeglicher Anstrengung. Im November begab sich der Rekonvaleszent unter dem Schutz seiner Mutter nach Meran in Südtirol, wo er bis zum 1. April 1901 verblieb.

Ab Januar durfte er schon etwas spielen, und der junge Musiker begann plötzlich – entgegen seiner kürzlichen Unlust zu komponieren – an einem neuen Werk zu arbeiten: *Variationen für Klavier* über ein Thema seiner Kollegin Felicitas Fábián. Diese solide ausgearbeitete und mehr intellektuelle als spontane Komposition zeugt noch nicht von einem plötzlichen Aufbruch seines Talents. Sie zeugt aber von handwerklicher Kunstfertigkeit und kompositorischer Routine in der Verwendung bekannter Formeln. Der übermäßige Gebrauch der Brahmsschen Akkordsatztechnik sowie der parallelen Terzen und Sexten wird hier schon zur fast unerträglichen Manier. Die Harmonik ist überwiegend sehr einfach und verrät deutlich eine Animosität gegen Modulationen, sämtliche Variationen sind darüber hinaus in e-Moll oder E-Dur geschrieben. An manchen Stellen finden sich dennoch Spuren seines Interesses für die Chromatik des späten Wagner und Liszts sowie einige Lichtblicke eigener Invention, wie in der originellen 6. Variation:

Die *Variationen* stehen nicht am Anfang einer neuen Serie von Bartóks Werken; nachdem sie fertig waren, stellte er das Komponieren wieder ein.

In die Akademie kehrte er kurz vor Ende des Studienjahres zurück, und im Herbst 1901 konnte er wieder, schon ohne Hindernisse, seine Studien bei Professor Thomán fortsetzen. Das Programm, an dem er übt, sieht effektvoll aus: Bach, die *Diabelli-Variationen* von Beethoven, *Variationen über ein Thema von Händel* und das *Konzert B-Dur* von Brahms, *8 Etüden* und das *Nocturne cis-Moll* von Chopin, *Irrlichter* von Liszt und, als repräsentativstes Werk, dessen *Sonate h-Moll*. Er erhielt ein Liszt-Stipendium, was seine materielle Lage etwas verbesserte, außerdem konnte er Privatstunden in Harmonielehre und Klavierspiel erteilen.

Am 21. Oktober, zum 90. Geburtstag Liszts, hatte Béla seinen ersten bedeutenderen Auftritt im Orgel- und Konzertsaal der Musikakademie; sein Vortrag der *Sonate h-Moll* war ein voller Erfolg und weckte Bewunderung bei den Rezensenten. Die Zeitung ‹Budapest Napló› berichtet über dieses Konzert: ‹Am Anfang spielte Béla Bartók die *Sonate h-Moll* von Liszt mit stählerner, gut entwickelter Technik. Dieser junge Mann entfaltet eine außerordentliche Kraft. Vor anderthalb Jahren war seine Gesundheit noch so schwach, daß ihn die Ärzte nach Meran sandten [...], jetzt donnert er auf dem Flügel wie ein kleiner Jupiter. Er ist heute der einzige Student in der Klavierklasse der Akademie, der den Spuren Dohnányis folgen kann.› Auch die musikalische Wochenschrift ‹Zenevilág› lobt seine ‹ausgezeichnete Technik und hervorragende Interpretation› und nennt ihn den ‹Stolz der Schule und ihrer Lehrer›.

Knapp zwei Monate danach, am 14. Dezember, gab Béla seinen ersten bezahlten Auftritt im Lipótvaros-Kasino, wo er unter anderem den *Erlkönig* von Schubert/Liszt sowie die *Etüde c-Moll* und das *Nocturne cis-Moll* von Chopin spielte. Das erste selbstverdiente Honorar – zehn goldene Zehnguldenmünzen – brachte er seiner Mutter als Weihnachtsgeschenk. Sein nächstes öffentliches Konzert, diesmal mit der Violinistin Erna Schulz, fand am 24. März 1902 im sogenannten Royal-Terem (Königssaal) statt; Béla spielte die *Nachtstücke* und *Aufschwung* von Schumann, ein *Impromptu* von Schubert sowie den *Erlkönig* und eine *Konzertetüde* von Liszt.

Auf diese Weise wurde der einundzwanzigjährige Bartók zum aufgehenden Stern der ungarischen Klavierkunst. Man prophezeite ihm eine große Karriere. Doch niemand konnte annehmen, daß in diesem zarten und schmächtigen Jüngling einer der führenden Komponisten des neuen, soeben angebrochenen Jahrhunderts heranwuchs.

ERWACHEN

Das Schaffen der ungarischen Komponisten an der Wende vom 19. zum 20. Jahrhundert war in keiner Weise Gegenstand des Interesses der Musikkritik in der Welt, noch eine Quelle, aus der man neue Impulse für die weitere Entwicklung der Musik erwarten konnte. Die Musikgeschichte dieses Landes stand bisher – sofern man vom Genie des in Ungarn geborenen Liszt absieht – abseits aller bedeutenden Ereignisse in der Musik, obwohl sie zweifellos der Welt eine nicht geringe Attraktion in Gestalt der populären ungarischen Tänze und Melodien geschenkt hat, die irrtümlicherweise mit der Folklore identifiziert wurden. Dieser Stil der bodenständigen populären Musik, der ein Konglomerat aus völkischen Elementen und türkischen sowie westeuropäischen Einflüssen war, hat sich im 18. Jahrhundert in Gestalt der gelegentlich komponierten ‹verbunkos›, der Werbungstänze, herausgebildet, die während des Anwerbens von Soldaten gespielt und getanzt wurden. Ihre besondere Eigenart faszinierte mehrfach die großen Wiener Komponisten (Beispiele sind hier das *Konzert für Cembalo D-Dur* von Haydn, das *Violinkonzert A-Dur* von Mozart, die Ouvertüre *König Stephan* von Beethoven) und leitete eine Welle der Musik ‹à l'hongroise› in der ganzen Welt ein. Nach 1800 entwickelte und bereicherte sich der Stil der ‹verbunkos› noch mehr, hauptsächlich dank so berühmter Geigenvirtuosen der Tanzmusik wie János Bihari, Antal Csermák und Márk Rózsavölgyi, von welchen der erste Zigeuner, der zweite Böhme und der dritte Jude war, und dank der Tätigkeit der Zigeunerensembles, die ihm ihre eigene Aufführungsmanier aufprägten. In der so entwickelten Gestalt und zusammen mit der reichen Csárdásliteratur hat sich dieser Stil bis heute erhalten und war viele Jahrzehnte lang die bewußte Manifestation des Nationalgefühls der Ungarn und für das Ausland die ‹ungarische Musik› schlechthin.

Selbstverständlich fand der Stil der ‹verbunkos› bald Eingang in das Schaffen ernster Komponisten, vor allem bei Ferenc Erkel (1810–1893), der die Merkmale dieses Stils mit der Form und dem Stil der italienischen Oper verband und so zum Schöpfer der ungarischen Nationaloper wurde, wodurch er eine ähnliche Bedeutung wie Moniuszko in Polen und Smetana in Böhmen hat. In gewissem Grad schöpften aus dieser Musikgattung auch die beiden führenden Instrumentalkomponisten dieser Periode: Mihály Mosonyi (1815–1870) und der aus Sachsen stammende Robert Volkmann (1815–1883). Das Schaffen dieser drei Komponisten behielt aber nur lokalen Wert. Das große und unwiederholbare Ereignis in der Musikwelt war Franz Liszt, aber hier wurde seine nationale Zugehörigkeit beanstandet: Von Kindheit an wuchs er in einem Milieu auf, in welchem kaum Ungarisch gesprochen wurde, im reifen Alter beherrschte er seine Muttersprache nicht mehr; als ‹Wunderkind› ging er zunächst nach Wien, wo er studierte, lebte dann viele Jahre in Paris, später in Weimar und vorübergehend in Rom. Von der Welt als Künstler-Kosmopolit angesehen, blieb er doch in seinem Bewußtsein immer Ungar, was er auch wiederholt manifestierte, und in seiner Musik knüpfte er gern an den Stil der ungarischen Melodien und Tänze an, allerdings in der Form, die ihm aus der Tätigkeit der Zigeuner bekannt war. In seinem späteren Lebensabschnitt kam er oft nach Ungarn, und im Jahre 1875 begründete er die Ungarische Musikakademie zu Budapest, deren Präsident er wurde.

In den Jahren, da Béla Bartók Student dieser Akademie war, hatte die zeitgenössische Musik Ungarns keine echten schöpferischen Talente zu verzeichnen. An Liszts Stil – eigentlich an den Stil seiner *Ungarischen Rhapsodien* – knüpften Arpád Szendy (1863–1922) und Béla Szabados (1867–1936) an. Zu den repräsentativen Komponisten dieser Zeit gehören: der Direktor der Akademie, Ödön Mihalovich (1842–1929), Autor von unter Wagners Einfluß geschriebenen Opern, und der Violinvirtuose Jenő Hubay (1858–1937), der Werke für Violine, Konzerte und Opern im Stil Vieuxtemps' und Massenets komponierte. Die größten Hoffnungen erweckte der junge Ernő Dohnányi, der allerdings auf sein Ideal – Brahms – versessen war. Das musikalische Milieu Budapests war streng konservativ und allen stilistischen Neuerungen, wie sie bei dem in Europa schon berühmten Richard Strauss zu erkennen waren, abgeneigt, von der extrem revolutionären harmonischen und Instrumentationstechnik des Franzosen Claude Debussy ganz zu schweigen. Diese Musik war im übrigen sogut wie unbekannt.

Als der Leiter und Dirigent der Budapester Philharmonie, István Kerner (1867–1929), ein sonst nicht besonders fortschrittlicher Musiker, sich schließlich entschloß, ein Werk von Strauss, die sinfonische Dichtung *Also sprach Zarathustra*, am 12. Februar 1902 aufzuführen, löste das einen wahren Sturm und großes Aufsehen aus. Diese Musik, keineswegs revolutionär und eher ein Abschluß der Romantik des 19. Jahrhunderts als ein Anfang einer neuen Epoche, wirkte auf die Zeitgenossen frisch und schockierend. Strauss knüpfte hier eben an die kühnsten (und kurz vorher noch heftig diskutierten) Merkmale des Stils von Liszt und Wagner an und führte sie ins Extrem, wenigstens was die quantitative Anhäufung der Effekte anbelangt; das Mosaik der Klangsequenzen und die überraschenden Kontraste, die immer neue, reiche Ausarbeitung der Motive, das alles weckte beim wenig bewanderten Hörer den Eindruck von Chaos oder sogar musikalischer Karikatur, ferner mußten die dichte Instrumentation, das aggressive, grelle Feuerwerk der Klangfarben in Verbindung mit einer bisher nie gekannten Dynamik und Gewaltsamkeit des Verlaufs die Ohren und den Geschmack derjenigen beleidigen, die die Würde der Klassiker und Brahms' priesen. Die Mehrzahl der Budapester Rezensenten kommentierten den *Zarathustra* in wenig schmeichelhaften Sätzen: ‹Ein höllischer Lärm, beispiellose Überspannung der Instrumente› ... ‹Aufmerksam, mit Interesse, niedergeschmettert, wieder lächelnd hörten wir diese allerneueste Musik›. ‹Das menschliche Ohr empfängt nur eine Gesamtimpression. Es kann nur eine Farbe feststellen. Zahlreiche Einzelschönheiten der Partitur bleiben nur auf dem Papier.› Da wurde Strauss Poesie und Herz abgesprochen, ein anderer empörte sich, daß man keine Tonika am Schluß des Werkes hört, der sich unentschlossen zwischen dem hohen H-Dur in den Violinen und Holzbläsern und dem C in den Bässen hin und her bewegt...

Der junge Béla Bartók, der diesem Konzert beiwohnte, erlebte indessen eine seiner größten Entdeckungen und Erschütterungen. Strauss riß ihn mit seiner Dynamik und Energie mit, imponierte ihm mit dem Schwung und der Phantasie in der Gestaltung des Verlaufs, der allen würdevollen Konventionen widersprach. In dem jungen Adepten der Komposition vollzog sich ein Umbruch. Die Berührung mit dieser Musik machte in ihm plötzlich eine neue Eigenschaft seiner Persönlichkeit frei; eine andere als die, welche ihn mit Beethoven und Brahms verband (und immer verbinden sollte): eine Eigenschaft, dank der er bald in einen Konflikt mit den bisherigen Regeln musikalischer Schönheit geraten wird und die ihn nach neuen, überraschenden ästhetischen Lösungen suchen läßt. In dieser Zeit konnte der Autor des *Zarathustra* für Bartók als ein kühner Neuerer und sein Stil als der einzige Ausweg aus der bisherigen Routine erscheinen. Voller Enthusiasmus begann er die sinfonischen Dichtungen von Strauss zu studieren, und da er sehr rasch im Partiturlesen war, kannte er sie nach kurzer Zeit sehr gut. Dieses Studium weckte in ihm erneut die Lust zum Komponieren; er fühlte, wie sich in ihm die schöpferischen Kräfte wieder regten.

Daneben bewegte Béla noch eine andere große Idee, die – obwohl nicht direkt mit der Musik verbunden – ein zusätzlicher Anreiz für sein Schaffen war. In dieser Zeit verbreitete sich in einem Teil der ungarischen Intelligenzkreise eine starke patriotisch-nationale Bewegung, die sich der dualistischen Form der Monarchie und der Verbindung mit Österreich und der damit gewissermaßen einhergehenden Germanisierung des Landes entgegenstellte. Verlangt wurde ‹reines Ungartum› in der Kultur und im täglichen Leben, man begann mit Vorliebe auf die nationalen Traditionen zurückzugreifen, die Geschichte und die patriotischen Lieder aus Rákóczis Zeit in Erinnerung zu bringen. Unabhängig von ihren politischen Auswirkungen fand diese Bewegung auf dem Gebiet der Kunst großen Widerhall. Béla wurde zu einem glühenden Befürworter dieser Bewegung und setzte sich konsequent das Ziel, eine ungarische Musik von deutlich nationalen Zügen zu schaffen.

Bartóks erstes Werk nach der erwähnten Unterbrechung waren die in diesem Jahr komponierten *4 Lieder* für Gesang und Klavier auf Gedichte von Lajos Pósa, einem ungarischen Dichter. Zum erstenmal wählte er keinen deutschen Text zur Vertonung und vermied es, dem deutschen Charakter der vokalen Lyrik in allem zu folgen. Er griff bewußt auf den melodischen Stil des bodenständigen volkstümlichen Liedes zurück und bemühte sich, ihn mit der neueren, erlesenen Harmonik zu verbinden. Die meisten ungarischen Merkmale mit den charakteristischen Synkopen

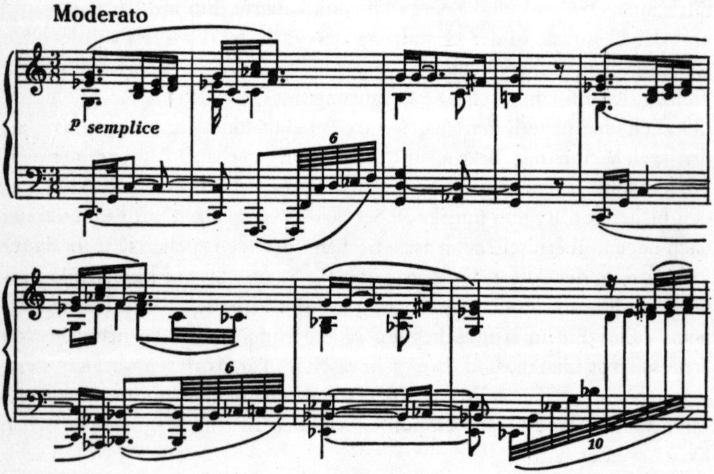

und ‹Zimbalpassagen› häufen sich im ersten Lied *Herbstwind* (Ősziszellő), das er auch für Klavier solo bearbeitet hat (vgl. Beispiel auf Seite 40).

Das originellste Lied in diesem Zyklus ist zweifellos das dritte – *Es gibt kein Leid, wie das meine* (Nincs olyan bú)-, das harmonische Mittel enthält, die man nur bei den extremen Vertretern der Neoromantik, Liszt und Strauss, finden kann. Wie zu sehen ist, hat der junge Komponist die Treue zu Brahms' Grundsatz von den einfachen Funktionsbeziehungen in den Akkordverbindungen aufgegeben:

Wenn auch das allgemeine Niveau der Lieder auf die Gedichte von Pósa sich kaum über das jugendliche Schaffen Bartóks erhebt, so sind sie doch ein Wendepunkt: Von dem Moment an können wir von Bartók als einem ungarischen Komponisten sprechen, und von diesem Moment an läßt sich sein langsamer, aber konsequenter Weg verfolgen, der ihn nach Jahren zu einem gänzlich originellen und von Grund auf revolutionären Stil führen wird. Diese Lieder sind auch die erste Komposition, die im Druck erschien (1904).

Die intensive Beschäftigung mit Strauss weckte das Verlangen, auch Orchesterwerke zu schreiben. Doch sollte das nicht unvermittelt eine ‹avantgardistisch› zugeschnittene sinfonische Dichtung nach Maß eines

Zarathustra oder eines *Till Eulenspiegel* sein. Solche Gedanken verlegte Béla auf später; vorderhand wählte er die klassische Form der Sinfonie, um die nötigen Fähigkeiten und die Ungezwungenheit in einer bisher nicht gepflegten Musikgattung (abgesehen von einigen kleinen Skizzen) zu gewinnen wie auch um den Anforderungen von Professor Koessler gerecht zu werden, und so skizzierte er kurz einen traditionellen thematisch-harmonischen Kompositionsplan. Diese Arbeit war Ende 1902 fertig. Obwohl Professor Thomán, dem er zwei Sätze seines Werks auf dem Klavier vorspielte, begeistert war, insbesondere von dem *Scherzo* (er drückte seinen Lieblingsschüler zweimal ans Herz: einmal für die Komposition, zum zweitenmal für den Vortrag), zeigte der Kompositionslehrer Koessler keinen besonderen Enthusiasmus. Bedenklich schien ihm das *Adagio*, doch sei eine der Schwächen der modernen Komponisten die, daß sie keine Adagios produzieren könnten, er könne das also auch nicht von Bartók verlangen, und er erlaubte ihm, das Werk zu vollenden.

Die *Sinfonie* war wirklich kein ganz gelungenes Werk, was der Autor wahrscheinlich selbst einsah, denn er gab die Niederschrift der Partitur auf. Es war wohl auch nicht eine ganz aufrichtige, sondern bewußt kompromißlerische Komposition, deren stilistische Spannweite von Beethoven über Brahms bis zu gewissen geringen Einflüssen von Strauss reichte. Strauss kann man wohl den Anfang und das Hauptthema im *Allegro* zuschreiben, das energisch in die Höhe strebt, obwohl es im Bau der Intervalle doch sehr herkömmlich ist:

Dasselbe gilt auch von manchen Motiven in den Mittelpartien des *Adagios* und des *Scherzos*. Das von Koessler so kritisierte *Adagio* besitzt bestimmt einen schönen, obzwar stereotypen, romantischen Anfang; in seinem weiteren Verlauf zeigt es banale Längen, die am besten davon zeugen, daß diese typische Schularbeit für Bartók kein tiefgreifender schöpferischer Akt war. Dieser Satz wurde im Jahre 1961 (die Sätze 1 und 4 im Jahre 1966) von Denijs Dille bearbeitet und instrumentiert. Bartók selbst hat, im Jahre 1903, nur das *Scherzo* instrumentiert und es damals als ein selbständiges Werk behandelt. Es ist übrigens der am besten gelungene Satz der ganzen *Sinfonie;* hier kamen zum erstenmal das lebhafte Temperament des jungen Ungarn und seine Vorliebe für scharf pulsierende Rhythmen zu Worte. Doch von Originalität kann noch nicht gesprochen werden; der schnelle gleichmäßige Dreivierteltrhythmus in den Violoncelli und Kontrabässen erinnert an das Scherzo aus der *9. Sinfonie* von Beethoven, und das vor diesem Hintergrund gespielte melodische Thema hat viel von der Atmosphäre der ‹ungarischen› Sätze in Brahms' Konzerten:

Beide Werke – die *Lieder* und die *Sinfonie* – waren ein Zeugnis des wiederaufgelebten Schaffensdranges des jungen Bartók, doch bilden sie in Wirklichkeit den Auftakt zu seinem eigentlichen Schaffen, das nun bevorstand: Das Talent des Komponisten war schon ausreichend herangereift und sollte bald die erste wertvolle Frucht zeitigen.

Die Bewunderung für Strauss, die Béla ostentativ unterstrich, indem er immer seine Partituren zur Hand hatte und sie auf dem Klavier in der Akademie vortrug, brachte ihm bald den Ruf eines Musikers von ausgesprochen avantgardistischen Neigungen ein. Von diesem Ruf erfuhr auch eine Persönlichkeit, deren Ehrgeiz es war, Künstler, insbesondere junge und an zeitgenössischen Problemen interessierte Künstler, um sich zu scharen, und die dank ihrer Intelligenz und Musikalität in der Lage war, die Begabung der Menschen, mit denen sie zu tun hatte, richtig zu beurteilen. Diese Persönlichkeit war Emma Gruber, die Frau eines reichen Kaufmanns (und in Zukunft Gattin des viel jüngeren Zoltán Kodály), die in den ersten Jahren des 20. Jahrhunderts einen musikalischen Salon führte und in diesen Musiker von Rang wie Thomán, Mihalovich und Dohnányi einlud. Dort fand sich natürlich auch Bartók ein, über den Frau Gruber viel von Thomán gehört hatte und den sie im November 1902 um Erteilung von Privatstunden in Kontrapunkt bat. Der junge Musiker war bald eine der größten Attraktionen des Salons und imponierte den Versammelten durch seine hervorragende Begabung im Partiturlesen. Wenn er aber ein Orchesterwerk gründlich kannte, war das angebliche ‹Partiturlesen› in Wirklichkeit nur noch eine denkwürdige pianistische Leistung. So war es beispielsweise mit der Wiedergabe der *Sinfonie op. 9* von Dohnányi, die den Gästen so sehr gefiel, daß der Pianist gezwungen war, nach dem Tee die ersten drei Sätze noch einmal vorzutragen.

Einige Wochen nach dieser Begebenheit trat Béla mit einem neuen Werk im Salon auf: Diesmal erkühnte er sich, die größte sinfonische Dichtung von Strauss, *Ein Heldenleben*, in eigener Klavierübertragung zu spielen.

Das war ein ganz ungewöhnlicher Auftritt; die Anwesenden, darunter auch Musiker, stellten übereinstimmend fest, daß sie einen so blendenden konzertanten Vortrag eines immerhin sehr schwierigen sinfonischen Werkes durch einen Pianisten noch nie gehört hätten. Béla wurde nach einigen Tagen gebeten, diese Aufführung in der Akademie vor den versammelten Professoren zu wiederholen. Er spielte fast auswendig und erntete sehr großen Applaus, sogar Koessler hielt mit seiner Bewunderung für das großartige Spiel nicht zurück, aber das *Heldenleben* selbst tadelte er. (‹Natürlich! jeder Mensch kann ja seine eigene Meinung haben› – schrieb Béla seiner Mutter.) Viktor Herzfeld, Professor für Theorie und Mitglied (2. Violine) des Hubay-Popper-Quartetts, behauptete, daß diese glanzvolle Transkription des Werkes eines heute in der ganzen Welt bekannten Komponisten es wert sei, auch außerhalb Budapests vorgeführt zu werden. Kurz danach, während eines Aufenthaltes in Wien, sprach er mit Ferdinand Löwe, einem führenden österreichischen Dirigenten, und dieses Gespräch zeitigte unerwartet ein sehr schnelles Ergebnis: Ein Auftritt Bélas im dortigen Tonkünstlerverein wurde noch im selben Monat anberaumt.

Das Konzert fand am 26. Januar 1903 statt und war der erste Auftritt Bartóks außerhalb des Landes. Die ‹Neue Freie Presse› schrieb über dieses Ereignis: ‹Auf dem letzten Konzert im Wiener Tonkünstlerverein weckte Herr Béla Bartók durch seine für alle überraschende Aufführung seiner Klavierübertragung des *Heldenlebens* von Richard Strauss großes Aufsehen. Der junge, sympathische Künstler, ein ausgezeichneter Virtuos und gediegener Musiker, hat dieses höchst komplizierte Werk des heute so berühmten Komponisten tief ergründet und es auf dem Klavier so vorgetragen, als wenn es sein eigenes Erlebnis wäre. Sowohl die Kunstfertigkeit als auch die Frische und Unmittelbarkeit dieser beachtenswerten Kreation haben stürmischen Beifall hervorgerufen.› Noch nach Jahren erinnerte man sich in Wien an dieses Konzert. Und als am 28. März die Budapester Philharmonie ihrem Publikum den *Macbeth* von Strauss vorführte, verlangte ein Kritiker die Wiederholung dieses Werkes in der Interpretation des Herrn Bartók...

Indessen ging Bartók, wie nie bisher, ganz in seinem eigenen Schaffen auf. Im Januar desselben Jahres komponierte er ein großes Werk für Klavier, die *Etüde für die linke Hand*, in welcher er, trotz der selbstgewählten Einschränkung, sehr viele virtuose Effekte anwandte. (‹Klingt, als wenn ich sie mit drei Händen spielte› – schrieb er selbst über die Etüde.) Entgegen dem bescheidenen Titel ist das Werk ein ausgebautes Sonatenallegro.

Die Beschäftigung mit den sinfonischen Dichtungen von Strauss ist hier nicht ohne Echo geblieben. Das 1. Thema der *Etüde* ist von deutlich Straussscher Art. Hier fällt der charakteristische Bau der Intervalle auf: Die Melodie zerlegt sich nicht so nachdrücklich in hergebrachte Terzen und Dreiklänge (wie im Thema der *Sinfonie*), sondern akzentuiert eher deutliche Quartenzellen, deren typische Struktur aus kleiner Terz und großer Sekunde (d–f–g, f–g–b) oder sogar aus einfachen Quartfolgen (f–b–es) besteht:

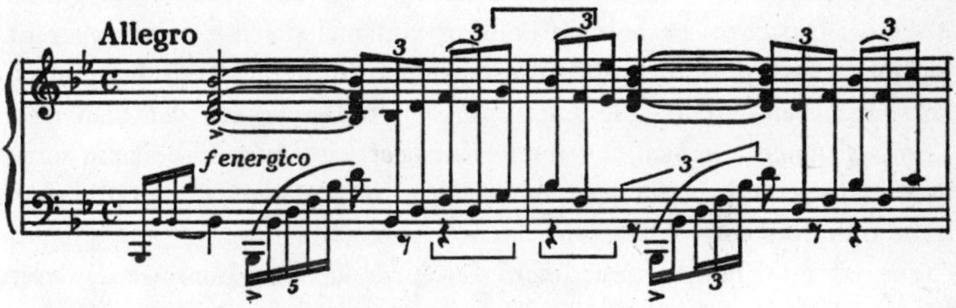

Dieser Typ einer frischen, unkonventionellen Motivik im Rahmen der diatonischen Melodie, verbunden sowohl mit der Pentatonik als auch mit der verteilten Quartenharmonik, mußte Bartók in Strauss' *Heldenleben* frappieren (Hauptthema des ‹Helden› oder das Motiv des ‹Heldenkampfes›); Bartók mag schon damals darin den Weg zur Auffrischung der Melodie und Harmonie instinktiv herausgefühlt haben, einen Weg, den er weiter verfolgte, indem er aus dieser anscheinend kleinen Einzelheit folgerichtige Konsequenzen zog.

Die *Etüde für die linke Hand* entbehrt auch der nationalen Akzente nicht. Die Melodie im 2. Teil des Themas verwertet den für die volkstümliche ungarische Musik typischen Effekt der direkten Nachbarschaft großer und kleiner rhythmischer Werte (Viertel und Sechzehntel) und enthält auch die so typische Schlußwendung mit Quartausschlag (c–f–c). Auch fußt sie auf der Zigeunertonleiter (b–c–des–e–f–ges–a–b), die damals allgemein als ein Element des ungarischen Stils aufgefaßt wurde. Das Motiv der Zigeunerskala ist für Bartók auch ein rein klanglicher Effekt, wovon die Einführung der Septdominante f–a–c–e (anstatt es) sowie der – schon sehr Bartóksche – Teil der Durchführung zeugen, in welchem absteigende Tritonusschritte: g–e–cis, e–his–ais, cis–gis–g exponiert werden.

Abgesehen von diesen, der Hervorhebung werten klanglichen Einzelheiten (die übrigens in der spätromantischen Konvention Strauss' und Liszts enthalten sind) ist die *Etüde* zu einem Großteil ein traditionelles Werk, das noch viel von der Satztechnik und Harmonik Brahms' aufweist. Nichtsdestoweniger ist es schon unverkennbar das Werk eines großen Talents: Die darin enthaltene Ballung von melodisch-harmonischer Erfindung, die Finesse der Form, insbesondere in der motivischen Durchführungsarbeit, stellen die *Etüde* weit über das Niveau der bisherigen Kompositionen Bartóks. Der junge Künstler legte bereits Beweise seines hohen Flugs im Rahmen der überlieferten Konventionen ab; jetzt beginnt seine Individualität hervorzubrechen.

Die István Thomán gewidmete *Etüde für die linke Hand* ist das erste Werk Bartóks, das allgemeine Anerkennung fand; sogar der strenge Koessler hatte hier nichts zu beanstanden. Kurz danach lernte Bartók bei Thomán den berühmten polnischen Pianisten Leopold Godowski kennen, der ständig in Berlin wohnte und der, nachdem er die *Etüde* gehört hatte, die prophetischen Worte sprach: ‹Aus dem wird etwas Großes.› Godowsky kritisierte eine Kleinigkeit an der Komposition, was Béla als richtig befand und verbesserte.

Einige Tage nach dieser Begegnung, am 8. Februar, war ein neues Werk, die *1. Fantasie* für Klavier, abgeschlossen; sie war Frau Emma Gruber gewidmet. Diese Widmung war kein Zufall, denn Frau Gruber galt als eine Persönlichkeit, die alle modernistischen Neigungen Bélas heiß unterstützte. Das Werk selbst ist im Vergleich zur *Etüde* ein großer Schritt vorwärts, es repräsentiert die Quintessenz dessen, was derzeit als Neuerertum in der Musik galt. Äußerlich knüpft hier der Autor an Brahms, konkret an sein *Intermezzo es-Moll op. 118*, an, dessen charakteristische Gestalt der Klangfiguration er übernimmt. Doch ist dies keine rein mechanische Nachahmung, sondern schöpferische Eingebung: Bartók zieht aus dem originellen Stil dieses Werkes seine eigenen, kühneren Konsequenzen, indem er die Gestalt der Arabeske und die Veränderlichkeit kleiner rhythmischer Relationen in beiden Händen noch kompliziert; er verwendet nicht nur Quintolen, Sextolen und Septolen, sondern teilt das Viertel sogar in neun oder zwölf Noten auf. In der Harmonik verbindet er zwei neuartige Haltungen der Spätromantik, die er noch verschärft: den Brahmsschen Grundsatz der Übereinanderlagerung einfacher Klangschichten, was vertikal zu vorübergehenden dissonanten, bifunktionellen Reibungen führt, und die von Liszt und Wagner eingeführte (von Strauss fortgesetzte) Chromatik und die außerdominantischen Akkordbeziehungen.

An Chromatik bringt die *Fantasie* sehr viel, mehr als jedes andere bisherige Werk Bartóks, und wenn auch der tonale Plan der Komposition klar ist, so finden sich doch viele ‹indirekte› Funktionsbeziehungen und anscheinend freie Akkordfolgen. Der Anfangsabschnitt des Werkes fußt auf aufeinanderfolgenden, sich langsam verändernden Akkordfigurationen; G^7–f–Des–G–G^7–C^9–b–Ges–Es, unter welchen die authentische Tonika (c-Moll) nicht erscheint, obwohl man ihre Gegenwart herausspürt. Die Brahmsschen bifunktionellen Effekte wiederum verursachen häufig scharfe Dissonanzen, wie zum Beispiel das Ineinandergreifen zweier Schichten paralleler Terzen:

Die *Fantasie* beginnt – nach den Figurationen in der linken Hand – mit dem Zusammenklang von Tritonus und Quinte: f–h–fis, der sofort im g seinen Unterbau erhält, wobei es sich zeigt, daß fis Vorhalt zu f ist. Es handelt sich aber hier um den reinen Klangeffekt, der weiter in ausgebauter Form wiederkehrt und vorübergehend den Eindruck einer tonalen Spaltung zweier Klangschichten erweckt. Der weitere Verlauf zeugt ebenfalls von einem großen Klangraffinement.

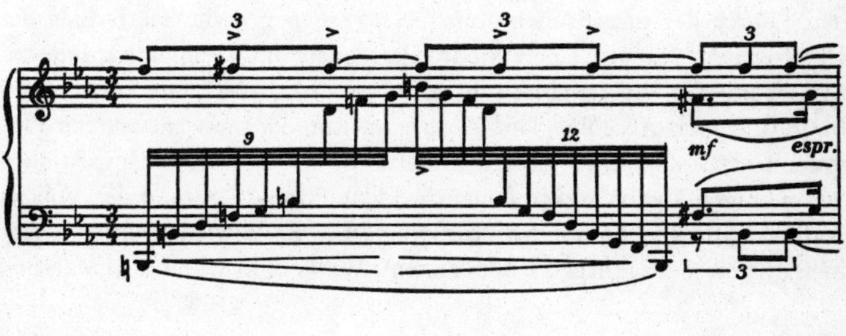

Auf diese Weise rückte der junge Bartók, indem er an die neuartige Harmonik des letzten halben Jahrhunderts schöpferisch anknüpft, auf einmal in die erste Linie der damaligen neoromantischen Avantgarde auf. Die *1. Fantasie* besitzt schon zweifellos individuellen Ausdruck und das für den frühen Stil Bartóks charakteristische dunkle, herbe Kolorit. Sie ist auch das erste Werk, in dem sein echtes Pathos zu Worte kommt.

Eine ähnliche stilistisch-klangliche Einstellung repräsentiert das im März 1903 komponierte Lied *Abend (Est)* zu einem Text von Kálmán Harsányi. Die ernste und etwas unheimliche Stimmung verbindet sich hier mit einer gewählten nachwagnerschen Chromatik und Harmonik; es ist eines der besten Lieder Bartóks, auch wenn man seine späteren Werke dieser Musikgattung berücksichtigt.

Die weiteren Kompositionspläne Bélas betreffen schon größere Formen. Im Februar begann er die *Violinsonate* zu schreiben, und Anfang April nahm er schließlich die Durchführung eines Vorhabens in Angriff, das ihm schon seit einem Jahr vorschwebte: eine sinfonische Dichtung für großes Orchester unter Verwertung der modernen Errungenschaften Richard Strauss'. Zu diesem ehrgeizigen Werk spornte ihn schon allein das Thema an, welches er wählte und in welchem er seinen ganzen fanatischen Patriotismus und seine ihn damals ganz in Anspruch nehmende politische Idee einschloß. Der Titel des Werkes – *Kossuth* – bezieht sich auf den ungarischen Nationalhelden und Republikaner Lajos Kossuth, den Führer des ungarischen Aufstands 1848 gegen die Herrschaft der Österreicher, der mit einer Niederlage endete und schließlich mit der Errichtung der österreichisch-ungarischen Monarchie unter den Habsburgern seinen Abschluß fand. Das vom Komponisten entworfene Programm der sinfonischen Dichtung sollte die Sehnsucht der Ungarn nach der einstigen Unabhängigkeit, den heldenmütigen Aufstand des Volkes, den dramatischen Kampf und sein tragisches Ende wiedergeben. Unabhängig von dem Ehrgeiz, mit diesem Werk den Stil der ‹modernen ungarischen Musik› zu schaffen, hatte Bartók ihm zweifellos eine konkrete ideologische Funktion, man könnte sagen, sogar eine agitatorische Funktion zugedacht. Um die Hörer emotionell zu beeinflussen, entschloß er sich, die österreichische Nationalhymne *Gott erhalte* (aus dem C-Dur-Quartett von Haydn), die für die Ungarn das verhaßte Symbol des österreichischen Joches war, verunstaltet zu zitieren und das Werk selbst mit einem erschütternden Trauermarsch zu beenden, was dem Werk inhaltlich eine stärkere Aussage als jeder wörtliche Kommentar verlieh.

Im Bewußtsein seiner Rolle trug Béla in dieser Zeit demonstrativ die ungarische Nationaltracht. (Im Mai schrieb er der Mutter: ‹Gestern ist es zum erstenmal vorgekommen, daß ich auch jemand anderen in ungarischem Gewand gesehen habe: einen jungen Mann. Ich würde mich sehr freuen, wenn diese Mode um sich griffe, denn allein fühlt man sich in dem Anzug so verwaist.›) An seiner Komposition arbeitete er mit so großem Eifer, daß er darüber beinahe das Üben auf dem Klavier vergaß, was Thomán großen Kummer bereitete. Nach zwei Monaten war das Werk in der Klavierfassung fertig, und der junge Autor trat an seine Orchestrierung heran.

Im Juni kam es zu einem wichtigen Ereignis: Durch einen Professor der Akademie wurde Béla mit dem aus Ungarn stammenden hervorragenden Dirigenten Hans Richter bekannt, der einst bei Wagner in Bayreuth gewirkt hatte und in dieser Zeit das berühmte Hallé-Orchester in Manchester leitete. Richter, der gern ungarische Musik aufführte (im Jahre 1902 dirigierte er die *Sinfonie* von Dohnányi), interessierte sich sehr für *Kossuth* und setzte, obwohl die Partitur noch nicht fertig war, diese sinfonische Dichtung sofort auf das Programm seines Orchesters in der kommenden Saison. Von diesem unverhofften und ehrenvollen Vorgang beglückt, schrieb Béla sofort seiner Mutter: ‹Liebe Mama, auf einen so glänzenden Erfolg war ich wahrhaftig nicht vorbereitet. Und was das Erfreulichste ist, daß ihm eben meine Komposition so gefiel und just *Kossuth*. Ich freue mich nicht nur meinetwegen, sondern auch, daß ein Musikwerk ungarischen Themas und Stils, also in jeder Hinsicht ungarisch, in England zur Aufführung kommt und den Ruhm unseres größten Landsmanns verkündet und unseren gegen Österreich gehegten Gefühlen Ausdruck verleiht. Unter anderem gefiel Richter der Gott-erhalte-Teil ungemein. Während des Spieles sagte er: «Bravo, großartig.» Nach dem Spiel bemerkte er, dieser Teil sei antidynastisch, und diese Tatsache gefiel ihm auch sehr. Richtig! noch etwas: *Kossuth* kann er nur in dem Falle aufführen, wenn es gut instrumentiert ist. Wir wollen hoffen, es wird gut werden.›

Das war bestimmt eine ganz außergewöhnliche Lage: Ein junger, angehender Komponist schrieb die Partitur zu seinem ersten sinfonischen Werk, auf die ein berühmtes europäisches Orchester wartete, das von einem der prominentesten Dirigenten jener Zeit geleitet wurde.

Hans Richter war einer der ersten, die in Bartók die große schöpferische Begabung entdeckten. Béla war als Pianist schon weithin bekannt, als er das Interesse für seine kompositorische Tätigkeit zu wecken begann, die für viele wohl eine Überraschung war. Am 27. März 1903 gab er in Budapest einen Klavierabend; neben Werken von Chopin und Brahms spielte er zum erstenmal seine *1. Fantasie*. Der Rezensent der Tageszeitung ‹Pesti Napló› fertigte sie mit ein paar bemängelnden Worten ab, wahrscheinlich fand er es nicht nötig, mehr Aufmerksamkeit dem Werk eines Pianisten zu widmen, dessen Spiel er weiter aber sehr lobt: ‹Béla Bartók spielte als erstes eine eigene Komposition. Obgleich sie ein künstlerisches Werk ist, ist sie nicht vollkommen. In der Reihe der Stimmungen sind gähnende Lücken, und die Kraft ist nicht ausdauernd. Von viel größerer Wirkung war Bartóks musikalische Rezitation der herrlichen Werke von Brahms und Chopin...›

Als Pianist und Komponist trat Béla auch in seiner Geburtsstadt Nagyszentmiklós auf, wo er zu Ostern, am 14. April, ein öffentliches Konzert, das erste in der Geschichte des Ortes, gab. Das Programm umfaßte Schubert, Schumann, Chopin (unter anderem *Ballade g-Moll*), Liszt, Saint-Saëns sowie seine *Etüde für die linke Hand* und die *1. Fantasie*. Die Einwohner von Nagyszentmiklós hatten die Familie Bartók noch gut in Erinnerung, und der Ruhm ihres Landsmanns erfüllte sie mit Stolz; sie besetzten den Saal bis auf den letzten Platz und beschenkten den jungen Künstler mit einer Menge Blumen. Während dieses Aufenthaltes machte er die nähere Bekanntschaft mit den Töchtern des Bezirksrichters in Nagyszentmiklós, Irmy und Emsy Jurkovics, die Bartók umschwärmten. Von ihnen erhielt er kurz nach seiner Rückkehr einen Brief: ‹Seitdem Sie weg sind – «still ist alles, stille» [eine Andeutung auf die letzte Zeile des Liedes *Abend*] ...Noch kein einziges Mal ist der Tag zu Ende gegangen, ohne daß wir dem *Abend* und der *Fantasie* nicht wenigstens kurze Zeit gewidmet hätten.› Bei Irmy handelte es sich um ein tieferes Gefühl, das sie wohl noch ziemlich lange für Béla hegte, mit dem sie sich später in Budapest noch manchmal traf.

Am 8. Juni fand in der Akademie ein von den Studenten organisiertes Wohltätigkeitskonzert statt, auf welchem Bartók mit eigenen Kompositionen auftrat: Er spielte die *Etüde* und die *Fantasie* und trug mit Sándor Koszegi den 3. Satz der (noch nicht beendeten) *Violinsonate* vor. Zwei Wochen zuvor hatte er auf einem Schülerkonzert die *Spanische Rhapsodie* von Liszt mit größtem Erfolg vorgetragen. Das waren seine letzten Auftritte in der Akademie als Student. In diesem Jahr schloß er seine vierjährigen Studien ehrenvoll ab, er brauchte sogar keinerlei Prüfungen abzulegen, da die Professoren es einstimmig für überflüssig erklärten. Wer ihn kannte, war sich bewußt, daß hier ein Künstler die Akademie verließ, der bald ihr größter Stolz sein würde. Sein kompositorisches Talent, das er in diesem Jahr öffentlich zu erkennen gab, weckte immer größere Aufmerksamkeit. Die in Budapest erscheinende Musikzeitschrift ‹Zenevilág› brachte im Heft vom 2. Juli 1903 einen Leitartikel mit der Überschrift ‹Béla Bartók› über seinen Lebenslauf, in dessen Einleitung es hieß: ‹Es ist Zweck und Aufgabe dieser Zeilen, das musikliebende, gebildete ungarische Publikum auf diesen phänomenalen und genialen jungen Mann aufmerksam zu machen, dessen Namen heute nur wenige kennen, der aber, wie wir glauben, zu einer großen und glänzenden Rolle in der Geschichte der ungarischen Musik berufen ist.›

Den Juli verbrachte Béla mit der Mutter in Passail (Steiermark), wo er die *Balladen* und *Nocturnes* von Chopin einstudierte, den *Kossuth* instrumentierte und mit Richter in einem regen Briefwechsel über das Datum und Programm seines Konzertes in England stand, in welchem er auch als Pianist auftreten sollte. Für die zweite Augusthälfte und den September reiste er nach Gmunden in Oberösterreich, wo die Budapester Musiker, unter anderen Mihalovich, Koessler und Dohnányi, in den Ferien weilten; dort sollte er absprachegemäß bei Dohnányi Interpretationsstunden zu Beethoven nehmen. Das waren außerordentlich arbeitsreiche Ferien. Béla stand am Vorabend seiner Karriere: Im Winter sollte der große Start erfolgen, zu welchem er sich sehr gewissenhaft vorbereitete. Es schickte sich so, daß ihm in dieser Zeit drei wichtige europäische Auftritte bevorstanden: in Wien mit Ferdinand Löwe (der ihm schon früher den Auftritt mit dem *Heldenleben* von Strauss ermöglich hatte), ein Klavierabend in Berlin (von der Konzertdirektion Wolff organisiert) und das schon erwähnte Konzert mit Richter. Darüber hinaus sollte der *Kossuth* an zwei Orten aufgeführt werden: Nachdem der Direktor der Budapester Philharmonie, István Kerner, von dem beabsichtigten Konzert in Manchester erfahren hatte, plante er eine noch frühere Uraufführung des Werks mit seinem Orchester. Béla mußte in großer Eile die Partitur beenden, die er in zwei Exemplaren ausfertigte. Schließlich folgte er noch einer besonderen

Bitte seines Professors und instrumentierte das *Scherzo* aus der vorjährigen *Sinfonie;* es sollte an einem Konzert mit Kompositionen der Schüler Koesslers zur Aufführung gelangen.

Während des Aufenthalts in Gmunden wurden auch die Arbeiten an der *Violinsonate* und einem neuen Werk, dem *Scherzo* für Klavier, abgeschlossen. Unter den in Gmunden weilenden Musikern weckte natürlich die Partitur zu *Kossuth* das größte Interesse, sogar Koessler lobte sie und befand, sie sei sehr gut, vollkommen modern instrumentiert und würde ausgezeichnet klingen. Nur Dohnányi war nicht begeistert, unterstrich jedoch, daß der Schluß das Beste sei. (‹Zweifellos deshalb, weil man dann hoffen kann, daß es bald zu Ende geht› – stellte Béla ironisch fest.) Die beiden gern miteinander verkehrenden jungen Männer hatten in vielen Dingen ganz entgegengesetzte Ansichten, vor allem über Strauss und in politischen Fragen. Béla konnte Ernő den Mangel an Patriotismus nicht verzeihen. In dieser Zeit erlebte er selbst eine Kulminationsphase seiner politischen Überzeugungen, Béla war aggressiv und fanatisch. Er ließ sich von seinem Temperament dazu hinreißen, seine Überzeugungen auf Schritt und Tritt zu manifestieren. Er benutzte Briefpapier mit aufgedruckter ungarischer Krone und dem Wappen, darüber die erste Zeile der ungarischen Nationalhymne ‹Gott segne den Ungarn...›; in einem Fall fügte er eigenhändig hinzu: ‹...und rette ihn vor der Familie Habsburg. Bloß steht es nicht einmal in Gottes Macht, letzteres zu tun...› Auf das Papier seines Briefes an die Mutter zeichnete er das sogenannte Kossuth-Wappen, ohne Krone, und schrieb darüber: ‹Nieder mit den Habsburgern!› Aufgewachsen in einem Haus, in welchem mit Rücksicht auf die Abstammung der Mutter (die sich aber von Kindheit an als Ungarin fühlte) auch Deutsch gesprochen wurde, lehnte er sich jetzt gegen den Gebrauch dieser Sprache auf, deren sich – nach seiner Meinung – die Ungarn nur zu gern bedienten, um als gebildet zu gelten. Unter dem Eindruck einer Diskussion mit Dohnányi schrieb er in pathetischem Ton an die Mutter: ‹Ich meinerseits werde auf allen Gebieten meines Lebens immer und in jeder Weise nur einem Zweck dienen: dem Wohle der ungarischen Nation und des ungarischen Vaterlandes. Ich denke, daß ich auch bisher diese Absichten durch meine weniger bedeutenden und auch wichtigeren Taten bewiesen habe, soweit meine bescheidenen Kräfte dazu ausreichten. Leider wäre auf diesem Gebiete in meinem eigenen Heim auch so manches zu verbessern. [...] Verbreitet, propagiert die ungarische Sprache mit Wort, Tat und Rede! Sprecht ungarisch miteinander!!! Ich würde mich wirklich sehr schämen, wenn mich zum Beispiel in Pozsony oder vielleicht später in Budapest ein Bekannter besucht, dem meine Gesinnung bekannt ist und der zufälligerweise hört, daß Ihr miteinander deutsch sprecht – und auch mich vielleicht so anredet. Der würde mich wahrhaftig für einen Maulhelden halten. Du führst zu Deiner Entlastung an, daß Du Dich schon daran gewöhnt hast, mit Tante Irma deutsch zu sprechen. Das ist eine annehmbare Entschuldigung, aber zugleich das Resultat einer nicht mehr gutzumachenden Unterlassung. Warum habt Ihr Euch in Eurer Jugend nicht an das ungarische Wort gewöhnt? Tante Irma lebte doch lange Zeit im Komitat Békés; dort wird sie wohl unsere Sprache so einigermaßen erlernt haben, und das weitere hättest Du fortsetzen müssen. Genau so, wie Du Dir später *angewöhnt hast*, mit uns deutsch zu reden, damit wir die deutsche Sprache lernen, hättest Du Dir angewöhnen müssen, mit Tante Irma ungarisch zu sprechen, damit sie das Ungarische erlernt.

Aber was rede ich da zusammen!! Die deutsche Sprache ist ja für jedermann in Ungarn obligatorisch und notwendig; es schadet dabei nichts, wenn man nebenbei auch noch (ein wenig) Ungarisch sprechen kann!›

Die jugendliche, etwas naive Hartnäckigkeit, mit welcher der zweiundzwanzigjährige Bartók seine zu den damaligen Bedingungen bestimmt edle Idee verteidigt, wird sich bald auf ein für ihn viel wichtigeres Gebiet verlagern. Aber ein Patriot wird Bartók immer bleiben, ebenso wie ein Gegner des Chauvinismus, dem er in jenen Jahren doch etwas huldigt.

Die am 18. August in Gmunden fertiggestellte sinfonische Dichtung *Kossuth* ist dasjenige Werk Bartóks, in dem der Einfluß Strauss' am stärksten zum Ausdruck kommt. Das betrifft hauptsächlich den Klang des Orchesters, aber auch die Faktur der Stimmen sowie die eigenartige Entwicklung der Themen. Die Ähnlichkeit mancher Stellen mit der Musik Strauss' ist mitunter geradezu auffallend. Doch ist das keine restlose Abhängigkeit; es finden sich auch Beziehungen zu den sinfonischen Dichtungen Liszts und auch gewisse ausgeprägt individuelle Merkmale. Wenn im *Kossuth* etwas unwiederholbar ist, dann ist es vor allem das emotionale Klima und die Stimmung in eigentümlich balladesk-rhapsodischem Ton. Das Werk dauert zwanzig Minuten und besteht aus zehn mit Überschriften versehenen ‹Bildern›, die attacca gespielt werden und deren veränderliche Stimmung den epischen Charakter der Musik unterstreicht. Bei all dem garantiert der thematische Zusammenhang und die stark entwickelte, übrigens ausgezeichnete Durchführungsarbeit dem Werk seine Geschlossenheit und entwicklungsfähige Form, die bei einer gewissen Toleranz auch im Schema der Sonatenform ihren Platz finden könnte.

Der 1. Teil (*Kossuth*) zeigt das Hauptthema des Werkes, das in seiner Zeichnung und seinem Klang (Hörner!) sehr an Strauss erinnert, dabei aber original, man ist versucht zu sagen, schöner als die Themen dieses Komponisten ist:

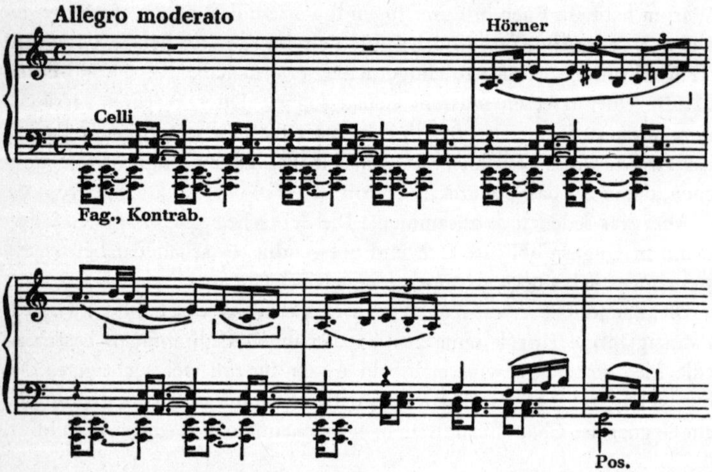

Seine Anmut und seine Stimmung werden bestimmt durch die charakteristische Zusammenstellung der Intervalle mit Motiven der Zigeunerskala und anschließend die schon bei der *Etüde* erwähnte Akzentuation der Quartenzellen, die vorübergehend Gedankenverbindungen zur Pentatonik wecken. Den ungarischen Charakter der Musik verrät sofort der synkopische Rhythmus in der Begleitung und das Schlußmotiv der Melodie. Besonders dieser wie auch die beiden folgenden Teile (2. ‹Welch Kummer bedrückt deine Seele, mein lieber Gemahl› und 3. ‹Das Vaterland ist in Gefahr!›) halten sich in der Instrumentation und Entwicklung der Motive an Strauss' Stil. Mehr Unabhängigkeit zeigen die weiteren zwei Teile, die eine Gruppe des zweiten Themas bilden (4. ‹Einst haben wir bessere Zeiten erlebt...› und 5. ‹Dann nahm unser Schicksal eine Wendung zum Schlechten...›); deutlich an die erste Stelle rückt das Ungarische bei den stark synkopierten Akkorden der Streicher (Teil 4) und der lyrischen Melodie der Oboe vor dem Hintergrund der Harfenpassagen, die sich im Orchester in schönem, subtilem koloristischem Gewand weiterentwickelt.

Dieser ganze Anfangsabschnitt des Werkes, der den Dialog zwischen dem Helden und seiner Frau (Inhaltsmotiv aus dem *Heldenleben* von Strauss!) darstellt und die Exposition der Sinfonie bildet, ist überwiegend in langsamen Tempi gehalten. Man kann darin eine Anknüpfung an die ausgebaute Form der ungarischen Rhapsodie sehen, die mit langer und langsamer, improvisatorischer Einleitung (lassú) beginnt, auf die der rhythmisch vitale Tanz (friss) folgt. Der anschließende große Abschnitt der Durchführung fußt überwiegend auf schnellen Tempi und stark exponiertem Rhythmus; es ist zweifellos der interessanteste Abschnitt im ganzen Werk. Er beginnt mit Teil 6 (‹Auf zum Kampf›) und verarbeitet das Hauptthema in scharf pulsierendem Rhythmus (vivace); hier ist Bartók schon in seinem Element, wovon die erstmalig (vorübergehend) eingeführten scharfen harmonischen Zusammenklänge, wie d–f–a–fis–b, dis–e–gis–h und ais–e–gis–h, zeugen. Nach stürmischen (Liszt!) Figurationen der tremolierenden Streicher intoniert Teil 7 (‹Kommt, kommt, schöne ungarische Helden! schöne ungarische Jungmannen!›) eine Melodie (anfänglich unisono, dann mit Akkorden), die dem zweiten Thema der Exposition entspringt und an den klassischen Stil der *verbunkos* mit dem ganzen elementaren Temperament des ungarischen Tanzes anknüpft. Es ist eines der hinreißendsten Fragmente der sinfonischen Dichtung.

In dem zu diesem kontrastierenden folgenden Teil 8 (in der Partitur geheimnisvoll als 8 [...] bezeichnet) hören wir das Nahen der feindlichen Truppen. Es ist eine Fuge mit dem Zitat der österreichischen Nationalhymne (die beiden ersten Takte in Moll). Ihren vorsätzlich karikierten und zugleich unheimlichen Charakter erzielt der Komponist durch die Klangfarbe der Fagotte, des Kontrafagottes und der Baßtuba, durch die Staccatoartikulation und die – hier natürliche – Dissonanz der Zusammenklänge:

In der weiteren schillernden Entwicklung dieses Teils, ähnlich wie übrigens an vielen anderen Stellen der ganzen Durchführung, schafft Bartók einen neuen Stil der boshaften, diabolischen Groteske, in welcher die aggressive Schärfe der Akkorde eine notwendige Anpassung an den Charakter des Ganzen zu sein scheint:

In diesen Abschnitten schreitet Bartók ein wenig über Strauss' Stil und überhaupt über die Errungenschaften der neuesten Musik hinaus und wird zu einem selbständigen Entdecker. Ohne übertreiben zu wollen, kann man feststellen, daß eben hier in den mit blendender Orchestervirtuosität ausgearbeiteten brutalen Kampfszenen die ersten Funken einer neuen Ästhetik auftauchen, die nach Jahren den *Wunderbaren Mandarin* hervorbringen wird. Um die Expressivität zu unterstreichen, sucht der Komponist nach entsprechenden harmonischen Mitteln. So ist es in der letzten Kampfepisode, in welcher die große Katastrophe, die Niederlage der Ungarn, geschildert wird: Zehn lange Takte des dynamisch anwachsenden Tuttis basieren konsequent auf der Ganztonskala und -harmonie, die Blasinstrumente bringen in parallelen großen Terzen die verzerrte Melodie *Gott erhalte*, von Sechzehntelganztonleitern und ebensolchen Glissandi der Harfen begleitet. Das ist eine für jene Zeit sehr kühne Stelle, und dazu muß hervorgehoben werden, daß Bartók, als er dieses Werk komponierte, die Musik von Debussy noch nicht gekannt hat.

Das aus den beiden letzten Bildern (9. ‹Alles ist aus› und 10. ‹Still ist alles, stille›) bestehende Finale des *Kossuth* ist ein herrlicher und tief erschütternder Trauermarsch. Durch die Wiederholung des thematischen Materials aus der Exposition erfüllt er auch die Rolle der Reprise. Das Marschthema, ein ausgebautes ‹Kossuth-Thema›, tritt jetzt in seinem vollen, erhabenen Pathos und in ganzer Majestät auf, es fußt auf Vierklangakkorden und wird von ungarischen rhythmischen Motiven unterstrichen. Ungarische Eigenart hat auch das hartnäckig wiederholte Trauermotiv des Englischhorns und die ihm folgende, aus dem zweiten Thema entwickelte Melodie.

Der Trauermarsch aus *Kossuth*, eines der individuellsten Zeugnisse von Bartóks Talent in seiner ‹romantischen Periode›, liegt auch als besonderes Werk in der Klavierbearbeitung des Komponisten vor. Es ist der einzige Teil dieser sinfonischen Dichtung, der zu Lebzeiten des Komponisten (1905) veröffentlicht wurde.

Die zur selben Zeit wie *Kossuth* geschriebene *Violinsonate* ist gewiß ein Werk von geringerem Geistesflug. Der 1. Satz (*Allegro moderato*) knüpft an den Stil der romantischen Violinsonaten, insbesondere von Brahms, an, obwohl sich hier auch deutlich Straussssche Motive finden (zweites Thema). Im Klangverlauf nehmen wir neben konventionellen Wendungen manchmal ziemlich überraschende chromatische Einfälle wahr: Besondere Aufmerksamkeit verdient die Fuge (Ende der Durchführung), in deren Thema eine regelrechte Zwölftonreihe auftritt. In dieser Reihe wiederholt sich kein Ton vor der Erschöpfung der ganzen Skala, und die Töne schreiten nicht über den Umfang einer Oktave hinaus, die sie eng mit Halbtönen füllen.

Der 2. Satz (*Andante*), in Variationenform, zeichnet sich durch sein regionales Kolorit und pseudovölkische Einfachheit aus, die in den spätromantischen Stil ein gewisses Element der Frische hineinbringt. Das Thema (von der Violine solo gespielt) nähert sich gedanklich der Schäfermelodie des Englischhorns im 3. Akt von *Tristan*, die in Wagners Œuvre zweifellos eine stilistische Kuriosität ist. Ungarische Rhythmen finden wir in der 2. und der 3. Variation (letztere deutlich im Stil der *verbunkos*). In der 2. Variation tritt schon die Neigung Bartóks zu einem absichtlich einfachen und groben Klavierstil zutage, der in seiner Form und im Ausdruck der romantischen Ästhetik durchaus fremd ist. Auffallend ist der nicht konventionelle dreitaktige Aufbau der Periode:

In der 1. und 5. Variation wird die Aufführungsmanier der Zigeuner (natürlich unter Verwendung der Zigeunertonleiter in der Melodik) stilisiert und der Klang des Zimbals nachgeahmt; bemerkenswert ist ihr Reichtum an ornamentalen Figuren in Zweiunddreißigsteln und Vierundsechzigsteln und die verschiedenartige Aufteilung der Viertel in 5, 6, 7, 9, 10 und 11 Noten (eine ähnliche Tendenz zur Ornamentik haben wir schon in der 1. Fantasie gesehen). Auf die Zigeunerskala (und Motivik) stützt sich auch das wirkungsvolle Finale (*Vivace*), das übrigens der herkömmlichste Teil im ganzen Werk ist.

Das originellste Werk, das während der Ferien in Gmunden entstand, ist das Dohnányi gewidmete *Scherzo* für Klavier. Hier kommen wieder Stilelemente einer ‹diabolischen Groteske› zu Worte, verflochten mit einer leichten, koboldhaften Phantastik, was auch die Satztechnik und die Harmonik unterstreichen. Es ist (im Tempo Allegro vivace gespielt) ein blendendes, virtuoses Werk, doch handelt es sich hier in der Hauptsache nicht um typisches romantisches Virtuosentum mit mächtigen Passagen und Akkorden; auffallend ist die Dünne und Sparsamkeit der Faktur bei gleichzeitiger sonorer Verschärfung der behende verlaufenden Klänge, häufigen Staccati und Herausstellung von Septimenzusammenklängen. Es treten sogar Zusammenklänge auf, deren Grundlage nicht mehr der Dreiklang, sondern die Ganztonskala ist:

Der Komponist verfährt hier nach einem Grundsatz der schnellen Vertauschbarkeit der beiden vorhandenen Ganztonreihen (1. c–d–e–fis–gis–ais, 2. cis–dis–f–g–a–h) und baut die Zusammenklänge einmal aus den Tönen der ersten, ein andermal der zweiten Reihe auf. Dazu führt er noch scharf klingende Durchgangsnoten ein (×):

In dieser Lage steigt der Ganztonklang in den Rang einer Konsonanz auf, der die Dissonanz gegenübergestellt wird. Natürlich handelt es sich hier nicht um einen beständigen harmonischen Grundsatz, sondern allein um den spezifischen Klangcharakter des Ganztonakkordes, der sich – unabhängig von der Zahl der verwerteten Skalenklänge und ihrer Anordnung – immer durch sein eigenartiges Kolorit hervorhebt; hier ist zu sehen, daß Bartók schon mit Vorliebe zu diesem Klangtyp greift. In seinem weiteren Schaffen wird er dies in noch größerem Umfang tun.

Im *Scherzo* mangelt es nicht an nationalen Akzenten. Schon der Anfang bringt eine Melodie mit Zigeunertonleiter, und das Trio ist in Melodie und Rhythmus entschieden ungarisch. Erwähnt sei, daß Bartók fünftaktige Perioden baut; also schon damals beginnt der junge Komponist sich gegen das traditionelle Schema der Periode aufzulehnen (was auch auf die *Sonate* zutrifft).

Bartóks im Jahre 1903 geschriebenen Werke bestimmen schon, obwohl sie noch dem spätromantischen Stil nahestehen, die Richtung, die er auf seiner Suche verfolgen wird. Sie zeigen zwei unterschiedliche ästhetische Tendenzen: die Neigung zur ornamentalen, arabesken Phantastik (*1. Fantasie*, Teile der *Violinsonate*) und die Neigung zur scharfen Groteske (Teile des *Kossuth*, *Scherzo*). Diese beiden Tendenzen werden sich unzertrennlich auf das ganze Schaffen Bartóks auswirken und eine wesentliche Quelle seines revolutionären Neuerertums sein.

Im Oktober fuhr Béla, voller Ambitionen und – wie er glaubte – an der Schwelle seines großen Ruhms, nach Berlin, um die Luft eines der größten damaligen musikalischen Zentren Europas zu atmen und Kontakte anzuknüpfen. Er brachte eine Reihe von Empfehlungsschreiben mit, begann Visiten abzustatten, und es gelang ihm tatsächlich, viele Musiker und Künstler verschiedenen Formates kennenzulernen, die ihn ihrerseits in andere Häuser einführten. Auf einem Empfang bei Godowski war auch der berühmte Violinist Fritz Kreisler mit seiner Frau anwesend; Béla spielte dort den *Kossuth*, das *Scherzo* und die *Etüde* und imponierte mit der angekündigten Aufführung seines Werkes durch das Hallé-Orchester, was die Musiker immerhin beeindruckte. Leider, trotz des Briefes von Thomán und aller Vorkehrungen des wohlgesinnten Godowsky, gelang es ihm nicht, bis zu Richard Strauss vorzudringen; der auf dem Gipfel seines Ruhms angelangte Meister (der damals an seiner Oper *Salome* arbeitete) war jetzt schon nicht mehr so zugänglich wie in früheren Jahren. Die Berliner Kontakte brachten Béla keinen praktischen Nutzen ein; wahrscheinlich wußte er, der des vielen Künstlern eigenen Geschicks zur Gestaltung der Karriere entbehrte, diese Kontakte nicht richtig auszunutzen, jedenfalls fand alles mit den angenehmen und flüchtigen gesellschaftlichen Treffen sein Bewenden.

In Berlin komponierte Bartók die *2. Fantasie* für Klavier, die zusammen mit der *Etüde für die linke Hand*, der *1. Fantasie* und dem *Scherzo* zum Bestand der *4 Klavierstücke* vom Jahre 1903 gehört. Diese Komposition (Emsy und Irmy Jurkovics gewidmet) ist im Stil weniger neuzeitlich als die *1. Fantasie* und das *Scherzo* und weist noch deutliche Spuren der Intermezzi von Brahms auf, die sich mit den harmonischen Einflüssen Liszts kreuzen, ihr individuelles Kolorit ist jedoch unanfechtbar. Die diatonische Melodie des Themas fußt auf der für die Melodik Bartóks bereits typischen Zigeunerskala und auf nichtkonventionellen Intervallschritten aus großen Sekunden und Quarten, sie zeigt auch Anklänge an das Thema aus *Kossuth:*

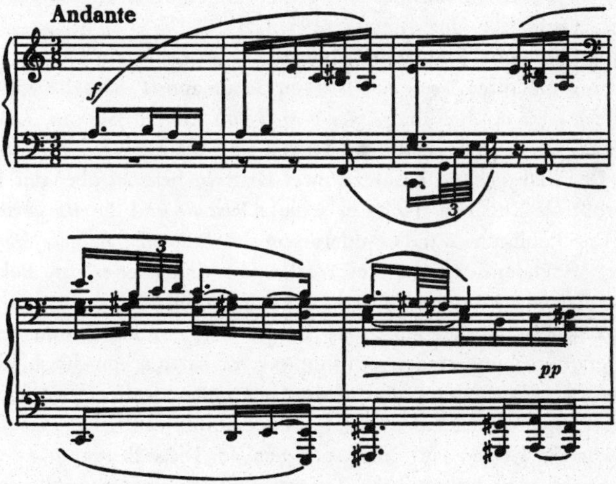

Es ist, immer konsequent, die Tonleiter a–h–c–dis–e–fis–gis, die auch die Harmonik umfaßt. Dank seiner tonalen Intervallstruktur erhält das ganze Thema einen gewissermaßen exotischen (pseudovölkischen) Zug, ähnlich dem 2. Satz der *Violinsonate;* der junge Autor führt ihn mit Vorliebe in den spätromantischen Stil und die Harmonik ein. Es fehlen natürlich nicht die ‹ungarischen Motive› in Gestalt kurzer plötzlicher Wendungen in Vierundsechzigsteln; das Werk ist – trotz des langsamen Tempos – überreich an ständig veränderlichen kleinen rhythmischen Werten sowie an Triolen, Quintolen und Sextolen, die schon ein charakteristisches Merkmal im Stil Bartóks sind. Hier tritt zum erstenmal die typische Expressivität seiner Musik auf: Sie ist stark und explosiv, aber immer von kurzer Dauer und manifestiert sich in plötzlichen und stürmischen dynamischen Impulsen. Die *2. Fantasie* ist ein Werk, das viel Charme und individuelle Poesie besitzt, und wenn sie auch noch nicht den völlig herauskristallisierten Stil ihres Schöpfers repräsentiert, so kann sie doch mit den besten Klavierwerken der Spätromantik wetteifern.

Von Berlin begab sich Bartók nach Wien, wo er am 4. November im Konzertverein mit dem *5. Klavierkonzert* von Beethoven auftrat. Das Orchester leitete Ferdinand Löwe, der auch die *Sinfonie D-Dur* von Haydn und die *2. Sinfonie* von Brahms dirigierte. Bald danach (am 25. November) nahm Bartók an dem Konzert im Budapester Lipótváros-Kasino teil, wo er sein *Scherzo* und die *Etüde* spielte, und Anfang Dezember fand er sich wieder in Berlin ein, um sich für seinen ersten Auftritt außerhalb der Grenzen Österreich-Ungarns vorzubereiten.

Am 14. Dezember fand sein Klavierabend im Bechstein-Saal statt. Das Programm umfaßte: *Sonate fis-Moll* von Schumann, *Passacaglia* von Dohnányi, *Nocturne cis-Moll* und *Etüde c-Moll* von Chopin, *Scherzo*, *1. Fantasie* und *Etüde für die linke Hand* von Bartók und die *Spanische Rhapsodie* von Liszt. Der Saal war zwar nur zu zwei Dritteln besetzt, aber der Erfolg war groß; als Zugaben spielte er seine *2. Fantasie* und die *Humoreske* von Juon. Das Publikum war besonders von der *Etüde für die linke Hand* begeistert. Nachdem er seine drei Werke gespielt hatte, erlebte Béla eine angenehme Überraschung: Der ständig in Berlin wohnhafte berühmte italienische Pianist, Pädagoge und Komponist Ferruccio Busoni trat ins Künstlerzimmer und stellte sich ihm vor. Er hatte schon durch Richter von Bartók gehört, nun nahm er die Gelegenheit wahr, sich selbst von seinem schöpferischen Talent zu überzeugen, und wollte ihm gratulieren; besonders die *Fantasie* hatte ihm sehr gefallen. Diese Begegnung war der Anfang sehr freundschaftlicher Beziehungen – trotz des großen Altersunterschiedes – zwischen den beiden Künstlern, Béla gewann in Busoni einen großen Gönner und Fürsprecher seines Schaffens. Nicht für alle war dieses Konzert die Entdeckung eines neuen kompositorischen Talents. Der Kritiker der ‹Vossischen Zeitung› beurteilte nur das Spiel des jungen Ungarn: ‹... Herr Bartók ist ein Mann, der sich seine eigenen Gedanken über Gott und die Welt macht; er ist eine in sich gefestigte Persönlichkeit. Sein Spiel hat den seelischen Unterstrom, ohne den jedes Spiel nur Spiel ist; und wenn es ihm gelingen sollte, seinen Ton rein äußerlich noch mannigfaltiger, farbiger zu gestalten, so könnten wir ihn in die Reihe der jungen Pianisten stellen, auf die wir unsere großen Hoffnungen setzen.›

Bartók stand nun vor dem bedeutendsten Ereignis der Saison, das er mit größter Unruhe erwartete: die Uraufführung der sinfonischen Dichtung *Kossuth* in der Budapester Philharmonie unter der Leitung von István Kerner am 13. Januar 1904. Auf dem Programmzettel stand sie an zweiter

Stelle nach der *Londoner Sinfonie* von Haydn und vor dem *Violinkonzert* von Jaques-Dalcroze und der *Slawischen Rhapsodie* von Dvořák. Man konnte ohne weiteres annehmen, daß diese in der damaligen politischen Lage so aktuelle Programmsinfonie großes Aufsehen und Kontroversen wecken würde, was auch in der Absicht Bartóks lag. Zu Zwischenfällen kam es schon während der Proben. Der erste Trompeter, ein Österreicher, weigerte sich, die Stelle zu spielen, wo die Hymne *Gott erhalte* auf eine Art und Weise verzerrt wird, daß die Absicht des Komponisten unverkennbar ist. Ihm schlossen sich zwei weitere österreichische Musiker an, die laut gegen das Werk protestierten. Es kam zu einem allgemeinen Durcheinander, und ein Teil des Orchesters wollte sogar in den Streik treten. Dem Dirigenten gelang es zwar, den Sturm beizulegen und die Proben fortzusetzen, aber am Tag des Konzertes fehlten fünf Orchestermitglieder, die ihre Abwesenheit durch Krankheitsbescheinigungen entschuldigten. Trotz dieser Lücke in der Orchesterbesetzung wurde das Werk doch aufgeführt, aber der ganze Skandal gelangte an die Öffentlichkeit und in die ungarische Presse, was Bartóks Ruhm schon über die musikalischen Kreise hinaus verbreitete. Manche Zeitungen prangerten voller Empörung die anmaßende Haltung der Österreicher an, die ‹ungarisches Brot essen›, aber zu demonstrieren wagten und die Aufführung eines großen patriotischen Werkes in der Hauptstadt Ungarns zu hintertreiben versuchten.

Der patriotische Inhalt des *Kossuth* (im Programmzettel mit Angabe der Überschriften zu den Teilen gedruckt), sein ausdrücklich ungarischer Stil, verbunden mit einem herrlichen, urwüchsigen Temperament in den Kampfszenen, feuerte auch das Publikum an und war zweifellos die Ursache des überwältigenden Erfolgs dieses Werkes, trotz aller seiner Neuzeitlichkeit. Nach der Aufführung brach ein wahrer Beifallssturm aus, der viele Minuten dauerte, und der dreiundzwanzigjährige Komponist (demonstrativ in sein Nationalkostüm gekleidet) mußte unter Hochrufen unzählige Male vor dem Publikum erscheinen. Das war ein Erfolg, wie ihn seit vielen Jahren in diesem Saal kein anderer ungarischer Komponist davongetragen hatte.

Die Rezensionen unterstrichen übereinstimmend diesen Erfolg, obwohl die nach den damaligen Begriffen kühnen Klangeinfälle des Autors des *Kossuth* gewisse Bedenken weckten. ‹Tiefe Liebe zum Volk und patriotische Gefühle entströmen diesem Werk, und eben deshalb ist uns Béla Bartóks nationales Kunstbestreben trotz der Maßlosigkeit und Übertreibung teuer› (‹Magyarország›); ‹Ungeachtet einiger Mängel hatte das aufgeführte Werk einen großen Erfolg, und die allzu kühnen Dissonanzen, die fast musikalische Unmöglichkeiten wären, wollen wir Bartók verzeihen, bei dem sich das patriotische Streben mit wahrer Genialität paart› (‹Egyetértés›). Einer der führenden Kritiker, Aurel Kern, schrieb: ‹Das Licht eines großen musikalischen Genies blitzte jäh, unerwartet auf: Gestern kannten nur einige eingeweihte Menschen Béla Bartók, heute bewunderte das Publikum eines großen Saales sein ursprüngliches Talent, und es ist möglich, daß morgen schon die ganze Welt ihn in die Reihen der europäischen Berühmtheiten eingliedern wird.› Nur der Parodie der Hymne konnte der Kritiker keinen Geschmack abgewinnen: ‹Der musikalische Spott ist immer linkisch. Die Kakophonie kann – möglicherweise – manchmal charakteristisch sein, ist aber immer häßlich› (‹Budapesti Hírlap›); ‹Wir haben ein ganz junges, noch völlig unausgegorenes, doch in seiner ersten Äußerung schon fast riesig erscheinendes musikalisches Genie kennengelernt, dessen unerwartetes und deshalb überraschendes Auftreten die außerordentliche Sensation übertrifft, die seinerzeit das reizende Talent unseres Dohnányi ausgelöst hat› (‹Ország-Világ›); ‹...Jene wüste Kakophonie [...] als eine Versündigung an der Tonkunst erscheint, und zwar als eine um so strafwürdigere, mit je mehr Geist der geniale Autor Musik zu so unmusikalischen Zwecken mißbraucht› (die deutsche Zeitung ‹Neues Pester Journal›); ‹Der junge Komponist ist ein großes Talent im Reiche der Kunst der Instrumentation, aber solche Dissonanzen, mit denen er den ungarischen Freiheitskampf musikalisch malt, dürfte sich nicht einmal ein Richard Strauss erlauben› (‹Az Ujság›).

Die bereits erwähnte musikalische Wochenschrift ‹Zenevilág› brachte zum zweitenmal einen Leitartikel unter der Überschrift ‹Béla Bartók›. ‹Eine Mischung von Stolz, patriotischer Begeisterung und Genugtuung erfüllt uns, wenn wir den Namen wieder auf die erste Seite unseres Blattes setzen. Wir sind das einzige Presseorgan, das «wieder» sagen kann. «Zenevilág» war das einzige Blatt, das schon nach dem ersten Auftreten Bartóks offen und ohne Rückhalt aussprach, daß Béla Bartók ein außerordentliches, erstrangiges, hervorragendes Genie sei, das eine große und bedeutungsvolle Zukunft vor sich habe. [...] Um so erfreulicher ist es, daß das, was wir seinerzeit kühn prophezeiten, jetzt die ganze ungarische Presse vorbehaltlos bestätigt, und [...] diesen Jüngling feiert, den ersten urwüchsigen ungarischen Symphoniker, der [...] ein direkter Erbe des symphonischen Talents von Franz Liszt, der kongeniale Rivale des Deutschen Richard Strauss, des Franzosen d'Indy, des Russen Tschaikowski und des Österreichers Bruckner ist – Béla Bartók. Bartók ist nach dem Konzert am Mittwoch unbedingt der erste Komponist Ungarns...›

Verfasser beider Artikel war Dr. Pongrácz Kacsóh, der Schriftleiter der Wochenschrift.

Zur Festigung des Ruhms und der Autorität des jungen Bartók hat die einige Tage später erfolgte Aufführung seiner *Violinsonate*, von Jenő Hubay selbst gespielt, sehr viel beigetragen. Bald danach reiste Béla nach England, wo er in Bowden, im Hause des Dirigenten Richter, gastfreundliche Aufnahme fand und sich für seinen ersten Auftritt in diesem Land vorbereitete. Das von Hans Richter geleitete Konzert fand am 18. Februar in Manchester statt. Das Programm enthielt die *Sinfonie h-Moll* von Schubert, die *Spanische Rhapsodie* von Liszt in Busonis Transkription für Klavier und Orchester, die sinfonische Dichtung *Kossuth*, die *Variationen über ein Thema von Händel* von Volkmann, für Klavier solo, und die *Suite für Orchester* von Dvořák. In beiden Klavierwerken trat Bartók als Solist auf und spielte als Zugabe sein *Scherzo*. Sein Spiel fand beim Publikum und bei der Presse große Anerkennung. Der Erfolg des *Kossuth* war dagegen unvergleichlich geringer als in Budapest, und die Meinung der Rezensenten ziemlich zurückhaltend, was wohl in dem Stil und der Klangsprache des Werkes seine Ursache hatte. Der Kritiker des ‹Manchester Guardian› nutzte die Aufführung des *Kossuth* zu einer längeren Philippika gegen … Strauss, gab aber gleichzeitig zu: ‹Die Leichtigkeit, mit der Bartók mit den großen Massen des Orchesters operiert, ist auffallend, was bei einem so jungen Künstler eine zusätzliche Überraschung ist. Seine Themen sind voller Leben und wecken an vielen Stellen die Hoffnung, daß der Komponist mit der Zeit, wenn er schon genug von der Straussschen illusorischen Jagd nach Effekten haben wird, hervorragende Werke schaffen wird.› Das als Zugabe gespielte *Scherzo* ‹zeigt dieselbe Tendenz zur harmonischen Extravaganz wie das Orchesterwerk, ist aber im Rhythmus wirkungsvoller und zeugt von einem echten – allerdings etwas exzentrischen – Talent.› Der ‹Daily Dispatch› äußerte sich: ‹Herr Bartók hat zweifellos sein Werk nach dem Straussschen Modell gebildet, ist aber noch einen Schritt weiter gegangen; wirklich, der Komponist mußte von einem wahren Dissonanzteufel besessen sein, als er die Kampfszene schrieb.›

Während sich Bartók in England aufhielt, fand in Budapest am 29. Februar ein aus Kompositionen der Schüler von Hans Koessler zusammengestelltes Sinfoniekonzert statt. Unter den sechs Werken (unter welchen sich auch die *Saturnalia* eines Kollegen und Altersgenossen Bélas, des später berühmten Operettenkomponisten Imre Kálmán befanden) wurde auch das *Scherzo* aus der *Sinfonie* von Bartók aufgeführt. Diesmal lobten die Kritiker dieses Werk vorbehaltlos, bezeichneten es als die hervorragendste Komposition im ganzen Programm und unterstrichen, daß der Komponist ‹mit ihm die Welt noch nicht überraschen und mit halsbrecherischen Kombinationen schockieren wollte. In ihm ist jugendliche Bescheidenheit, der aber jede Gehaltlosigkeit fernliegt. Seine Themen sind melodiös, und die Orchestration vermeidet überspannte Komplikationen› (‹Budapesti Napló›). Beim Lesen dieser Worte mußte dem jungen und ehrgeizigen Komponisten schon jetzt bewußt werden, daß er in Kürze die Wahl zwischen der weiteren schöpferischen Entwicklung seiner Individualität und den Aussichten auf allgemeine Anerkennung zu treffen hatte. Diese bittere Alternative zeichnete sich gewissermaßen von vornherein ab, noch ehe er wirklich ‹originell› war.

Trotz der sichtbaren Divergenzen zwischen Bélas künstlerischen Idealen und den Anschauungen der Mehrzahl der Kritiker ist es Tatsache, daß Bartók in kurzer Zeit großes Ansehen als Komponist errang. Der Verlag F. Bárd erwarb seine *4 Lieder auf Gedichte von L. Pósa* und die *4 Klavierstücke* und brachte sie im Laufe des Jahres 1904 im Druck heraus. Der junge Komponist gab aber seine Karriere als Pianist nicht auf und widmete sich der Einstudierung eines seiner Lieblingswerke, des *Totentanzes* für Klavier und Orchester, der auch zu den originellsten Werken Liszts gehört. Hier sei bemerkt, daß sein Verhältnis zu Liszt im Laufe der Zeit eine grundsätzliche Wandlung durchgemacht hatte. In den Schuljahren spielte er zwar gern Liszts virtuose Werke, sträubte sich aber innerlich gegen die leichten Effekte und das Blendwerk seines Stils, der sich so sehr von dem über alles bewunderten ernsten und strengen Brahms unterschied. Später, als ihn Strauss und dessen neuartiger Stil faszinierte, mußte er sich notgedrungen näher mit seinem stilistischen Vorgänger und ersten Schöpfer sinfonischer Dichtungen befassen. Das übrige taten die patriotischen Anschauungen Bélas, die ihn dazu bewogen, in Liszt einen großen ungarischen Komponisten anzuerkennen, dessen Musik von nationalem Geist durchdrungen sei. Das erneute Studium der Werke Liszts enthüllte ihm endlich den eigentlichen Sinn und Wert ihres Stils: Nachdem er die weniger populären, zugleich aber tiefsten Schöpfungen, wie *Années de Pèlerinage*, *Harmonies poétiques et religieuses*, *Eine Faust-Sinfonie* und den erwähnten *Totentanz* ergründet hatte, nahm er in ihnen die außerordentliche Kühnheit der harmonischen Mittel, des Klangs und der Ästhetik wahr, die aus Liszt tatsächlich den größten Neuerer des 19. Jahrhunderts machten. Diese Erkenntnis wurde bald zu einem wichtigeren Ansporn für die originellen Einfälle Bélas als die äußerliche Schwülstigkeit im Stil Strauss'.

In manchen Fragmenten von Liszts Werken, zum Beispiel in der scharfen und brutalen Einleitung des *Totentanzes*, finden sich direkte Keimzellen der modernen Ästhetik Bartóks, und in der *Faust-Sinfonie* und den vier *Mephisto-Walzern* Akzente der ihm so nahen diabolischen Groteske; unschwer lassen sich Berührungspunkte zwischen dem damaligen harmonischen Stil und der Art der verwendeten Dissonanzen Bartóks mit manchen kühneren Einfällen Liszts feststellen. Diese durch den Temperamenttypus Bartóks bedingten Beziehungen waren ihm um so lieber, als er in Liszt eine große, der modernen ungarischen Musik würdige Tradition erblickte, ähnlich wie in Polen für Szymanowski Chopin die bewußt erlebte Tradition war.

Diese Gefühle diktierten Béla den Wunsch, ein Klavierwerk zu komponieren, das an die ‹nationale› Form der ungarischen Rhapsodien von Liszt und an dessen stilistische und klangliche Merkmale anknüpft: die *Rhapsodie für Klavier*. Den ersten, langsamen Satz komponierte er im Juni 1904. Gleichzeitig beherrschte ihn jedoch der Gedanke, ein großes virtuoses Werk für Klavier mit Orchester zu schaffen, in welchem er als konzertierender Pianist hätte auftreten können. Weil aber die Form des klassischen Konzertes nicht zu seinen derzeitigen ästhetischen Idealen paßte, wählte er die Form eines ausgebauten Scherzos. Er legte die *Rhapsodie* beiseite und beschäftigte sich voller Eifer mit der neuen Komposition, in die er – dem Titel gemäß – sein ganzes feuriges Temperament und die Vorliebe für den scharfen Ton der Groteske legte. Im Laufe des Sommers war der Klavierauszug fertig, und Bartók begann mit den Arbeiten an der Instrumentation. Im August besuchte er Bayreuth und Wagners Festspielhaus; *Tristan* und *Parsifal* versetzten ihn in Begeisterung. Dort traf er Richter und spielte ihm sein *Scherzo* vor; der hervorragende Dirigent nannte es ‹einen gelungenen musikalischen Scherz›, der zu geistreich und zu kompliziert im Verhältnis zu seinem einfachen Titel sei, und fügte noch hinzu: ‹Erwarten Sie aber nicht, daß das jedem gefallen wird.› Richter verriet auch keine Lust, es mit seinem Orchester aufzuführen. Bartók, der sehr damit gerechnet hatte und seine Komposition sogar Richter widmen wollte, war von dessen Reserve enttäuscht und zog die Widmung zurück. Nichtsdestoweniger sollte das *Scherzo für Orchester und Klavier* im März 1905 in der Budapester Philharmonie, zusammen mit dem *Totentanz* von Liszt, zur Aufführung gelangen, und Béla mußte sich beeilen, um die Partitur im Herbst zu vollenden. Es ist eines der herrlichsten und eigenartigsten Werke aus der frühen, ‹romantischen› Schaffensperiode Bartóks. Die Bezeichnung ‹romantisch› paßt hier eigentlich nicht genau, denn eben in diesem Werk, genauer in vielen seiner Abschnitte, tritt ein ganz neuer, revolutionärer Stil zutage, der ein Kennzeichen des späteren Schaffens des Autors der *Bagatellen* und *Burlesken* sein wird. Das *Scherzo* zeichnet sich durch außerordentlichen Reichtum der Einfälle und eine geradezu überraschende Veränderlichkeit der Stimmungen aus, als ob der traditionelle Verlauf der musikalischen Handlung ostentativ hätte durchbrochen werden sollen. Dabei kann man die große Meisterschaft der Gestaltung nicht bestreiten, die ein überzeugendes Ganzes bildet und auf der Durchführung derselben Themen in immer anderer, von Grund auf veränderter Gestalt fußt.

Die Form des Werkes ist ziemlich kompliziert. Die lange und ernste *Introduktion (Adagio ma non troppo)* exponiert zwei Themen: eins von ausgesprochen ungarischem Charakter (es-Moll), das zweite im Rhythmus eines sehr langsamen Walzers (c-Moll). Das nachfolgende *Scherzo (Allegro)* nähert sich in seinen Umrissen der Sonatenform und hat das abgewandelte Walzerthema (c-Moll), das hier den Rhythmus des flotten Wiener Walzers annimmt, zum Hauptthema, während das ‹ungarische› Thema (es-Moll) seine Ergänzung bildet. Ihnen stellt sich ein neues Thema *(Sostenuto)* in G-Dur entgegen, das die Rolle des zweiten Themas im Allegro erfüllt. Der Durchführungsteil *(Vivo)* befaßt sich nur mit der Verarbeitung der beiden ersten Themen (‹Walzerthema› und ‹ungarisches Thema›), und an Stelle der Reprise kehrt allein das zweite Thema *(Sostenuto)*, nach Es-Dur transponiert, zurück. Nach ihm folgt das *Trio (Andante)*, dessen Thema einem Nebengedanken der *Introduktion* entspringt. Bisher haben Orchester und Klavier ranggleich konzertiert; im *Trio* übernimmt der Pianist die Hauptrolle, der solo oder nur mit unbedeutender Orchesterbegleitung spielt. Der letzte Teil dagegen, *Scherzo da capo (ma poco variato)*, im Tempo Allegro vivace, ist fast gänzlich Orchestermusik, die als eine ausgebaute Reprise des Hauptthemas (Walzer c-Moll), allerdings in veränderter Gestalt und im Zweivierteltrhythmus, angesehen werden kann. Das Klavier erklingt nur in einem sechs Takte langen Abschnitt mit dem ‹ungarischen› Thema, und ganz am Schluß, in dem kurzen *Adagio* (das an das *Trio* anknüpft), und in den letzten, wiederum ‹ungarischen› Akkorden, die das Werk beschließen.

Die Vielartigkeit der Mittel und sogar der Stile erscheint in diesem widerspenstigen Werk als etwas ganz Natürliches. Das strenge, anfangs auf leeren Quint-Quart-Akkorden aufgebaute Thema der *Introduktion* entwickelt sich polyphon in den Blasinstrumenten weiter und gelangt zu komplizierten Dissonanzverflechtungen:

Mit ihm kontrastiert eine sanfte Arabeskenphrase des Klaviers in Akkorden, die keine Funktionskraft entwickeln, B^7–e–c–e–c–e–A^7, und auf die ein für Bartók typisches Motiv folgt, das Tritonus-Zellen exponiert:

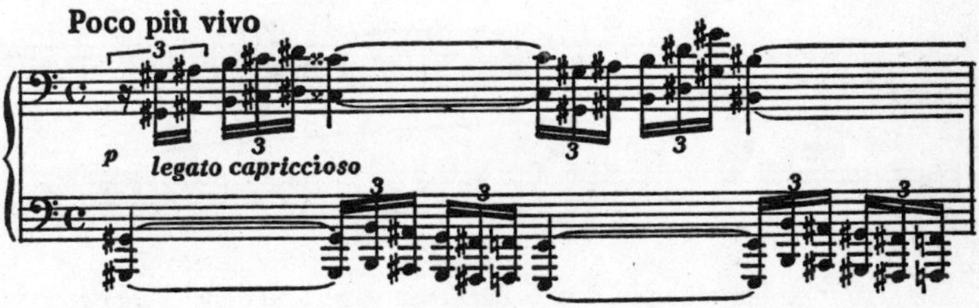

Im Orchesterpart des *Scherzos*, insbesondere bei der Exponierung der beiden Grundthemen (c-Moll und G-Dur) kommen noch viele stilistische Merkmale von Strauss und seiner leichten, scherzhaften Manier aus *Don Quixote* und *Till Eulenspiegel* vor, daneben treten aber große Abschnitte mit neuem, originellem Klang und scharfem, bissigem Ton auf, die über die Begriffe der damaligen Ästhetik hinausreichen; auch ihre glänzende und effektvolle Instrumentation weckt Aufmerksamkeit. Hier zeichnet sich besonders der Endabschnitt der Durchführung aus, in welchem die aufsteigenden (ff) ‹abgehackten› Motive der Streicher und Holzbläser im Rhythmus 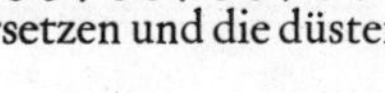 sich dissonant mit der Melodie des Blechs auseinandersetzen und die düstere Stimmung eines unheimlichen Gekichers heraufbeschwören. Harmonisch bilden sie eine Reihe von parallel aufeinanderfolgenden Dreiklängen: H–C–Des–es–f–G–Es–As und dergleichen, eine von den mit ihr dissonierenden Klängen des Blechs gänzlich unabhängige Schicht.

Der Klavierpart lehnt sich im allgemeinen näher an die Satztechnik von Brahms und Liszt an. Aber schon zweifellos Bartókschen Charakter hat die Durchführung des ‹ungarischen› Themas der *Introduktion* in ihrer einfachen, herben Faktur und dem temperamentvollen nationalen Rhythmus mit der akzentuierten Wendung ♫ ♩. Das schöne und romantische *Trio* knüpft noch deutlicher an Brahms und seine tiefe, reflektierende Besinnlichkeit an. Einen um so ergreifenderen Kontrast bringt der Einsatz des Scherzo da capo, das schon die ganze Essenz des neuen Stils der ‹diabolischen Groteske› mit ihrer schiefen, höhnischen Grimasse in sich trägt.

Die damit einhergehende, durch Beckenschläge und den Klang der Pikkoloflöte noch verstärkte harmonische Schärfe attackiert den Hörer schon im Anfangsabschnitt; das danach folgende Hauptthema des *Scherzos*, das die Klarinetten kreischend intonieren, wird von abwechselnden Ganztonakkorden unterstützt und endet mit einer plötzlichen tonalen Wendung:

Eine klanglich originelle Melodiezeichnung hat auch das neue (aus den ersten Takten der Durchführung gesponnene) Staccatothema, dessen Harmonik veränderliche, scharfe Septakkorde zur Grundlage hat; von konsonanten Auflösungen kann hier schon nicht mehr gesprochen werden.

Es entwickelt sich weiter zum Thema eines grotesken Fugatos, das Züge einer offenkundigen Atonalität trägt; die Imitation setzt hier sogar mit der Septime ein:

Dieser ganze Orchesterteil schreitet mit seiner Klangtechnik und seinem Ausdruck weit über den Stil der Epoche hinaus und überragt in seiner Kühnheit alles, was die Musik in dieser Zeit aufzuweisen hatte. Er hat schon nichts mehr mit der Ästhetik der Romantik gemein und ist deren herausfordernde Negation. Es ist die erste – gewissermaßen antizipierende – Offenbarung des neuen Stils von Bartók, zu dem freimütig zurückzukehren er erst nach einer gewissen Zeit wagen wird.

Das Werk hat jedoch zu Lebzeiten des Komponisten das Licht der Welt nicht erblickt. Die für den 15. März 1905 geplante Aufführung ist nicht zustande gekommen; das Orchester konnte das Stück in so kurzer Zeit nicht einstudieren und widersetzte sich der Aufführung. Der Dirigent (István Kerner) änderte im letzten Augenblick das Programm und spielte das alte *Scherzo für Orchester* von Bartók. Bartók selbst trat als Solist nur im *Totentanz* von Liszt auf.

Das im Juli 1904 beendete *Klavierquintett* ist in seiner Art viel herkömmlicher als das *Scherzo für Orchester und Klavier* gehalten. Aber das Thema im 2. Satz des *Quintetts* (ein temperamentvolles Scherzo) verrät schon deutlich die individuellen Züge Bartóks: die ‹pendelnde› Zeichnung der Melodie, die einmal nach oben, dann wieder nach unten hinausragt (dieser Typus der Melodik wird sich in seinem ganzen Schaffen, bis zu den letzten Werken verfolgen lassen), die originelle rhythmische Gestalt, die Abkehr vom viertaktigen Periodenbau und schließlich das unkonventionelle (zigeunerische) Skalenmaterial:

Das Thema des 3. Satzes (*Adagio*) fußt dagegen auf der Ganztonskala mit nur zwei Durchgangstönen am Ende:

In diesem Werk – ähnlich wie im *Scherzo für Orchester und Klavier* – gibt Bartók die Vorzeichnungen am Schlüssel nicht mehr an, indem er richtig annimmt, daß die Vorzeichen nur dem Dur-Moll-System entsprechen und in der Musik, die unterschiedliches Skalenmaterial benutzt, jeglicher logischer Begründung entbehren.

Die Uraufführung des *Klavierquintetts* fand in Wien, am 21. November, unter Mitwirkung des Prill-Quartetts statt. In Budapest sollte das Werk am 4. Dezember zur Aufführung gelangen, doch die Mitglieder des Grünfeld-Bürger-Quartetts wurden mit dem Einstudieren ihrer Parts nicht fertig und spielten statt dessen das *Forellenquintett* von Schubert mit Bartók am Flügel. Dessenungeachtet schrieb der Rezensent der ‹Az-Ujság›, der dem Konzert wahrscheinlich ferngeblieben war, guten Glaubens über Bartók: ‹Bei dem Komponisten verschmilzt in schöner Harmonie das heiße Nationalgefühl mit dem Klassizismus. Heute wurde ein Klavierquintett gespielt, bei welchem der Komponist – der außerdem auch ein vorzüglicher exekutiver Künstler ist – den Klavierpart spielte. Auch in diesem Werk ertönt sein starkes ungarisches Herz, doch zugleich auch sein umfassendes Wissen, mit dem er das Werk geschrieben hat. Auch dieses ist ein sehr interessantes Werk voll Stimmung und voller Einfälle...› Bartók klebte den Zeitungsausschnitt mit dieser Rezension auf das Briefpapier und sandte ihn an seinen Freund Lajos Dietl in Wien mit dem Zusatz: ‹Das nenne ich einen Bock geschossen!›

Ende Dezember war die *Rhapsodie für Klavier* endgültig fertig; der Komponist betrachtete sie als sein erstes völlig reifes Werk und bezeichnete sie später als op. 1 (der letzte Orchesterteil des *Scherzos für Orchester und Klavier* erhielt den Titel *Burleske op. 2 für Orchester;* diese Fassung gelangte nie zur Aufführung und blieb unveröffentlicht). In ihrer Form, im Charakter der Themen und ihrer Rhythmik sowie in gewissen allgemeinen stilistischen Merkmalen knüpft die *Rhapsodie* an Liszts Tradition an, obwohl sie in ihren virtuosen Mitteln strenger und zurückhaltender ist. Im Kolorit und Klang mancher Akkorde hört man zweifellos Brahmssche Einwirkungen heraus. Ähnlich wie die Rhapsodie von Liszt besteht das

Werk aus zwei Teilen: einem langsamen von improvisatorischem Charakter und einem schnellen, markant rhythmischen Teil, die sich beide aus dem zweiteiligen Bau des Csárdás (lassú und friss) herleiten. Im 1. Teil ist (ähnlich wie in den Variationen aus der *Violinsonate*) die Stilisierung der Improvisationsmanier der Zigeuner, mit der leidenschaftlichen Wiederholung desselben Motivs und Nachahmung des Zimbalklangs, bemerkenswert. Die für Bartók typische Ornamentik in kleinen rhythmischen Werten, die phantasievolle Veränderlichkeit der Figuren und ihrer zeitlichen Einteilung erreichen hier den Gipfel. Der Komponist schreibt Noten mit vier-, ja sogar fünffachen Querbalken, teilt die Takte direkt nacheinander in 23, 29 und 46 Teilchen auf und verändert unablässig das Metrum.

In der Harmonik vermeidet er klare Funktionsbeziehungen und unterstreicht vielmehr die wechselnde Klanggestalt der Akkorde, womit er sich deutlich der impressionistischen Harmonik nähert. Es sind überwiegend gebrochene Akkorde, die das Klangmaterial für die reich entwickelten ornamentalen Figuren liefern. Manchmal sind sie jedoch unmittelbar vertikal gespielt, was ihren autonomen Klangsinn hervorhebt:

Das Beispiel zeigt auch die für Bartók bereits typische motivische Struktur der Melodie, die dem reifen Stil der späteren Jahre entspricht.

Harmonisch ausgesprochen neuartig ist die kurze polyphonisierende Episode, in welcher die unteren, in parallelen Terzen verlaufenden Stimmen eine selbständige Klangschicht von eigener tonaler Gravitation bilden, die von der Oberstimme unabhängig ist und vorübergehend scharfe Dissonanzen verursacht. Zweifellos liegt hier schon die Keimzelle der künftigen Bitonalität. Der Komponist hegt keine Bedenken, die Imitation mit einem Parallelschritt großer Septimen zu beginnen:

Im Gegensatz zum 1. Teil fußt Teil 2 der *Rhapsodie* überwiegend auf der einfachen Harmonik und klaren Funktionsbeziehungen, obwohl kühne und überraschende tonale Wendungen auch nicht fehlen. Jene unerwartete harmonische Würze mancher Wendungen und Zusammenklänge wie auch die Vitalität des Rhythmus retten glücklicherweise das Werk vor den Gefahren der Trivialität und Banalität, denen sich der Komponist aussetzte, indem er zu dem einfachen und stereotypen ‹ungarischen› Themenmaterial griff.

Dieselbe Neigung zu Einfachheit und populärem Tonfall zeigt die Anfang 1905 in Wien (wo Bartók den ganzen Winter verbrachte und am 18. Februar einen Klavierabend gab) komponierte *Suite Nr. 1 op. 3 für Orchester*. Schon der Titel allein ist für die damalige ästhetische Haltung des Komponisten vielsagend; Bartók schreibt ein großes fünfsätziges sinfonisches Werk, in das er seine ganze Kunst der Orchestration und der thematischen Durchführungsarbeit legt, entscheidet sich aber nicht, es eine Sinfonie zu nennen. Das ganze thematische Material der *Suite*, von Anfang bis Ende, ahmt die populären Melodien der ungarischen Tänze und Lieder nach, die Bartók damals als Volksmusik ansah, die aber in Wirklichkeit nur dilettantische Kompositionen anonymer Autoren in einem volkstümlichen, aus den Traditionen der *verbunkos* und der Zigeunerkapellen abgeleiteten Stil waren. Daher überraschen manche Themen durch ihre Banalität und konventionelle Intervallstruktur, was schon am Anfang des 1. Satzes (*Allegro vivace*) und insbesondere in der typisch liedhaften Melodie des 4. Satzes (*Moderato*) auffällt. In der Harmonik scheut der Komponist vor traditionellen Funktionsverläufen nicht zurück, die er doch im 1. Teil der *Rhapsodie* so sorgfältig vermieden hatte, ganz abgesehen von dem entschieden neuartigen Finale des *Scherzos für Orchester und Klavier*. Nichtsdestoweniger fehlen in der *Suite Nr. 1* auch kühne Stellen nicht (man kann hier nur von ‹Stellen›, nicht aber von einem konsequenten Stil des Ganzen sprechen), die in der Herausbildung des individuellen Stils Bartóks eine wichtige Rolle spielen. Das betrifft vor allem den 2. Satz (*Poco adagio*), der mit einer Ganztonleiter in den Violinen beginnt und sich mit seiner improvisatorischen ‹Zigeunermelodie› und ornamentalen Koloristik der Harfen und Streicher dem Stil des 1. Teils der *Rhapsodie* nähert. In der mittleren Episode, in welcher jede Streichergruppe divisi auf vier Pulte verteilt wird, gelangt der Komponist zu einer schon phantastischen Geräuschkoloristik: Ein Teil der Instrumente spielt tremolo zwei um einen Halbton verschobene Kleinterzakkorde, während die übrigen schnell (*con sordino*) chromatische Tonleitern in beiden Richtungen gleichzeitig spielen. Das ist zweifellos eine Ankündigung der Klangeffekte aus der späteren *Musik für Saiteninstrumente, Schlagzeug und Celesta*. Dieser Satz endet mit einer Melodie der Solovioline, deren Intervallschritte (exponierter Tritonus, außerdem Quarte, große Septime), die ohne Rücksicht auf den in der Tiefe wiederholten Dreiklang (a-Moll) verlaufen, schon keinen Zweifel mehr über ihre Autorschaft zulassen:

Der in seinem rhythmischen Temperament hinreißende Mittelsatz (*Presto*) bringt häufig scharfe Zusammenklänge, zum Beispiel die schnell wiederholten Akkordschläge: es–ges–b–ces, d–f–as–b–ces, des–es–ges–b–ces, a–b–des–f–b–ces. Einmal erscheint die schnelle Repetition eines ‹Halbtonflecks› d–es–fes, den nur das Blech (ff) spielt. Das sind die ersten Anzeichen des scharfen Tokkatastils Bartóks. Unanfechtbar Bartóksche Art verrät schließlich in seiner melodisch-rhythmischen Gestalt das Finale (*Molto vivace*) mit dem angriffslustigen Thema:

Ein wichtiges Merkmal der *Suite Nr. 1* ist der motivische Zusammenhang aller ihrer Teile. Die grundsätzlichen Motive, aus welchen sämtliche Themen des Werkes bestehen, wurden schon im 1. Satz exponiert und erscheinen in den weiteren Sätzen in immer neuem Arrangement. Der Komponist führt hier seine große Kunstfertigkeit in der Variations- und Durchführungsarbeit, die auch schon im *Kossuth* und im *Scherzo für Orchester und Klavier* zu sehen war, zur Vollendung.

Die Uraufführung der *Suite Nr. 1* fand in Wien unter Ferdinand Löwe statt. In dieser Zeit ging die Arbeit an der *Suite Nr. 2 op. 4* schon gut voran, doch der Komponist unterbrach sie plötzlich und kehrte erst nach zwei Jahren zu ihr zurück.

Im Sommer dieses Jahres nahm Bartók an dem in Paris veranstalteten Anton-Rubinstein-Wettbewerb teil. Dieser Wettbewerb wurde von den Russen alle fünf Jahre in verschiedenen Hauptstädten Europas organisiert und war für junge Pianisten und Komponisten bestimmt. Die Pianisten mußten in diesem Jahr zwei Sätze des *Konzerts G-Dur* von Rubinstein, eine vierstimmige Fuge von Bach, eine der letzten Sonaten von Beethoven, drei Kompositionen von Schumann, ein oder zwei Werke von Chopin und eine Etüde von Liszt spielen, die Komponisten zwei Werke vorstellen, eins für Kammermusik, das zweite für Orchester. Béla beschloß, sich in beiden Rollen um den Rubinstein-Preis zu bewerben, und versprach sich einen großen Erfolg, der die sichtbare Krönung seiner bisherigen Karriere hätte sein sollen; auch die Aussichten auf eine Verbesserung seiner materiellen Lage waren nicht ohne Belang. Er sandte sein *Quintett* und eine neue Fassung der *Rhapsodie für Klavier und Orchester* nach Paris. Letztere hatte er um eine Einleitung erweitert, die aus Motiven des Hauptthemas besteht und auf dieses vorbereitet: Erst nach 42 Takten setzt der Anfang der ersten Klavierfassung ein. Im langsamen, nur satztechnisch erweiterten Teil erfüllt der Klavierpart die dominierende Rolle; das Orchester beschränkt sich – mit Ausnahme von einigen Stellen (siehe Beispiel auf Seite 75) – auf die Begleitung und gelangt im schnellen Teil voll zu Worte, indem es die vom Klavier vorgetragenen Themen wiederholt oder auch manche wichtigen Abschnitte des Verlaufs ganz übernimmt.

Der Wettbewerb begann für Béla unter einem unglücklichen Stern. Als er nach Paris kam, zeigte es sich, daß die Stimmen der *Rhapsodie* fehlerhaft waren, und da das Werk an sich schwierig ist und zu wenig Zeit für die Proben da war, wollte man es überhaupt nicht zulassen. Auch die Musiker, die das *Quintett* spielen sollten, lehnten die Aufführung rundheraus ab, mit der Begründung, daß sie es wegen Zeitmangels nicht einstudieren konnten. Es sah ganz danach aus, als ob Béla vom Komponistenwettbewerb zurücktreten müsse. Doch er verbesserte eilig die Stimmen, und nach vielem Hin und Her konnte er den Dirigenten (er war gleichzeitig Mitglied der Jury) C. Chevillard zur Aufführung der *Rhapsodie* bewegen. An Stelle des *Quintetts* schlug Béla seine glücklicherweise mitgebrachte *Violinsonate* vor. Doch dazu mußte ein Violinist gefunden werden, und wieder sah die Sache aussichtslos aus. Zum Glück interessierte sich ein junger Russe namens Lew Zeitlin, ein Schüler von Auer, für das Werk und versprach, es mit dem Komponisten zu spielen.

Der Ausgang brachte jedoch einen totalen Mißerfolg: Béla erhielt zu seinem Leidwesen keinen Preis. Der Preis für Klavier wurde Wilhelm

Backhaus zuerkannt, was an sich eine ehrenvolle Niederlage war. Um den Komponistenpreis bewarben sich neben Bartók noch vier andere Komponisten, von denen nur zwei – nach Jahren – mit ihrem Schaffen Eingang in die Musiklexika gefunden haben: der Russe Jakub Weinberg (1879–1956) und der Franzose Edouard Flament (1880–1958); die beiden übrigen waren der Italiener Attilio Brugnoli und der Ungar Otmár Ságody. In solcher Zusammenstellung mußten sich die Werke von Bartók nicht nur durch ihr künstlerisches Niveau, sondern auch durch ihren originellen Stil auszeichnen, was in den Augen der konservativen Jury durchaus nicht zu ihren Gunsten sprach. Der Vorsitzende, Leopold Auer (berühmter Violonist ungarischer Herkunft), machte sich mit ihnen bekannt und befand: ‹Ja, das ist die neue Schule, wir sind schon zu alt für so etwas.› Von den 15 Stimmen der Jury waren 13 gegen die Verleihung des 1. Preises, 10 auch gegen die Verleihung des 2. Preises, und 5 wollten sogar die Ehrendiplome verweigern. Da die Mehrheit für die Verleihung der Ehrendiplome war, wurde nochmals abgestimmt: Brugnoli erhielt 10, Bartók 9 Stimmen; die übrigen erzielten nicht die notwendige Stimmenzahl.

Für Bartók war das Ergebnis des Wettbewerbs eine Beleidigung, man versagte ihm den Preis, obwohl von einer ebenbürtigen Konkurrenz nicht gesprochen werden konnte, und auch das Ehrendiplom erhielt er als Zweiter (und auch Letzter). Diese Ungerechtigkeit war für Béla so schmerzlich, daß er nicht nach gemäßigten Worten suchte, als er voller Erregung an seine Mutter schrieb: ‹Daß von den Pianisten nicht ich den Preis gewann, ist nicht so sonderbar, es schmerzt mich nicht einmal. Aber was bei der Verteilung, vielmehr der Nichtverteilung des Komponistenpreises vor sich ging, das ist empörend. [...] Ich schicke mein Ehren(loses)-Diplom, sowie ich es erhalte, sofort Auer nach Petersburg zurück. Solch einen Blödsinn nehme ich nicht an. Ich bemerke, daß Brugnolis Sachen völlig wertlose zusammengetragene Konglomerate sind. Das empörendste ist, daß die Jury nicht gesehen hat, wieviel besser meine Werke sind. Die Stücke wurden sogar verhältnismäßig recht gut gespielt. Daß die Juroren sie nicht verstanden haben, ist ein ebenso großer Skandal. [...] Wenn einer, der wenigstens etwas Format hat, mir den ersten Preis weggewonnen hätte, würde ich nichts sagen. Aber daß diese Ochsen meine Sachen des Preises nicht für würdig befanden, das ist denn doch ein Zeichen unglaublicher Dummheit...›

Ähnlich aufrichtig schrieb er seiner Freundin Irmy Jurkovics in Nagyszentmiklós: ‹...Ich wüte!, na, mit solch einem Ergebnis hatte ich nicht gerechnet. Höchstens damit, daß man die Arbeiten eines anderen besser finden und ihm den Preis zuerkennen würde. [...] Den Preis für Klavier gewann der Pianist Backhaus, der tatsächlich schön spielt...›

Vielleicht wäre es für Béla ein Trost gewesen, wenn er gewußt hätte, daß in demselben Jahr der um sechs Jahre ältere Maurice Ravel, der sich seit längerer Zeit um den ‹Grand Prix de Rome› erfolglos bewarb, auch diesmal in der Konkurrenz durchfiel und ein für allemal als Bewerber ausschied. Doch solche Situationen gewinnen den Beigeschmack des Paradoxons erst nach vielen Jahren und für die folgenden Generationen. Die Bitternis des erlittenen moralischen Unrechts versüßte ein wenig der Aufenthalt in Paris und die Bewunderung für ‹diese göttliche gottlose Stadt›, wie er sie nannte, mit der Wien oder Berlin keinen Vergleich aushielten. Viel Zeit widmete Bartók den Gemäldesammlungen im Louvre, und merkwürdigerweise haben die Kompositionen von Murillo mit ihrer ‹bezaubernden Farbenharmonie› den größten Eindruck auf ihn gemacht; ihre Entdeckung zählt er zu seinen größten ästhetischen Erlebnissen, wie etwa die Aufführungen des *Tristan* oder des *Zarathustra*. Die Bilder der Impressionisten im Luxembourg-Museum haben dagegen keine größere Reaktion hervorgerufen.

Durch eine sonderbare Fügung der Umstände kam er auf seinem Weg mit den originellsten und bahnbrechenden Ereignissen in der neuen französischen Musik nicht in Berührung: den Werken Debussys und des auch schon berühmten Ravel. Ersterer hatte eben in diesem Jahr sein sinfonisches Triptychon *La Mer*, der zweite seinen Klavierzyklus *Miroirs* beendet. Hätte der Autor der *Rhapsodie* und der *Suite Nr. 1* diese Musik gekannt, dann wäre ihm die Konvergenz mancher ihrer klanglichen und harmonischen Merkmale mit seinen eigenen neuartigen Einfällen nicht verborgen geblieben. Möglicherweise hätte ihn das auch von dem Komplex der deutschen Musik befreit, dem er – trotz seiner aufrührerischen Anschauungen – immer noch anhing, was er in seinem in Paris an Irmy Jurkovics geschriebenen Brief zum Ausdruck brachte:

‹...In Beantwortung Ihres Briefes muß ich mich dahin äußern, daß Bach, Beethoven, Schubert, Wagner so vieles, so stark charaktierisierende Musik geschrieben haben, daß die französische, italienische und slawische Musik zusammengenommen dagegen ein kleiner Däumling ist! Liszt steht den vier Großen am nächsten, aber der hat selten ungarisch geschrieben. Mein *Trauermarsch* beispielsweise könnte in einer und anderer Beziehung die Konkurrenz aufnehmen, aber eine Nation kann nicht auf den Plan treten – mit einem Stückchen von vier Seiten. Und mag dieses auch noch so großartig sein! Kurz: wir sind noch weit davon entfernt, zum Start bereit zu sein. Arbeiten, lernen, arbeiten, lernen, und noch mal arbeiten, lernen. So können wir etwas erreichen. Wenn wir die ungarische Volksmusik mit der anderer Völker vergleichen, kommen wir zu einem überraschend günstigeren Urteil. Soweit ich die Volksmusik fremder Völker kenne, steht die unsere, was Ausdruckskraft und Mannigfaltigkeit angeht, weit höher. Wenn ein Bauer, der eine Melodie komponiert, wie eine von den beigelegten, von Kindheit an aus dem Bauernleben herausgetreten wäre und gelernt hätte, hätte er bestimmt ausgezeichnete, wertvolle Sachen schaffen können.›

In dieser Zeit hatte Bartók schon eine grundverschiedene und eigenartige Tonwelt entdeckt, die von nun an Gegenstand seiner größten Faszination und zugleich die Quelle vieler schöpferischer Impulse sein wird: die echte, authentische Folklore.

Zur ersten Begegnung Bartóks mit der Folklore kam es im September 1904 in Gerlicepuszta (südliche Slowakei), wo er einige Wochen einsam verbrachte, sich von den Anstrengungen der europäischen Reisen erholte und das *Quintett* und die *Rhapsodie* komponierte. Er wurde auf den Gesang des achtzehnjährigen Zimmermädchens Lidi Dósa, die aus Siebenbürgen stammte, aufmerksam und notierte eine Reihe ihrer Melodien, von welchen mehrere Merkmale der Pentatonik aufwiesen. Die Eigenart dieser Lieder mußte ihn schon damals frappieren, obwohl er sich noch nicht der Grenzen bewußt war, die die reine Folklore von dieser volkstümlichen ungarischen Musik trennten, die ihn doch unter dem Einfluß seiner nationalistischen Überzeugungen so sehr bewegte. Die notierten Melodien behandelte er so wie die anderen populären Melodien, er bearbeitete sie für eine Singstimme mit Klavier in Form des Kunstlieds, was ihre Authentizität in gewissem Grade entstellte. Bartók befand sich hier noch auf dem falschen Wege, doch damit war die erste Saat bereits in die Erde gebracht: Er beschloß, sich näher mit der Musik des ländlichen Ungarn zu befassen.

Im Jahre 1905 unternahm er eine Reihe von Wanderungen durch das Land, wo er versuchte, die gehörten Volksmelodien aufzuzeichnen. Er verfuhr dabei ohne Plan und Methode und nahm alles für bare Münze an, was ihm die Bauern vorsangen, was aber nicht immer echte Folklore war. Er suchte dabei nach entsprechendem Stoff für seine künstlerischen Bearbeitungen; so entstand seine erste Sammlung *Ungarischer Volkslieder, 1. Serie*, in welcher die Melodien (häufig nicht echten Ursprungs!) einen klanglich reich ausgebauten und stark chromatischen Klavierpart erhielten. Ende 1905 las er die in der Zeitschrift ‹Ethnographia› erschienene Publikation von Zoltán Kodály *Volksliedersammlung aus Mátyusföld* mit fünfzehn Notenbeispielen; die hier enthaltenen Schlußfolgerungen interessierten Bartók so stark, daß er sich an den Autor um Auskunft über seine Arbeitsmethode und die von ihm verwerteten Kriterien wandte. Dieser Schritt blieb nicht ohne Folgen auf seine weitere Einstellung zur Dorfmusik. Kodály erläuterte ihm viele Probleme, zeigte ihm das gesammelte Material und korrigierte seine Anschauungen über die echte Folklore. Er machte ihn auch mit der Technik der Tonaufnahmen mit dem Phonographen bekannt.

Diese Begegnung war der Anfang einer großen Freundschaft und engen Zusammenarbeit beider Künstler. Bisher hatten sie sich eigentlich nicht gekannt; der um ein Jahr jüngere Kodály war zwar ebenfalls Kompositionsschüler von Koessler, erschien aber in der Akademie regelmäßig an anderen Tagen als Bartók, und da beide sehr zurückhaltend waren, kam es nie zu einem Gespräch zwischen ihnen, auch wenn es an Gelegenheiten wahrscheinlich nicht gefehlt hatte. Zoltán bewunderte Béla als einen Künstler, er selbst war eher wegen seiner wissenschaftlichen Neigungen und gleichzeitigen Universitätsstudien als durch seine bisherigen kompositorischen Leistungen bekannt.

Das Interesse für die mit der Folklore zusammenhängenden Fragen bekundete Kodály schon früher, noch im Gymnasium, doch den Weg ernsthafter Forschungen beschritt er erst im Jahre 1903, als er sich mit den lehrreichen Sammlungen Béla Vikárs, eines bedeutenden Kenners der Volkspoesie, bekannt machte, der im Jahre 1896 mit Hilfe des Edisonschen Phonographen die von den Bauern in verschiedenen Teilen des Landes gesungenen Lieder aufzunehmen begann. Die Untersuchungen Vikárs, der kein Musiker war, wurden zum Ausgangspunkt für die schon fachgerechten Vorhaben Kodálys. Nach dem Studium der Aufzeichnungen gelangte er zu dem Schluß, daß alle bisherigen Veröffentlichungen über die ungarische Folklore falsch seien, und er unternahm im Jahre 1905 seine erste selbständige Wanderung mit dem Phonographen. Das Ergebnis dieser Wanderung war der bereits erwähnte Artikel in der Zeitschrift ‹Ethnographia›. Doch das war erst der Anfang seiner Arbeit. Das Auftreten eines (wie es sich bald zeigen sollte) hervorragenden Verbündeten in der Person Béla Bartóks begrüßte Kodály voller Begeisterung; die Zusammenarbeit beider Musiker und ihre wissenschaftlichen Schlußfolgerungen waren de facto der Anfang einer neuen Ära in der Geschichte der ungarischen (und nicht nur ungarischen) Musikethnographie.

Beide waren in dieser Zeit von Gefühlen bewegt, die Forscher erfassen, wenn sie vor einer umwälzenden Entdeckung stehen, die allen hergebrachten und allgemein anerkannten Anschauungen widerspricht. Es unterlag keinem Zweifel, daß die echte ungarische Volksmusik nichts (oder fast nichts) mit dem gemein hat, was bisher als Volksmusik galt, und daß sie eine gänzlich eigenartige, unbekannte und im höchsten Grad faszinierende Erscheinung ist. Die populären, im ganzen Land gesungenen, von den Zigeunern gespielten und sogar von den Bauern übernommenen Melodien sind in Wirklichkeit banale Kompositionen von Dilettanten, ihre stereotypen Wendungen leiten sich aus der Dur-Moll-Harmonik ab, ihr Bau ist schematisch, dennoch besitzen sie ein eigenes, lokales Kolorit, das sich aus der Anwendung entsprechender rhythmischer Akzente und (manchmal) der Zigeunerskala, die als ‹ungarisch› bezeichnet wird, ergibt. Die wirkliche, echte Folklore, die sich seit Jahrhunderten im Verborgenen entfaltet und von der die Stadtbevölkerung nicht den geringsten Begriff hat, unterscheidet sich grundsätzlich von den erwähnten Melodien, sie ist von den Schemata der professionellen europäischen Musik gänzlich unabhängig und zeichnet sich durch außerordentlichen Reichtum und Verschiedenartigkeit der Melodiewendungen aus. Die Zigeunertonleiter ist dieser Folklore total fremd; sie fußt auf verschiedenen Skalenbildungen, die aus sieben und sechs Tönen bestehen, sowie auf der Pentatonik, und bedient sich dabei interessanter Intervallschritte und eigenartiger Kadenzarten, die der Kadenz in den klassischen europäischen Melodien nicht mehr ähneln. Sie zeigt auch eine große Vielfalt der Rhythmik, häufigen Taktwechsel und verschiedenartigen Bau der Takte, sowohl in den Melodien von entschiedenem Rhythmus (Tempo giusto) als auch in den frei (parlando, rubato) vorgetragenen Liedern.

Das Sammeln und die Verbreitung dieser schönen Melodien war für Bartók und Kodály eine patriotische Aufgabe. Sie beschlossen, eine großangelegte Propagandaaktion einzuleiten, als deren Ergebnis das echte ungarische Volkslied zum allgemein verbreiteten Gemeingut werden und die bisher populären Hausliederbücher ersetzen sollte. Der erste Schritt zu diesem Ziel war die Herausgabe von Liederheften mit einfacher und leichter Klavierbegleitung, die sich für das häusliche Musizieren eigneten. Noch ehe der Inhalt des ersten Heftes vereinbart war, befaßten sie sich mit der brieflichen Werbung von Abonnenten für beide Liederhefte.

Bartók war von dieser für ihn ganz neuen Arbeit so überwältigt, daß er darüber das Komponieren einstellte. Die eingetretene Meinungsänderung zum Thema der ‹ungarischen› Musik weckte in ihm eine negative

Einstellung zu seinen eigenen Werken, so daß er auch die Arbeit an der *2. Suite* unterbrach. Die Konzerttätigkeit setzte er jedoch fort: Nach einem gelungenen Konzert in Manchester am 23. November 1905, wo er mit Richter den *Totentanz* von Liszt spielte, trat er am 8. Januar 1906 in Graz (Bach, Chopin, das eigene *Scherzo*) und am 3. März in der norddeutschen Stadt Anklam (Bach, Chopin, Liszt) auf, ohne einige weitere Auftritte in der Provinz zu zählen, die ihn nur von der materiellen Seite her interessierten.

Aus rein finanziellen Gründen unternahm er im Frühjahr 1906 auch eine lange und anstrengende Konzertreise durch Spanien und Portugal mit dem dreizehnjährigen Violinisten Ferenc Vecsey, den er in Werken von Paganini, Wieniawski und Hubay begleitete; Bartók selbst trat mit Werken von Bach, Chopin und Liszt auf. Von der ganzen Reise waren ein kurzer Aufenthalt in Venedig, das ihn begeisterte, und ein eintägiger Abstecher nach Afrika (Tanger), wo er in irgendeiner Spelunke arabische Volkslieder hörte, die angenehmsten Erlebnisse; hier regte sich in ihm erstmals der Wunsch, auch die Folklore verschiedener anderer Völker zu studieren, was zweifellos bedeutete, daß sein Interesse auf diesem Gebiet, unabhängig von der ursprünglich patriotischen Regung, schon wissenschaftlichen Charakter anzunehmen begann.

Nach seiner Rückkehr begab sich Bartók, mit Notenpapier und einem vom Ethnographischen Museum ausgeliehenen Phonographen ausgerüstet, auf seine erste selbständige und methodisch durchgeführte Forschungswanderung. Er begann in dem Ort Vésztő, im Komitat Békes (östlich der Theiß), wo er immer bei seiner Schwester und ihrem Mann, der Gutsverwalter war, seine Ferien verbrachte, und wanderte weiter in Richtung Siebenbürgen zum Komitat Bihar. Dann begab er sich in die Bezirke westlich der Donau – in die Komitate Fejér und Tolna. Er sammelte damals einige hundert Lieder, darunter Melodien, deren einzigartige Schönheit und spezifische tonale Intervallstruktur sowie rhythmische Raffinesse ihn entzückten:

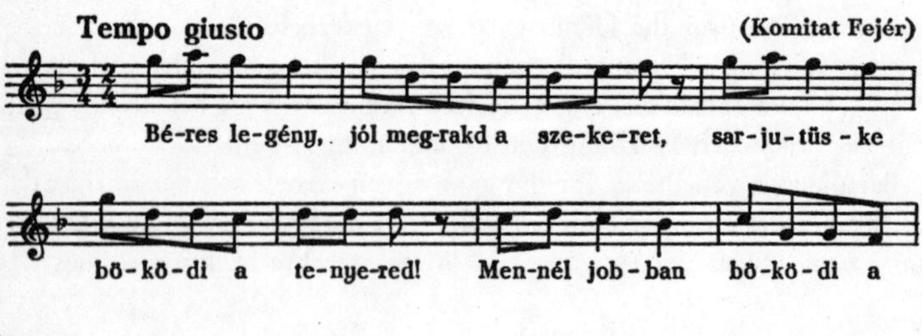

Jede dieser Melodien erschien ihm als ein selbständiges kleines Kunstwerk, mit seinem eigenen Stil, seinem Ausdruck und musikalisch interessantem Gewand; jedes war ein anderes und unwiederholbares Gebilde. Ihre Lapidarität und Einfachheit, ihre scheinbare Primitivität, hinter welcher sich der ganze Reichtum an Finesse und frischen, nicht abgeschmackten Wendungen verbarg, konnten für einen Künstler, den die verschlissene Poetik der Spätromantik bereits langweilte und der auf der Flucht vor den hergebrachten Gefühlen der Klangwelt war, eine wahre Offenbarung sein. Diese Lieder wurden ihm zur Quelle einer neuen ästhetischen Einsicht, ähnlich wie sie in denselben Jahren Pablo Picasso durch die Entdeckung der rohen Schönheit der authentischen Negermasken erfuhr.

Diese ästhetische Berückung traf sich mit dem intellektuellen Hang zur Wissenschaft, dem präzisen Forschungsdrang, den wir bei Bartók schon in seinen Schuljahren finden, als er sich angelegentlich mit dem Sammeln und Ordnen von Käfern und Insekten befaßte. Seine angeborene Neigung zu vergleichenden Studien ließ ihn bald über das ungarische Nationalgebiet hinausschreiten. Im Herbst desselben Jahres, als er wieder nach Gerlicepuszta kam, begann er systematisch die slowakischen Lieder im Komitat Gömör zu sammeln; er nahm dort 80 Melodien auf und notierte weitere 150. Um in den nächsten Jahren seine methodischen Arbeiten fortsetzen zu können, lernte er die slowakische Sprache, die er auch in kurzer Zeit ziemlich gut beherrschte.

Anfang 1907 erschien im Verlag K. Rozsnyai das Heft *20 Ungarische Volkslieder*, von welchen die ersten zehn Bartók, die übrigen Kodály bearbeitet hatte. In dem etwas kämpferischen Vorwort zu dieser Ausgabe schrieben die Verfasser unter anderem: ‹Mögen diese häufig ursprünglichsten Zeichen des Geistes unseres Volkes so viel Liebe finden, wie sie verdienen. Es wird noch viel Zeit vergehen, ehe sie den ihnen gebührenden Platz zu Hause und im öffentlichen Musikleben einnehmen werden. [...] Der überwiegende Teil der ungarischen Gesellschaft ist noch nicht ungarisch genug, nicht mehr naiv genug und noch nicht gebildet genug, als daß er diesen Liedern Geschmack abgewinnen könnte. [...] Es wird aber auch diese Zeit kommen. Wenn es eine ungarische Hausmusik geben wird und die ungarische Familie sich nicht mit den wertlosesten ausländischen Couplets und inländischer Massenware aus den Volksliedfabriken begnügen wird. Wenn ungarische Sänger da sein werden, wenn nicht nur einige Liebhaber von Raritäten wissen werden, daß es auch andere «ungarische Volkslieder» gibt als «Ritka buza» und «Ityóka-pityóka».›

Unter den von Bartók bearbeiteten Liedern stammt eines (Nr. 8) aus Vikárs Sammlungen, ein anderes (Nr. 7) aus seiner ersten Niederschrift vom Jahre 1904 (bei Lidi Dósa), die übrigen sammelte er im Jahre 1906 hauptsächlich im Komitat Békés. Die Harmonisierung ist sehr einfach und etwas archaisch (Dominant-Tonika-Spannungen werden vermieden), obwohl sie hart klingende Dissonanzverzögerungen nicht vermeidet, die Quart- und Sekundenstrukturen auf dem starken Taktteil exponieren:

Die Strenge dieser Harmonik (von der weichen, lyrischen Harmonisierung Kodálys sehr verschieden) ist schon ein deutlicher Hinweis auf den späteren, modernen Stil der folkloristischen Bearbeitungen von Bartók.

Die Publikation erfüllte die in sie gesetzten Hoffnungen nicht. Das Interesse war so gering, daß die Autoren die Herausgabe weiterer Hefte aufgeben mußten. Noch in den dreißiger Jahren war die ganze Auflage (1000 Exemplare) nicht vergriffen.

Die ungarische Gesellschaft, die die Herausforderung der beiden begeisterten Folkloristen so gleichgültig hinnahm, hatte aber den Komponisten Bartók nicht vergessen. Am 15. Mai 1907 wurden bei dem feierlichen Konzert im neuen Gebäude der Musikakademie am Franz-Liszt-Platz der 1., der 2. und der 5. Satz seiner *1. Orchestersuite* aufgeführt. Einer der Rezensenten nannte Bartók damals einen ‹nicht verstandenen Dichter, der um das Ideal der ungarischen Musik kämpft›. Bartók war indessen nicht nur von einem so aufgefaßten Ideal, sondern auch von seinem eigenen schöpferischen Ehrgeiz weit entfernt. Schon zwei Jahre waren verstrichen, in welchen kein einziges neues Werk entstanden war.

Ein direkter Impuls, der in Bartók neue schöpferische Energie hervorbrechen ließ, waren Vorfälle rein persönlicher Natur. Es klingt paradox: Eine ziemlich banale, romantische Geschichte wird zum biographischen Hintergrund für die Geburt der äußerst radikalen, antiromantischen Musik dieser Zeit. Diese staunenerregende Eruption eines originellen Talents hatte natürlich ihre tieferen Ursachen, aber die Ereignisse, von welchen hier die Rede sein wird, sind so eng mit Bartóks Werken aus diesen bahnbrechenden Jahren verknüpft und haben sie so stark geprägt, daß man sie nicht übergehen kann.

Im Jahre 1906 wurde Béla auf einem Konzert, bei dem alle Professoren der Akademie anwesend waren, mit der achtzehnjährigen Violinistin Stefi Geyer bekannt. Sie war – neben Vecsey und Szigeti – die fähigste Schülerin in Hubays Violinklasse. Sie trat schon als ‹Wunderkind› auf und wurde früher berühmt als Bartók; schon 1900 hatte ‹Zenevilág› sehr viel über sie geschrieben, und sie begann auch sehr schnell im Ausland aufzutreten.

Ihr persönlicher Charme nahm Béla auf der Stelle gefangen, das übrige trug die Bewunderung, die er für ihr Talent hegte, dazu bei. Er überwand seine angeborene Befangenheit und Zurückhaltung in der Äußerung der Gefühle, die er empfand, und begann immer zudringlicher ihre Gesellschaft zu suchen; sie zeigte sich ihm gegenüber lieb und freundlich, was ihn zu weiteren Kontakten ermunterte. Als sich Stefi im Juni 1907 zu ihrer Tante nach Jászberény (östlich von Budapest) begab, schloß sich ihr Béla unter dem Vorwand an, daß er Lieder sammeln wolle. Der Vorwand war eher fadenscheinig, da es in dieser Gegend nichts zu sammeln gab, doch die jungen Leute verbrachten viele angenehme Tage, unternahmen herrliche Spaziergänge und sangen zu dritt – mit Stefis Bruder – die Kanons, die Béla komponierte und absichtlich durch ausgesuchte Chromatik und Intervalle erschwerte. Die gemeinsamen Ferien steigerten Bélas Gefühle für die junge Künstlerin. Dort auch begann er am 1. Juli sein neues Werk – das *1. Violinkonzert* – zu schreiben. Zur Erinnerung an eines der mit Stefi zusammenhängenden Ereignisse benutzte er in der Koda des 2. Satzes die Melodie eines bekannten Kinderliedes und notierte auf der Partitur: ‹Jászberény, 28. Juni 1907.›

Ende Juli erhielt Bartók ein Stipendium für die Untersuchung der Musik der Szekler (ungarische Bevölkerung Siebenbürgens) und zog in das Komitat Csík, der am meisten nach Osten vorgeschobenen gebirgigen Region des damaligen Ungarn, wo er viele alte, urwüchsige Melodien zu finden hoffte. Seine Arbeit als Sammler teilte er jetzt mit der des Komponisten: Mit dem zurückgewonnenen schöpferischen Eifer beschloß er jetzt, auch die vor zwei Jahren begonnene *2. Suite* zu beenden und darin seine neuen folkloristischen Erfahrungen zu verwerten.

In einem der vielen Briefe an Stefi, die aus der Zeit dieser Wanderungen stammen, beschrieb er in Form einer komischen Szene all die Schwierigkeiten, die mit dem Sammeln von Volksliedern zusammenhängen. Es ist ein insofern interessantes Dokument, als es viele Einzelheiten aus der Arbeit Bartóks im Gelände bringt, deshalb wollen wir es hier gekürzt anführen:

Dialog in Gyergyó-Kilyénfalva (Siebenbürgen)

Der Reisende (tritt ein): Grüß Gott!

Die Bäuerin: Jesus Christus behüte Sie!

Der Reisende: Ist wohl Ihr Mann zu Hause?

Die Bäuerin: Nein, er ist nicht zu Hause, er fuhr in der Früh mit dem Wagen aufs Feld, um Heu einzufahren.

Der Reisende: Na, und wie geht es Ihnen im allgemeinen?

Die Bäuerin: Es geht ja, wie es kann; Übel gibt's genug, und plagen tun wir uns auch nicht wenig.

Der Reisende: Na, na! Irgendwie schaffen Sie's doch.

Die Bäuerin: Also, was wünscht der Herr? [...]

Der Reisende: Also sehen Sie, ich bin gekommen, um Sie um etwas zu bitten, um was man Sie, wie ich annehme, noch niemals gebeten hat.

Die Bäuerin: ?

Der Reisende: Die Nachbarin hier behauptet, Sie könnten so richtige uralte Lieder singen, die Sie noch in Ihrer Jugend von den Alten gelernt hätten.

Die Bäuerin: Ich?! Alte Lieder?! Der Herr soll mich nicht zum Narren halten! Hi-hi-hi-hi-hi!

Der Reisende: Schauen Sie mal, das ist keine Narretei. Ich spreche in vollem Ernst. Ich kam nur deshalb hierher, von weit, von sehr weit, von Budapest, um diese uralten Lieder zu suchen, die man nur hier kennt!

Die Bäuerin: Na, und was fängt man dann mit diesen Liedern an? Kommen sie in die Zeitung?

Der Reisende: Keineswegs! Diese Arbeit bezweckt, daß wir diese Lieder bewahren, daß sie notiert werden. [...] Denn schauen Sie, die jungen Leute kennen ganz andere Lieder, sie haben die alten Lieder nicht gern, sie lernen sie auch nicht, obwohl diese alten Lieder viel schöner sind als die jetzigen. Na, nicht wahr? In fünfzig Jahren sind sie spurlos verschollen, wenn wir sie jetzt nicht aufschreiben.

Die Bäuerin: Wirklich? (Pause). Bruhahahaha! – Hihihihi! Nein, ich glaub's doch nicht!

Der Reisende (verzweifelt): Schauen Sie sich doch dieses kleine Büchlein an; sehen Sie, das alles habe ich hier notiert. (Er pfeift ein Lied.) Dieses Lied hat Frau Andreás Gegő gesungen. (Er pfeift ein anderes.) Und dieses Frau Bálint Kósza. Diese kennen Sie doch auch, nicht wahr? [...]

Die Bäuerin: Ach, meine Stimme ist nicht mehr danach...

Der Reisende (fällt ihr ins Wort): Dazu ist gar keine so starke Stimme nötig; wenn Sie das Lied ganz leise vor sich hinsingen, so wird's auch gut sein. [...] Denken Sie nur nach! Vielleicht kommt Ihnen etwas von den alten Liedern doch in den Sinn.

Die Bäuerin (denkt lange nach): Mir ist eins eingefallen.

Der Reisende (mit aufblitzender Hoffnung): Also los, los!

Die Bäuerin: Na, und wie soll ich's sagen? Nur mit Worten?

Der Reisende: Ach nein! Mit der Stimme, so wie man singt.

Die Bäuerin (beginnt und singt es zu Ende): ‹Ezt a kerek erdőt járom én...› Ach, das ist ein uraltes Lied!

Der Reisende: Gewiß, gewiß, es ist sehr schön. Aber kennen Sie kein noch älteres? Denken Sie doch nach!

Die Bäuerin: Ein noch älteres? (Sie zerbricht sich den Kopf. – Plötzlich zu ihren Töchtern.) Donnerwetter! Warum habt ihr die Gänse herausgelassen?

[Dem armen Folkloristen gelingt es nach vielen Bemühungen, einige Lieder aus der Bäuerin herauszuholen, die aber in der Stadt bekannt sind. Er wird immer ungeduldiger.]

Die Bäuerin (zu ihren Kindern): Na, denkt auch ihr nach, vielleicht wißt auch ihr was!

Der Reisende: Was die Kinder kennen, das brauch' ich nicht. Das sind lauter neue Lieder! Ich kann nur sehr, sehr alte brauchen! [...]

Die Bäuerin: Aber ich will dem jungen Herrn noch eines vorsingen.

Der Reisende: Also lassen Sie hören.

Die Bäuerin: Der Gesang der Maria Magdalena...

Der Reisende: Den brauch' ich nicht! Ist er doch ein geistlicher Gesang! (Verflucht im stillen sämtliche Kirchengesänge der Welt.)

Die Bäuerin: Na, und haben Sie dieses? ‹Képeddel alszom...›

Der Reisende (dumpf): Das hab' ich! (Zähneknirschend, mit größtmöglicher Liebenswürdigkeit.) Aber so ein richtiges Dorflied, das man in Ungarn nicht kennt. [...]

Die Bäuerin: Aber was ich jetzt singen werde, das hat der junge Herr noch nicht aufgeschrieben: ‹Ezt a kerek...›

Der Reisende: Damit hatten Sie doch begonnen! Nicht zu brauchen. (Steckt mit endgültiger Entsagung das Notizbuch und die Feder in die Tasche.)

Die Bäuerin: Kirchengesänge wüßt' ich viele. Das Lied der Maria Magdalena –

Der Reisende (schweigt mit Verachtung).

Die Bäuerin: Etwas Schöneres hört der junge Herr nirgends.

Der Reisende: Wissen Sie nicht jemanden, der solche uralte Lieder kennt? [...] Danke, danke, grüß Gott! (Entfernt sich gebrochen.)

Da capo al fine, von früh bis abends, von Montag bis Sonntag! Das ist nicht länger auszuhalten!...

Durch die Niederschrift dieser ergötzlichen Szene wollte Bartók sicherlich die Adressatin seiner Gefühle über die Schwierigkeiten, die ihm bei seiner Arbeit begegneten, genauer informieren. Tatsächlich aber brachte er aus Siebenbürgen eine außerordentlich reiche Ausbeute an alten Melodien mit, die häufig auf der strengen Pentatonik basieren und noch nach vielen Jahren den Stoff zu Untersuchungen über die älteste Schicht der ungarischen Folklore lieferten. Ein Teil dieser Sammlung mit Kommentar erschien Anfang 1908 in ‹Ethnographia› unter dem Titel *Szekler Volksballaden.*

In der Zeit seines Aufenthaltes im Komitat Csík beendete Bartók seine *2. Orchestersuite op. 4.* Dieses Werk, von dem die ersten drei Sätze bereits im Jahre 1905 entstanden waren, zeigt noch viele äußerliche Merkmale von Strauss, aber im allgemeinen ästhetischen Klima, in der Sachlichkeit und Zurückhaltung des Ausdrucks nähert sich der Komponist hier schon eher den Traditionen der tschechischen Schule; ein Beweis, daß er sich der ganzen komplizierten Poetik und Gespreiztheit der deutschen Romantik immer mehr entfremdete. Auffallend ist die Originalität der melodischen Wendungen, die sich immer mehr von der hergebrachten tonal-intervallischen Linienführung abwenden. Im Verhältnis zur *Rhapsodie* und *1. Suite* ist es ein bedeutender Schritt vorwärts. Das läßt sich insbesondere am Beispiel der thematischen Evolution im 1. Satz (*Comodo*) ablesen: abrupte tonale Knickungen und scharfe Wendungen im Skalenmaterial, die aber die deutliche tonale Zentralisation (B-Dur) nicht beseitigen:

In dieser Prozedur erscheint sogar eine Folge von sechs aufsteigenden Quarten – hier sei erwähnt, daß der junge Arnold Schönberg im Jahre 1906 in seiner *Kammersinfonie op. 9* eine ähnliche Quartensequenz anwandte und damit stürmische Proteste weckte.

Im 2. Satz der *Suite* (*Allegro scherzando*), der auch ein herrliches Beispiel des burlesken Stils des frühen Bartók ist, tritt eine Fuge auf, deren originelles Thema in immer anderen, schnellen tonalen Wendungen verläuft. Seine klangliche Beweglichkeit und Dynamik, seine charakteristische Zeichnung und rhythmische Gestalt sind schon die Ankündigung der ausgemacht individuellen Errungenschaften des reifen Komponisten.

In dem wundervollen, lyrischen *Andante* (3. Satz), das mit einer langen Solomelodie der Baßklarinette beginnt (wieder ein Anklang an die Solomelodie des Englischhorns im 3. Akt des *Tristan!*), finden wir die aus der *1. Suite* bekannten phantastischen koloristischen Effekte mit Glissandi der Harfen, Tremoli der Streicher und chromatischen Tonleitern der Holzbläser wieder. In der Harmonik tritt der ‹impressionistische› Klang des Moll-Septakkords klar hervor; er erscheint auch als Schlußakkord des 3. Satzes (fis–a–cis–e–fis). Hier also verzichtet Bartók erstmals auf den Gebrauch der üblichen Konsonanz am Schluß (erwähnt sei, daß keiner der Sätze in der *2. Suite* mit einer Dominantkadenz endet, und im Finale des 2. Satzes haben wir eine Kadenz paralleler leerer Quinten: as–es–as, f–c–f, g–d–g).

Das Finale (*Comodo*) entwickelt ein pentatonisches Thema, das deutlich an die melischen Eigentümlichkeiten der alten Volkslieder aus Siebenbürgen anknüpft:

Zum erstenmal überträgt hier der Komponist die bei seiner folkloristischen Arbeit gesammelten Erfahrungen auf sein eigenes künstlerisches Metier. Die Verwendung einer pentatonischen Melodie, die sich deutlich auf Quarten- und Sekundenzellen (und nicht auf den überlieferten Terzdreiklängen) aufbaut, bringt dieselben Tendenzen zum Ausdruck, die wir schon bei Bartók seit seiner *Etüde für die linke Hand* beobachten konnten (siehe Seite 45). Das zeugt davon, daß die Kenntnis der authentischen, unverfälschten Folklore und ihrer intervall-tonalen Eigentümlichkeiten für Bartók – als Komponisten – ein glückliches Zusammentreffen von Umständen war, die ihm den idealen Nährstoff für die Entwicklung seiner eigenen Bestrebungen lieferten. So nimmt es nicht wunder, daß ihm in der Ausnutzung gewisser charakteristischer Merkmale der Folklore, aus welchen er überraschende Konsequenzen zu ziehen wußte, ein Mittel in die Hand gegeben war, das ihm die Flucht aus den Konventionen des Dur-Moll-Systems und der ganzen romantischen Gefühlswelt ermöglichte.

Die *2. Suite op. 4* wird jetzt in der 1943 umgearbeiteten Fassung gespielt; die Revision beruht auf einer Reihe von Kürzungen, insbesondere im Finale. Es gibt auch eine Bearbeitung für zwei Klaviere (aus dem Jahre 1941), in welcher die einzelnen Sätze folgende Titel erhalten haben: 1. *Serenata*, 2. *Allegro diabolico*, 3. *Scena della puszta*, 4. *Per finire*.

Nach seiner Rückkehr aus Siebenbürgen bearbeitete Bartók drei Instrumentalmelodien für Klavier solo, die ihn weniger durch das Skalenmaterial als durch die einzigartige Rhythmik und Ornamentik besonders frappierten. Diese *3 Volkslieder aus dem Komitat Csík* sind in Wirklichkeit bezaubernde Klavierminiaturen, in welchen die Melodie, die Harmonik und die Faktur einen bestimmten, delikaten und zierlichen Stil voller Diskretion und subtilem Geschmack bilden. Die Harmonik ist einfach und im Prinzip traditionell, aber die Akkorde sind auf eine Art und Weise verwendet, die vielmehr ihren Klang und das Kolorit der Verbindungen als ihre Funktionskraft hervorhebt.

In demselben Jahr entdeckte Bartók eine Musik, in welcher die Koloristik des harmonischen Klangs zum Ausgangspunkt revolutionärer stilistischer Schlüsse wurde: das Schaffen Debussys. Durch Kodálys Vermittlung, der aus Paris einige Werke des französischen Komponisten mitgebracht hatte und sie voller Begeisterung seinem Freund zeigte, kam Bartók mit dieser Musik in Berührung. Der Autor der *2. Suite* fand hier erstaunt die ihm nahen melischen Tendenzen, wie Gebrauch der Pentatonik und Ganztonleiter und auch viele andere bahnbrechende Einfälle vor, die ihm den Weg aus der bisherigen harmonischen Konvention wiesen. Das Studium dieser Musik war einer der wichtigsten Anreize zur Herausbildung seines neuen Stils.

Bartóks Beziehungen zu Stefi Geyer, für die er zweifellos eine ernste Neigung empfand, gestalteten sich nicht nach seinen Wünschen. Die Unterschiede in den Überzeugungen und Charakteren ließen seit langem nichts Gutes ahnen, und da Béla in seinen Gefühlen auch ziemlich egozentrisch und apodiktisch war, mußten sich Konflikte einstellen. Die erste Verstimmung, die sich zwischen beiden abzeichnete, nahm den Charakter einer religiösen Meinungsverschiedenheit an.

Für Béla war das ein wichtiges Thema, das ihn schon seit den frühen Schuljahren bewegte. Bis zu seinem vierzehnten Lebensjahr war er ein guter Katholik, später, als die äußerst primitiven Stunden des Religionslehrers ihn zum selbständigen Denken anspornten, begann er sich gegen die einzelnen Punkte der aufgezwungenen Religion zu sträuben. Von Problemen des Lebens und Todes, des Wesen Gottes und des Weltalls bedrängt, begann er nach dem Abitur Bücher, die mit diesem Problemkreis zusammenhingen, zu studieren; er interessierte sich für Astronomie, die seinen Fragen andere Dimensionen verlieh, betrieb kurz Philosophie, vertiefte sich in polemische Schriften über Religion und entdeckte schließlich Nietzsche, dessen Anschauungen seine starke, aber vorübergehende Sympathie weckten. Im Jahre 1903, demselben, in welchem sein großer Start als Komponist begann, war Bartók schon entschiedener Atheist: In einem seiner Bücher trug er damals folgende Sentenzen ein, die seine persönlichen Anschauungen widerspiegeln: ‹Sonderbar, daß es in der Bibel heißt: «Gott erschuf den Menschen.» Wo es sich doch eben umgekehrt verhält: Der Mensch hat Gott erschaffen. Sonderbar, daß es in der Bibel heißt: «Der Körper ist sterblich, die Seele unsterblich», während doch auch dies umgekehrt richtig ist: Der Körper (die Materie) ist ewig, die Seele (die Form des Körpers) ist endlich. Sonderbar, daß der Priesterberuf und der Schauspielerberuf für entgegengesetzt gehalten werden, obwohl doch Priester und Schauspieler das gleiche verkünden: Märchen.› Der Streit mit Stefi, die gottesfürchtig war, begann in ihrem Briefwechsel im September 1907, als Béla bei seiner Schwester in Vésztő weilte. In seiner jugendlichen Naivität verlangte er von dem Mädchen, das Gegenstand seiner Anbetung war, alle seine Anschauungen und Interessen mit ihm zu teilen. Als Stefi gelegentlich in einem Brief etwas über

Gottesfürchtigkeit erwähnte, reagierte er mit einem langen Brief, in welchem wir mühelos den hartnäckigen, didaktischen Ton wiederfinden, der in seinem Brief an die Mutter vom Jahre 1903 über den Gebrauch der ungarischen Sprache vorherrscht. Nachdem er im Schreiben an Stefi die beiden ersten oben angeführten Sentenzen zitiert, entwickelt er sie mit pedantischer Genauigkeit weiter:

‹...Wir sagen: Seht, hier ist eine «geordnete» Welt; sie kann unmöglich von selbst entstanden sein, denn nichts entsteht von selbst, am wenigsten eine so wunderbar harmonische Einrichtung – also! ein solches und solches Wesen hat sie geschaffen – und sogleich folgt eine ganze Reihe von Definitionen, wie nun dieses Wesen ist. Es hat weder Hände noch Füße, hat kein Gehirn, denkt, will usw. trotzdem. Wieder eine unmögliche Verwirrung der Begriffe. Denn entweder müssen wir uns darüber einig werden, daß wir unter Wollen und Denken eine gewisse Funktion des Gehirns verstehen – was es ja auch tatsächlich ist –, dann müssen wir aber zugeben, daß es ohne Gehirn kein Wollen und kein Denken gibt...›

‹Auf Grund der Tatsache, daß die Welt *ist*, über ihren Ursprung so waghalsig Thesen aufzustellen, ist ein sehr großer Fehler. Wenn ich nicht weiß, wie dieser oder jener Gegenstand an einen von mir sorgfältig verschlossenen Platz gekommen ist, warum muß ich mich dann unbedingt aufs Legenden-Konstruieren einlassen? [...] Dennoch machen wir es so mit der Welt, warum sagen wir nicht einfach: Ich kann die Ursache ihrer Existenz nicht erklären. Und damit basta.›

‹...Stellen wir nur fest, was es bedeutet, daß dieses Seele genannte Etwas unsterblich ist. Das bedeutet, nicht wahr, daß es in der Zeit unendlich ist – aber nur in der einen Richtung! Und zwar in der Richtung vorwärts. [...] Können Sie sich etwas vorstellen, was in einer Richtung endlich, in der anderen unendlich ist?!›

‹...Was ist die Seele? Die Funktion des Gehirns und des Nervensystems. Diese entwickelt sich allmählich, noch vor der Geburt im Zusammenhang mit der Entwicklung der betreffenden Organe, und im Augenblick des Sterbens hört sie auf. Sie ist endlich – sterblich. Der Körper, als Substanz, ist tatsächlich «unsterblich», denn es geht in dieser Welt keine Substanz verloren, sie verändert nur die Form.›

‹Warum nur trichtert man so vielen Millionen Menschen falsche Aussprüche ein!›

Die blutjunge Stefi, die keine Neigung zur Philosophie empfand und mit ihrem Glauben zufrieden war, wollte nicht einmal die Bücher lesen, die ihr Béla zu senden versprach. Ihre Antwort, die sich unschwer erraten läßt, versetzte ihn in Verzweiflung.

‹Als ich Ihren Brief zu Ende gelesen hatte, habe ich beinahe geweint – und das ist, wie Sie sich denken können, bei mir nichts Alltägliches. Sehen Sie, die menschliche Schwäche! Ich hatte ja im vorhinein gewußt, daß Sie in dieser Art antworten würden, und dennoch tat es mir weh. Warum konnte ich den Brief nicht mit kalter Gleichgültigkeit zu Ende lesen, warum konnte ich ihn nicht mit einem überlegenen Lächeln hinlegen, warum kann mir all das nicht gleichgültig sein? Viele «Warums», deren Lösung ich Ihnen überlasse, wenn Sie es denn für der Mühe wert halten, sich damit zu befassen...›

Doch geht er sofort zum Angriff über und setzt ihr geduldig seine Anschauungen auseinander:

‹Es wäre seltsam mit uns bestellt, wenn wir alles glauben müßten, dessen Unmöglichkeit noch nicht bewiesen werden konnte. Im Gegenteil, wir müssen nur das glauben, was wir als unbedingt wahr nachgewiesen haben. [...] Die an Gott glauben, sind indessen gezwungen, zu betonen, daß man ihre These deshalb als wahr akzeptieren müsse, weil sich gewisse Erscheinungen anders nicht erklären lassen. Genauso konnten die Naturwissenschaftler für die blitzschnelle Verbreitung des Lichts, der Elektrizität, der Hitze durchaus keine Erklärung geben, daher nahmen sie an, der Weltenraum sei mit einer Substanz geladen – mit dem Äther, wie sie ihn nennen –, und diese leite die Lichtstrahlen usw. Zwischen den beiden letzten Theorien besteht nur der Unterschied, daß die Naturwissenschaftler die Lichthypothese nicht als bewiesene Wahrheit hinstellen, die man auch zum Beweisen von sonstigem gebrauchen könnte. Das ist so ein wissenschaftliches Märchen – das besagen will, die Sache könnte auch so sein, da bis jetzt noch nichts dagegen spricht. Aber alle lauern auf die Gelegenheit, sich Beweise gegen diese Hypothese zu verschaffen, denn in der Wissenschaft sind Hypothesen nicht sehr beliebt. Doch die Existenz Gottes – eine ebensolche Hypothese – wird als verpflichtende Wahrheit verzeichnet, und diejenigen, die sie erfunden haben, glaubten genauso blind daran wie die, denen sie sie erzählten. Dabei entdeckt hier der bloße nüchterne Verstand schon sehr verdächtige Umstände, die der Theorie wahrlich zur Genüge widersprechen...›

In diesen Briefen treten gewisse Charakterzüge der Persönlichkeit Bartóks zutage, die in Zusammenstellung mit seiner schöpferischen Silhouette noch an Aussage gewinnen. Der Kult der Vernunft und Wissenschaft, sein Hang zum sachlichen logischen Denken und seine Unabhängigkeit von den durch Tradition geheiligten Dogmen sind ein ebenso guter psychologischer Kommentar zur Musik Bartóks wie die mystischen Neigungen und Anschauungen Skrjabins zum Stil seiner Werke. Fügen wir noch hinzu, daß sich unter diesem Objektivismus und Rationalismus bei Bartók noch ein reiches Gefühlsleben verbirgt; diese Dualität bestätigt uns der Charakter seiner Musik, die ebenso hart und sachlich wie impulsiv ist. Im Endabschnitt des letzten Briefes schreibt Bartók: ‹Als ich ihren Brief gelesen hatte, setzte ich mich an den Flügel – ich habe die traurige Vorahnung, daß ich im Leben keinen anderen Tröster haben werde als die Musik.› Und hier folgt ein Notenzitat (wahrscheinlich ein Teil einer Improvisation) – eine todernste Klage von Akkorden, unter welchen der zerlegte Vierklang mit großer Septime cis–e–gis–his erscheint, darüber ein Zusatz des Autors: ‹Das ist Ihr Leitmotiv.› Dieses Motiv (allerdings überwiegend in Dur) findet sich an erster Stelle in einigen Werken, die Bartók im Laufe des folgenden Jahres komponiert hat und die einen Umbruch in seinem Schaffen aufzeigen.

Die Polemik in religiösen Fragen war nicht das einzige und auch nicht das wichtigste Mißverständnis zwischen Bartók und Stefi Geyer. Die Tatsache, daß das Mädchen seine Gefühle nicht erwiderte, trat immer deutlicher zutage; in dieser Lage mußte der Eifer, mit welchem Béla seine Neigung bekundete und die er mit einer Eheschließung beenden wollte, zu einer für ihn sehr fühlbaren Absage führen. Die Trennung erfolgte im Winter. Am 13. Februar 1908 erhielt er von Stefi einen Brief, in dem sie ihm offen erklärte, daß sie den weiteren Verkehr mit ihm nicht wünsche. Das war ein schmerzlicher Schlag, und hinzu kam der drastische Umstand, daß er eben vor einigen Tagen die Partitur des für Stefi komponierten *Violinkonzerts* beendet hatte, das seinen tiefsten Gefühlen Ausdruck gab und ein Andenken an den gemeinsam verbrachten Aufenthalt in Jászberény war. Trotz allem bat ihn Stefi um Zusendung des Manuskriptes, was Béla auch tat; auf die erste Seite setzte er als Widmung Worte des Abschieds und an das Ende der Partitur ein in seiner Stimmung tragisches Gedicht des jungen Dichters Béla Balázs, das dieser unter dem Einfluß einer enttäuschten Liebe verfaßt hatte. (Béla fand das Gedicht bei Kodály auf dem Flügel, nahm es mit und bemerkte, daß es ihm eben zurecht käme.)

Das *1. Violinkonzert* von Bartók ist eine für jene Zeit eigenartige Komposition, und in ihrer Form und Konzeption weit von dem Üblichen entfernt. Es besteht aus zwei Sätzen: der 1. langsam und voller herber Lyrik, in welchem der Solopart sich mit der polyphonisierenden Faktur des

Orchesters verschmilzt, der 2. schnell und schillernd, mit Akzenten der für Bartók typischen Ironie und Groteske. Der 1. Satz (Andante sostenuto) scheint sowohl in seiner tiefgreifenden, gesammelten Expression als auch in der anfänglichen Entwicklung der Form eine leise Ankündigung des 1. Satzes der *Musik für Saiteninstrumente, Schlagzeug und Celesta* zu sein. Er beginnt mit einer unbegleiteten Melodie der Solovioline, die sich aus dem erwähnten ‹Stefi-Motiv› (d–fis–a–cis) ableitet, anfänglich zu Terzenschritten (Dreiklängen) neigt, die aber bald über die Tonart hinausschreiten und weiter zu Ganztonmotiven übergehen, um am Ende sich deutlich an die Pentatonik anzulehnen:

Diese drei im Thema exponierten Arten der motivischen Gestaltung schlängeln sich durch das ganze melodische Material des 1. Satzes. Der Melodie der Solovioline schließen sich nacheinander andere Stimmen an, von welchen die dritte, vierte, sechste und siebente das Thema imitieren, die anderen aber den Kontrapunkt bilden, der seinerseits das Thema zur Mittelepisode hergibt. Mit dem Einsatz der siebenten Stimme (Violoncelli und Kontrabässe) nimmt die Faktur immer mehr homophonen Charakter an, und das am Schluß in seinem ganzen Glanz wiederkehrende, wieder vom Solisten vorgetragene Thema tritt schon in harmonisierter Gestalt hervor und stützt sich auf einfache Drei- und Vierklänge der Harfen und Streicher (die aber frei und nicht funktionell zusammengestellt sind und sogar in der Schlußkadenz auf den Akkorden As^7–Ces–D fußen). Die harmonischen Mittel im 1. Satz entspringen noch in ihrer Mehrheit der spätromantischen Tradition des *Tristan*, sind aber stellenweise, insbesondere in den Kulminationen, in ihrem dissonanten Ausdruck sehr fortgeschritten (Quarten-, Ganzton- und Großseptimakkorde).

Der 2. Satz (*Allegro giocoso*) ist auf der Sonatenform aufgebaut. Das Hauptthema ist schon zweifellos ein Beispiel des neuen Stils Bartóks, und zwar sowohl in seiner scharfen, kantigen Gestalt als auch in den Klangmitteln (siehe Seite 99).

Die Chromatisierung des Stoffes ist hier das Ergebnis einer Oszillation zwischen zwei gegenseitig fremden Klangregionen, von welchen die eine die tonale Grundlage (mit dem Zentrum G-Dur) bildet, die zweite dagegen die Töne cis, dis, eis (f), gis (as), ais (b) umfaßt, also zu den weit entfernten, entgegengesetzten Tonarten Cis-Dur oder Fis-Dur gehört, die relativ zur ersten eine Ablenkung und Spannung zugleich bedeuten. In dem so erweiterten Tonalsystem liegt der grundlegende, zur Tonika entgegengesetzte Punkt in ihrem Antipoden, dem gegenüberliegenden Pol des Tritonus. Das ist insbesondere in den beiden letzten Takten des Beispiels erkennbar, wo in der Melodie eine deutliche Gegenüberstellung der Töne cis und g erfolgt (bei gleichzeitiger dominant-tonikaler Gegenüberstellung im Orchester!).

Diese vom Dur-Moll-System und von den überlieferten harmonischen Grundsätzen unabhängige Art der tonalen (auf einer Tonzentralisation gegründeten) Organisation wird Bartók in seinen nächsten Werken weiter entwickeln; hier wurde sie lediglich angedeutet. In diesem Thema fällt auch die Eigengesetzlichkeit der dissonanten Klänge auf (Terzenvielklänge, Quartakkord); von einer traditionellen Auflösung der Dissonanz kann hier nicht mehr gesprochen werden. Die Neuartigkeit dieses Anfangsabschnittes ist in diesem Werk noch etwas Isoliertes, Abgesondertes. Die weitere Entwicklung des ersten Themas verläuft im Prinzip nach einer einfachen, ja sogar funktionellen Harmonik, die aber voller gekürzter Verbindungen und plötzlicher Wendungen ist und mit dem scherzhaft-spöttischen Ausdruck der rhythmischen Figuren und Bogensprünge im Solopart ausgezeichnet zusammenarbeitet. Vorübergehend taucht sogar eine bitonale Phrase auf: Die melodischen Figuren in Des-Dur werden von gegensätzlichen Akkorden a–cis–e und e–gis–h–d begleitet. Solche Merkmale fehlen in der Entwicklung des lyrischen zweiten Themas, das offenkundig zur romantischen Tradition und zu Strauss zurückkehrt. Straussche Wendungen lassen sich auch in der Durchführung finden; sie erinnern daran, daß die Komposition grundsätzlich noch im Stil der Spätromantik steckt, obwohl sie unaufhörlich über den Rahmen ihrer Ästhetik und Klangsprache hinausschreitet. Das Werk bildet den Abschluß der frühen Schaffensperiode Bartóks und ist gleichzeitig die schon unmittelbare Ankündigung eines radikalen Umbruchs, der sich in seinem Schaffen vollziehen wird.

Das *1. Violinkonzert* blieb trotz seiner großen virtuosen Vorzüge und des effektvollen Stils ein halbes Jahrhundert lang unbekannt. Stefi Geyer hat es niemals vorgetragen, obwohl sie sich von dem Manuskript nicht trennte und es sogar nach der Schweiz mitnahm (wo sie im Jahre 1920 den Komponisten Walter Schulthess heiratete). Die Uraufführung fand erst im Jahre 1958 in Basel statt, dreizehn Jahre nach dem Tod des Komponisten und zwei Jahre nach dem Ableben der Violinistin, der das Konzert gewidmet war; Solist war Hansheinz Schneeberger, Dirigent Paul Sacher.

Unmittelbar nach dem Bruch mit Stefi, im Februar 1908, komponierte Bartók ein düsteres, pathetisches Werk für Klavier, die *1. Elegie* (mit der späteren *2. Elegie* als op. 8 b bezeichnet). Dieses Werk ist eine Rückkehr zur komplizierten Faktur der *1. Fantasie* und *Rhapsodie*, die sich hier riesenhaft steigert und mit einem nicht minder komplizierten Klangmaterial verbindet. In ihrer chromatischen Überfülle, die in keinem Moment irgendeine Tonart feststellen läßt, und in der unablässigen Dissonanz der Akkorde wie auch mit ihrem gefühlsmäßigen Ausdruck nähert sich die *Elegie* dem modernen Expressionismus, obwohl hier auch (erstmalig bei Bartók) gewisse Einflüsse Debussys zu erkennen sind. Die verschiedensten harmonischen Zusammenklänge und Figuren (spätromantische Terzmehrklänge, Ganztongebilde, Pentatonik, Quartenakkorde, Quart-Tritonus-Akkorde, zuweilen Dreiklänge) sind hier frei und intuitiv zusammengestellt; von dem überlieferten tonalen System ist keine Spur zu finden. Im Mittelabschnitt der *Elegie* erscheint das ‹Stefi-Motiv›, mit Ganztonakkorden harmonisiert (eine Ausnahme bildet der letzte Ton):

Erst der Schluß bringt eine Deutung des ‹tonalen› Zentrums der Komposition: Es ist der Akkord d–f–a–cis, der eine vertikale Form des ‹Stefi-Motivs› (in Moll) darstellt und dem sich der gegenüberliegende ‹Tritonuspol›, der Akkord as–ces–es–ges, entgegenstellt. Diese Gegenüberstellung, die schon am Anfang des Werkes angedeutet ist, tritt in seinem Verlauf dreimal auf. Im Schlußakkord der *Elegie* bricht die Septime cis zusammen und fällt auf c herab, was noch die tragische Hoffnungslosigkeit des Ausdrucks unterstreicht; eine Auflösung im Dreiklang erfolgt nicht.

Zweifellos eine Reaktion auf die Trennung von Stefi Geyer sind auch – diesmal auf einem anderen gefühlsmäßigen Hintergrund – die *2 Porträts* für Orchester op. 5. Das erste (*Ein Ideal*) ist mit dem 1. Satz des *1. Violinkonzerts* identisch, das zweite (*Ein Zerrbild*), im Rhythmus eines schnellen Walzers (*Presto*), bringt eine karikierte Fassung des vorherigen Melodiematerials mit dem ‹Stefi-Motiv› an der Spitze. Der schneidende, ‹höhnische› Ton dieser Komposition zeugt unmißverständlich von der Auflehnung des Künstlers gegen sein eigenes Gefühl. Das Werk entstand ursprünglich im März 1908 in der Fassung für Klavier (und so erscheint es nachträglich als die letzte der *14 Bagatellen* op. 6); später, als dem Komponisten der Einfall kam, die beiden *Porträts* seines Ideals zusammenzustellen, bearbeitete er diesen Satz für Orchester. Das Datum der Instrumentation ließ sich bisher nicht feststellen. Das Stück, das mit der romantischen Tradition und der bisherigen Klangsprache schon nichts mehr gemein hat und uneingeschränkt dem neuen Stil angehört, ist tatsächlich ein Wendepunkt in Bartóks Schaffen. Karikaturistischen Charakter haben hier sowohl die rhythmische Fassung der Melodie als auch die walzerartige Begleitung mit ihrer schnellen Gegenüberstellung des Dreiklangs und der ganz und gar nichttraditionellen Dissonanz:

Die Dissonanz wird in diesem Werk zu einer autonomen Klangeinheit, die durch ihre Wiederholung in den einzelnen Abschnitten oder durch parallele Verschiebung der Intervalle neuen Sinn gewinnt. Die klangliche Grundlage des ganzen Verlaufes bilden das Intervall der großen Sekunde oder kleinen Septime (als Element des Quart- oder des Ganztonakkords), aber auch der Tritonus; der Dreiklang erscheint nur vorübergehend, und zwar (mit Ausnahme des hier zitierten Anfangsabschnittes) keineswegs als Element der Auflösung. Die Neuartigkeit der Mittel vereint sich hier mit einer ausdrücklich ‹antiromantischen› trockenen und pikanten Faktur (Staccati!) und exponierten Rhythmik. Die Instrumentation, in der die melodischen Motive den Holzblasinstrumenten überlassen bleiben und die Streicher nur die Rolle der Begleitung erfüllen, hebt noch stärker den scharfen und grotesken, dabei aber auch tragischen Ausdruck dieser Musik hervor.

Bartóks neuer revolutionärer Stil, der langsam in seinen Werken der ‹romantischen› Periode heranreifte, erscheint jetzt schon in seinem vollen Glanz. Er wird sich zunächst in den Klavierzyklen *14 Bagatellen* und *10 leichte Klavierstücke* manifestieren. In beiden Zyklen finden wir das bekannte ‹Stefi-Motiv›; die junge Künstlerin, die diesen Fragen noch weniger Interesse als der Person ihres Schöpfers entgegenbrachte, wurde unbewußt zur Schirmherrin von nicht nur für Bartók bahnbrechenden Werken: Diese Werke waren der Anfang einer neuen Epoche in der Musik.

AUFSCHWUNG

Studiert man die Entwicklung der Klangtechnik in der europäischen Musik, so läßt sich unschwer feststellen, daß – beginnend mit der Zeit der Renaissance – die Harmonik das wichtigste und reichhaltigste Gebiet aller Neuerungstendenzen war. Die Entdeckung der Spannkraft des Leittons in der Beziehung des fünften zum ersten Akkord der Durtonleiter zog die Musik in einen schnellen und nicht umkehrbaren Verlauf der Ereignisse hinein: Die natürliche Reaktion der Komponisten war jetzt die Suche nach weiteren und kühneren Konsequenzen, die sich aus diesem Grundsatz ergaben. Die Errichtung eines totalen harmonischen Systems, in dem alle verwendeten Töne und Akkorde in ein ganzes Netz gegenseitiger Funktionsbeziehungen verflochten wurden und in welchen die Dissonanz ihre Begründung als zusätzlicher Leitklang zur Konsonanz fand, war nur eine scheinbare Stabilisierung der Regel: In seinem Wesen war dieses System eine äußerst dynamische und unruhige Konzeption in der Geschichte der Harmonik, eine Konzeption, die schon in ihren Voraussetzungen den Keim des Zerfalls trug. Die Situation, in der jeder Akkord und jeder Klang von Leittönen umgeben werden konnte, führte unabwendbar zur ausschweifenden Chromatik, diese aber zum Verfall des ursprünglichen Gefühls für die Skala und Tonart.

Zu den letzten Überresten dieses Systems – die übrigens mit seinem Ausgangspunkt nur noch wenig gemein hatten – gehörte die Praxis der chromatischen und enharmonischen Verbindung von dissonanten Akkorden nach dem Prinzip der Halbtonschritte einzelner Töne in beliebiger Richtung; jener allgegenwärtige Halbtonschritt war ein Relikt der überlieferten Spannungsfunktion des Leittons. Aber schon in Wagners *Tristan* verband sich dieser Grundsatz mit der Vermeidung wirklicher Auflösungen: Die Dissonanz löst sich in eine andere Dissonanz auf, Spannung geht in Spannung über, und auf längeren Abschnitten bleibt die Tonart unbestimmt. Damit war zweifellos die Grenze des bisherigen Harmoniesystems erreicht. Bei dieser Grenze mußten – auf diese oder andere Art – alle bedeutenden Komponisten der folgenden Generation, unabhängig von dem gewählten Weg, anlangen. Es bestand kein Zweifel, daß die weitere

Entwicklung der Musik neue Arten der Ordnung harmonischer Erscheinungen erforderte.

Der erste Versuch einer neuen Erfassung dieser Erscheinungen ist der harmonische Stil bei Debussy. Dieser Komponist konzentrierte seine Aufmerksamkeit auf die Klanggestalt des Akkords an sich, er befreite den Akkord von seiner Spannungsfunktion und ersetzte den überlieferten Grundsatz der Halbtonschritte der einzelnen Töne durch die Parallelbewegung, das Fortschreiten ausgewählter Formen oder Teile des Zusammenklangs in Parallelen. Das war eine außerordentlich weittragende Änderung: Das ganze komplizierte Netz der funktionellen Verflechtungen war damit gesprengt, und der Akkord, unabhängig von seinem Aufbau, wurde zu einer autonomen Klangeinheit, die keiner Auflösung oder Bestimmung ihres Verhältnisses zur Tonart bedurfte. Die Tonart – als hierarchische Anlage der vom Zentrum, der Tonika, abhängigen Klänge – hörte auf zu existieren. Bei chromatischen Parallelismen, die keiner deutlichen Skala untergeordnet sind, wurde allein die Form des fortbewegten Zusammenklangs zum Stützpunkt und Ausdruck der Klangordnung; in anderen Fällen erfüllte diese Rolle das beschränkte, modal behandelte Skalenmaterial: diatonische und pentatonische Skalen, Ganztonstrukturen. Auf diese Weise wurde das alte Dur-Moll-System zerstört, an seine Stelle trat die Klangstabilisation ausgewählter Akkorde und des ausgewählten Klangmaterials.

Debussy gewann den Ruf eines Vaters der modernen Harmonik, dessen Errungenschaften die Grundlage für das Schaffen der jüngeren Komponisten bildeten. In Wirklichkeit war der Kreis seiner Einflüsse nicht sehr ausgedehnt; sowohl seine Klangsprache als auch seine Ästhetik waren eine zu sehr in sich abgeschlossene, individuelle Welt und die Möglichkeiten seiner harmonischen Grundsätze zu beschränkt, um richtungsweisend für die ganze neue Epoche zu sein. Das Schaffen der führenden Komponisten des 20. Jahrhunderts verlief in ganz anderen Bahnen. Nichtsdestoweniger ist die geschichtliche Bedeutung des harmonischen Neuerertums Debussys unanfechtbar: Er lieferte das erste Beispiel eines offenkundigen Verzichts auf die Prinzipien der bisherigen tonalen Organisation, und er war der erste, der den Wert der Dissonanz als selbständige Klangeinheit begründete.

Dieses Beispiel konnte auch Bartók nicht gleichgültig sein, der doch in den hier bereits behandelten Jahren selbst eine neue, vom Dur-Moll-System unabhängige harmonische Sprache zu entwickeln begann. Das Studium der Musik Debussys hat ihn sicherlich zum endgültigen Bruch mit diesem System und der romantischen Tradition ermutigt, denn knapp ein Jahr, nachdem er sich mit Debussy vertraut gemacht hatte, komponierte Bartók das erste Werk, das schon dem neuen, revolutionären Stil vollen Ausdruck gab. Debussys Harmonik und ihr neuartiger Charakter waren hier jedoch eher nur ein äußerlicher Impuls als ein konkretes Vorbild: Sowohl in seiner Ästhetik als auch in den technischen Zielsetzungen erwies sich dieser Stil als ein Gegensatz zur Musik des französischen Komponisten. Der statischen Kontemplation des Klangs wird die innere Dynamik der harmonischen Spannung, die gesteigerte Schwerkraft der einzelnen Töne in einer klar abgesteckten Richtung gegenübergestellt, die in den unterwegs angetroffenen Dissonanzen scharf aufeinanderstoßen. Bartóks neuer Stil ist eine geniale Synthese, die Elemente verschiedener harmonischer Konzeptionen, mit welchen uns die Geschichte bedacht hat, in sich vereint: Mit der prätonalen Musik verbindet ihn die modale Behandlung des Stoffes (Folklore!) und die Linearität der Klangschichten, mit dem tonalen System die Tonzentralisierung und die Energetik der Halbtongravitation, mit den Tendenzen des letzten halben Jahrhunderts die Hauptrolle der Dissonanz als Mittel des harmonischen Ausdrucks. Alle diese Merkmale haben hier jedoch eine von Grund auf neue Gestalt erhalten. In seinem Radikalismus übertraf Bartók sämtliche Errungenschaften seiner Zeitgenossen und entdeckte dabei unbekannte klangliche Gesetzmäßigkeiten, die bald zum Gemeingut der ganzen Epoche wurden.

Jenes erste Werk des neuen Stils war der im Mai 1908 beendete Zyklus *14 Bagatellen* op. 6 für Klavier. In diesen Miniaturen umriß Bartók die ganze Verschiedenartigkeit der harmonischen Problematik, die sich fortan durch sein Schaffen ziehen wird. Jede Miniatur ist nach einem anderen Grundsatz aufgebaut und jede exponiert ein anderes unter all den Problemen, die zusammen die individuelle harmonische Welt Bartóks ausmachen. Die *1. Bagatelle* ist zugleich die in der Geschichte erste offenkundig und konsequent bitonale Konstruktion. Sie besteht aus zwei parallelen Klangschichten, die auf unterschiedlichem diatonischem Material gegründet sind. Um dies auch visuell zu unterstreichen, führt der Komponist unterschiedliche Schlüsselvorzeichnungen für beide Hände ein (siehe Seite 108). Die Melodie in der rechten Hand fußt auf der Heptatonik, deren Schlußton E-Dur suggeriert, obwohl der Melodieverlauf tonal nicht eindeutig ist: Der Anfang liegt dem cis-Moll näher, aber vom 5. Takt an festigen sich typische pentatonische Wendungen in dem veränderlichen Material (e–fis–a–h–cis, e–fis–gis–h–cis). Es ist ein Spiel verschiedener modaler Nuancen im Rahmen einer diatonischen Skala, das Bartók aus der

Folklore übernahm und dem Schematismus der Dur-Moll-Modi entgegenstellte. Dasselbe bezieht sich auch auf die Melodie in der linken Hand, die auf einer absteigenden Tonleiter basiert, deren Finalis endgültig das phrygische *c* bestimmt, wenn auch die einzelnen (fünfstufigen) Tonleiterabschnitte verschiedene Skalen suggerieren. Die tonale Divergenz zweier parallel angelegter diatonischer Verläufe zwingt zum gewissermaßen linearen Schichtenhören, obwohl diese Schichten ein natürliches Ganzes bilden und sich gegenseitig ergänzen. Es sind nicht zufällige Zusammenklänge, die sich dabei ergeben, und ihre manchmal scharfe Dissonanz ist im Verhältnis zu den Nachbarklängen treffend ausgewogen; so entsteht der für Bartók sehr charakteristische Effekt der vorübergehenden Kollision von Tönen unterschiedlicher Gravitationsrichtung, die schon im nächsten Moment übereinstimmt:

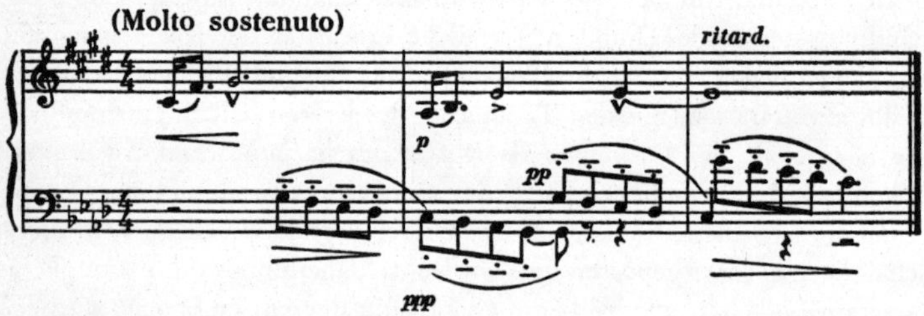

Mit Problemen der neuen Verwertung der Diatonik befassen sich auch die 4. und die 5. *Bagatelle* – beide sind Harmonisierungen authentischer Volksmelodien, einer ungarischen (äolisch-pentatonischen) und einer slowakischen (dorisch-pentatonischen). In beiden Werken sind die Akkorde samt den breiten Mehrklängen (der Schlußakkord ist in beiden Fällen ein Vierklang) prinzipiell aus dem Stoff derselben Skala wie die Melodie aufgebaut; sie liefern ein Beispiel der neuartigen diatonischen Harmonik. Die an manchen Stellen eingeschalteten chromatischen Töne bewirken lediglich zusätzliche Spannungen. In der 5. *Bagatelle* wirkt darüber hinaus eine Ostinatozentralisation, die auf der Wiederholung desselben Zusammenklangs oder eines seiner Teile (b–c) beruht, während die übrigen Töne beweglich sind, sich dem stabilen Punkt nähern oder sich von ihm entfernen. Das ist eine neue Art der (klanglichen und nicht tonalen) Zentralisation, die zu einem der klassischen Mittel in der Harmonik des 20. Jahrhunderts werden wird.

Ein Beispiel der völlig neuen und dabei außerordentlich logischen Behandlung des total chromatischen Materials ist die 2. *Bagatelle*. Auch hier wird der

Grundsatz der Ostinatozentralisation genutzt: Stützpunkt ist der wiederholte Zusammenklang der großen Sekunde *as–b*, von dem die Töne in Halbtonschritten in zwei entgegengesetzte Richtungen auseinanderstreben:

Wenn die Abweichung das Intervall eines Tritonus (*eses*) erreicht, hört die Bewegung einen Moment auf, um die Spannung zum Akkord *des–as–b*, der das ‹tonale› Zentrum des ganzen Werkes ist, hervorzuheben; diese Spannung wiederholt sich in der Schlußkadenz. Hier wird uns die besondere Rolle, die dem Halbton und Tritonus im Zwölftonmaterial (bei Bartók) zukommt, demonstriert. Der Tritonus ist die weiteste Abweichung vom zentralen Punkt und gleichzeitig seine Gegenüberstellung. Diese Gegenüberstellung wird in der Reprise akzentuiert, die zunächst eine Transposition des ursprünglichen Materials in die verminderte Quinte und anschließend das direkte Spiel der wechselnden Pole (*d–e* und *as–b*) bringt, wonach die ursprüngliche Anordnung zurückkehrt:

Dieses Klavierstück ist auch wegen seiner neuen rhythmischen Gestalt interessant, die sich aus der Verteilung der Pausen und Akzente in der Melodie und aus ihrem Zusammenspiel mit der Pulsation der Begleitung ergibt.

Die Tritonusgegenüberstellung (wovon schon bei der Besprechung des *1. Violinkonzerts* die Rede war), wird in Bartóks Klangsprache eine nicht geringe Rolle spielen; in dem hier erörterten Zyklus finden wir sie auch in der Melodie der *3. Bagatelle (fis-c)*, vor allem aber in der *13. Bagatelle*, die nur mit zwei Akkorden (*es–ges–b* und *a–c–e*) operiert (Beispiel siehe unten). Die ausdrucksvolle, aus dem Zwölftonmaterial gestaltete Melodie nähert sich klanglich diesen Akkorden oder entfernt sich auch von ihnen, was ein zusätzliches Wogen der Spannungen und vorübergehende dissonante Reibungen hervorruft. Im Endabschnitt stabilisiert sich die Intervallbewegung in der Melodie, um sich in den letzten vier Takten an die Akkorde und an ihre Tritonuspendelbewegung anzupassen, was eine volle Gegenüberstellung der Vierklänge (a–c–e–g und es–ges–b–des) bewirkt. Merkwürdig und interessant ist, daß hier, nach der dramatischen Kulmination, das ‹Stefi-Motiv› mit dem Vermerk: ‹Sie ist tot...› auftritt, was eine metaphorische Anspielung auf die bereits beschriebenen persönlichen Erfahrungen des Komponisten ist.

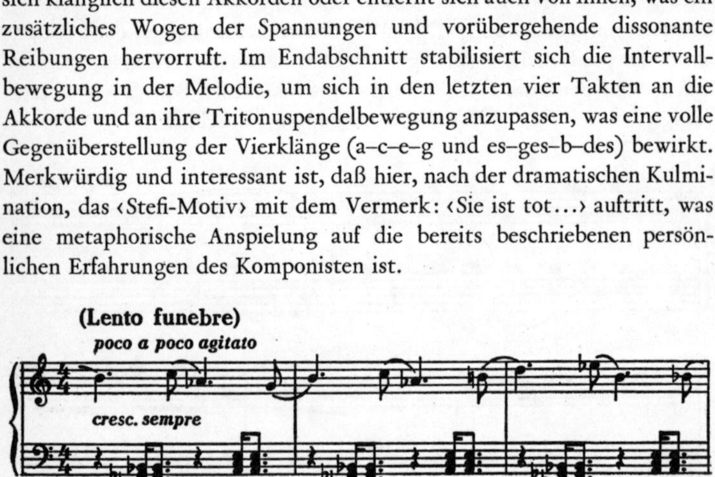

Ein anderes von Bartók angewandtes Organisationsmittel ist die Stabilisierung der Parallelbewegung ausgewählter Klangstrukturen – ähnlich wie bei Debussy – aber in bezug auf ganz andere Akkordgebilde. Der Grundsatz ist einfach: Wiederholte und fortbewegte Zusammenklänge – auch wenn es sehr dissonante sind – wirken immer als ordnendes Element. In der *8. Bagatelle* festigt sich am Anfang der scharfe Klang der Terz und der kleinen None bei ununterbrochener Anwendung der Acciaccatura, was den spöttischen Ausdruck des Werkes unterstreicht (eigenartiger Effekt des ‹Gekichers›); die Reprise stabilisiert kleine Sekunden, dann zwei einander dissonant überlagerte Sexten und schließlich zwei Tritonusschichten. Die *11. Bagatelle* wiederum ist eine Studie der Quarten- und Quart-Tritonus-Akkordik und basiert auf der Bewegung ‹ähnlicher› Akkorde. (Beachtung verdient die Entstehung eines für Bartók sehr charakteristischen melodischen Motivs: Ausschnitt der absteigenden diatonischen Tonleiter im Umfang eines Tritonus. Dieses Motiv, das schon in seiner *1. Bagatelle* vorkommt, wird noch wiederholt in Erscheinung treten, zum Beispiel am Schluß des 2. Satzes der *Musik für Saiteninstrumente.*)

In der *10. Bagatelle*, der längsten von allen, stabilisiert sich eine immer andere Klangstruktur: von Akkorden mit kleiner None und Ganztonstrukturen bis zu Quartakkorden mit absteigendem Arpeggio.

Eine Stabilisierung der Akkordstrukturen, der Artikulation und Gestalt der Klangfigur bringt die *7. Bagatelle*, eines der hervorragendsten Stücke des ganzen Zyklus. Hier herrscht ausschließlich der konsequente Schichtenverlauf: Die rechte Hand bewegt Figuren im Rahmen der diatonischen C-Dur-Skala, die linke Hand spielt eine Melodie von diametral verschiedenem Material und bewegt sich in Terzschritten, die später in Quartschritte übergehen:

Im weiteren Verlauf verändert sich das Material beider Schichten, dennoch verbleibt ein charakteristischer Klangtypus, der wie delikate ‹Nadelstiche› wirkt: Dreiklang mit verzögerter Prime und zusätzlichem Halbton. Zu beachten ist die umfassende Anwendung der Quartenmelodik in der linken Hand.

In der *6. Bagatelle*, die den Charakter eines lyrischen Wiegenlieds trägt, finden sich, unbeschadet der großen Klangfreiheit, gewisse sich wiederholende Akkordzusammenstellungen und im Mittelabschnitt die Aufteilung in zwei Schichten von eigener logischer Schwerkraft. Die größte Freiheit in der Behandlung des Klangmaterials weist die in ihrem Ausdruck ergreifende *12. Bagatelle* auf. Besondere Beachtung verdient ihre originelle, phantastische Arabeskengestalt wie auch die Repetition im Accelerando am Anfang, ein ähnlicher Einfall wie in der späteren *Musik für Saiteninstrumente:*

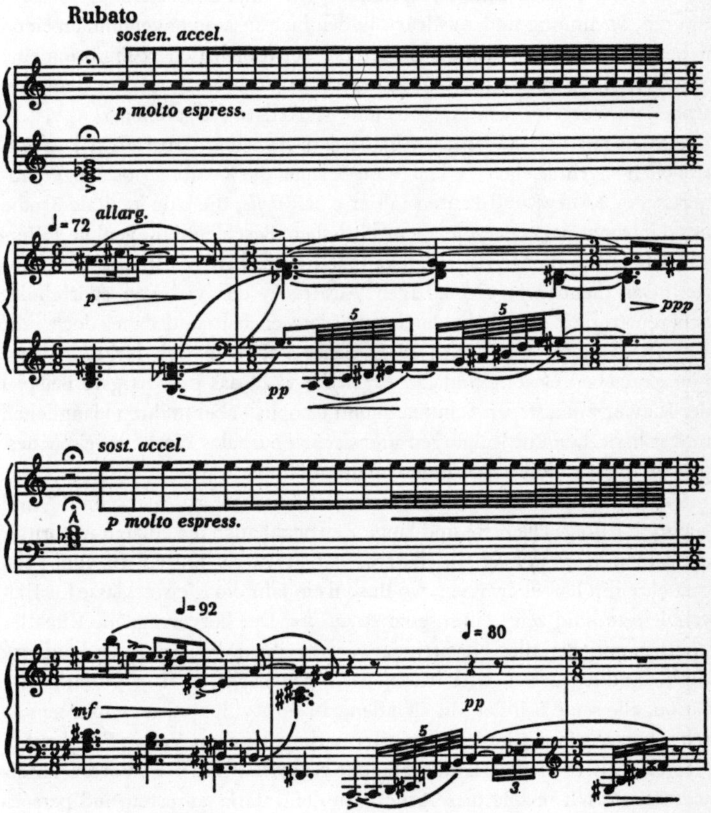

Sowohl das Skalenmaterial der einzelnen Tonleiterfiguren als auch der Bau der Akkorde sind sehr verschieden; als zentralen Klang hört man aber deutlich den Akkord *h–d–fis–ais* (oder dessen Transposition) heraus, der eine vertikale Form des ‹Stefi-Motivs› ist. Am Schluß des Stückes fällt die große Septime dieses Akkords auf die kleine Septime herab, ähnlich wie am Schluß der *1. Elegie*, was auf die ‹programmatische› Beziehung beider Werke hinzuweisen scheint. Auf dem ‹Stefi-Motiv› fußt schließlich auch die letzte *Bagatelle*, die in diesem Zyklus den Titel *Valse (Ma mie qui danse...)* trägt und schon bei den *2 Porträts* op. 5 erörtert wurde.

Das Neuartige in den *Bagatellen* beschränkt sich nicht nur auf die Harmonik. Klaviersatz und Artikulation, Rhythmik, Gestalt der Klangfiguren, Stimmung und Ausdruck bilden hier zusammengenommen einen neuen musikalischen Stil, der gegenüber der romantischen Tradition eine Sonderstellung einnimmt. Die Klangschärfe verbindet sich mit dem ‹gestoßenen› Vortrag, dem Staccato und Martellato (Bagatellen 2, 5, 7, 10), und auch mit dem außerordentlich plastischen und dabei nicht konventionellen rhythmischen Verlauf (zum Beispiel die Kombination kurzer, abgerissener Motive und Pausen in der *9. Bagatelle*, die eine kapitale Studie des Unisonos ist, oder die unaufhörlichen Beschleunigungen und Verzögerungen in der *11. Bagatelle*) zu einem natürlichen, ästhetischen Ganzen. Das dient dem eigenartigen Ausdruck, der viel von spöttelnder Scherzhaftigkeit und koboldartigem Trotz enthält und dabei doch sehr viel an diskreter Lyrik und auserlesener Poesie in sich birgt. In ihrer künstlerischen Gestalt sind die *Bagatellen* wohl das großartigste Beispiel der Klavierminiatur seit Schumann und Chopin – aber in ihren klanglichen und stilistischen Entdeckungen sind sie ein epochales Werk, das ein neues, großes Kapitel in der Musikgeschichte eröffnete.

Die Neuartigkeit dieses Werkes verhalf ihm nicht zu Anerkennung und leichtem Erfolg. Die erste und lange Zeit wohl auch die einzige Autorität, die seinen Wert richtig einschätzte, war Ferruccio Busoni. Im Juni 1908 besuchte ihn Bartók in Wien, wo Busoni ein Jahr die Meisterklasse für Klavier leitete, und zeigte ihm seine *Bagatellen*. Der hervorragende Künstler und Fürsprecher alles Neuartigen war von ihnen begeistert und äußerte sich: ‹Endlich etwas wirklich Neues.› Am nächsten Tag versammelte Busoni alle seine Schüler, die sich den ganzen Zyklus anhören mußten. Er schrieb auch einen Empfehlungsbrief an den Leipziger Verlag Breitkopf & Härtel, in dem er die Herausgabe der *Bagatellen* mit den Worten unterstützte: ‹...Ich rechne diese Stücke zu den interessantesten und persönlichsten der Gegenwart, deren Inhalt ungewöhnlich und original ist; dennoch nicht so, was man gemeinhin originell nennt. Dabei durchaus leicht konzipiert und in der Fremdartigkeit natürlich... Die Mehrzahl der Stücke bietet keinerlei technische Schwierigkeiten.›

Doch auch diese Empfehlung konnte den berühmten Verlag nicht zur Annahme dieser Musik bewegen, die so ganz anders als das war, was man derzeit komponierte. Im Juli, während seines Aufenthaltes in der Schweiz, erhielt Bartók von Breitkopf & Härtel folgende Antwort: ‹... Wir bedauern sehr, die 14 Bagatellen, die Sie uns persönlich überbracht haben, nicht in unseren Verlag aufnehmen zu können. Wir sind augenblicklich mit Arbeiten außerordentlich überhäuft, so daß wir auf Werke verzichten müssen, die wir sonst gern verlegt hätten. Dazu kommt noch, daß Ihre Kompositionen außerordentlich schwer und sehr modern sind, daß es schwer halten würde, dieselben beim Publikum einzuführen. Wir bitten Sie deshalb, uns Nachricht zu geben, wohin wir Ihnen das Manuskript senden sollen...› Die Bagatellen erschienen schließlich beim ungarischen Verlag Károly Rozsnyai (1909), ohne einen Widerhall im Ausland zu finden. Ein äußerst revolutionäres Ereignis in der damaligen europäischen Musik verlief auf diese Weise im stillen und unbeachtet.

In Budapest indessen hatte Bartók einen schon so berühmten Namen und eine so gefestigte Position, daß seine sogar neuesten und umwälzenden Werke ohne weiteres herausgegeben wurden. Im Dezember 1907 ernannte ihn die Musikakademie zum Professor für Klavier, und Bartók übernahm als Nachfolger des in den Ruhestand getretenen István Thomán den ‹Akademiekurs›. Die pädagogische Tätigkeit, die Bartók gewissenhaft ausübte, blieb nicht ohne Einfluß auf seine kompositorische Arbeit; von nun an bevorzugt er die Klavierminiatur mit bewußt differenziertem Schwierigkeitsgrad, die einem ausgewählten technischen Problem gewidmet ist. Das bezieht sich in erster Linie auf den im Juni 1908 beendeten Zyklus *10 leichte Klavierstücke*, von welchen ein Stück sogar die Überschrift *Fingerübung* trägt, was deutlich auf die pädagogische Intention des Komponisten hinweist. Dieser Aspekt überschattet jedoch seinen künstlerischen Ehrgeiz nicht: Die gleichzeitig mit den *Bagatellen* komponierten *Klavierstücke* greifen denselben stilistischen Problemkreis auf und sind ein nicht minder wegweisendes Werk. Der geringere Schwierigkeitsgrad und die einfache Faktur sind hier (ähnlich wie in einigen *Bagatellen*) eine zusätzliche Attraktion, die die Neuheit dieser Musik gegenüber der ästhetischen Tradition der späten Romantik unterstreicht. Das steht auch mit dem Wesen der Neuartigkeit bei Bartók im Zusammenhang, die nicht auf einer weiteren Komplikation der Mittel, sondern auf elementaren Wandlungen im Bereich der einfachsten Klangbeziehungen beruht.

Es sind eigentlich 11 Klavierstücke, denn dem Zyklus geht eine als *Widmung* bezeichnete Komposition vorauf. Diese beginnt mit vier einzelnen, langsamen Tönen des ‹Stefi-Motivs› (d–fis–a–cis), und ihr Verlauf, der sich aus der losen Zusammenstellung von Akkorden und kurzen melodischen Motiven ergibt, ist ein extremes Beispiel der expressiven Freiheit und Unbestimmbarkeit. Die einzige Regel ist hier der ständige Wechsel der Akkordfolgen mit den rein melodischen Abschnitten und das konsequente Anwachsen der Tonmenge in den Akkorden. Diese in ihrer Stimmung geheimnisvolle, wie frei improvisierte Klavierminiatur schreitet weit über das in der damaligen Musik Übliche hinaus und läßt sich mit ihrer aphoristischen Form und ihrem Ausdruck nur mit dem Stil der späteren *6 kleinen Klavierstücke* op. 19 von Schönberg vergleichen.

Zur expressiven Strömung in Bartóks Schaffen gehören auch Nr. 4 und Nr. 7 dieses Zyklus. In beiden Stücken verbindet sich die Spannkraft der Dissonanzen von ausgeprägter Gravitationsrichtung mit einer sehr ausgesuchten Klangwirkung. Im Klavierstück Nr. 4 (*Sostenuto*) führt der sich am Anfang abzeichnende Konflikt der beiden Akkorde F-Dur (der später in a-Moll übergeht) und cis-Moll zu einer schönen und ergreifenden Kulmination, in welcher die Klänge beider Akkorde zusammentreffen und ihren dissonanten Charakter hartnäckig akzentuieren, um sich plötzlich in der Ganztonleiter und im A-Dur-Dreiklang zu versöhnen:

Das Klavierstück Nr. 7 (*Aurora*), dessen klangliches Zentrum und endgültige ‹Konsonanz› der Vierklang *h–d–fis–ais* ist (wieder ‹Stefi-Motiv›), bringt im Mittelteil zwei vorübergehend gegnerische chromatische Schichten von eigener unerbittlicher Logik des Verlaufs: oben Zweiklänge, unten die Melodie. Diese Sequenz weckt (ähnlich wie in der *6. Bagatelle* und noch früher in der Introduktion des *Scherzos für Orchester und Klavier*)

den Effekt einer gesteigerten Bewegung und Spannung, um die auf sie folgende Auflösung hervorzuheben:

Der neue diatonische Stil Bartóks nimmt in den *10 leichten Klavierstücken* mehr Platz als in den *Bagatellen* ein. Eine interessante melodische Studie ist Nr. 1 (*Bauernlied*), das auf Motiven, die an die Folklore anklingen, fußt, und in welchem der Komponist vorsätzlich von der harmonischen Begleitung abgesehen hat und so die motivische Frische der Melodie unterstreicht, die, obwohl einfach und diatonisch (dorisches *cis*), sich erheblich von den traditionellen tonalen Melodien unterscheidet. Rhythmische Nuancen und der irreguläre Taktbau unterstreichen noch ihren eigenartigen Reiz. In dem Zyklus fanden auch zwei echte Volkslieder Aufnahme: in Nr. 6 und Nr. 8. Die Harmonisierung ist einfach, sie nutzt Dissonanzklänge im Rahmen der Diatonik aus, die sich aus dem Effekt des Ostinatos oder angehäuften Verzögerungen der großen Sekunden ergeben. Noch schärfer zeichnet sich dies in Nr. 3 (*Tanz der Slowaken*) ab, wo die ständig funktionelle Divergenz der Melodie und der Akkorde starke Dissonanzen verursacht, obwohl ihre Schwerkraftrichtung (sowie das diatonische Material) gemeinsam ist.

Das Klavierstück Nr. 5 (*Abend am Lande*, auch unter dem Titel *Abend bei den Szeklern* bekannt) ist eine Studie über pentatonische Melodik und Harmonik. Diese Melodie, ein Rückblick auf seine Wanderung durch Siebenbürgen im Jahre 1907, ist mit diatonischen Akkorden untermauert, die ihrerseits in der Mehrzahl über die Pentatonik nicht hinausschreiten. Bei einer solchen Einschränkung des Klangmaterials wird jedes Intervall, das in der Skala Platz findet, zur vollgültigen Konsonanz:

Das Prinzip der Tritonusbeziehungen wird im Klavierstück Nr. 2 (*Qualvolles Ringen*) verwertet. Den Ostinatotönen *d–a* werden kreuzweise ihre Gegenpole *es–gis* gegenübergestellt.

Diese Gegenüberstellung besitzt eine doppelte Spannkraft, denn neben den Tritonusbeziehungen wirkt hier auch die Spannung der Halbtöne mit. Diese sehr logische zentralistische Anordnung (später erweitert und chromatisiert) begleitet eine dorische Melodie mit dem Schlußton *d*, der auch das tonale Zentrum des ganzen Werkes ist. In der Schlußkadenz geht ihm *gis* als gegenpolige Abweichung voraus. Wie so oft bei Bartók vereint sich hier die Einfachheit des Zweiklangs mit harmonischem Raffinement und bildet ein logisches, an jedem Punkt herrlich klingendes Ganzes, das dabei von Relikten des überlieferten Funktionssystems völlig frei ist.

Einen anderen organisatorischen Grundsatz stellt das Stück Nr. 9 (*Fingerübung*) dar: Die klangliche Oszillation ergibt sich hier aus der Vertauschbarkeit des Skalenmaterials. Die Sechzehntelfiguren verlaufen einmal in der einen, dann in der anderen Ganztonleiter; die begleitende Melodie bildet eine selbständige Klangschicht.

Das letzte Stück in diesem Zyklus (*Bärentanz*) führt eine Ostinatozentralisierung eines rasch martellato wiederholten Tons ein, über welcher Dreiklangakkorde verlaufen und eine quasi volkstümliche Tanzmelodie in wechselndem diatonischem Material unterstützen. Die Akkorde bilden eine selbständige Klangschicht, die nur an bestimmten Stellen des Verlaufs mit dem Ostinatoklang tonal zusammentrifft:

Der plötzliche Wechsel des Ostinatotons (ein vorzüglicher Klangeffekt!) steigert die Dynamik des ganzen Verlaufs, und die zeitweiligen dissonanten Reibungen der Schichten unterstützen den vitalen Rhythmus und das lebhafte Tempo wie auch die gehämmerte, fast schlagzeugartige Pianistik, was eine übereinstimmende ästhetische Ganzheit ergibt. Dieses Werk ist, so wie die *2.* und die *10. Bagatelle*, ein klares Beispiel des neuen Stils und der neuen Ästhetik, die von derjenigen der Romantik grundverschieden ist und die man – unter Beachtung ihres emotionalen Untergrunds – mit einem Wort umreißen kann: Vitalismus. Bartók hat mit diesen Werken eine künstlerische Richtung eingeleitet, die der Musik der ersten Hälfte des 20. Jahrhunderts zu einem Großteil ihr Gepräge geben wird.

Den Sommer 1908 verbrachte Bartók auf einer Reise durch die Schweiz und Südfrankreich, und im Herbst begann er das *1. Streichquartett* op. 7 zu komponieren, dessen thematischen Stoff er schon am Anfang des Jahres skizziert hatte. Dieses im Januar 1909 beendete Werk knüpft noch stark an die voraufgehende stilistische Periode, am meisten wohl an das *1. Violinkonzert* an, und zwar sowohl in seinem Ausdruck als auch in den technisch-formalen Mitteln. Auffallend ist auch die motivische Ähnlichkeit des 1. Taktes zum Thema des 2. Satzes im *Violinkonzert*. Der 1. Satz (*Lento*) ist eine Art Kanon: die Melodie der 1. Violine wird von der 2. Violine frei imitiert, und nach sieben Takten setzen Violoncello und Viola mit demselben Material ein.

Dieser Typus einer tiefsinnigen und sehr konzentrierten Expressivität, verbunden mit polyphoner Disziplin und langsamem Tempo, findet sich wiederholt in den späteren Werken von Bartók, vor allem in seiner *Musik*

für Saiteninstrumente. Hier vereint er sich noch (ähnlich wie im 1. Satz des *Violinkonzerts*) mit der spätromantischen ‹posttristanschen› Harmonik und ihren weitestgehenden klanglichen Konsequenzen. Die ausschweifende Chromatik, die auf kurzen Abschnitten das ganze Zwölftonmaterial verbraucht, übertrifft in dieser Hinsicht das *1. Streichquartett* (ebenfalls op. 7) von Schönberg aus dem Jahre 1905. Im Mittelteil treten jedoch vorübergehend schon die für den neuen Bartók typischen bitonalen Effekte auf: Ostinatowiederholungen der Quinte *c–g* im Violoncello und darüber die auf dem Material der cis-Moll-Tonleiter aufgebaute Melodie der Viola. Im weiteren Verlauf dieses Abschnitts wird der Klang milder, es treten deutliche Anklänge an die Musik Debussys auf: Dreiklangparallelen unterstützen hier die pentatonische Melodie des Violoncellos. Am Schluß kehrt der Kanon mit seiner Chromatik zurück und bringt die Kulmination des Ausdrucks im 1. Satz.

Der aufgeheiterte, lebhafte 2. Satz (*Allegretto*), in Sonatenform, bildet die Brücke zum Finale. Der Mangel an scharf umrissenen Themen, der Reichtum an Motiven und der mosaikartige Verlauf unterstreichen den vorübergehenden, gewissermaßen ‹flüchtigen› Charakter dieses Satzes. Auch hier, unter den bukolischen Motiven und milden Klängen, entdecken wir einzelne Abschnitte und Episoden, die schon an Bartóks neuen Stil anknüpfen, wie das scharf akzentuierte (forte) Pizzicato des in unruhigem Rhythmus wiederholten tiefen *dis* im Violoncello, über welchem eine aus *d/cisis/–e–fis–gis–ais* gebildete Ganztonmelodie der 1. Violine piano verläuft (Ende der Exposition) oder auch schnelle, in verschiedenen Richtungen verlaufende Tonleitern in wechselnder Diatonik (Durchführung).

Der 3. Satz (*Allegro vivace*) mit *Introduktion* (*Allegro, Molto adagio*), ist auch in Sonatenform aufgebaut. Die rasche Repetition des *e*, zu welchem sich später *d* und *f* hinzugesellen, erinnert im Stil an den *Bärentanz* aus den *10 leichten Klavierstücken.* Das Ostinato bildet den Hintergrund für eine einfache, tänzerische, aber klanglich unkonventionelle Melodie des ersten Themas:

Mit dem *Bärentanz* verwandt ist auch der Effekt, der sich aus dem Überspringen der Repetition auf verschiedene Tonhöhen ergibt, sowie die Fortbewegung paralleler, mit dem Ostinato dissonierender Dreiklänge (in der weiteren Entwicklung des ersten Themas). Das ist der stilistisch entscheidendste Satz im ganzen Werk; seine scharfe rhythmische Pulsation in Verbindung mit der Dissonanz der Zusammenklänge ist schon zweifellos ein Beispiel des Bartókschen Vitalismus. Ein scharfer Kontrast im Verlauf ist das unerwartete Adagio des zweiten Themas, in welchem das pathetische Tremolo (fortissimo) der Viola den Hintergrund für eine pentatonische Melodie mit stark ungarischen Merkmalen bildet. Der Schluß der Exposition bringt eine aus den Endmotiven des ersten Themas bestehende Melodie, deren rhythmisch scharfe, synkopierte Gestalt, wie man sie nur bei Bartók finden kann, an das Finale der *Musik für Saiteninstrumente* erinnert:

Individuelle Kennzeichen verrät auch die in der Durchführung auftretende amüsante und sehr lebendige Fuge; ihre reiche rhythmische Gestalt und ihre Ornamentik sind darüber hinaus ein Echo der volkstümlichen Instrumentalmelodien.

Das *1. Streichquartett*, das noch angesiedelt ist zwischen der spätromantischen Tradition und dem modernen Stil Bartóks, zeigt schon eine außerordentliche Meisterschaft des Komponisten in dieser Musikgattung und gibt einen Vorgeschmack auf seine späteren Leistungen. Das Werk eröffnet den imposanten Zyklus von sechs Streichquartetten, die zu Recht als das größte Ereignis in der Quartettliteratur seit Beethovens Zeiten angesehen werden.

Im Dezember 1908 erhielt Bartók eine telegraphische Anfrage von Busoni, ob er auf dem nächsten Konzert der Berliner Philharmonie sein *Scherzo* aus der *2. Suite für Orchester* dirigieren wolle. Der Vorschlag kam überraschend, und Bartók, der sich nie mit Dirigieren befaßte, zögerte mit seinem Entschluß, doch Busoni hatte, ohne eine Antwort auf das erste Telegramm abzuwarten, Bartók als Dirigenten auf den Plakaten angekündigt. Das stand wohl mit einer plötzlich notwendig gewordenen Änderung des Programms im Zusammenhang, was Busoni zugunsten des von ihm protegierten jungen Komponisten ausnutzen wollte. In dieser Lage entschloß sich Bartók, nach Berlin zu fahren, um nach ein paar kurzen Proben im Beethoven-Saal sein *Scherzo* zu dirigieren (Busoni dirigierte unter anderem die *Sinfonie* von Franck und *Salve Polonia* aus dem *Stanislaus-Oratorium* von Liszt). Nach diesem für ihn außergewöhnlichen Auftritt schrieb Bartók an seinen Freund: ‹Endlich kam der große Augenblick – der Beginn der ersten Probe. Ich habe geschwitzt, wie nur je! [...] Mit zitternder Hand erhob ich den Stab und – die Musik begann, aber fürchterlich schwankend. Als ob ich mich auf wogender See befände... Es stellte sich heraus, daß gerade meine erste Bewegung falsch war! Von diesem Zwischenfall abgesehen, nahm die Sache anständig genug ihren Fortgang. [...] Die Aufführung war gut, jedenfalls besser, als wenn es hier die Pester unter der Leitung ihres Dirigenten gespielt hätten.› Nichtsdestoweniger war es der erste und auch einzige Auftritt Bartóks als Dirigent: Dieses Experiment hat er nie mehr wiederholt. Die Reaktion im Saal war gewaltig; ein Teil des Publikums zischte, der andere brach in einen begeisterten Beifallssturm aus und rief den Komponisten mehrmals hervor. Die Berliner Kritiker aber brachten dem *Scherzo* eine entschieden negative Einschätzung entgegen.

Eine nicht viel bessere Aufnahme fanden Bartóks Werke in der Heimat. Dieselben Kritiker, die ihn noch vor fünf Jahren zum größten Komponisten Ungarns erklärten, äußerten sich jetzt mit wachsender Skepsis über seinen Schaffensweg. Es war ein lauer Enthusiasmus, der ihm jetzt entgegengebracht wurde, und die Abneigung gegen alles, was in seiner Musik originell ist, wurde zunehmend offen ausgedrückt.

Als am 1. März 1909 das Orchester der Musikakademie unter Hubay seine *1. Suite für Orchester* (erstmalig ungekürzt) aufführte, schrieb der Rezensent des ‹Pester Lloyd›: ‹... Man kennt den jungen Stürmer, in dem jugendlicher Überschwang, titanenhafte Selbstüberhebung, dichterische Naivität, zielbewußtes Raffinement und namentlich staunenswerte Formbeherrschung eine eigenartige, nicht durchweg sympathische Mischung eingehen, bereits von früher her, und man kennt und schätzt auch längst sein starkes, nach persönlichem Ausdruck ringendes Talent, das an und für sich gewiß über alle Anfechtungen und Zweifel, doch ebenso auch über jedwede Tonalität und harmonische Konvention erhaben erscheint. [...] Neben lyrischen Schönheiten tauchen hier abstoßende kakophonische Fratzen auf...›

Bei der im November 1909 vom Komponisten und dem Orchester der Musikakademie aufgeführten *Rhapsodie* op. 1 gingen die Kritiker schon zum offenen Angriff über: ‹Die Gesetze der Musiktheorie, die Konsequenz der Harmonisierung und der Aufbau der Melodie werden hier über den Haufen geworfen. [...] Zweifellos sind in diesem Tonchaos viele interessante neue Farben, die, mit Maß angewandt, vielleicht unser Interesse fesseln könnten, aber in einem Zuge, ohne inneren Inhalt muß dies langweilig werden› (‹Budapesti Hirlap›). ‹Gleich dem fahlen Schimmer des Rheingoldes, das Alberichs Seele zu Falle bringt und ihn einen Fluch sagen läßt, so läuft Bartók dem Irrlicht der Neuartigkeit und Sonderbarkeit nach, verflucht, jeder Seelenhaftigkeit entsagend, auf jede Aufrichtigkeit und reines Gefühl verzichtend› (‹Pesti Napló›). Einige Tage nach diesem Konzert, am 22. November 1909, fand die Uraufführung der *2. Suite für Orchester* in der Philharmonie statt und verursachte eine neue Reihe von Angriffen: ‹Diese Musik ist eine übelwollende, ausgeklügelte Mißgeburt, worüber man sich höchstens erzürnen und betrüben kann, daß solch ein zweifellos genialer Mensch wie er [Bartók] so zum Opfer künstlerischer Kaprizen, das Talent ruinierender Seuchen werden kann› (‹Pesti Napló›). Der Rezensent des ‹Budapesti Hirlap› versuchte nicht einmal zu verbergen, daß er den künstlerischen Sinn der originellen Einfälle Bartóks nicht begriff: ‹Vielleicht ist dies die Musik der Zukunft. Die Disharmonie, die Kakophonie. Die Häßlichkeit als ein (bisher unbekanntes) ästhetisches Element in der Musik. Es ist möglich, daß dies eine großartige Bereicherung bedeutet, neue Gebiete, neue Sphären des Gefühls. Es ist ja möglich. Wir wissen es nicht. Heute ist das Publikum noch frostig und skeptisch. Das hohe Talent unseres Béla Bartók führte ihn auf den Weg des Ultramodernismus. Er wurde unbewußter Sklave oder bewußter Apostel des neuen musikalischen Evangeliums, das bisher nur Verkündiger hatte, aber keine Gläubigen.›

Diese Meinungsäußerungen, die Werke noch aus der ‹romantischen› Periode betrafen, in welchen die Keime der neuen Klangsprache kaum zu sprießen begannen, waren der Anfang einer gegen Bartók gerichteten Aktion der offiziellen musikalischen Autoritäten Ungarns. Der Konflikt zwischen dem jungen und originellen Komponisten und einem Milieu, das sich mit den stilistischen Neuheiten des letzten Vierteljahrhunderts noch nicht angefreundet hatte, mußte früher oder später ausbrechen. Beim Lesen dieser Rezensionen konnten bei Bartók keine Zweifel darüber bleiben, wie die Reaktion auf seine neuesten Werke, die schon ganz dem neuen Stil angehörten, verlaufen würde.

Dieses Bewußtsein konnte seinen Glauben an die Richtigkeit des gewählten Weges nicht erschüttern. Im Jahre 1909 komponierte er einen Zyklus pädagogischer Klavierwerke *Für Kinder*, in welchem er – mit Hilfe einfacher Mittel – dem allerjüngsten Abnehmer das neue harmonische und ästhetische Gefühl bewußt aufzwang.

Dieser Zyklus von 85 Stücken in verschiedenen Schwierigkeitsgraden ist in vier Hefte eingeteilt und bildet eigentlich eine Sammlung von bearbeiteten Volks- und Kinderliedern; die beiden ersten Hefte enthalten ungarische, die übrigen slowakische Melodien. Es ist aber viel mehr als nur eine Sammlung von geschickt harmonisierten fertigen Melodien; obwohl getreu zitiert, nehmen diese Melodien, in Verbindung mit der Harmonik und dem verwendeten Klaviersatz, einen neuen Sinn auf, und sie sind künstlerische Kompositionen von eigenartigem Ausdruck und Stil. Der Wert des Zyklus *Für Kinder* läßt sich nur mit den pädagogischen Werken von Bach und Schumann vergleichen: Sie bieten dem jungen Schüler eine einfache Musik, doch von allerhöchstem Rang, die auf dem zeitgenössischen Klanggefühl fußt und die individuellen Züge ihres Autors trägt – eine Musik, die gleicherweise für Kinder als auch Erwachsene bestimmt ist. Der didaktische Charakter war schließlich nur ein Vorwand, um die neue ästhetische Haltung in den Vordergrund zu rücken. Gewissermaßen der ganzen Entwicklung der Musik im Laufe des letzten Jahrhunderts, die mit einer immer größeren klanglichen und technischen Komplikation einherging, zum Trotz, kehrt Bartók bewußt zur Einfachheit in Harmonie, Faktur und Ausdruck zurück und beweist, daß man auf diesem Wege überraschend unalltägliche Resultate erzielen kann. Das ist ein offensichtlicher Hieb gegen die Grundlagen der romantischen Ästhetik. Die Stücke aus dem Zyklus *Für Kinder* sind vor dem Hintergrund der Musik aus den Anfängen des 20. Jahrhunderts etwas sehr Neues, sie sind geradezu schockierend in ihrer Einfachheit und scheinbaren Naivität, die sich auf eine bisher unbekannte Art und Weise mit dem modernen harmonischen Geschmack vereint. Die neuen Zusammenklänge dosiert der Komponist vorsichtig und mit Maß, aber zugleich kühn; in diesem Stil verbinden sie sich überraschend einfach und unmittelbar mit den traditionellen, klassischen Mitteln und umgehen die ganze Kompliziertheit der romantischen Harmonik. Die Dissonanz ist fast immer eine vorübergehende Verzögerung, die sich logisch auflöst, aber der Komponist exponiert sie zweckgebunden auf den starken Teilen des Taktes und unterstützt so die wichtigsten Töne der Melodie, um den Schüler an den neuen Klangcharakter zu gewöhnen. In der diatonischen Harmonik dient diesem Zweck das funktionelle Auseinanderstreben der Melodie und der Begleitung, also die Verflechtung tonikaler und dominantischer Klänge in der rechten und der linken Hand. Der tonale Sinn bleibt immer klar, und jeder ‹fremde› Klang löst sich schon im nächsten Moment (mit einem großen Sekundenschritt) auf, was aber genügt, um die Quarten- und Sekundenklänge hervorzuheben und dem ganzen Verlauf einen neuen harmonischen Charakter zu verleihen:

Ein sehr klassisches Beispiel dieser Methode ist Nr. 15 aus dem 3. Heft, das *Dudelsacklied*, das harmonisch ideal einfach, aber dank der konsequenten Verflechtung der Funktionen doch unaufhörlich dissonant ist. Das verleiht diesem Werk seinen definitiven Stil und Ausdruck:

Eine umgekehrte Methode ist die Harmonisierung der Melodie mit traditionellen Zusammenklängen, aber entgegen dem tonalen Sinn der Melodie und entgegen der funktionellen Suggestion ihrer einzelnen Töne. Das ruft den Effekt einer reizvollen Irreführung hervor, die – ohne die harmonische Einfachheit des Verlaufs zu beseitigen – ihm ein frisches, ausgesuchtes Kolorit gibt und von den gängigen klassischen Funktionsanordnungen befreit:

Das tritt insbesondere in denjenigen Werken auf, in welchen dieselbe Melodie verschiedenen Harmonisierungen unterliegt; das zweite und dritte Erklingen der Melodie ist in der Regel mit dem Effekt einer ‹widersächlichen Harmonisierung› verbunden. In diesen Stücken hat Bartók eine eigentümliche Form der harmonischen Variation entwickelt: Die Melodie verbleibt unangetastet, es verändern sich einzig der harmonische Verlauf und sein tonaler Sinn.

In allen diesen Maßnahmen kann man ein gemeinsames Kennzeichen finden: Die Tendenz zur Verselbständigung der Begleitung im Verhältnis zur Melodie, was schon geradewegs zur schichtartigen Auffassung des Klangverlaufs führt und fast eine Schlüsselstellung in der ganzen Harmonik Bartóks einnimmt. Hier sind die Schichten noch knapp angedeutet, sie schreiten nur vorsichtig und nicht weit über die Welt der herkömmlichen Harmonik hinaus, nichtsdestoweniger ist die eigenständige Logik der Begleitungsschicht manchmal deutlich genug, um die Dissonanz der Zusammenklänge mit der Melodie und die nichtkonventionellen Klangfolgen zu begründen. Das nimmt manchmal die Form stabilisierter Ostinatoklänge und -figuren oder einer konsequenten Bewegung in Sekundenschritten an, ‹unabhängig› von dem Zusammenklang mit dem aktuellen Ton der Melodie. Natürlich ist das Klangergebnis niemals unbeabsichtigt, die hier entstehenden Dissonanzen und funktionellen Divergenzen sind bewußt dosiert und gestalten den Ausdruck und Gehalt des Werkes. In dem Stück Nr. 29 (2. Heft) beruht der Verlauf in der linken Hand auf dem allmählichen Absteigen der einzelnen Töne in Sekundenschritten. Der autonome Sinn dieser Bewegung stört zwar die tonale Einfachheit des Werkes nicht, er genügt aber, um zusammen mit der Melodie ein ziemlich ungewohntes harmonisches Bild hervorzurufen:

Unter den Stücken *Für Kinder* finden sich viele reizende Klavierminiaturen und kleine echte Kunstwerke dieses Stils, die sowohl voller Temperament und typischer Merkmale des Bartókschen Vitalismus sind (Nr. 6,

10, 29, 32, 40 aus den ‹ungarischen› Heften und Nr. 27, 29, 31 aus den ‹slowakischen› Heften), als auch stimmungsvolle, in ihrer einfachen und ungewöhnlichen Lyrik ergreifende Werke darstellen (Nr. 13, 17, 28, 33 aus dem 1. und 2. Heft, und Nr. 12, 19, 23, 30, 42 aus dem 3. und 4. Heft). Ihre Schönheit bestimmen gleicherweise die ausgewählten Melodien, die selbst viel Reiz besitzen, wie auch die geschmackvolle und feinsinnige Harmonisierung. Indem er aus diesen beiden Elementen ein natürliches Ganzes formte, schuf Bartók gleichzeitig einen besonderen, originellen und in seiner Art einzigen Musikstil, der zwar klanglich nicht so radikal wie der Stil seiner *Bagatellen* ist, aber in seiner Epoche bestimmt neu und wegweisend war. An diesen Stil wird er übrigens in seinen späteren Werken noch oftmals anknüpfen.

Im Zusammenhang mit dem Zyklus *Für Kinder* taucht das gewichtige Problem der folkloristischen Bearbeitungen auf, die in Bartóks Schaffen eine völlig unabhängige Strömung darstellen. Der Komponist hat immer auf die Unterscheidung dieser Beschäftigung von seiner eigentlichen Tätigkeit großen Wert gelegt und unterstrichen, daß er in seinen Originalwerken niemals Volksmelodien zitiert. Die Bearbeitungen sind eine insofern interessante Erscheinung, als sie die ganze Dualität in Bartóks Wesen, den Folkloristen und den Komponisten, wie auch die hier verborgenen Gegensätze aufzeigen. Der erste Anstoß lag zweifellos in dem Wunsch, die Schönheit der Melodien festzuhalten und ihr Leben in der Konzertfassung zu verlängern, wie es schon früher bei den (gemeinsam mit Kodály bearbeiteten) *20 Ungarischen Volksliedern* und den *3 Volksliedern aus dem Komitat Csík* der Fall war. Aber der Komponist drängte dann den Folkloristen in den Hintergrund, seine Individualität zwang den Melodien einen neuen Ausdruck auf, der ihrem ursprünglichen Sinn manchmal fremd war. In den Stücken *Für Kinder* verändert die Harmonisierung oft den tonalen Ausdruck der Melodie, das rohe Diatonische in ihr, die echte Pentatonik erhält einen Akkordunterbau, der der Eigenart der Melodie deutlich widerspricht (zum Beispiel in Nr. 34 des 2. Heftes). So entsteht dennoch eine natürliche Ganzheit. Bartók, der Folklorist, mußte sich darüber Rechenschaft ablegen, daß jede Harmonisierung ein Anschlag auf die Reinheit des Volksliedes ist, das in seiner einstimmigen Gestalt ein selbständiges und vollendetes Kunstgebilde darstellt, aber der Komponist Bartók wußte, daß die einzige Begründung einer solchen Maßnahme darin liegt, auf diesem Wege eine neue und unersetzliche musikalische Erscheinung zu schaffen. Das ist ihm schließlich auch gelungen: Seine Bearbeitungen sind zu wesenseigenen Werken geworden, die ihr eigenes Leben haben und deren aparte Schönheit das Ergebnis einer kongenialen Verbindung zweier – im Prinzip fremder – Elemente in einem natürlichen Organismus ist.

Unabhängig von seinen kompositorischen Experimenten mit der Folklore gab sich Bartók weiterhin seiner objektiven Forschungsarbeit hin. Eben im Jahre 1909 eröffnete sich ihm eine neue, faszinierende Welt: die rumänische Folklore. Um sie zu studieren, brauchte er das Land nicht zu verlassen; Siebenbürgen, das damals zum Bestand Ungarns gehörte, war in vielen Landstrichen von Rumänen bewohnt. Während des Sommeraufenthalts bei seiner Schwester in Vésztő stieß er in den in jener Gegend gesungenen Liedern auf deutliche Spuren fremder Einflüsse, die ihn interessierten und deren Ursprung ihm nicht verborgen blieb. Einige Dutzend Kilometer östlich lagen Gebiete, in denen Rumänen siedelten. Um ihre Musik näher kennenzulernen, fuhr Bartók am 18. Juli nach Belényes (im Komitat Bihar), wo er sich mit Ion Buşiţia, dem Direktor des dortigen griechisch-katholischen Gymnasiums, verständigte, der ebenfalls Musiker war und den er um Unterstützung bei seinen Forschungen ersuchte. Dieses Treffen war der Anfang einer langjährigen Freundschaft. Buşiţia machte ihn auf Orte aufmerksam, in welchen Bartók über 300 außerordentlich interessante Melodien von eigenartiger Rhythmik und Ornamentik sammelte. Wie er später feststellte, war das seine reichste ‹exotische› Ausbeute in seiner bisherigen Sammlertätigkeit. Bei der Aufzeichnung der Liedertexte half ihm ein Schüler von Buşiţia, weil Bartók damals die rumänische Sprache noch nicht beherrschte, die er aber sofort zu lernen begann, was ihm bei seiner großen Sprachbegabung keine besondere Mühe bereitete. Für die allernächsten Jahre war die rumänische Folklore Bartóks große Leidenschaft.

In der Zeit, da Bartók seine ersten revolutionären Werke komponierte, traten in seinem Privatleben wichtige Änderungen ein. Es fand sich jemand, der ihn nicht nur die eben zurückliegenden persönlichen Erlebnisse vergessen ließ, sondern auch Bartóks treueste Freundin wurde. Das war Márta Ziegler, die Tochter eines Gendarmerie-Oberinspektors und vielversprechende Musikerin. Sie wurde im Jahre 1907 im Alter von knapp vierzehn Jahren Bartóks Privatschülerin. Trotz des beträchtlichen Altersunterschieds verlor das Verhältnis zum Lehrer, den sie bewunderte, bald seine offizielle Steifheit; Béla, von Natur aus wenig aufgeschlossen und gesellig, fühlte sich im Umgang mit ihr sehr wohl und vertraute ihr alle seine Schwierigkeiten und Probleme an. Im Jahre 1908 widmete er ihr zwei Kompositionen für Klavier: *Mädchenbildnis*, das er später in die *Skizzen* für Klavier op. 9b einreihte, und *Zänkerei*, die *1. Burleske* (aus op. 8c). Die Freundschaft wurde bald enger, und im Jahre 1909 war Bartók zur Heirat entschlossen. Die Trauung fand in aller Stille am 16. November statt, und das junge Ehepaar nahm an der Terézkörút (jetzt Leninkörút), in der Nähe der Akademie, Wohnung. Márta war damals 16 und Béla 28 Jahre alt. Die junge Ehefrau war eine ideale Gefährtin für den Künstler und Wissenschaftler und eine Ergänzung seiner egozentrischen und impulsiven Natur. Sie war in allem das Gegenteil von Stefi Geyer: Hingebungsvoll und geduldig, war sie von Anfang an bemüht, Bélas Anschauungen und Interessen zu teilen. Es war ihr Ehrgeiz, ihm bei der folkloristischen Arbeit zu helfen, und auf diesem Gebiet sollte sie bald beachtliche Erfolge erzielen.

Kurz nach der Trauung, im Dezember 1909, komponierte Bartók die *2. Elegie* op. 8b für Klavier, die er später selbst als einen ‹Rückschritt zum Stil der romantischen Schwülstigkeit› bezeichnete. In ihrer harmonisch-fakturalen Technik, der Rotation zerlegter Akkorde und reichen Ornamentik der Zweiunddreißigstel- und Vierundsechzigstelfiguren nähert sich die *2. Elegie* der *Rhapsodie* op. 1. Auffallend ist die Disziplin der im gegebenen Abschnitt lange wiederholten Klangstrukturen; eine so in Gestalt eines zerlegten Vielklangs verlaufende und in ihrer harmonischen Farbe ausdrucksvolle Struktur erfüllt zugleich die Rolle des aktuellen Skalenmaterials (Akkordskala). Das Werk beginnt mit dem mehrfach wiederholten Sechzehntel- und Vierundsechzigstelmotiv (abwärts) *a–gis–e–cis–ais*, welches an das Anfangsmotiv der *Sonate h-Moll* von Chopin erinnert. Diese Struktur nimmt in dem Werk eine zentrale Stelle ein, sie beherrscht auch den langen Endabschnitt der *Elegie*, diesmal in Form von in verschiedener Höhe wiederholten ab- und aufwärts arpeggierten Akkorden. Eine Kuriosität dieses Werkes sind die im Notenbild durch die Zeichen o— —o hervorgehobenen Abschnitte, in welchem es dem freien Ermessen des Interpreten überlassen bleibt, die Zahl (und auch das Tempo) der wiederholten Figuren in *einer* Hand zu bestimmen; das bedeutet einen gänzlichen Verzicht auf rhythmische Synchronisation der einzelnen Melodietöne mit den einzelnen Punkten der begleitenden Passagen. Diese Idee ist eine deutliche Ankündigung gewisser aleatorischer Erscheinungen in der zeitgenössischen Musik.

Im Dezember 1909 reiste Bartók mit seiner Frau nach Paris; er wollte ihr die so bewunderte Stadt zeigen und auch Kontakte anknüpfen, die ihm zur Gewinnung einer Position außerhalb seines Landes verhelfen sollten.

Busoni setzte noch einmal seine Autorität ein und schrieb zwei Empfehlungsbriefe: an den Komponisten Vincent d'Indy und den Klavierprofessor Isidor Philipp. Die Begegnung mit d'Indy war eines jener bitteren Paradoxa, die wir häufig in den Lebensläufen großer Wegbereiter finden: Dieser Komponist nicht allzuhohen Ranges empfing den Autor der epochalen *Bagatellen* betont gönnerhaft und behandelte ihn fast wie einen Schüler und Anfänger, dem man Unterweisungen erteilt. Er riet Bartók, bessere Themen zu wählen und machte ihn darauf aufmerksam, daß im 3. Satz der *2. Suite* eine deutliche Tonart fehlt. Das Treffen mit Debussy, das Philipp arrangieren sollte, kam nicht zustande. Die übrigen ‹versprachen nur so lau alles mögliche – also nichts›. Die offizielle Musikwelt von Paris ‹verwarf› somit einen großen Komponisten, der der Musik neue Entwicklungswege ebnete.

Bald danach bot sich jedoch die Gelegenheit zu einem Auftritt in der französischen Hauptstadt. Sándor Kovács, ein in Paris lebender ungarischer Musiker, organisierte dort am 12. März 1910 ein Konzert mit zeitgenössischer ungarischer Musik, genannt ‹Festival Hongrois›, auf dem Werke von Mihalovich, Szendy, Dohnányi, Bartók, Weiner und Kodály zur Aufführung gelangten. Bartók trat auch als Pianist auf; er spielte Werke von Weiner sowie seine *Bagatellen* (mit Ausnahme der 8. und 13.), die *1. Fantasie* und einen der kürzlich komponierten *2 rumänischen Tänze für Klavier*. Dieser Auftritt hätte sehr wohl ein ‹historisches Datum› werden können, verlief aber ohne Widerhall, und das Revolutionäre in den vorgeführten Werken weckte kein weiteres Interesse. Die Kritik gab sich damit zufrieden, Bartók samt Kodály als ‹junge Barbaren› zu bezeichnen.

Die Anfang März (also kurz vor dem Pariser Auftritt) beendeten *2 rumänischen Tänze* für Klavier sind das erste kreative Ergebnis der Bewunderung Bartóks für den Rhythmus und die Exotik der rumänischen Folklore. Sie sind aber auch ein weiterer Schritt in der Formulierung der neuen Ästhetik des Vitalismus und der damit zusammenhängenden neuen Harmonik, diesmal in Anlehnung an die Lebendigkeit und das Temperament des Volkstanzes. Der Zauber der Tanzrhythmik, der sich wie von selbst jener Musik aufdrängte, die sich von der Romantik abkehrte, fand bei Bartók schon im *Bärentanz* seinen Widerhall; er wird auch Gegenstand der Faszination vieler neuzeitlicher Komponisten sein, um nur den *Russischen Tanz* aus *Petruschka* von Strawinsky oder den *Feuertanz* aus *El amor brujo* von de Falla zu erwähnen. In den *Rumänischen Tänzen* erreichte er einen bisher nie gekannten Grad des Dynamismus und unnachsichtiger Brutalität, was eine besondere Kühnheit des harmonischen Klangs mit sich brachte, die zum Teil noch größer ist als in den *Bagatellen.* Aus der rumänischen Folklore übernahm der Komponist die charakteristische langatmige Pulsation des Rhythmus sowie den Typus der melodischen Motive, wenn auch im ganzen genommen die Melodien der *Tänze* von den Klangstrukturen der echten Volksmelodien abweichen. Der Komponist schreitet in ihnen über die Diatonik hinaus und verwendet plötzliche Klangwendungen, die die Schärfe und Plastizität der Zeichnung steigern, dabei aber die quasivolkstümliche Einfachheit und Natürlichkeit der Melodien nicht zerstören. Im ersten der *2 rumänischen Tänze* führt das wiederkehrende Motiv *fis–f–des* im Verhältnis zu den übrigen Motiven der Melodie ‹leiterfremde› Töne ein, obwohl es an sich – klanglich – eine durchaus diatonische Wendung ist:

Die Melodie wird so zu einer Summe verschiedener diatonischer Motive, die nur eine lokale Veränderlichkeit der Skala suggerieren. Die Technik der ‹veränderlichen oder wechselnden Diatonik›, die eine Erfindung von Bartók ist, erlaubt die Erweiterung des Klangmaterials der Melodie, ohne die traditionellen chromatischen Motive hinzuzuziehen, die mit dem Spiel funktioneller Spannungen höherer Ordnung verbunden sind. Sie ist von Grund auf neuartig, obwohl sie sich direkt aus der Beobachtung des tonalmotivischen Reichtums der Folklore herleitet. Ihr extremes Beispiel ist die schnelle Verbindung von Motiven, die auf verschiedenen diatonischen Abschnitten fußen – was im weiteren Verlauf des Werkes sichtbar ist – und in kurzer Zeit das ganze Zwölftonmaterial erschöpfen:

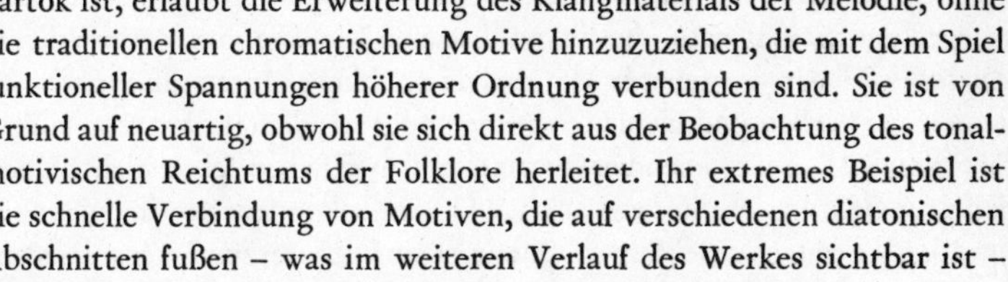

Diese Technik wird Bartók besonders in seiner späteren Schaffensperiode reich entwickeln.

Die Harmonik des ersten *Tanzes* mit ihrer Verselbständigung (ostinato) der Begleitung von der Melodie scheut sogar vor einer gänzlichen Divergenz der Klangschichten nicht zurück, was eine unaufhörliche Schärfe der Zusammenklänge ergibt (1. Beispiel auf Seite 133). Die Absonderung der leeren Quinten und Quarten in der tieferen Schicht, mit welchen die Töne der Melodie dissonieren, verleiht dem Werk eine besondere Strenge, die mit der rhythmischen Spannung des Verlaufs und mit der Staccato-Artikulation gut zusammenwirkt. Im weiteren Verlauf treten verschiedene Zusammenklänge auf (je nach dem aktuellen Ostinato der Begleitung), unter ihnen auch Dreiklänge, sowie die in der Musik bisher nicht angetroffenen Kluster, die das Ergebnis einer dichten Anhäufung von Klängen im Ganztonakkord sind:

Harmonisch noch radikaler ist der zweite *Tanz*, in welchem es wieder in beiden Händen zur Aufteilung in Klangschichten kommt. Die rechte Hand wiederholt ihr Ostinato, die linke führt eine Melodie von veränderlicher Diatonik (aber im begrenzten Material) in unüblichen Intervallschritten: Es treten aus großen und kleinen Septimen oder aus dem Tritonus gebildete Motive auf. Die entstehenden Zusammenklänge haben schon nichts Überliefertes mehr in sich. Sie lassen sich auf kleine Sekunden, Septimen, Nonen und den Tritonus zurückführen. Damit ist ein fortgesetztes Staccato und die enge Lage der beiden Klangschichten verbunden, die sich in einem schmalen Band verflechten, was insgesamt eine noch schärfere und spitzere Klangwirkung als in der *7. Bagatelle* hervorruft (vgl. Beispiel auf Seite 135).

Die klangliche Neuartigkeit der *2 rumänischen Tänze* und ihre extrem antiromantische Ästhetik haben jedoch mit dem intellektuellen Raffinement der *Bagatellen* und *10 leichten Klavierstücke* nur wenig gemeinsam. Sie neigen zweifellos zum populären und blendenden Stil, zur virtuosen Bravour und unkomplizierten Form. Das betrifft insbesondere den ersten

Tanz, dessen mitreißende elementare Dynamik in den Kulminationen der Reprise (*fff*) zu einer eigenartigen rhythmischen Ekstase führt.

Dieses erstmalig in Paris aufgeführte Werk erklang auch einige Tage später an dem ersten selbständigen Kompositionsabend Bartóks in Budapest. Das Konzert organisierten die Mitglieder des Waldbauer-Kerpely-Quartetts, das sich aus jungen Absolventen der Akademie, alles Freunde von Bartók und Kodály, zusammensetzte. Am 17. März 1910 veranstalteten sie in den Räumen der Ausstellung zeitgenössischer Gemälde ein Konzert, das ausschließlich den Werken von Kodály gewidmet war (*Streichquartett*, *Cellosonate* und Klavierwerke, die Bartók vortrug) und zwei Tage danach einen Bartók-Abend (*1. Streichquartett*, *Klavierquintett* aus dem Jahre 1904, *1. Fantasie*, *Bagatellen* und *1. Rumänischer Tanz*). Für Kodály war das sein erster großer Start als Komponist, mit dem sein Ruhm begann; das Konzert war ein großer Erfolg, obwohl die älteren Musiker, mit Jenő Hubay an der Spitze, ihn der ‹bewußten Häresie› und ‹Gehässigkeit gegen Gedanken und Melodien› bezichtigten. Im allgemeinen herrschte aber die Meinung, daß Kodálys Werke viel zahmer und menschlicher als die Kompositionen von Bartók seien. Der Bartók-Abend artete fast zu einem Skandal aus, obwohl die zahlreich anwesende Jugend, hauptsächlich Schüler des Komponisten, donnernden Applaus spendete. Mit Ausnahme eines einzigen Kritikers der Zeitschrift ‹Nyugat›, der die Originalität der neuen Werke lobte, war die Stellungnahme der musikalischen Autoritäten der Hauptstadt entschieden negativ. Der ‹Pester Lloyd› schrieb: ‹...Er (Bartók) hat sein Ohr jetzt schon auf die bloße Dissonanz eingestellt, will

Strauss und Debussy übertrumpfen, wirbelt die Tonalität wild durcheinander, fühlt sich erst behaglich in der Häufung seltsamster und schneidendster Mißklänge. Hoffentlich wird dieses vielversprechende Talent solcher äußerster Ausschreitungen bald überdrüssig und stark genug sein, um sich von diesen schon ins Krankhafte ausartenden Bizarrerien zu befreien, aus Künstelei und phantastischer Verzerrung den Weg zu einer reineren und erhebenderen Kunst zu finden. Auch in seinem neuen *Quartett op. 7* braust und gärt es noch sehr wild. [...] Fast wie ein ironisches Gegenstück wirkte dann sein vor etwa sieben Jahren geschriebenes *Klavierquintett*, das aus einem sehr authentischen e-Moll geht. Es ist eine tüchtige Arbeit des ganz jungen, noch sehr zugänglichen Bartók, der noch nicht der Melodie und dem klaren Satzbau verächtlich abgeschworen hat.› Ähnlich urteilte der Kritiker des ‹Pesti Hirlap›: ‹Es ist für Bartók schade [...], die echt künstlerische Richtung zu verlassen; es war schade, sich in den Dienst des Kultes falscher Götzen zu begeben. Wir hoffen aber, daß er noch zurückkehrt, daß er noch zurückkehrt zur alleinseligmachenden Religion des künstlerisch Schönen.›

Diese typische Gegenüberstellung der früheren mit seinen neuen Werken und die Aufforderungen zur ‹Rückkehr›, die hinfort Bartók auf seinem ganzen Schaffenswege begleiten, werden ihn immer aufs äußerste erregen und sogar seinen Widerwillen gegen sein eigenes früheres Schaffen hervorrufen. Nach diesem Konzert hat er die Aufführung des *Quintetts* nie mehr genehmigt.

Indessen bot sich die Gelegenheit für einen neuen Auftritt im Ausland; am 25. Mai trat Bartók mit der *Rhapsodie* op. 1 auf dem Musikfest des Allgemeinen Deutschen Musikvereins in Zürich auf; das Orchester dirigierte Volkmar Andreae. Auf demselben Musikfest wurde das *Quartett* von Kodály gespielt, der einen viel größeren Erfolg verzeichnen konnte. Die Zeit für Bartóks Ruhm in der Welt war noch nicht gekommen. Auch das *1. Streichquartett*, das die Waldbauers auf einer Konzertreise in Wien, Berlin, Den Haag und Paris spielten, brachte keinen Ruhm ein.

Wir müssen aber im Auge behalten, daß auch der zweite große Revolutionär in der Musik, der Wiener Arnold Schönberg, dessen Werke in nicht geringerem Grade die bisherigen Begriffe der Ästhetik, der Klangordnung und der Harmonie erschüttern sollten, in dieser Zeit außerhalb seiner Wirkungsstätte kaum richtig bekannt war. 1909 (also ein Jahr nach der Entstehung der *Bagatellen*) komponierte Schönberg sein erstes bahnbrechendes Werk des neuen Stils: die *3 Klavierstücke* op. 11. Bartók wurde mit ihnen noch vor ihrem Erscheinen im Druck durch eine von seinem

Schüler Imre Balabán aus Wien mitgebrachte Kopie des Manuskriptes bekannt. Das war seine erste Begegnung mit der Musik des um sieben Jahre älteren Schönberg. Bartók erkannte sofort die Größe dieser Musik; die *Klavierstücke* op. 11 interessierten ihn so stark, daß er sie sofort nach ihrem Erscheinen von der Universal-Edition in Wien bezog. In den späteren Jahren spielte er sie des öfteren bei seinen öffentlichen Auftritten. Schönbergs neuartiger Stil hatte aber nur wenig mit seiner eigenen schöpferischen Tendenz gemeinsam; was sie verband, war nur die Negation der vorhandenen Konventionen und die Kühnheit der künstlerischen Vorstellungskraft. Die konsequente chromatische Atonalität, die sehr weitgehende Freiheit in der Behandlung der Dissonanz, verbunden mit einer ausschweifenden Expressivität, die in der deutschen Romantik tief verwurzelt war – das alles war die Antithese der von Bartók eingenommenen Haltung. Zweifellos haben beide Komponisten einen mächtigen Durchbruch im traditionellen musikalischen und ästhetischen Denken vollzogen, aber in zwei verschiedenen Richtungen; beide haben auch zwei voneinander unabhängigen Strömungen in der neuen Musik den Anfang gegeben.

Im Jahre 1910 setzte Bartók seine Sammlertätigkeit in Siebenbürgen fort, nun, nachdem er die rumänische Sprache genügend beherrschte, ohne fremde Hilfe. Er hatte bereits annähernd 600 Lieder zusammengetragen. Da sich Bartók des Wertes seiner Sammlungen für die rumänische Kultur bewußt war, wandte er sich an die Akademie der Wissenschaften in Bukarest mit dem Vorschlag einer engeren Zusammenarbeit und einer Publikation der gesammelten Lieder. In demselben Jahr verständigte er sich mit dem Verlag der von slowakischen Patrioten in Turócszentmárton herausgegebenen slowakischen Liederhefte ‹Slovenské Spevy›. In einem Brief an diesen Verlag schrieb Bartók: ‹Die Herausgabe des «Slovenské Spevy» ist eine so wundervolle kulturelle Unternehmung, daß sie von jedermann die weitestgehende Unterstützung beanspruchen kann. Deswegen überlasse ich Ihnen unentgeltlich zwecks Veröffentlichung meine ganze Sammlung...› Angesichts der in dieser Zeit starken nationalen Antagonismen, die sich aus dem Anspruch Rumäniens auf Siebenbürgen und den Freiheitsbestrebungen der Slowaken ergaben, zeugen diese Schritte Bartóks davon, wie weit er sich von den chauvinistischen Gefühlen, die ihm in seinen Jugendjahren nicht fremd gewesen waren, entfernt hatte.

Das Jahr 1910 brachte noch ein für Bartók sehr wichtiges Ereignis, diesmal ganz privater Natur: Im August kam sein Sohn zur Welt. Nach seinem Vater und Großvater erhielt er den Vornamen Béla.

Gewissermaßen ein ästhetischer Gegensatz zu den *2 rumänischen Tänzen* sind die ebenfalls im Jahre 1910 beendeten *7 Esquisses* für Klavier, op. 9b. Diesen Zyklus mit seiner raffinierten Poetik und dem Einfallsreichtum an arabesker Zeichnung kann man zur ‹phantastisch-expressiven› Strömung in Bartóks Schaffen zählen. Diese noch auf seine jugendlichen *Fantasien* vom Jahre 1903 zurückreichende Strömung fand in den *Elegien* und in der *12. Bagatelle* ihren gewichtigsten Ausdruck; hier nahm sie eine neue und originelle Gestalt an. Im Vergleich zu jenen Werken sind die *Skizzen* weniger romantisch, klanglich übersichtlicher und weisen mitunter Merkmale auf, die sich den stilistischen Merkmalen Debussys (vielleicht auch Ravels, mit dessen Werken Bartók im Jahre 1909 bekannt wurde) nähern, obwohl ihre Eigenart und Neuheit unanfechtbar sind. Subtile, diskrete Poetik und Weichheit des harmonischen Klangs verbinden sich in den *Skizzen* mit sehr kühnen und ganz außergewöhnlichen Klangassoziationen, die weit über die bisherigen Konventionen hinausschreiten.

Die *Skizzen* entstanden im Laufe von zwei Jahren. Die erste, *Mädchenbildnis*, seiner künftigen Gattin gewidmet, komponierte Bartók noch im Jahre 1908. Es ist so prägnant, daß man hier unschwer den Typ der ‹porträtierten› Persönlichkeit ablesen kann. Der außergewöhnlich originelle klangliche Verlauf (der in seinem motivischen Stoff sehr beschränkt ist) überrascht immer wieder durch die kapriziöse Veränderlichkeit der Stimmung und die unerwarteten harmonischen Verbindungen. Der Durchführungsteil des Hauptmotivs entzückt mit seiner ungewöhnlichen Lyrik

und dem zarten Klang der einzelnen Töne, die sich auf große Entfernungen der Klaviatur verteilen (vgl. Beispiel auf Seite 138).

Im Kolorit am meisten ‹impressionistisch› und Debussy nahestehend sind die Skizzen Nr. 3, 4 und 7. Nr. 3 *(Lento)* scheint in der Stimmung an *Des pas sur la neige* aus den *Préludes* von Debussy zu erinnern (die Bartók noch nicht kannte, denn das 1. Heft entstand ebenfalls im Jahre 1910!), aber nur in der Stimmung; in den harmonischen Mitteln entfernt sich das Werk entschieden vom Stil des französischen Meisters. Die sanft klingenden parallelen Dezimen in der linken Hand bilden eine von der Melodie unabhängige Klangschicht; jede der geführten Stimmen strebt nach einer anderen Tonika, und diese Töne bilden am Schluß den C-Dur-Akkord.

In der *Skizze* Nr. 4 *(Non troppo lento)* verbinden sich die impressionistischen Arabesken deutlich mit den Effekten der Bitonalität; den pentatonischen Sextolen ist hier eine diatonische Melodie beigesellt, der ein extrem andersartiges Material zugrunde liegt:

Hervorhebung verdient auch die reiche Ornamentik mit Vogelrufmotiven, deren exotischer Zauber noch manchmal die Klangphantasie Bartóks anregen wird:

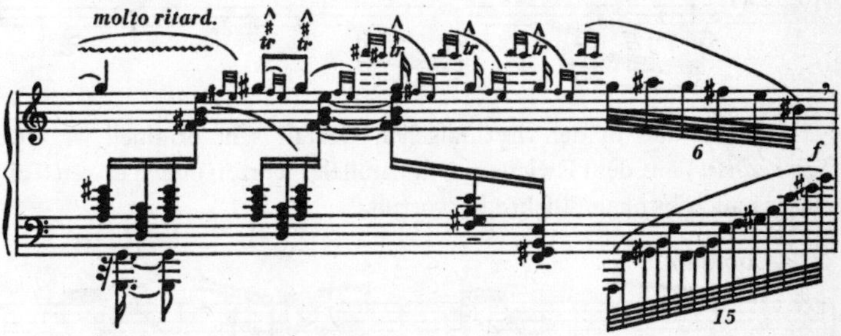

In der *Skizze* Nr. 7 *(Poco lento)* führt die Identifikation der Melodie mit der Harmonie zu interessanten Ergebnissen: Die Zusammenklänge entstehen durch die Aufhaltung der laufenden Töne der Melodiephrase. Das

Klangmaterial der Melodie (obendrein durch die zweite Stimme imitiert): *a–h–cis–dis–fis* ist hier gleichzeitig der harmonische Stoff, und zwar nach dem Prinzip Tonskala = Akkord. Im weiteren Verlauf kommt noch eine bitonale Schichtbildung hinzu, und am Schluß des Werkes treten in beiden Händen Ganztonleitern in parallelen großen Sexten auf, was den gleichzeitigen Klang zweier verschiedener Ganztonreihen ergibt. Im letzten Takt laufen diese Figuren in reale, senkrechte Akkorde zusammen und bilden einen Sekundenkluster, der sich aus zehn verschiedenen Tönen (also aus einem fast vollen Zwölftonakkord) zusammensetzt. Diese für jene Zeit außergewöhnliche Klangwirkung empfinden wir als eine natürliche und folgerichtige Summierung der klanglichen Entwicklung des Werkes.

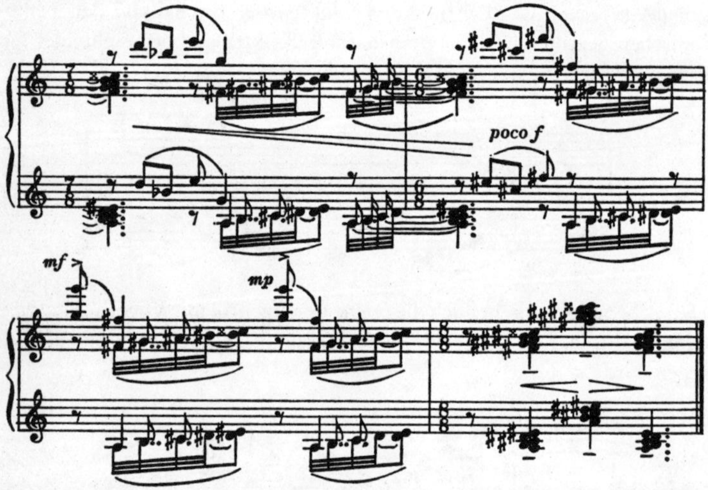

Ergötzlich und in der rhythmischen Gestalt sehr originell ist Nr. 2 (*Schaukelspiel*) mit dem Zwiegespräch paralleler Terzen in den ersten Takten, das auch bitonale Effekte hervorruft:

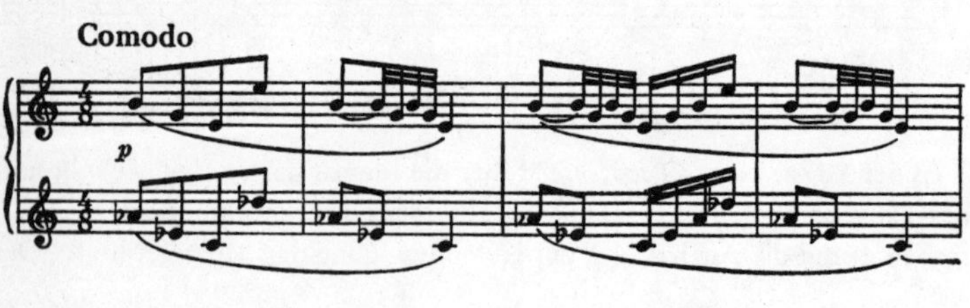

Nr. 5 (*Rumänisches Volkslied*) ist eine vortreffliche Harmonisierung einer in Belényes aufgezeichneten Volksmelodie, die schon allein durch ihre Exotik bezaubert, während Nr. 6 (*Walachisch*) mit ihrer scherzhaften rhythmischen Form an die rumänische Instrumentalfolklore anknüpft; die Harmonik ist auch hier (wie in dem Stück Nr. 7) das Ergebnis der Aufhaltung und des Fortklingens der einzelnen Melodietöne.

Die *Skizzen* sind unverkennbar einer der wertvollsten Klavierzyklen von Bartók. Ihre Originalität und Eigenart, auch gegenüber den *Bagatellen*, den *Rumänischen Tänzen* und dem Zyklus *Für Kinder* zeugen davon, eine wie reiche stilistische Erscheinung in dieser Zeit das Schaffen Bartóks war.

Wieder eine andere ästhetische Haltung repräsentieren die ebenfalls im Jahre 1910 komponierten *4 Klagelieder* (*4 Nénies*) op. 9a für Klavier. Gewisse Beziehungen zur Musik Debussys sind hier nicht wesentlich (die äußere satztechnische Ähnlichkeit mit *La Cathédrale engloutie* aus den *Préludes* ist irreführend; wie gesagt, kannte sie Bartók damals noch nicht); was unsere Aufmerksamkeit fesselt, ist der ausgesprochen individuelle Typ der Expressivität, deren Strenge und Askese einen bisher nicht angetroffenen Grad erreicht. Der dramatische Ausdruck wird hier mit Hilfe von äußerst einfachen Mitteln und unter Verwendung eines statischen Verlaufs erzielt. Der Satz ist unnachgiebig ‹antipianistisch›, er entbehrt jeglicher für die Klaviermusik typischen Effekte, inklusive der elementaren Figurationsmittel, verrät dagegen die Tendenz zur vertikalen Ausweitung des Klanges durch vielfache Oktavverdopplungen in den Akkorden und melodischen Linien, was gelegentlich zu monströsen ‹Punkthäusern› im Notenbild führt (Nr. 3). Die Melodik neigt zu einfachsten diatonischen und pentatonischen Motiven, aber in einem veränderlichen Stoff, was ihr einen in tonaler Hinsicht freien Charakter verleiht; Freiheit kreuzt sich hier mit dem herben Geschmack der Primitivität. Die Akkorde bestehen in ihrer Mehrzahl aus einfachen Quint- und Dreiklängen, die aber mit dem Melodieverlauf zuweilen hart dissonieren. Bemerkenswert ist schließlich die außerordentliche harmonische Stabilität, deren auffallendstes Beispiel das Werk Nr. 2 ist, zweifellos das beste im ganzen

Zyklus. Es enthält überhaupt nichts von traditionellen harmonischen Entwicklungen und von irgendwelchen Akkordfolgen: Die Melodie (typisch ungarische, pentatonische Motive, die an den Anfang der späteren Oper *Herzog Blaubarts Burg* erinnern) erscheint zunächst ohne Harmoniebegleitung, nimmt allmählich die Töne eines Akkords auf, der erst am Ende des Werkes seine volle Gestalt gewinnt als Fünfklang *ais–cis–e–fis–gis*. Die letzten Takte bringen nur noch Effekte der räumlichen Verteilung dieses Akkordes. Es ist übrigens der klanglich am meisten gesättigte Abschnitt im ganzen Zyklus:

Der harmonische Verlauf dieser Komposition, der nur auf dem allmählichen Anwachsen oder der Auffüllung eines einzigen Zusammenklangs beruht, ist eine neue und nicht weniger erfinderische Erscheinung als Schönbergs ‹Klangfarbenmelodie› (ein einziger Akkord unterliegt verschiedenen räumlich-instrumentatorischen Maßnahmen), die dieser ein Jahr früher in seinen *5 Orchesterstücken* op. 16 teilweise angewandt hatte.

Im August 1910 beendete Bartók eine neue Komposition für Orchester: die *2 Bilder* op. 10. Bezeichnend ist die Anlage des Werkes, das aus zwei stark kontrastierenden und stilistisch fast entgegengesetzten Teilen besteht, deren erster, langsamer, ein statisches und lyrisch-kontemplatives Naturell, der zweite, schnelle dagegen ein überschäumendes rhythmisches Temperament aufweist – ein bei Bartók nicht mehr neues Prinzip. Eine ähnliche Tendenz war schon in der *Rhapsodie* op. 1, im *1. Violinkonzert* und in den *2 Porträts* feststellbar; sie wird im späteren Schaffen Bartóks noch manchmal zutage treten.

Schon der Titel des Werkes läßt die Annahme zu, daß die Ästhetik des Impressionismus den Komponisten stark bewegte, was überhaupt für sein Schaffen aus der Zeit um 1910 kennzeichnend ist. Das bestätigt auch der Stil des *1. Bildes (In voller Blüte)*, der Debussy besonders nahesteht: Farbwirkung und Stimmungskunst, Herausstellung der Holzblasinstrumente und Harfe wie auch die beharrliche Unterstreichung der Ganztonskala und Pentatonik, die allerdings originale, von Debussy unabhängige Stilmerkmale Bartóks sind. Der individuelle Charakter dieser Musik läßt sich sehr leicht herausfühlen, und ihr emotionales Klima sowie die Eigenart gewisser Motive bilden schon eine direkte Ankündigung des Stils von *Herzog Blaubarts Burg*.

Die Melodik im *1. Bild* fußt anfänglich auf der lydischen Skala mit kleiner Septime (Zentrum–*d*), neigt aber auch zu Ganzton- und pentatonischen Motiven.

Die unzweideutig an die ungarische Folklore anknüpfende pentatonische Motivik tritt im Mittelteil in den Vordergrund und bringt neuen thematischen Stoff:

Mit der Reprise kehren auch die lydischen Wendungen zurück, die sich anschließend offen in die Ganztonskala umwandeln, und die letzten acht Takte sind schon streng – melodisch und harmonisch – in dieser Skala gehalten. Der Schlußakkord ist ein voller Ganztonsechsklang mit *d* als Grund- und höchstem Ton. Der Abschluß dieses Teils bringt auch den für Bartók charakteristischen und aus seinen beiden *Suiten* bekannten ‹Geräuschkolorismus›: Tremoli der Streicher in den Akkorden *e–as–c* und *fis–b–d* als Hintergrund für die Ganztonglissandi der Harfe und die schnellen Ganztonleitern der Holzbläser.

Das *2. Bild (Dorftanz)* führt uns wieder in die Welt des Bartókschen Vitalismus und gemahnt im Stil und Naturell an die *Rumänischen Tänze.* Das Thema – anfänglich unisono von Streichern und Holz abwechselnd vorgetragen – ist in seiner Schlichtheit, aber auch in der Schärfe der plötzlichen tonalen Wendungen ein klassisches Beispiel der ‹wechselnden Diatonik›. Unverkennbar ist die Neigung zu lydischen und Ganztonmotiven:

Das Werk hat die Form eines Rondos: ABACA. Die erste Episode (B) ist hinsichtlich des Orchesterklangs besonders effektvoll und bringt schon eine Ankündigung des Stils des *Wunderbaren Mandarins.* Die zweite Episode (C) bringt eine plötzliche Verlangsamung des Tempos und ist ihrerseits ein Widerhall des *1. Bildes* und seiner impressionistischen Stimmung.

Die *2 Bilder* gehören mit Sicherheit nicht zu Bartóks Spitzenleistungen, auch halten sie hinsichtlich der Erfindung und formalen Finesse keinen Vergleich mit den Klavierwerken aus dieser Zeit aus. Sie sind aber interessant als eine Sammlung stilistischer Erfahrungen, die der Komponist in seinen späteren Werken in viel attraktiverer Gestalt verwerten wird.

Der letzte Zyklus aus der Reihe der Klavierwerke in diesen Jahren sind die *3 Burlesken* op. 8c. Sie entstanden fast gleichzeitig mit den *Skizzen.* Die 1. Burleske komponierte Bartók noch im Jahre 1908, die 3. im Jahre 1910 und die 2. im Mai 1911. Sie gehören zu den klanglich radikalsten und von der romantischen Ästhetik am meisten abweichenden schöpferischen Leistungen Bartóks aus der Zeit vor dem Ersten Weltkrieg. Die Schärfe des Klangs und des Rhythmus dient hier jedoch nicht – wie in den *Rumänischen Tänzen* – einem brutalen Dynamismus und blendender Virtuosität, sondern sie unterstreicht die ungebundene und pikante Scherzhaftigkeit dieser Musik, die in einer ziemlich sparsamen und übersichtlichen Satztechnik geschrieben ist. In dieser Beziehung nähern sich die *Burlesken* manchen *Bagatellen,* überragen diese aber in den Ausmaßen.

Das erste Werk *(Zänkerei...)* ist Márta Ziegler gewidmet und verläuft überwiegend in parallelen Achtelpassagen (Presto) beider Hände, worin es etwas an das Finale der *Sonate b-Moll* von Chopin erinnert. Das chromatische Material und seine unaufhörliche Fluktuation bewegen sich am Rande der Atonalität, aber die Wiederholung gewisser Figuren und ihr progressives Fortschreiten verleihen dem Verlauf Anzeichen von Ordnung und Stabilität, während die Unterstreichung der Tritonusbeziehungen *g–des* und *c–ges* darauf hinweist, daß es sich hier tatsächlich um das (bereits wiederholt erwähnte) Spiel zweier gegenpoliger Klangregionen handelt. In diesem System ist *c* der zentrale Klang, was am Schluß des Werkes deutlich wird, wo dieser Ton, nach der direkt voraufgegangenen Spannung des Gegenpols *ges*, verharrt.

Das zweite Werk (*Etwas angeheitert...*) mit seinem eigenartigen, etwas derben Humor fußt auf einer einfachen diatonischen Melodie, die sich in Quartenschritten ab- und aufwärts bewegt. Sie ist mit parallelen Dreiklängen in der rechten Hand harmonisiert, begleitet von einer anhaltenden Acciaccatura in der linken Hand, die den Zusammenklang verschärft und eine besondere Schicht paralleler Sextdreiklänge (entgegen der Notation!) bildet, die dem Verlauf in der rechten Hand klanglich und tonal gänzlich fremd sind. Die Selbständigkeit beider Klangschichten tritt insbesondere in der Reprise stark hervor, in welcher die Klänge der Acciaccatura zu normalen Akkorden werden:

Das ergötzliche rhythmische Zusammenspiel der Schichten (charakteristischer Effekt des ‹Stolperns›) wird noch von den veränderlichen Arpeggien, auf- und abwärts, unterstrichen. Im Endabschnitt des Werkes geben die Akkorde die Gestalt von Dreiklängen auf und verwandeln sich in der linken Hand zu Sekundenflecken, denen leere Quinten kontrastierend gegenübergestellt werden:

Die schärfste Klangwirkung weist die *3. Burleske (Molto vivo, capriccioso)* auf. Auch hier lassen sich bitonale Klangschichten unterscheiden: Jede Hand benutzt ein anderes diatonisches Material, zusammen bildet dies stetige Zusammenklänge kleiner Sekunden:

Im weiteren Verlauf kommt es sogar zu einem Zusammenspiel dreier, gegenseitig dissonierender Schichten, deren jede ihr eigenes (beschränktes) Klangmaterial besitzt. Diese vor allem im Notenbild sichtbare Schichtung ist lediglich ein technisches Mittel, der Zweck liegt im konkreten Klangeffekt, in der Dünne und Spitzheit der behende verlaufenden Figuren. Eine konsequente Grundlage des Zusammenklangs bilden die ‹Nadelstiche› der kleinen Sekunde. Dieses Intervall wirkt hier aber nicht mehr als Dissonanz, sondern als neue stabilisierte Klangeinheit, die dem ganzen Werk einen eigenartigen Gehalt und Ausdruck gibt:

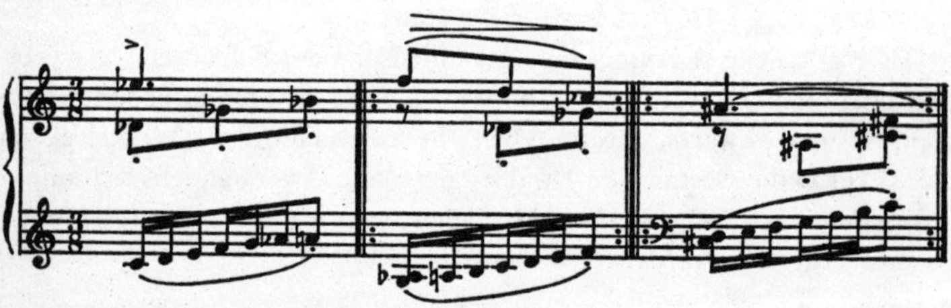

Der Komponist vermeidet hier vorsätzlich traditionelle Zusammenklänge: Mit Ausnahme einiger Episoden befindet sich jeder in diesem Werk auftretende Zusammenklang im vollen Gegensatz zu den überlieferten Regeln der Harmonielehre.

Im August 1910, knapp ein Jahr nachdem Bartók und Márta Ziegler die Ehe geschlossen hatten, vermählte sich auch Kodály, und zwar mit Emma Gruber, bei der Béla noch in seinen Studienjahren häufiger Gast war und auf deren Gesellschaftsabenden er aufgetreten war; ihr hatte er auch seine *1. Fantasie* und die *Rhapsodie* op. 1 gewidmet. Anläßlich der Eheschließung seiner Freunde widmete Béla ihnen die Komposition Nr. 3 aus den *Skizzen* für Klavier.

Emma Gruber, die nie aufhörte eine große Befürworterin seines Schaffens zu sein, verdankte Bartók auch die Anregung zu seiner einzigen Oper. Im März 1911 arrangierte Emma Gruber eine Begegnung mit dem Dichter Béla Balázs und las in Gegenwart beider das Drama *Auf Herzog Blaubarts Burg* vor. Dieses Drama von Balázs, dessen Vertonung Kodály aus Zeitgründen abgelehnt hatte, machte auf Bartók einen tiefen Eindruck; sowohl das Thema als auch seine Form erregten seine musikalische Phantasie dermaßen, daß er sich sofort bereit erklärte, eine Oper zu schreiben. Die Arbeit dauerte ein halbes Jahr. Im September wurde in dem Dorf Rákoskeresztúr bei Budapest (das seit dem Sommer ständiger Wohnsitz der Familie Bartók war) eines der herrlichsten dramatischen Werke unseres Jahrhunderts vollendet: *Herzog Blaubarts Burg*, Oper in einem Aufzug, op. 11, Widmung: An Márta Bartók.

Die alte Sage von Herzog Blaubart, der alle seine Frauen ermordete, ist hauptsächlich aus den ‹Contes de ma mère l'Oye› (1697) von Charles Perrault bekannt. In der Bearbeitung von Balázs gewann sie eine ganz neue, allegorische Gestalt. Die Burg mit ihren geheimnisvollen Türen, die Blaubart vor der geliebten Frau nicht öffnen will, symbolisiert die Seele eines Mannes, und der sich abzeichnende Konflikt zwischen den Hauptpersonen, in welchem vor allem Blaubart, aber mit ihm auch die Gattin Verlierer sind, wird hier zu einem psychologischen Drama, dessen Sinn über den Rahmen der Legende hinausreicht. Die Entrealisierung der Einzelheiten führt zu Nebenbedeutungen; sie erreicht ihren Gipfel in dem äußerst beunruhigenden und vieldeutigen Schluß des Dramas. Die Schärfe und Strenge der Symbolik, mit dem allgegenwärtigen Blutmotiv an der Spitze, verleiht dem Werk starke expressionistische Züge, obgleich sie dabei in der beabsichtigten Märchenkonvention sehr gut Platz findet.

Die Bühne zeigt die finstere und düstere Halle einer gotischen Burg. In der offenen Eingangstür erscheint Blaubart mit seiner neuen Gemahlin Judith, die ihre Eltern und ihren Verlobten verlassen hat, um dem Geliebten zu folgen. Der Herzog gibt ihr zum letztenmal die Möglichkeit der Rückkehr, indem er ihr den Zauber der Welt, die sie unbedacht aufgegeben hat, in Erinnerung bringt. Judith beharrt darauf, bei ihm zu bleiben, und damit schließt sich hinter ihr die Tür. Die Mauern der Burg sind feucht, ohne Fenster. In der Begeisterung ihres Herzens will sie Wärme und Sonnenlicht in Blaubarts Burg bringen, doch sie vernimmt nur die leise Antwort, daß es in diesem Haus nie heller sein werde. Schließlich bemerkt sie die sieben geheimnisvollen Türen und verlangt erregt, daß er sie öffne. Blaubarts Erklärung, daß sie eben deshalb verschlossen seien, damit sie nicht sehe, was hinter ihnen verborgen sei, hilft nichts, auch die Warnung vor der Sage von dieser Burg bleibt erfolglos. Judiths Argument: ‹Gib mir deine Schlüssel, denn ich liebe dich›, ist überwältigend, und Blaubart reicht ihr den Schlüssel zur ersten Tür. Durch die Öffnung fällt ein blutroter Schein, und Judith blickt in die Folterkammer der Burg. Sie sieht auch, daß die Wände bluten. Desto stärker fordert sie die Öffnung aller anderen Türen, und Blaubart, der sich umsonst auf ihre Liebe beruft und bittet, daß sie die Geheimnisse seiner Burg respektiere, gibt ihr den zweiten Schlüssel. Aus der nächsten Tür verbreitet sich rötlichgelbes Licht, es ist Blaubarts Waffenkammer, an den Waffen und Rüstungen klebt Blut. Auf Judiths flehentliches Bitten macht der Herzog noch ein, wie er annimmt, letztes Zugeständnis: Er reicht ihr die Schlüssel zu den drei nächsten Türen und verlangt, daß sie keine Fragen stelle. Die Burg erhellt goldenes Licht – aus der Schatzkammer mit dem vielen Geschmeide, das auch blutig ist. Die vierte Tür, aus der grünes Licht dringt, öffnet den Blick auf Blaubarts Wundergarten mit Riesenblumen, die auf blutgetränktem Boden wachsen. Durch die fünfte Tür ergießt sich weißes Tageslicht, und der Ausblick auf Herzog Blaubarts Land eröffnet sich; herrliche Wiesen und Wälder im Sonnenlicht, aber eine Wolke wirft blutige Schatten. Blaubart verwehrt entschieden die Schlüssel zu den beiden letzten Türen mit dem Hinweis, daß Judiths Verlangen schon erfüllt sei: Die Burg strahlt in vollem Licht und kann nicht mehr heller werden. Es folgt eine lange dramatische Szene; Blaubarts Beschwörungen bleiben erfolglos, und traurig reicht ihr der Herzog noch einen Schlüssel. Aus der geöffneten Tür fällt ein Schatten auf die Burg; vor ihnen liegt der See der Tränen. Jetzt endlich schmiegt sich Judith an den Geliebten und küßt ihn herzlich. Blaubart beteuert seine Liebe, doch sie gibt sich damit nicht zufrieden, und so fällt die unvermeidliche Frage: ‹Wen hast du vor mir besessen? Waren die anderen Frauen lieber als ich, schöner als ich?› Da sie keine Antwort erhält, reißt sie sich aus seinen Armen los und verlangt in hysterischer Entzückung die ganze Wahrheit. Die Blutflecken in der Burg verbinden sich in ihrer Vorstellung mit der schrecklichen Sage, und sie glaubt entdeckt zu haben, was hinter der letzten Tür verborgen ist: die Leichen der ermordeten Frauen. Resigniert und niedergeschlagen reicht ihr Blaubart den letzten Schlüssel: ‹Nimm... Dort sind meine früheren Frauen.› Gleichzeitig schließt sich die fünfte und sechste Tür, es wird dunkler, und aus der geöffneten Tür fließt silbernes Mondlicht. Durch die Tür treten drei schöne Frauen mit Kronen, reichen Gewändern und viel Schmuck ein; sie sind bleich und bewegen sich wie im Traum. Blaubart sinkt vor ihnen auf die Knie und preist das, was er ihnen verdankt. Die erste fand er am Morgen, und von da an gehörte aller Morgen ihr; die zweite fand er am Mittag, die dritte am Abend, und aller Mittag und aller Abend gehörte ihnen. Nachts endlich fand er die vierte – Blaubart tritt an Judith heran und legt ihr, ungeachtet ihres Einspruchs, den Mantel um, setzt ihr die Krone aufs Haupt (gleichzeitig schließen sich die dritte und die vierte Tür) –, ihr gehören jetzt alle Nächte, sie ist die schönste, und für sie sind die wertvollsten Kleinodien aus der Schatzkammer bestimmt. Gesenkten Hauptes folgt Judith langsam den drei Frauen durch die siebente Tür, die sich hinter ihnen schließt. In der Burg wird es immer dunkler; Blaubart spricht leise seine letzten Worte: ‹Nacht bleibt es nun ewig, immer, ewig, immer›, und verschwindet in der Finsternis.

Emma Kodály hatte mit ihrem Einfall, dieses Libretto Bartók anzutragen, das Richtige getroffen: Das Drama entsprach auf eine ideale Weise seiner Persönlichkeit und seinen künstlerischen Anforderungen. Das hier behandelte ethische und psychologische Problem der Unantastbarkeit der Geheimfächer in der Psyche des Menschen mußte Bartók, der von Natur aus verschlossen war, besonders ansprechen, während die Strenge und Brutalität der Szenerie und Symbole leicht ihren Weg zu seiner Klangwelt fanden. Auch die Ungewöhnlichkeit der theatralischen Form, die Statik des Bühnenbildes, in welchem sich das innere Drama der beiden Gestalten abspielt, wie auch das einzigartige Spiel von Licht und Farben, die mit dem Öffnen und Schließen der Türen wechseln – übrigens das einzige visuelle Element in der Entwicklung der Bühnenhandlung – das alles schlug Bartók in Bann, das war ein Feld, auf dem er die ganze Pracht seiner Musik entfalten konnte. Das Märchenhafte des Librettos inspirierte ihn darüber hinaus dazu, seinem Werk den Stil einer dramatischen Ballade zu verleihen, unter Einhaltung des strengen, gewissermaßen archaischen Klimas und der epischen Distanz zu den erzählten Vorgängen. Das kommt vor allem in der Melodik der Oper zum Ausdruck, deren Strenge und Zurückhaltung – im Gegensatz zur Tradition der Oper im 19. Jahrhundert – wohl das auffallendste Stilmerkmal von *Herzog Blaubarts Burg* ist. Es fällt nicht schwer, dessen Quelle zu entdecken: Es ist die älteste ungarische Folklore mit ihren Skalen, Intervallen sowie rhythmischen Zügen, jener Typus des Parlando-Rubatos, der Bartók in den alten Balladen der Szekler so stark faszinierte. All diese Züge nutzt Bartók auf eine Weise aus, die zwar keine zudringlichen Assoziationen zur Folklore heraufbeschwört, aber der Musik doch ein höchst eigenartiges Klima verleiht.

Schon die Einleitung zum Drama, die langsamen Klänge der tiefen Streichinstrumente, bringt pentatonisches Material. Die geheimnisvolle, bange Stimmung wird von dem Motiv der Bläser unterstrichen, das wie der Beginn einer Erzählung klingt:

Mit Hilfe einiger Klänge wird der Hörer unmittelbar in die spezifische Atmosphäre der dramatischen Ballade versetzt. Die strengen modaldiatonischen und pentatonischen Rezitative klingen hier ganz natürlich:

Judiths Antwort, auf dem zerlegten Mollseptakkord, bringt einen plötzlichen Klangkontrast von eigenartigem Ausdruck. Im melodischen Verlauf der Oper kommen solche Kontraste vielfach vor. Neben pentatonischen Motiven (sie bilden die melodische Grundlage des ganzen Werkes) treten häufig Phrasen auf, die auf zerlegten Vierklangakkorden verschiedener Bauart fußen und mit der Volksmelodik nichts mehr gemein haben. Im allgemeinen Kontext vermehrt sich ihre Wirkungskraft; bei einer so großen Sparsamkeit der Klangmittel, die alle Vokalpartien im *Blaubart* kennzeichnet, ist jedes Intervall ein wichtiges Ereignis. Bartók appelliert hier an die neue, gesteigerte Empfindsamkeit auf die einzelnen Klangschritte; die einfachsten Motive und Intervalle, die in der an Effekten reichen und verschwenderischen romantischen Musik ihren ursprünglichen Ausdruck teilweise eingebüßt hatten und zu konventionellen Formeln geworden waren, gewinnen hier unerwartet ihre alte Frische und natürliche Ausdruckskraft zurück.

Die Sparsamkeit an melodischen Mitteln kommt auch in der unablässigen Wiederholung desselben Motivs zum Ausdruck, was eine zusätzliche Einengung des Stoffes nach sich zieht. Dieses für den Stil der Oper charakteristische Wiederholen vernehmen wir erstmalig bei Judiths Einsatz: ‹Habe Vater und Mutter verlassen...› Hier verändert sich einzig die Harmonisierung, die übrigens – wie so oft bei Bartók – nicht die Tonalität der Melodie unterstützt, sondern ihr sogar entgegenwirkt:

Die geheimnisvolle Stimmung und Unruhe der Musik steigert sich bei Blaubarts und Judiths Eintreten in das Innere der Burg. Wieder dominiert die Pentatonik: Ein beharrliches Rotationsmotiv der Streicher bildet den Hintergrund für Judiths Gesang, der lange nur drei Töne der Skala verwertet und später auf drei andere Töne derselben pentatonischen Skala übergeht. Auch die strengste Phrase des Gregorianischen Chorals könnte hier bei einem Vergleich als eine reiche Arie gelten, dennoch entbehrt diese Musik nicht der Ausdruckskraft:

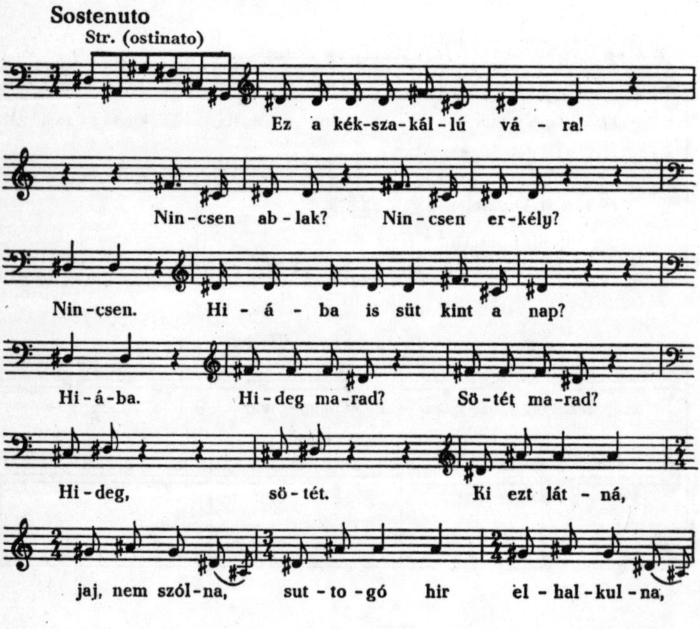

Wie Judith wahrnimmt, daß die Wände der Feste feucht sind, erklingt in den Flöten und Oboen leise – zum erstenmal – ein Zusammenklang der kleinen Sekunde, der in diesem Werk das ‹Blutmotiv› darstellt. Judiths und Blaubarts Gespräche über die Burg werden ununterbrochen von melodischen Motiven der Holzblasinstrumente begleitet, die voller unruhiger Schwermut sind und die geheimnisvolle Atmosphäre noch steigern. Nach der ersten, dramatischen Kulmination, als Judith mit den Fäusten gegen die Tür schlägt, hinter der ein lauter Seufzer zu hören ist, und sie erschreckt zurückweicht, wird die Musik noch düsterer, und aus den Motiven entwickelt sich eine lange, ornamentale Melodie, die deutliche ungarische Züge und balladesken Charakter zeigt:

Beim Öffnen der ersten Tür (Folterkammer) ertönt ein scharfer, durchdringender Klang der kleinen Sekunde in den Klarinetten und Violinen und anschließend schnell wiederholte Zweiunddreißigstel- und Vierundsechzigstelfiguren der Blasinstrumente und des Xylophons, die wild und unheimlich klingen (vgl. Beispiel auf Seite 154).

Es ist das herrlichste Orchesterfragment, das Bartók bisher geschrieben hat, und eines der originellsten in der damaligen Musik, das in seiner klanglichen und ästhetischen Kühnheit dem späteren *Sacre du Printemps* von Strawinsky oder Bartóks *Wunderbarem Mandarin* ebenbürtig zur Seite steht. Hier wirkt allein die originelle Gestalt der Klangfigur und ihre Klangfarbe; überlieferte melodische und harmonische Züge fehlen gänz-

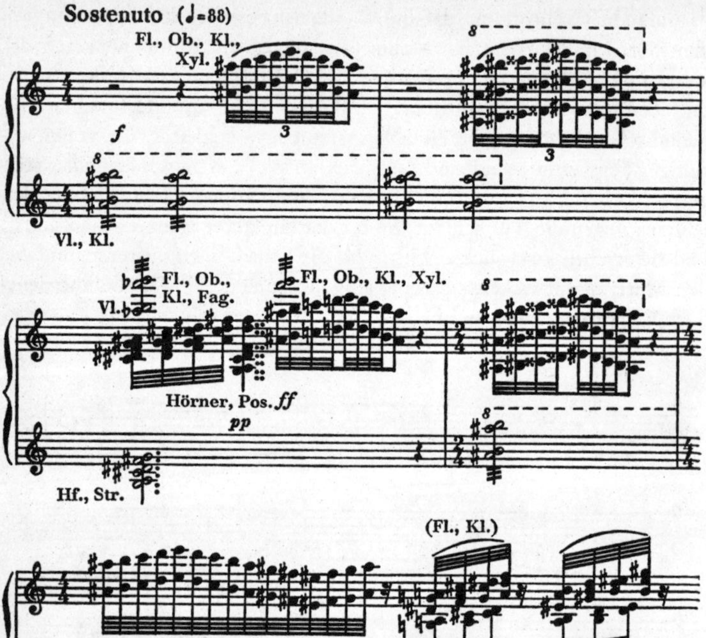

lich. Es ist eine wirklich moderne Musik, auch im späteren Sinne des Wortes, und sie beeindruckt noch heute durch ihre Außergewöhnlichkeit und unheimliche Stimmung.

Wenn Judith entdeckt, daß die Wände bluten, erklingt wieder (in den Trompeten) der bohrende Klang der kleinen Sekunde und mit ihm eine hervorgehobene ‹kreischende› Melodie der Klarinetten von scharfer rhythmischer Kontur:

Das Öffnen der zweiten Tür (Waffenkammer) illustrieren kurze, schnelle Fanfarenmotive der Blasinstrumente allein, die ein fast visuell greifbares Bild von schöner, metallischer Farbe malen. Das ist zugleich eine Ankündigung ähnlicher Fragmente der Blasinstrumente im späteren Schaffen Bartóks, dem *2. Klavierkonzert* und dem *Konzert für Orchester*. Nicht weniger illustrativ und visuell wird die Schatzkammer dargestellt: Ein sehr statisches Orchesterfragment auf nur einem D-Dur-Akkord, den die Streicher (tremolo), die Holzbläser, die Harfe und Celestapassagen vortragen, ruft einen besonderen Eindruck des ‹Schimmerns› hervor; er wird noch vermehrt durch ruhige Motive der Violinen (2 Soli) und des Horns, die den liegenden Akkord polytonal überlagern. Von dieser Stelle an herrscht eine abgeklärte Stimmung, eine Atmosphäre der Faszination, und in Judiths Vokalpartien treten lydische Motive auf. Eine um so größere Dissonanz bringt jedesmal das Auftreten des ‹Blutmotivs›, der kleinen Sekunde. Den Eindruck von Prachtentfaltung weckt auch der Abschnitt, in welchem der Garten abgebildet wird: das Tremolo der Streicher auf zwei benachbarten Großseptimakkorden, die einen klanglich gesättigten ‹Fleck› ergeben, über welchem sich melodische Motive der Klarinette und des Horns kontrapunktieren; später kommen ornamentale Figuren der Holzbläser (‹Vogelstimmen›) und Passagen der Celesta hinzu. Diese beiden Abschnitte sind ein weiteres Beispiel des eigenartigen Bartókschen Impressionismus, seiner phantastischen Klangmalerei, die uns aus den beiden *Suiten* und den *2 Bildern* bekannt ist. Eine der größten Kulminationen in der Oper ist der Ausblick auf Blaubarts Land, der mit Hilfe von parallelen Durdreiklängen illustriert wird, die eine einfache pentatonische Melodie unterstützen, vom ganzen Orchester mit Orgel fortissimo gespielt; eine glanzvolle, mächtige und majestätische Musik:

Der dramatische Streit um die beiden letzten Schlüssel bringt einen typisch Bartókschen, rhythmisch scharf pulsierenden Orchesterabschnitt, der im weiteren Verlauf einen unheildrohenden, diabolischen Ausdruck annimmt:

Er endet mit rhythmisch irregulären Wiederholungen nur zweier Akkorde auf einem längeren Abschnitt (Vorwegnahme von Strawinsky!):

Der See der Tränen bringt wieder ein Beispiel neuzeitlicher Orchesterkomposition, in der (ähnlich wie in der Folterkammerszene) nur die Gestalt und das Kolorit der Klangfiguren existieren, eine rein ‹klangliche› Musik im modernsten Sinne. Sie besteht aus in regelmäßigen Abständen wiederholtem und durch Pausen getrenntem ‹Geplätscher›: schnellen Figuren der Harfen, Celesta, Klarinette und Flöte (von etwas unterschiedlichem klanglichem und rhythmischem Inhalt in jedem Instrumentalpart). Die geheimnisvolle und unheimliche Stimmung vom Anfang kehrt zurück. Der nun folgende ruhige Dialog mit der wiederholten Antwort Blaubarts: ‹Das sind Tränen, Judith, Tränen...›, ist eine der schönsten und rührendsten Stellen in der ganzen Oper, auch diesmal unter Zuhilfenahme eines Minimums an Klangstoff:

Die in Judith aufsteigende Eifersucht und ihren Argwohn drückt das vom Orchester beharrlich wiederholte Motiv aus:

Es folgt eine lange, dramatisch anwachsende Szene, in der die Zusammenklänge kleiner Sekunden immer aggressiver werden und die schließlich mit einem mächtigen Ausbruch des oben zitierten Motivs im Tutti des Orchesters endet. Die letzte Szene, das Öffnen der siebenten Tür, ist der am meisten expressive und romantische Abschnitt des Werkes und birgt am wenigsten individuelle Züge der Bartókschen Musik, entspricht aber der ‹mystischen› Stimmung der Geschehnisse. Der Schluß des Dramas kehrt zu den Motiven der Einleitung und dem düsteren, geheimnisvollen Kolorit zurück.

Kurz nachdem er seine Arbeit vollendet hatte, sandte Bartók die Partitur an einen vom Komitee der schönen Künste veranstalteten Wettbewerb für die beste ungarische Oper ein. Entgegen seinen Hoffnungen erlitt er aber eine Niederlage: Die Jury lehnte die Oper als ‹zur Aufführung ungeeignet› ab. Das war nicht der erste, aber diesmal ein besonders fühlbarer Schlag, der den Komponisten aus seinen eigenen Kreisen traf.

Im Jahre 1911 komponierte Bartók ein Werk für Klavier, dem er den herausfordernden Titel *Allegro barbaro* gab, was eine Anspielung auf die Kritiker war, die ihn einen Barbaren nannten. Dieser Bartóksche ‹Marsch gegen die Philister› war eine extreme Zusammenfassung aller derjenigen ästhetischen Mittel, die den Neigungen des an der deutschen Romantik geschulten Hörers fremd waren. Die fast übertriebene Einfachheit, ja Primitivität der Faktur und Motivik vereint sich hier mit gezielter Brutalität des Tastenanschlags und Energie des gleichförmigen Rhythmus und der rohen Harmonik. Die überraschend einfache Begleitung, die sogar an die D-T-Formel anknüpft, folgt einer ebenso einfachen diatonischen Melodie, die jedoch tonal von der Begleitung unabhängig ist, was vorübergehend vertikale Abweichungen von der Konsonanz verursacht und dem Verlauf den Ausdruck von Roheit und Primitivität verleiht. Diese Unabhängigkeit der Melodie und ihre strenge Diatonik (nur auf weißen Tasten gespielt) sind im Notenbild verborgen, das an die von der Begleitung aufgezwungene Tonart – fis-Moll – angepaßt ist:

Das Werk schockiert mehr durch seine Ästhetik als durch die Neuartigkeit der Klangmittel und ist äußerlich sehr effektvoll; mit seiner elementaren Dynamik übertrifft es sogar die *Rumänischen Tänze*. Die ostentative Einfachheit des Stils verbindet der Komponist mit einer gewählten Form und reich entwickelter Durchführungsarbeit, die eines Vergleichs mit großen Sonaten würdig ist.

Der Konservatismus der musikalischen Kreise Budapests und ihre Abneigung gegen alle neuen stilistischen Tendenzen (verstärkt durch die im allgemeinen mangelhafte Aufführung zeitgenössischer Werke) bewogen Bartók und Kodály dazu, eine Aktion einzuleiten, die eine erfrischende Gärung in das musikalische Leben der Hauptstadt hineinbringen sollte. Anfangs des Jahres 1911 gründeten sie mit noch einigen jungen Musikern den Neuen Ungarischen Musikverein (UMZE) mit einem sehr ehrgeizigen Programm: Herausgabe einer eigenen Zeitschrift, Veranstaltung eines Konzertzyklus mit Vorträgen und die Gründung eines neuen Symphonieorchesters, das den neuen Werken adäquate Aufführungen sichern sollte. Die Lage war jedoch schwieriger, als man annahm. Aus Mangel an Unterstützung und notwendigen Geldmitteln mußte der Gedanke an das Orchester und die Zeitschrift aufgegeben werden, und die Kammerkonzerte, die es zu organisieren gelang, brachten auch nicht die erwarteten Einnahmen. Das erste Konzert fand am 27. November 1911 statt; Bartók spielte eine Reihe Werke von Couperin, Rameau, Scarlatti sowie Beethovens *Variationen über ein Thema von Righini*, und Dezsö Róna trug Volkslieder in der Bearbeitung von Bartók und Kodály vor. Trotz des ziemlich traditionellen Programms erschienen nur wenig über hundert Hörer. Am zweiten Konzert (12. Dezember) waren es noch weniger; diesmal standen *Préludes* von Debussy, *Miroirs* und *Gaspard de la Nuit* von Ravel (gespielt von Bartók) sowie Lieder von Mussorgski und Reger auf dem Programm. Die letzten Konzerte des UMZE fanden 1912 statt; aufgeführt wurden unter anderem Kammermusikwerke von Kodály und Weiner, *Divertissement für 5 Bläser und Klavier* von Roussel und Klavierwerke von Bartók: *2. Burleske*, *Bärentanz*, *Abend am Lande* und *1. Rumänischer Tanz*. Angesichts der völligen Teilnahmslosigkeit des Publikums wurde die Veranstaltung weiterer Konzerte eingestellt, und der Verein löste sich auch bald auf.

In dieser Zeit arbeitete Bartók an einem neuen symphonischen Werk, dessen Klavierauszug mit dazugehörender Instrumentationsskizze im Laufe des Jahres 1912, dessen Partitur aber erst nach neun Jahren fertiggestellt waren. Es sind die *4 Orchesterstücke* op. 12, *1 Preludio*, *2 Scherzo*, *3 Intermezzo* und *4 Marcia funebre*. Sie bilden zusammen (ähnlich wie die 5

Orchesterstücke von Schönberg) eine integrale zyklische Form kontrastierender Sätze, die, ohne eine Symphonie zu sein, wegen des großen expressiven Gehaltes auch nicht eine Suite genannt werden können. Es findet sich sogar eine Verwandtschaft der Motive des 1. und des letzten Satzes. Trotzdem ist das Werk im Stil und in den Mitteln nicht einheitlich und auch in seinem Wert unterschiedlich. Zweifellos tritt der 2. Satz, *Scherzo*, in jeder Hinsicht in den Vordergrund; es ist ein wichtiges Bindeglied in der stilistischen Entwicklung Bartóks und auch eine der kühnsten, neuzeitlichsten Partituren in der damaligen Musik. Bartóks Vitalismus erreicht hier einen bisher unbekannten Schwung; für die aggressive Brutalität und ‹Wildheit› dieser Musik findet man in dieser Zeit kein Beispiel. Sie läßt sich nur mit späteren Werken, wie *Sacre du Printemps* von Strawinsky oder *Skythische Suite* von Prokofjew vergleichen. Es ist eine ausgeprägt neue Musik, sowohl in ihrer Ästhetik und im Ausdruck als auch in den Klangmitteln, in Melodik, Harmonik und Orchestrierung.

Nach dem kurzen, aber überaus scharfen Anfangsmotiv (tutti mit Beckenschlag), das nach einer Pause um einen Tritonus transponiert wird, greift den Hörer die mächtige Stimme der 4 Hörner und 4 Trompeten *fff* an, die unisono eine ‹alarmierende› Melodie von außerordentlicher Spannkraft und Energie spielen:

Sie wird von einer Achtelbewegung der Violinen und Holzbläser (forte) begleitet, deren Töne fortwährend mit der Melodie um eine kleine Sekunde kollidieren, was den Verlauf zusätzlich ‹elektrisiert›. Das harmonische Element existiert hier eigentlich nicht: Man hört nur die Unisonomelodie des Blechs, die, von den Achteln in Halbtönen umrankt, eine eigenartige Klangfarbe der starken, metallischen Vibration annimmt. Die Melodie selbst zeigt wenig von herkömmlicher Zeichnung, sowohl in ihrer nervösen, ‹signalhaften› rhythmischen Gestalt als auch im Klangmaterial, das zwischen gegenpoligen diatonischen Skalen oszilliert und häufig die Tritonusbeziehungen akzentuiert.

In ihrer Entwicklung fühlen wir denselben mächtigen, unwiderstehlichen Drang und dieselbe Emotion heraus, wie wir sie später in vielen Abschnitten des *Wunderbaren Mandarins* finden werden. Den diabolischen Ausdruck steigern die kurzen, abgerissenen und grimassenhaften Motive und das heftige ‹Belfern› der Posaunen und der Tuba. Es treten auch rhythmisch-toccataartige Abschnitte auf (Gruppe des zweiten Themas), in welchen alle Instrumente des Orchesters den Viertelrhythmus (staccato) schlagen. Die Rhythmik ist verschiedentlich sehr kompliziert, was auch in dem häufigen Taktwechsel zum Ausdruck kommt:

|$\frac{3}{4}$| |$\frac{5}{4}$| | | |$\frac{4}{4}$| |$\frac{5}{4}$|$\frac{3}{4}$| usw.

Das Ende der Exposition zeichnet sich durch die Hervorhebung der Klangfarbe des Klaviers (Akkorde zu 4 Händen) und der Harfen aus, was an die *Musik für Saiteninstrumente* (2. Satz) erinnert. Diese Instrumente erzeugen zusammen mit den Streichern kurze Akkorde, die sich nur aus Quarten und dem Tritonus zusammensetzen, und vor diesem Hintergrund ertönen kurze Signale der Trompeten und Posaunen sowie scharfe, durchdringende Motive der Holzbläser (10 Instrumente unisono) in einem unerwarteten Fortissimo:

Das *Scherzo*, das man auch einen ‹kleinen Mandarin› nennen könnte, ist eines der klanglich und ästhetisch radikalsten Werke, die Bartók vor dem Ersten Weltkrieg komponiert hat. Das läßt sich von den übrigen Sätzen dieses Zyklus nicht sagen, die stilistisch ziemlich schwankend sind und im Typ des Ausdrucks manchmal an die Romantik anknüpfen. Das betrifft insbesondere das lyrische *Intermezzo*, das wie eine Erinnerung an die voraufgehende Schaffensperiode wirkt. Das *Preludio* ist noch ein Beispiel des Bartókschen ‹Impressionismus›, in seiner klanglichen Prachtentfaltung und Statik erinnert es an manche Orchesterabschnitte des *Blaubart* (Schatzkammer, Garten) und auch an das erste der *2 Bilder (In voller Blüte)*. So wie in jenen Werken fehlt es auch hier an bitonalen Effekten nicht; schon der Anfang bringt den Klang zweier Schichten, die auf dem E-Dur und dem phrygischen *e* aufgebaut sind.

Der 4. Satz – *Marcia funebre* – bewegt sich harmonisch eher in überlieferten Bahnen und ist wenig gewählt, aber in seiner melodisch-rhythmischen Zeichnung und im Ausdruckstyp ist er ein echtes Werk von Bartók. Das beweist insbesondere der Durchführungsteil, in welchem das Hauptmotiv in verschiedene Höhen verlegt und von verschiedenen Instrumenten übernommen wird, was seine Impulsivität, die aus der kontrastierenden Gegenüberstellung von kurzen und langen Tönen folgt, noch steigert. Das ist ein insbesondere in dem späteren Schaffen Bartóks ziemlich typischer Effekt:

Die *4 Orchesterstücke* sind das letzte Werk, das Bartók vor dem Ersten Weltkrieg komponiert hat; das nächste wird erst nach vier Jahren entstehen. Der Komponist unterbrach die Arbeit an der Partitur und nahm sie erst im Jahre 1921 wieder auf. Die entschieden feindselige Einstellung zu seinem Schaffen, die abgelehnte Aufführung von *Herzog Blaubarts Burg* durch die Budapester Oper, der Mißerfolg mit den Konzerten des UMZE, mangelndes Interesse für seine Werke im Ausland, das alles führte zu einem tragischen Zusammenbruch. Bartók stellte das Komponieren ein, gab weitere Auftritte auf und zog sich ganz aus dem öffentlichen Musikleben zurück. Ein vielsagender Beweis für diese Krise ist die abschlägige Antwort Bartóks (im Sommer 1913) auf einen Brief des Musikschriftstellers Vilmos Zágon, der ihm einen Vorschlag unterbreitete, Konzerte mit ungarischer Musik im Ausland, natürlich mit Bartók als Pianist und Komponist, zu organisieren. ‹Was Sie schreiben [...] ist tatsächlich eine großartige Idee [...]. Aber daß ich an irgendeiner Aktion teilnehme, dem steht ein riesiges Hindernis entgegen, nämlich daß man mich als Komponisten vor einem Jahr offiziell hingerichtet hat. Entweder haben die Betreffenden recht: dann bin ich ein untalentierter Pfuscher, oder ich habe recht: dann sind sie Idioten. In beiden Fällen kann zwischen mir und ihnen (nämlich unseren führenden Musikleuten: Hubay usw.) von Musik nicht die Rede sein, von einer gemeinsamen Aktion noch weniger. [...]

Was das Auftreten im Ausland angeht, habe ich mich acht Jahre lang vergebens bemüht, etwas zu erreichen. Ich bin dessen überdrüssig und habe jegliche weitere Agitation eingestellt, ebenfalls schon seit einem Jahr.

Will man irgendwo etwas von mir aufführen, kann man ja meine erschienenen Werke kaufen, sie können auch ohne mich aufgeführt werden; bittet man mich mit bestimmter Absicht um ein Manuskript, so stelle ich es gern zur Verfügung. Aber ich tue selbst keinerlei Schritte mehr; davon habe ich nun genug nach acht Jahre langen Bemühungen!

Mein öffentliches Wirken beschränkte ich auf ein Gebiet: Für meine Forschungen auf dem Gebiet der Musikfolklore wird mich kein Schritt reuen! [...]

Zum Trost noch bloß dies: Wenn ich mich Ihrer Sache anschlösse, würde Ihnen das sowieso nur zum Schaden gereichen. Denn was ich befürworte, wird von den offiziellen Musikkreisen von vornherein – mit Recht – als für sie verdächtig empfunden.›

Als Bartók diese Worte schrieb, befand er sich schon seit einem Jahr in einem Zustand tiefster psychischer Depression. Er hatte keine Aussicht auf die Anerkennung seiner Musik im In- und Ausland und fand – verfrüht –, daß sein Kampf verloren war. Dieses Bewußtsein wird ihn in den nächsten Jahren bedrücken und seine schöpferische Arbeit auch dann noch hemmen, wenn sich die Lage bereits zu seinen Gunsten gewendet haben wird.

Die Jahre 1908–1912 umschließen die erste schöpferische Etappe Bartóks, die wir zu den originellsten und bahnbrechenden Erscheinungen in der Musik dieser Epoche zählen können. Im Gegensatz zu Debussy oder

Schönberg zeigt sein Schaffen keinen einheitlichen, mit einem streng selektierten Repertoire der Mittel verbundenen Stil; von Anfang an verrät es synthetische Tendenzen und die Neigung zur Verwertung verschiedener Methoden der klanglichen Organisation. In seinen Werken finden sich sowohl strenge Diatonik als auch extreme Chromatik, sowohl normale Dreiklänge als auch Sekundenkluster, tonale und Ostinatozentralisation, Parallelen der Akkordvertikalen, als auch Bitonalität der horizontalen Klangschichten. Breit gefächerte Mittel gehen hier Hand in Hand mit dem Reichtum an ästhetischen Erfahrungen; die einzelnen Werke greifen verschiedene stilistische Problemkreise auf und zeigen eine unterschiedliche (wenn auch immer neue, individuelle, Bartóksche) Einstellung zur musikalischen Gegenwart.

In Bartóks Schaffen aus dieser Zeit lassen sich, grob genommen, drei Richtungen oder sogar Stile unterscheiden, von denen jede ausreichen würde, ihrem Schöpfer einen wichtigen Platz in der Musik unseres Jahrhunderts einzuräumen. Die erste, entschieden antiromantische Richtung, die wir als Vitalismus bezeichnen, ist durch die starke Exponierung des rhythmischen Elementes, der Schärfe des Klangs und der Artikulation und die sehr übersichtliche, logische Organisation des harmonischen Verlaufs gekennzeichnet. Hierher gehören vor allem die *2., 7. und 10. Bagatelle*, der *Bärentanz*, die *2 Rumänischen Tänze*, das zweite der *2 Bilder*, die *Burlesken*, *Allegro barbaro* und das *Scherzo* aus den *4 Orchesterstücken*. Die zweite Richtung, die auch ‹phantastisch-expressiv› genannt werden kann, unterscheidet sich total von der ersten und liegt der romantischen und auch impressionistischen Ästhetik näher, obwohl sie in ihrem klanglichen Radikalismus der ersten nicht nachsteht. Sie zeichnet sich durch große harmonische Freiheit, Klangraffinement und originelle, phantasievolle Klanggestalt der Arabesken aus. Zu dieser zählen: *2 Elegien*, *6.* und *12. Bagatelle*, einige unter den *10 leichten Klavierstücken*, *Skizzen*, *4 Klagelieder*, das erste der *2 Bilder*, *Herzog Blaubarts Burg* und die Sätze 1, 3 und 4 der *4 Orchesterstücke*. Der dritte, ‹folkloristische› Stil ist klanglich am wenigsten radikal; er basiert zu einem Großteil auf den traditionellen Regeln der Harmonielehre, ist aber gleichzeitig auch ihre eigenartige Deformation, was – in Verbindung mit der Volksmelodie – einen unerwartet neuen und höchst originellen stilistischen Wert ergibt. Als Beispiel mag hier der Klavierzyklus *Für Kinder* dienen.

Die drei gleichlaufenden Richtungen in Bartóks Schaffen aus diesen Jahren haben im ganzen eine individuelle Erscheinung hervorgebracht, die (nach Debussy) der erste wirklich bahnbrechende schöpferische Akt in der Musik des 20. Jahrhunderts war und den modernen Richtungen ihrer Epoche den Anfang gab.

Diese Vorrangstellung, die wir Bartók mit Rücksicht auf das Entstehungsdatum der *Bagatellen* – 1908 – einräumen müssen, bedeutete aber keine langandauernde Abgeschiedenheit. In den Jahren, die dem Ersten Weltkrieg vorausgingen, treten Werke anderer Komponisten auf, die in nicht geringerem Grad an der Problematik der neuen Sprache der Musik engagiert waren und nicht minder wichtige Grundlagen für die Musik des neuen Jahrhunderts schufen. In Wien komponierte Schönberg, der nach den (bereits erwähnten) revolutionären *3 Klavierstücken* op. 11 (1909), seine klanglich noch neuartigeren *5 Orchesterstücke* op. 16, das Monodram *Erwartung* op. 17 und schließlich – im Jahre 1912 – das repräsentativste Werk des neuen Expressionismus, *Pierrot lunaire* op. 21, schuf. Expressionistische Haltung und konsequent chromatische Atonalität waren auch das Merkmal des zweiten Wiener Komponisten, Anton Webern, der – im Gegensatz zu dem überschwenglichen Pathos Schönbergs – sie mit einer diskreten und dabei sehr raffinierten Lyrik verband. Nach den durch ihre stilistische Kühnheit überraschenden *5 Sätzen für Streichquartett* op. 5 (1909) und *6 Stücken für großes Orchester* op. 6 (1910) schuf er (1913) ein ohne Beispiel dastehendes Werk des ‹aphoristischen Stils›, dessen Knappheit und Bündigkeit der Aussage im Ergebnis zu einer Klanggestalt führt, die mit ihrer radikalen Eigentümlichkeit weit über die ganze zeitgenössische Epoche hinausschreitet: die *5 Stücke für Orchester* op. 10.

Sofern das Schaffen dieser Komponisten der von Bartók repräsentierten Richtung prinzipiell fremd gegenüberstand, so zeigt ein Vergleich mit den Werken der jungen russischen Komponisten grundsätzliche Konvergenzen: Auch bei ihnen verbindet sich die entschiedene Abkehr von der Romantik mit der Annahme einer vitalistischen Haltung. Stark exponierter Rhythmus in seiner einfachsten, motorischen Gestalt und Schärfe des harmonischen Klangs, der sich aus den überlieferten funktionellen Fesseln befreit, kennzeichnen auch den neuen Stil Sergej Prokofjews, zunächst in seinen *Etüden* für Klavier (1909), der *Suggestion diabolique* und dem *1. Klavierkonzert* (1911) und voll entwickelt in der *Tokkata* (1912) und im *2. Klavierkonzert* (1913). Igor Strawinsky, der Autor epochaler Ballette, fand, so wie Bartók, in der einheimischen Folklore den Impuls zur Erneuerung des Stils. In *Petruschka* (1911) nutzte er das Temperament des russischen Tanzes aus und verband es mit einer neuartigen harmonischen Sprache, die sich der Technik bei Bartók nähert (diatonische Dissonanz, bitonale Effekte). Konvergenzen finden sich auch in dem umwälzendsten Werk Strawinskys, *Le Sacre du Printemps* (1913), und zwar sowohl in den Klangmitteln (Modalismen, Pentatonik, Schichtenharmonik) als auch in der Ästhetik, obwohl dieses Werk mit seiner konsequenten Kompromißlosigkeit alle bisherigen großen Werke Bartóks übertrifft und mit seiner reichen Kompliziertheit der Rhythmik ganz neue, bisher in der Musik unbekannte Wege betritt.

Dieses Werk und das bereits erwähnte Opus 10 von Webern entstanden in einem Jahr, in welchem Bartók schon nicht mehr komponierte. Es liegt etwas Widersinniges darin, daß die Krise in seiner schöpferischen Arbeit, die durch die gänzlich negative Einstellung zu seinem Neuerertum hervorgerufen war, eben in einer Zeit eintrat, in der die neue Musik am Anfang einer Periode ihrer großen Entfaltung stand und Bartók bereits aufhörte, ihr einziger oder auch nur äußerst avantgardistischer Vertreter zu sein.

Im Jahre 1912, nachdem er das Komponieren aufgegeben hatte, wandte sich Bartók mit um so größerem Eifer der folkloristischen Arbeit zu. Er sammelte weiterhin Lieder in der Slowakei, erforschte die rumänische Folklore im Komitat Máramaros (nordöstliches Siebenbürgen) und veröffentlichte Artikel über ungarische Volksmusikinstrumente und über die vergleichende Methode bei Untersuchungen der Folklore verschiedener Völker. Dieses Problem beschäftigte ihn besonders stark und weckte bei ihm ehrgeizige wissenschaftliche Pläne. Er beschloß auch, über das Territorium Ungarns hinauszugehen und sich unter anderem mit der Untersuchung der Folklore verschiedener Völker asiatischer Herkunft und den unter ihnen herrschenden Beziehungen zu befassen. Jetzt handelte es sich schon nicht mehr um rein musikalische, sondern um geschichtliche Schlußfolgerungen. Das Problem der Völkerwanderung (darunter auch der Ungarn, die aus Asien stammten) beschäftigte Bartók schon seit langem; er war überzeugt, daß die Bestimmung der Unterschiede und der Ähnlichkeiten in der musikalischen Folklore verschiedener Gruppen ein neues und nicht minder interessantes Licht auf ihre Herkunft werfen könne als vergleichende Sprachstudien.

Das erste Ziel einer Expedition dieser Art war Algerien, wo Bartók die Musik der Araber studieren wollte (die ihn schon seit 1906 anzog, als er auf seiner Reise durch Spanien mit ihr in Berührung gekommen war); danach plante er eine Reise nach Rußland, in die von Tataren und Tschuwaschen bewohnten Gebiete.

Der Reise nach Afrika, im Sommer 1913, gingen endlose amtliche Komplikationen zur Gewinnung der notwendigen Empfehlungsschreiben an die algerischen Behörden vorauf. Wegen der gespannten politischen Beziehungen zwischen Österreich–Ungarn und Frankreich blieben die Bemühungen um ein Schreiben des französischen Innenministeriums erfolglos, und Bartók mußte sich schließlich mit einem ‹journalistischen› Dokument begnügen, das ihm eine Pariser Redaktion dank dem Eintreten bekannter Musiker ausgestellt hatte. Anfang Juni reisten Bartók und seine Frau mit dem Schiff von Marseille ab und begaben sich nach ihrer Ankunft im Hafen Philippeville sofort in die 300 Kilometer südlich gelegenen Oase Biskra. Dank dem schließlich doch erhaltenen Empfehlungsschreiben des Gouverneurs von Algerien verlief die Arbeit glatt und ohne Hindernisse. Die lokalen Behörden und die Polizei halfen bei der Anknüpfung von Kontakten mit den Volksmusikanten, und Bartók nahm mit dem Phonographen eine Reihe exotischer Lieder mit Begleitung von Schlaginstrumenten auf, die sich durch eine klanglich ziemlich beschränkte Melodik auszeichnen, aber rhythmisch sehr interessant sind. Die größte Schwierigkeit bereitete es, Frauen zu finden, die singen wollten, denn die Sitte erlaubte es nicht, vor fremden Männern aufzutreten; auch hier waren die Polizisten eine große Hilfe: Sie holten Freudenmädchen herbei, die über ein reichhaltiges Liederrepertoire verfügten. Nach einem längeren Aufenthalt in Biskra begab sich das Ehepaar Bartók nach den in der Nähe liegenden Ortschaften Tolga und Sidi Okba und anschließend nach El Kantara, wo Béla schwer an einem Darmkatarrh erkrankte und die weitere Arbeit aufgeben mußte. Die Reise stand unter einem unglücklichen Stern; auf der Rückfahrt, während eines kurzen Aufenthaltes in Algier, stolperte Béla beim Einstieg in den Hotelfahrstuhl und verletzte sich am Knie so schmerzhaft, daß er zehn Tage das Bett hüten mußte. Am 6. Juli fuhr das Ehepaar schließlich nach Europa ab und brachte eine Menge Eindrücke, eine Reihe von aufgenommenen Liedern und Werken für Schlaginstrumente sowie eine Käfersammlung mit, die Béla – seiner jugendlichen Liebhaberei folgend – mit nicht geringerem Eifer als die Melodien zusammengesucht hatte.

Neben der wissenschaftlichen Tätigkeit fesselte ihn die Pädagogik weiterhin sehr stark. Im Jahre 1912 wandte sich der Rózsavölgyi-Verlag mit der Bitte an ihn, eine moderne Klavierschule zu schreiben. Bartók war einverstanden, allerdings unter der Bedingung, daß ein zweiter Pädagoge, ebenfalls ein Komponist, zur Mitarbeit herangezogen werde. Mit Einwilligung des Verlags lud Bartók einen jüngeren Kollegen, Sándor Reschofsky, zur Mitarbeit ein, der den Plan der neuen Schule ausarbeiten sollte, er selbst schrieb 18 Etüden. Es sind im Prinzip traditionelle, aber nicht banale Kompositionen; der Autor scheut sich nicht vor vorübergehenden diatonischen Dissonanzen, die mit Großsekundenschritten aufgelöst werden, und vermeidet Dominantkadenzen und Leittöne. Viele dieser Etüden verraten die individuellen Züge ihres Autors, wie zum Beispiel Nr. 17 (*Allegro deciso*) mit vorübergehenden Sekundenzusammenklängen in beiden Händen oder Nr. 13 und 15, die Bearbeitungen von Volksmelodien im Stil von *Für Kinder* sind. Es fehlt auch nicht an Stilisierungen: Nr. 11 knüpft an den klassischen Stil, Nr. 14 an Bach und Nr. 18 an den Stil des romantischen Walzers an.

Die im Jahre 1913 herausgegebene *Klavierschule* von Bartók-Reschofsky gewann keine Popularität unter den Lehrern, die ihr zu modernistische Tendenzen vorwarfen; sie wurde auch von zwei führenden Pädagogen der älteren Generation, Chován und Szendy, besonders heftig angegriffen. Trotz allem wurden die von Bartók geschriebenen Etüden von demselben Verlag im Jahre 1929 unter dem Titel *Die erste Zeit am Klavier* erneut herausgegeben.

Im Frühjahr 1913 trat im Musikleben Budapests ein wichtiges Ereignis ein: Djagilews ‹Russisches Ballett› gastierte in der Hauptstadt und führte unter anderem *Petruschka* von Strawinsky auf. Bartók, der sich vom Musikleben gänzlich zurückgezogen hatte und keine Konzerte besuchte, wohnte auch dieser Aufführung nicht bei und versäumte so die Gelegenheit, sich mit dieser, der seinen in ästhetischer Hinsicht so verwandten Musik des russischen Komponisten bekanntzumachen, und erlebte auch nicht den großen Erfolg, der diesem Werk Strawinskys vom Publikum bereitet wurde. Der Intendant der Oper, Graf Miklós Bánffy, war aber von dem Erfolg so beeindruckt, daß er sich entschloß, selbst ein modernes Ballett auf die Bühne zu bringen, und wandte sich mit einem diesbezüglichen Vorschlag an Bartók, was auch ein Ersatz für die Ablehnung der Oper *Herzog Blaubarts Burg* sein sollte. Ein Vertrag wurde abgeschlossen, und als Libretto sollte das damals in der Zeitschrift ‹Nyugat› veröffentlichte Märchen *Der holzgeschnitzte Prinz* von Béla Balázs dienen. Obwohl das zweifellos eine Änderung der Lage des Komponisten im eigenen Land bedeutete, gewann Bartók nicht sofort seinen alten schöpferischen Eifer zurück. Er machte sich nicht allzu gern an die Arbeit und unterbrach sie auch bald nach dem Beginn.

Vorderhand war weiterhin die Folklore Hauptgegenstand seines Interesses. Im August und November sammelte er wieder Lieder in der Slowakei, und im März 1914 veranstaltete er in Budapest einen seit langem vorbereiteten Vortrag über die rumänische Musik im Komitat Hunyad, den er mit Musik- und Tanzauftritten der dortigen Bauern illustrierte und zu diesem Zweck die Bauern eigens nach der Hauptstadt kommen ließ. Bartók betreute sie persönlich, zeigte ihnen die Stadt, führte sie in den Zoo. Im April unternahm seine Frau ihre erste selbständige Forschungsreise; sie fuhren zusammen ins Komitat Máros-Torda in Siebenbürgen, wo sie sich trennten. Béla begab sich in die von Ungarn bewohnten Gegenden, während Márta die rumänischen Dörfer durchforschte. Das Experiment verlief günstig; Bartóks Sammlungen bereicherten sich um einige wertvolle Stücke. Eine dieser Melodien verwertete er später in seinem Klavierzyklus *Rumänische Weihnachtslieder*.

Bartóks Interesse für die rumänische Folklore wurde natürlich in der damaligen politischen Stimmung im Lande nicht gern gesehen. Als im Februar 1913 seine *2 Bilder* in der Philharmonie zur Aufführung gelangten, griff ihn die Kritik aus ‹patriotischen› Gründen wegen der Verwendung von rumänischen Motiven direkt an. Noch größere Mißbilligung der einheimischen Chauvinisten weckte die Tatsache, daß in demselben Jahr in Bukarest (und natürlich in rumänischer Sprache) die *Rumänischen Volkslieder aus dem Komitat Bihar* mit 371 Melodien herauskamen. Das war die erste wissenschaftliche Studie von Bartók in Form eines selbständigen Büchleins. Die Publikation wurde übrigens auch in Rumänien kritisiert: Im Mai 1914 warf die Zeitschrift ‹Şezatoarea› Bartók auf Grund offenbar sinnloser Argumente vor, er habe in seiner Notierung die Schönheit der rumänischen Melodien verfälscht und die Sammlung sei daher wertlos. Bartók reagierte mit der wissenschaftlichen Replik *Bemerkungen zur rumänischen Volksmusik*, die in der Bukarester Zeitschrift ‹Convorbiri literare› erschien.

Im Juli reiste Bartók mit seiner Frau nach Paris (wo er sich erfolglos bemühte, das Interesse für seine algerische Sammlung zu wecken), von dort aus unternahmen sie eine Wanderung durch Frankreich, besuchten unter anderem die Normandie, wo Bartók die alten Kirchen bewunderte und von dort an Buşiţia schrieb: ‹[...] Ein wunderbares Land ist dieses Frankreich. Man muß zugeben: es ist das erste Volk in der Welt und sein Land das schönste [...].› Unmittelbar nach seiner Rückkehr sollte er seine erste, schon längst geplante Sammlerreise nach Rumänien unternehmen, worüber er in demselben Brief schreibt: ‹Im August fahre ich nach der Moldau (man soll mich dort bloß nicht verprügeln, weil ich Ungar bin!). Wenn Sie eventuell lesen werden, daß man in der Gegend von Bacau einen ungarischen Spion verhaftet hat, dann werde ich es sein!!› Zu dieser Reise ist es natürlich nicht mehr gekommen. Bartók kehrte rechtzeitig nach

Budapest zurück. Am 28. Juli erklärte Österreich-Ungarn Serbien den Krieg, und wenige Tage später verwandelte sich dieser Konflikt in den Ersten Weltkrieg.

Der Ausbruch des Krieges war für Bartók ein sehr harter Schlag: Seine großen wissenschaftlichen Pläne – das einzige, was ihn in dieser Zeit wirklich interessierte – wurden eben in dem Augenblick durchkreuzt, als er sich ganz auf folkloristische Untersuchungen in anderen Ländern eingestellt hatte. Diese Tatsache rief eine neuerliche, noch größere geistige Niedergeschlagenheit als im Jahre 1912 hervor. Vom Militärdienst wurde er aus gesundheitlichen Gründen freigestellt. In dieser Lage wandte er sich wieder dem *Holzgeschnitzten Prinzen* zu, doch weiterhin ohne größere Begeisterung. Im Herbst versuchte er, Lieder im Komitat Hunyad zu sammeln, und veröffentlichte in der Zeitschrift ‹Ethnographia› den mit acht Melodien illustrierten Artikel *Musikalischer Dialekt der Rumänen aus Hunyad.*

Im Mai 1915 schrieb Bartók an Buşiţia: ‹...Das «Ceterum censeo» all meines Räsonierens ist indessen: Mir ist alles gleich, wenn wir nur mit Rumänien in Freundschaft bleiben...› In diesem Jahr eben, ganz entgegen der allgemeinen Entwicklung der Ereignisse, schreibt Bartók eine Reihe Kompositionen, die Bearbeitungen der rumänischen Folklore sind. Sie bilden ein weiteres Beispiel des ‹folkloristischen Stils›, der uns schon aus seinen Werken *Für Kinder* bekannt ist. Die *Sonatina* für Klavier fußt auf fünf Instrumentalmelodien der Bauern aus Hunyad, Bihar, Máramaros, Máros-Torda und Torontál, die geschickt harmonisiert und in einer dreisätzigen Form verbunden sind. Die Konstruktion des Werkes ist sehr einfach und verwertet den Effekt der mehrfachen Wiederholung der Melodien in verschiedener Harmonisierung. Der 1. Satz (*Die Dudelsackpfeifer*), in dem zwei Melodien verarbeitet werden, hat die Form ABA, der 2. Satz (*Bärentanz*) entwickelt sich auf den Wiederholungen nur einer Melodie, und der 3. (*Finale*), am meisten ausgebaute mit der größten Anzahl von Wiederholungen in immer anderem Klangrahmen, bildet die Form AB, mit einer kurzen Koda, in welcher die Motive beider Melodien verarbeitet werden. Ähnlich wie in seinen anderen Bearbeitungen rückt Bartók auch hier die Schönheit der authentischen Melodien, ihre ornamentale Gestalt und die Finesse ihrer Rhythmik an die erste Stelle. Besonders originell in ihrem Taktaufbau und ihrer rhythmischen Struktur ist die Melodie, die den Mittelteil des 1. Satzes bildet (die Bartók auch in der schon erwähnten Publikation *Rumänische Volkslieder aus dem Komitat Bihar* zitiert hat):

Diese Bearbeitung klingt im Stil etwas an die *3 Volkslieder aus dem Komitat Csík* für Klavier (1907) an; sie vereint die zarte Ornamentik der Melodien mit der filigranhaften, fast rokokoartigen Gestaltung des Klaviersatzes, der Gedanken an Cembalomusik weckt (von dem Interesse, das Bartók dieser Musik entgegenbrachte, zeugt sein im Jahre 1912 in der Zeitschrift ‹Zeneközlöny› veröffentlichter Artikel *Über die Aufführung der für Cembalo geschriebenen Werke*). Die harmonischen Mittel sind durchaus einfach, sie unterstreichen dabei die Strenge der Folklore und scheuen auch vor hart klingenden Dissonanzen nicht zurück. Das fällt besonders im 1. Satz (A) auf, der den Klangeffekt des Bourdons beim Dudelsack stilisiert; das Ostinato der linken Hand liefert mit den Tönen der Melodie einen scharfen Zusammenklang. In den übrigen Abschnitten des Werkes finden sich viele Merkmale der traditionellen Harmonik, die aber frisch und originell angewandt sind.

Künstlerisch weniger wertvoll ist der Ion Bușiția gewidmete Zyklus *Rumänische Volkstänze* für Klavier. Eine seltsame Fügung wollte es, daß diese nebensächliche und bewußt unprätentiöse Bearbeitung von sechs (übrigens nicht den interessantesten) Melodien viele Jahre lang die populärste und am häufigsten gespielte Komposition aus dem ganzen Schaffen Bartóks war. In Wirklichkeit kann man sie kaum als repräsentativ, nicht einmal für den Stil seiner folkloristischen Bearbeitungen, ansehen. Die Harmonisierung ist fast durchwegs traditionsgebunden und verwertet die für die spätromantische Harmonik typischen Formeln, aber in einer sehr vereinfachten Gestalt und Satztechnik, was ihr einen Anflug von Primitivität verleiht.

In melodischer und harmonischer Hinsicht gewählter erscheinen die *Rumänischen Weihnachtslieder* für Klavier (2 Folgen zu je 10 Liedern). Hier erscheint die wohl fesselndste Folklore aus allen bisherigen Bearbeitungen Bartóks; sie zeigt ein absolutes Abgehen vom klassischen Periodenbau: Es fehlt sowohl die einheitliche rhythmisch-metrische Pulsation als auch die Symmetrie in der formalen Anordnung. Das Notenbild zeigt unaufhörlichen Taktwechsel:

Die Harmonik knüpft an den Stil in *Für Kinder* an und beruht im Prinzip auf der Deformation traditioneller Akkordverläufe; sie ist dabei strenger im Klang und allgemein sparsamer in den Mitteln. Stellenweise treten aber auch sehr kühne Zusammenklänge auf, die sich aus der vorübergehenden tonalen Divergenz zwischen den Akkorden und der Melodie ergeben, zum Beispiel erscheint gleichzeitig d-Moll und D-Dur in dem Lied Nr. 5 der zweiten Folge:

Die Liste der im Jahre 1915 entstandenen folkloristischen Bearbeitungen Bartóks ergänzen *2 rumänische Volkslieder* für vierstimmigen Frauenchor a cappella und *9 rumänische Volkslieder* für Gesang und Klavier. Diese Arbeiten blieben unveröffentlicht.

Ungeachtet des Auftrags, den Bartók von der Budapester Oper erhielt, war sein Konflikt mit dem einheimischen Milieu, der noch im Jahre 1911 begann, nicht beigelegt; der Komponist war weiterhin erbittert und außerordentlich gereizt. Als die Philharmonie am 6. Dezember 1915 seine *1. Suite* unter Auslassung von zwei Sätzen, also in derselben verstümmelten Form wie bei ihrem Gastspiel in Wien, spielte, reagierte Bartók mit einem heftigen Brief an die Direktion der Budapester Philharmonischen Gesellschaft (zu Handen von István Kerner): ‹Weil ich kein Spielverderber sein wollte, habe ich anläßlich Ihres Wiener Festkonzertes keinen Einspruch gegen die Barbarei erhoben, daß Sie meine 1. Suite verstümmelt zum Vortrag gebracht haben. Doch jetzt, nachdem Sie das gleiche – wie ich den Zeitungen entnehme – in Budapest wiederholt haben, sehe ich mich gezwungen, gegen Ihr Vorgehen Protest zu erheben [...]. Unter diesen Umständen muß ich Ihnen erklären, daß Sie mich außerordentlich zu Dank verpflichten würden, wenn Sie in Zukunft keines meiner Werke mehr zum Vortrag brächten. Diese meine Bitte ist um so berechtigter, als mich die bedauerlichen Verhältnisse des Budapester Musiklebens sowieso gezwungen haben, mich seit vier Jahren von jeder Art öffentlichen Auftretens als Komponist fernzuhalten und meine seitdem komponierten Werke nicht vor die Öffentlichkeit zu bringen.›

Nichtsdestoweniger gewann Bartók gerade in dieser Zeit seine alte Schaffensfreude zurück: Die Arbeit an dem Ballett machte langsam Fortschritte, und er begann auch sein *2. Streichquartett* zu komponieren. Seine erste Originalkomposition, die er nach der bereits erwähnten Unterbrechung (seit 1912) beendete, war die viersätzige *Suite* für Klavier op. 14, die er im Februar 1916 komponierte. Sie ist auch das erste größere zyklische Klavierwerk Bartóks. Der Ernst der Themen, der Schwung und auch die präzise Konstruktion sind einer Sonate würdig, obwohl hier das klassische Allegro fehlt und das in seinem Ausdruck beunruhigende, langsame Finale keinen entschiedenen Abschluß bringt. Der 1. Satz (*Allegretto*) hat die Form ABA1. Die Melodie des Hauptthemas (A) weist tänzerische Züge auf und knüpft deutlich an die rumänische Folklore an. An sich ist sie diatonisch und basiert auf dem äolischen *e*, oder wenn man die Finalis berücksichtigt, auf dem phrygischen *b* (ces). Wie so oft bei Bartók, unterstreicht die Harmonik den tonalen Sinn der Melodie nicht, sondern zwingt ihr ihre eigene autonome Logik auf. Anfänglich sind es Dreiklänge (Stilisierungsmittel!), die aber nicht diatonisch verbunden werden. Das ist wieder ein Beispiel der direkten Tritonusbeziehung: Zentrum *b* und sein Gegenpol *e*:

Diese Gegenüberstellung wird nachfolgend in Transpositionen (fis–C, dis–a) wiederholt. Im weiteren Verlauf wird sie durch die Dominant-Gegenüberstellung (B–F, dann E–H) ersetzt, aber gleichzeitig werden die Dreiklänge aufgegeben: Die wichtigsten Töne der Melodie sind nicht nur die Terz (wie im angeführten Notenbeispiel), sondern häufig die Septime oder die None des Akkords. Der Mittelabschnitt bringt auch das klangliche Auseinanderstreben von Melodie und Begleitung, was noch schärfere Zusammenklänge verursacht. Die Begleitung beruht auf verschiedenen Formen der Ostinato- und Parallelstabilisierung, während die melodischen Motive ein beschränktes, anfänglich diatonisches, später chromatisches Material verwerten.

Die Reprise (A1) zeigt eine Durchführung der Motive des Hauptthemas, wobei jetzt ein tonales Zusammenlaufen der Melodie mit den Akkorden sowie eine Rückkehr zu Dreiklängen erfolgt. Die beiden Gegenpole ‹söhnen sich› schließlich in einer Ganztonskala mit dem Finalklang B aus.

Der glänzende und temperamentvolle 2. Satz (*Scherzo*) verbindet die einförmige rhythmische Pulsation der staccato angeschlagenen Viertel mit einem großen Reichtum an motivischen Einfällen, die in den aufeinanderfolgenden Abschnitten abwechseln. Es ist gleichzeitig ein Versuch, den atonalen, total chromatischen Stoff zu organisieren. Ein ordnender Faktor ist hier die Stabilisierung der Intervallschritte. Am Anfang festigt sich die Bewegung der zerlegten, übermäßigen Dreiklänge, die durch Sekundenintervalle verbunden sind, was zu einer Zehntonreihe mit Wiederholung des letzten Tons führt:

Im weiteren Verlauf umfaßt diese Sequenz schon das ganze Skalenmaterial: Es tritt eine authentische Zwölftonreihe auf, die sämtliche Reihentöne ohne ihre Wiederholung verwertet; die Reihe selbst wird später transponiert:

Auf diese Weise hat Bartók (zwar nur vorübergehend) eine Klangordnung angewandt, die nach Jahren die Grundlage der totalen Zwölftontechnik bei Schönberg und seinen Nachfolgern sein wird.

In den weiteren Abschnitten des Werkes festigen sich verschiedene Intervallschritte (unter anderen Tritonus, kleine Sekunde, große Septime, kleine None), die das Material der chromatischen Skala in unterschiedlichem Grade verwerten. Diesen Abschnitten stellen sich Phrasen entgegen, die auf der klanglichen Stabilisierung (ostinato) zweier Schichten beruhen. Eine besondere Rolle spielt hier die Wiederholung und dann die Verschiebung der kleinen Sekunde, die als ein durchaus autonomer Klang behandelt wird:

Der 3. Satz (*Allegro molto*) ist ein effektvolles ‹Appassionato› von beethovenschem Schwung und Pathos. Dank dem eigenartigen Skalenmaterial klingt es dabei etwas exotisch (Bartók selbst sagte, daß er hier an gewisse

Merkmale der arabischen Folklore anknüpfte). Es beginnt mit rotierenden Figuren in der linken Hand, auf einer Tonleiter, die sich abwechselnd aus Ganz- und Halbtönen zusammensetzt; später ändert sich dieser Stoff, ohne jedoch seinen exotischen Beigeschmack zu verlieren. Die Melodie in der rechten Hand fußt auf der Viertonskala *d–es–gis–a*, die zugleich eine abgeschlossene Tonanlage mit Tritonusbeziehungen ist: der zentrale Ton mit seiner Quinte (d–a) und ihre Tritonusgegenpole (gekreuzt). Es ist ein Material wie im Ostinato des Stückes Nr. 2 aus dem Zyklus *10 leichte Klavierstücke* (vgl. Seite 118). Ein deutlich zentraler, tonikaler Klang ist hier *d*, das auch in allen Figuren der Begleitung akzentuiert wird:

Weiter verläuft die Melodie in parallelen Quarten, was ihre Fremdartigkeit noch steigert. Der Mittelteil bringt neues Material, das auf der klanglichen Stabilisierung der Schichten beruht, worauf die Reprise mit Koda folgt, die mit der Quinte *d–a* schließt.

Das in seiner Stimmung tragische Finale (*Sostenuto*) führt eine Akkordfolge ein, in welcher die einzelnen Töne allmählich in Halbtonschritten absteigen. Es ist ein eigenartiges Spiel der Bewegung und der Stabilisierung; in jeder Zusammenstellung unterscheiden wir feste und bewegliche melodische Töne. Im Mittelabschnitt kommt es zu einer vorübergehenden Aufteilung in zwei Schichten der parallelen großen Terzen von stark dissonantem Zusammenklang, der den schmerzlichen Ausdruck des Werkes unterstreicht. Der ganze Verlauf dieses Satzes von seinem Anfang an gravitiert deutlich zum B-Dur-Akkord (der auch der zentrale Akkord im 1. Satz war). Die endgültige Lösung erfolgt jedoch nicht: Im Schlußakkord erklingen neben *b–d* auch Töne, die eine direkte Halbtonspannung zum tonikalen Dreiklang bilden: *cis*, *ges*, *a*, *ces*, *fes*. Mit diesem Akkord verbleibt das Werk gewissermaßen in der Schwebe.

Im Sommer 1916 entstand der interessante Zyklus *5 Lieder* für Gesang und Klavier op. 15 zu Texten einer jungen Verfasserin, deren Namen Bartók nicht nennen wollte. Da der Verlag die *Lieder* nur mit Angabe des Autors der Texte herauszugeben bereit war, Bartók aber auf der Veröffentlichung nicht beharrte, kam der Zyklus erst im Jahre 1961 heraus. Die Melodik der *Lieder* knüpft im Stil an *Herzog Blaubarts Burg* an und exponiert pentatonische und modale Motive, aber in ständig verändertem Stoff. Die klanglich komplizierte, aber satztechnisch einfache Begleitung verrät Züge der freien Atonalität und unterstreicht zugleich die Ausdruckskraft des Werkes. Die Harmonik ist ziemlich vermessen, wovon das letzte Lied (*Hier unten im Tal*) ein Beispiel liefert, das durch viele Takte nur mit kleinen Sekunden und ihren Oktavverdopplungen operiert. Dieses Stück ist ein Unikum in der ganzen damaligen Musik:

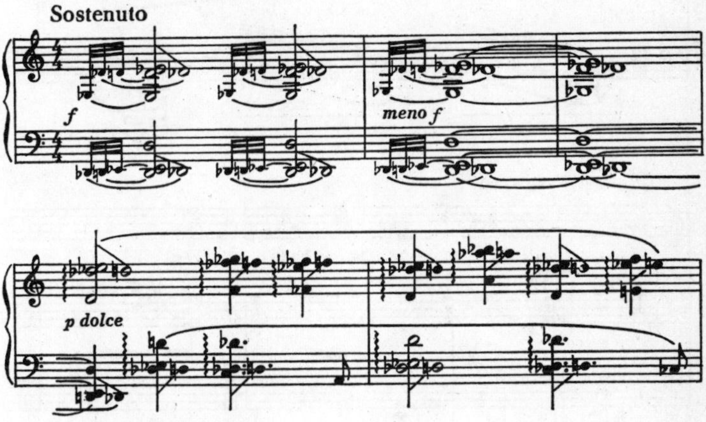

Gleichzeitig mit den *5 Liedern* op. 15 komponierte Bartók einen zweiten, schon früher, im April 1916 beendeten Zyklus *5 Lieder* für Gesang und Klavier op. 16 zu Gedichten des ungarischen Symbolisten Endre Ady. Sie bilden ein weiteres Beispiel für die expressionistische Strömung in Bartóks Schaffen, diesmal in seiner extremen Gestalt. In den klanglichen Mitteln nähert sich der Komponist unerwartet Schönberg, was besonders am zweiten Lied (*Herbstgeräusche*) zu sehen ist. Die stark fortschrittliche Chromatik bringt an sich schon keinerlei tonale Anklänge, und in der Harmonik überwiegen Quart-Tritonus-Strukturen und Zusammenklänge der großen Septimen oder kleinen Nonen (vgl. Beispiel auf Seite 178).

Gewisse tonale Wendungen lassen sich nur in der Melodie des ersten Liedes auffinden, wenn auch sie in Verbindung mit den Akkorden, die auf ihrer eigenen klanglichen Zentralisation fußen und mit der Melodie unaufhörlich dissonieren, ihren Sinn verlieren. In allen Liedern werden hergebrachte Zusammenklänge konsequent vermieden und komplizierte Vielklangstrukturen vorgezogen. Trotz vieler Konvergenzen mit der Harmonik Schönbergs ist diese Harmonik viel feinfühliger, und sie zeichnet sich auch durch größere Selektion und Stabilisierung der angewandten

Zusammenklänge aus. Desungeachtet haben die *Lieder* nur wenige Merkmale, die wir üblicherweise mit Bartók in Verbindung setzen; der Komponist beschreitet hier zeitweilig ein stilistisches Gebiet, das seiner Natur eher fremd ist. In der allernächsten Zeit wird er einen ähnlichen Versuch in drei anderen Kompositionen unternehmen, was aber keine dauernde Spur in seinem Schaffen hinterlassen wird.

Im Herbst 1916 beendete Bartók sein zweites Bühnenwerk: das Tanzspiel in einem Aufzug *Der holzgeschnitzte Prinz* op. 13. Ähnlich wie in *Herzog Blaubarts Burg* ist das Sujet ein Märchen, das im Libretto von Balázs zu einer poetischen Metapher wird, ein Vorwand, um eine bestimmte moralische und psychologische Idee zum Ausdruck zu bringen. Auch diesmal handelt es sich um das Verhältnis zwischen Mann und Frau. Die Fabel des Balletts weicht äußerlich von der Konvention und dem Schema eines Volksmärchens nicht ab. In dem verzauberten Schloßgarten spielt sorglos die junge Prinzessin unter dem wachsamen Auge einer Fee. Aus dem benachbarten Schloß kommt der Prinz; er erblickt die Prinzessin und verliebt sich in sie. Die Fee befiehlt der Prinzessin, in die Kemenate zurückzukehren und sich ans Spinnrad zu setzen. Der verliebte Prinz will ihr folgen, aber auf einen Wink der Fee beleben sich alle Bäume, sie beginnen zu tanzen und versperren ihm so den Weg. Es gelingt dem Prinzen, sie zu umgehen, doch da kommt ihm der Fluß entgegen, der gefährlich schäumt und ihn am Betreten des Schlosses hindert. Da nimmt der Prinz seinen Stock, hängt ihm seinen kostbaren Mantel um, steigt auf einen Stein und hebt den Stock hoch, um so die Aufmerksamkeit der am Fenster sitzenden Prinzessin auf sich zu lenken. Als das nichts hilft, nimmt er seine Krone ab und setzt sie auf den Stock; die Prinzessin schaut einen Augenblick interessiert hin und spinnt weiter. Nun schneidet der Prinz sich auch sein goldenes Haar ab und schmückt damit den Stock. Diesmal mit Erfolg: Die Prinzessin kommt herunter, doch als der Prinz sie ergreifen will, wendet sie sich voller Verachtung von ihm ab; ihr Interesse gilt nur der schönen Puppe. Nun erscheint die Fee und belebt mit einigen Zauberworten den Stab, dieser beginnt mit der Prinzessin zu tanzen, und tanzend verläßt das Paar den Schauplatz. Der verzweifelte Prinz sinkt zu Boden. Als die Fee das sieht, nimmt sie aus einem großen Blumenkelch goldenes Haar und bedeckt damit den verunstalteten Kopf des Prinzen, aus einem anderen Kelch eine Krone, aus einem dritten Blumenkelch einen reichen Mantel. Die ganze Natur, alle Bäume und Blumen huldigen dem Prinzen und verherrlichen ihn. Die Prinzessin kommt mit ihrer Holzpuppe zurück, die mit der schiefen Krone und dem zerzausten Haar jetzt kläglich aussieht und trotz des zärtlichen Verlangens der Prinzessin nur noch täppisch tanzt und schließlich leblos zu Boden fällt. Nun erblickt sie den echten Prinzen und ist von seiner Schönheit entzückt, er aber wendet sich ab und geht. Jetzt wiederholt sich die gleiche Geschichte wie zu Anfang, nur umgekehrt: Die verliebte Prinzessin will ihm folgen, aber die Bäume versperren ihr den Weg. Umsonst versucht sie durchzudringen, und voller

Verzweiflung wirft sie ihren Mantel und die Krone weg, schneidet sogar ihr Haar ab und verbirgt ihr Gesicht in den Händen. Als der Prinz das sieht, kehrt er zurück und umarmt sie. Die Blumen, die Bäume und der Fluß nehmen wieder ihren alten Platz ein.

Bartóks Partitur gibt alle emotionalen Schattierungen dieser Fabel, ihre farbenreiche Phantastik und Scherzhaftigkeit, das Dramatische und Groteske, den volkstümlichen Märchenton und die Expressivität der benutzten Symbole gut wieder. Sie ist jedoch – vom musikalischen Standpunkt – viel schwächer als *Herzog Blaubarts Burg*, und zwar sowohl hinsichtlich der Erfindung als auch der Faszinationskraft des Stils. Der Komponist war gleich zu Anfang dem Werk gegenüber nicht besonders engagiert und dachte mehr daran, daß es als Ergänzung zum *Blaubart* an einem Abend aufgeführt werden könnte; er hoffte, mit Hilfe des Balletts seine Oper auf die Bühne zu bringen. Die Musik zum *Holzgeschnitzten Prinzen* war mit ihrem farbenvollen Klangreichtum und den komischen Akzenten für das damalige Publikum zweifellos leichter verständlich als der *Blaubart* mit seinem strengen Ernst und seiner Askese. Der Komponist verwertet hier breit gefächerte stilistische Mittel: die impressionistische Koloristik verflicht sich mit Akzenten der scharfen Groteske und pseudoromantischem Pathos; kühne harmonische Einfälle mit Abschnitten, die eine fast traditionelle tonale Struktur aufweisen.

Das interessanteste, erfinderische Element in diesem Werk ist zweifellos die Koloristik. Sie fesselt die Aufmerksamkeit schon in der Einleitung, die eine Fortsetzung der stilistischen Linie aus dem *1. Bild*, der Szene vor der Schatzkammer, in *Herzog Blaubarts Burg* und dem *Preludio* aus den *4 Orchesterstücken* ist. Auf einem langen Abschnitt erklingt nur ein (auf verschiedene Register verteilter) Akkord *c–e–fis–g*. Die auf diesem Hintergrund einsetzende Melodie des Horns im mixolydischen C steuert noch den Ton *b* bei, worauf sich die Musik verdichtet und sich bitonale Motive übereinanderschichten. Der letzte Abschnitt der Einleitung bringt herrliche Geräuschkoloristik in einem Achttonmaterial (*c–es–f–ges–g–as–a–b–*) in Gestalt tremolierender Akkorde der Streicher und der liegenden Harmonie des Blechs, mit gleichzeitigen verschiedenen Tonleitern im Holz und Glissandi der Harfe. Das bildet ein farbenreiches Klangmagma, in dem Intervalle schon nicht mehr zu hören sind. Wenn sich der Vorhang hebt, nimmt die Musik scherzhafte und neckische Züge an; im Holz treten brillante Zweiunddreißigstelfiguren von origineller Arabeskenzeichnung auf. Den Tanz der Prinzessin begleitet eine einfache, tonale Melodie in ungarischer Weise, die in herkömmlichen Akkorden harmonisiert ist:

Den Prinzen charakterisiert eine diatonische Melodie, die an Volksmotive gemahnt. Diese Melodien sind in einen farbenreichen, lebhaften Klangverlauf eingeflochten, der den Hörer durch die glänzende Virtuosität der Orchestrierung einnimmt.

Wenn nach dem Zauberspruch der Fee die Bäume sich zu bewegen beginnen, nimmt die Musik wieder die Züge einer geheimnisvollen Geräuschkoloristik an. Das ist wohl die neuartigste Stelle in der ganzen Partitur: Man hört nur das Geräusch der Pauken, das zwischen den beiden Tönen des Tritonusintervalls (*c–ges*) oszilliert, sowie die raschen chromatischen Tonleitern der Violoncelli gleichzeitig in beiden Richtungen (mehrfach geteilt), die sich nachfolgend auf die übrigen Streicher ausbreiten. Den Kampf des Prinzen mit den Bäumen illustrieren scharfe und typisch ungarische Motive der Holzblasinstrumente:

Dieser ganze Abschnitt ist übrigens stilistisch ziemlich differenziert. Neben Stellen, die an die Symphonik von Richard Strauss anknüpfen, gibt es Teilabschnitte von sehr neuartigem, effektvollem Klang, plötzliche Klangexplosionen und grelles, koloristisches Aufblitzen wie im *Sacre du Printemps* von Strawinsky oder in den *5 Orchesterstücken* von Schönberg; neben romantischen Melodiebögen eigenartige ‹Signal›-Motive, die den späteren Stil von Edgar Varèse ankündigen und Intervalle wie den Tritonus und die große Septime exponieren:

Klanglich interessant ist auch der Wellentanz: Zweiunddreißigstelfiguren der Holzbläser und Harfe in verschiedenen Höhenlagen und in verschiedenen Tonskalen.

In der Szene des Einkleidens der Puppe wechselt die Stimmung radikal, die Musik nimmt heitere Akzente auf, wird leichter und tänzerisch. Mit der Belebung der Puppe setzt ein entschieden grotesker Teil ein. Auf einem langen Abschnitt ertönen Zusammenklänge, die nur aus kleinen Sekunden bestehen, in einem charakteristischen ‹stotternden› Rhythmus, wie in der *2. Burleske:*

Der Tanz der Prinzessin mit dem holzgeschnitzten Prinzen bringt eine Reihe rhythmischer Bilder von greller Instrumentierung (Xylophon) und ständig wechselnden, einfachen und derben melodischen Motiven in kantiger Linienführung. Das ist wieder ein Beispiel des Bartókschen Vitalismus in seiner populären, tänzerischen Version, wie in den *2 rumänischen Tänzen* oder im *2. Bild* für Orchester.

Die Verzweiflung des Prinzen nach dem Abgang der Prinzessin malt ein langer pseudoromantischer Abschnitt von überschwenglichem (auch etwas konventionellem) Pathos, mit unaufhörlichen Zusammenklängen großer Septimen und kleiner Nonen:

Die Rückkehr der Prinzessin mit der hölzernen Puppe bringt erneut scharfe, groteske Effekte und der erneute Tanz der Bäume wieder dieselbe Geräuschkoloristik. Außer in diesen kurzen Abschnitten dominiert bis zum Schluß eine von der romantischen Expressivität stark durchtränkte Musik.

Obwohl Bartók das Ballett auf Bestellung des Operntheaters komponiert hatte, zeigte es sich, daß seine Aufführung keine einfache Sache war. Keiner der ungarischen Dirigenten wollte die Einstudierung dieser Partitur übernehmen. Schließlich fand sich der junge, in Budapest gastierende italienische Dirigent Egisto Tango bereit, das Ballett aufzuführen, aber unter der Bedingung, daß ihm dreißig Orchesterproben ermöglicht würden. Damit war die Direktion nicht einverstanden, weil noch andere Premieren vorbereitet werden mußten. Nach langen Verhandlungen wurden schließlich *Violanta* von Korngold und *Don Quijote* von Abrányi vom Spielplan gestrichen, und Tango konnte an seine Arbeit gehen. Im März 1917 schrieb Bartók an seine Mutter: ‹... Bis jetzt hat sich Tango als großartig erwiesen: Daß er die Sache nur übernimmt, wenn er sie bis in die kleinsten Einzelheiten mit der nötigen Gründlichkeit ausarbeiten kann, ist das Schönste, was man von einem Dirigenten hören kann. Stell Dir vor, jeder andere – mit geringerem Talent und weniger Vorbildung – hätte es mit fünf bis sechs Proben gemacht, aber wie! Der Herr soll uns davor behüten! [...] Als ich ihm Dienstag die Partitur gab, sagte er: «Ik werde eine Woge ganz krank sein von Studium.» (Nämlich mit solchem Eifer macht er sich an die Arbeit!) Er studiert die Partitur drei Wochen lang. (Ein Kerner pflegt nicht einmal hineinzusehen, lernt sie eigentlich erst bei der Probe kennen.) Also: gelobt sei Tango

in Ewigkeit
Amen.›

Schwierigkeiten gab es auch mit den Choreographen; keiner wollte dieses ‹unmögliche› Stück übernehmen. Schließlich entschloß sich Béla Balázs, der Verfasser des Librettos, das Tanzspiel selbst einzustudieren. Bei den Proben machten die Musiker anfänglich Umstände und drohten mit einem Skandal. Dem ehrgeizigen Dirigenten gelang es jedoch, alles gut zu Ende zu führen; es war tatsächlich die erste anständige Aufführung einer Komposition von Bartók in Budapest. Die Premiere fand am 12. Mai 1917 statt und war ein großer Erfolg. Die Zeitung ‹Budapesti Hirlap› berichtete: ‹Das Publikum, die Zuschauer der festlichen Premiere, hörte mit gespannter Aufmerksamkeit die Musik, stieß sich nicht an deren

Modernität und genoß sogar deren interessante Neuheit. Am Ende des Stückes rief man unter stürmischen Ovationen Béla Bartók vor den Vorhang. Der Komponist erschien ungefähr fünfzehnmal vor den Lampen mit den mitwirkenden Tango und Béla Balázs.› Der Rezensent der ‹Világ› schrieb: ‹Bartók ist der Musiker der Zukunft und ein großer Musiker, denn was er aussagt, ist heute noch eine philosophische Betrachtung, die uns schwindeln macht, worüber wir grübeln und wozu wir Zeit benötigen, um es zu verstehen.›

Dieser Tag war ein Wendepunkt in Bartóks Karriere. Von dem Erfolg des *Holzgeschnitzten Prinzen* beeindruckt, willigte die Direktion der Oper ein, daß Tango die Premiere von *Herzog Blaubarts Burg* für die nächste Spielzeit vorbereite.

Im Jahre 1917 beendete Bartók sein *2. Streichquartett* op. 17. Ähnlich wie das *1. Streichquartett* hat es eine dreisätzige Form und ‹atypische› Anordnung der Tempi: Der erste und der letzte Satz sind langsam, der Mittelsatz schnell. Jeder dieser Sätze repräsentiert eine andere ästhetisch-emotionale Haltung.

Der 1. Satz (*Moderato*) knüpft gewissermaßen an den romantischen Stil mit der poetisierten Kantilene und lyrischer Expressivität an. Diese Anlehnung ist jedoch eher eine Stilisierung als nur ein einfacher Regreß: Die typischen Bewegungsformeln der Melodik des 19. Jahrhunderts vereinen sich hier mit einer neuen Intervallstruktur und neuen Harmonik, die aus der Autonomie der Klangschichten folgt und in der Vertikalen häufig starke Dissonanzen hervorruft. Der Satz hat Sonatenbau, obwohl nicht die (übrigens wenig differenzierten) Themen, sondern das Spiel der Motive selbst wichtiger ist und dem ganzen Verlauf die Merkmale einer evolutionären Form verleiht, die für Bartóks nachfolgende Schaffensperiode so charakteristisch ist.

Das erste Thema verarbeitet chromatischen Stoff, obwohl seine einzelnen Teilabschnitte diatonisch klingen und vorübergehend tonale Gravitationen in sich bergen:

Die harmonische Begleitung (durch die eigene Logik der Bewegung und Klangstabilisierung bedingt) unterstreicht diese Gravitationen jedoch nicht und bildet mit der Melodie eine Konstruktion, die keinen tonikalen Schwerpunkt besitzt. Die Anfangsmotive der Melodie operieren nur mit Quarten- und Halbtonintervallen; dieses strukturelle Prinzip wird in der Reprise fortgesetzt und bestimmt dort fast die ganze Entwicklung des ersten Themas:

Die Beschränkung des Materials auf nur vier Töne (*gis–cis* und *d–g*, im weiteren Verlauf *b–es* und *e–a*) führt dabei zu einer ständigen Oszillation zwischen zwei gegenpoligen Tonpaaren; das ist eine Formel, der wir schon in den früheren Werken begegneten (vgl. Beispiele auf den Seiten 118 und 176). Die Melodie des zweiten Themas hat anfänglich die Ganzton-, später die diatonische Skala zur Grundlage; letztere bereitet das dritte Thema vor, das dank seiner einfachen diatonischen Struktur und deutlichen melodischen Zeichnung gewissermaßen eine Aufhellung und auch endgültiges Ziel der Exposition ist. Sein sanfter, pastoraler Charakter, das ihm anhaftende Äolische wie auch die Harmonisierung in parallelen Quinten erinnern an Debussys Stil. In der Reprise gewinnt dieses Thema zusätzlich an Kolorit durch den tonalen Zwiespalt zwischen der Melodie und der Harmonie, was sich im gleichzeitigen Dur und Moll offenbart. Übrigens ergibt dies einen sehr weichen und anmutigen Klang.

Der 2. Satz (*Allegro molto capriccioso*), der mit den Ecksätzen außerordentlich stark kontrastiert, ist ein typisches Beispiel des Bartókschen Vitalismus. Nach der unisono gespielten Einleitung, mit abwechselnden Tritonus- und Halbtonschritten, tritt eine lange Ostinatorepetition des Tones *d* auf, darüber verläuft eine rhythmische Melodie von eigenartiger Skala, die in der rumänischen Folklore ihr Vorbild hat:

Der ganze Satz ist aus einer Reihe von Abschnitten in verschiedenen Tempi und immer wieder anderen motivischen Einfällen und Ostinatoformeln gebildet. Ihr gemeinsames Merkmal ist die scharfe rhythmische Pulsation, unaufhörliches Staccato und die tänzerische Heißblütigkeit der

Motive sowie Bewegungsformeln, die den Motiven der Einleitung entspringen. Die Zusammenklänge sind im allgemeinen nicht besonders scharf, mit Ausnahme einiger Stellen, in welchen es zu einer deutlichen Verselbständigung der Klangschichten kommt, wie beispielsweise das gleichzeitige Fortschreiten paralleler Nonen in der 1. und 2. Violine und paralleler großer Sekunden der Bratsche und des Violoncellos

oder die Überlagerung des Ostinato-*d* durch zwei verschiedene melodische Figuren, deren zentrale Töne (*es* und *as*) Halbton- und Tritonusspannungen zu diesem Ostinato bilden:

Der lyrische Mittelabschnitt (*Tranquillo*) hat atonalen Charakter; die progressiv zusammengestellten Sechstongruppen in der Melodie verraten die Neigung zu einer maximalen Ausnutzung des chromatischen Stoffes bei einer minimalen Anzahl von Wiederholungen. Eine dieser Phrasen nutzt das ganze Material ohne Wiederholungen aus und bildet so eine regelrechte Zwölftonreihe, ähnlich wie es in der *Suite* op. 14 der Fall war (vgl. Notenbeispiel von Seite 175).

Das wirkungsvolle *Prestissimo* am Schluß des 2. Satzes zeigt die allmähliche Ausbreitung des Materials von dem Quasitriller (*d–es*) auf Phrasen, die sogar ein Elftonmaterial mit nur einer Wiederholung umfassen: *fis–ais–cis–eis –dis–g–a–c–e–gis/g/–h*, und nachfolgend eine stufenweise Einengung, in deren Ergebnis nur das Motiv *fis–f–d* und schließlich *f–d* verbleiben; den Schlußton (und zentralen Ton im ganzen Satz) bildet das von Anfang an exponierte *d*.

Der in seiner Stimmung schmerzbewegte 3. Satz (*Lento*) bildet eine Art Pendant zum Finale der *Suite* op. 14. Er präsentiert uns den Typ der individuellen Bartókschen Expressivität, deren Tradition weniger in der Romantik als in den letzten Quartetten von Beethoven zu suchen ist; es ist eine strenge und disziplinierte, in der Wahl der Klangmittel sehr sparsame Ausdrucksfülle. In diesem Satz haben wir es wohl mit dem erschütterndsten Werk im ganzen bisherigen Schaffen Bartóks zu tun. Der Anfang mit seiner statischen Zusammenstellung langsamer Töne und Akkorde erinnert an die *Widmung* aus den *10 leichten Klavierstücken* und ist sowohl den überlieferten Regeln der Harmonielehre als auch dem traditionellen Ablauf der musikalischen Entwicklung vollständig fremd. Im weiteren Verlauf treten die für Bartók typischen kurzatmigen expressiven Motive in ungarischem, synkopiertem Rhythmus auf. Sie bestehen aus im Verhältnis zum einfachen Akkordunterbau leiterfremden Tönen, was ihre Spannkraft erhöht:

Die Harmonik dieses Satzes ist mit dem beständigen Klang der Septimen, Sekunden und des Tritonus stark gesättigt. Es treten auch Quartklänge auf; im mittleren Abschnitt hören wir zwei Schichten paralleler Quarten, und am Schluß, im Kulminations-Forte, den wiederholten Quartensechsklang in einfacher Lage.

Gleichzeitig mit dem *2. Streichquartett* schrieb Bartók eine Reihe Bearbeitungen von Volksmelodien. An die Spitze tritt hier der (noch im Jahre 1914 begonnene) Zyklus *15 ungarische Bauernlieder* für Klavier, der neben dem Zyklus *Für Kinder* für Bartóks Kompositionen dieser Gattung am meisten repräsentativ ist. Seinen Inhalt bilden *4 alte Weisen*, die auf der pentatonischen Skala mit ‹fremden› Übergangstönen fußen, *Scherzo*, *Ballade* (Tema con variazioni) und *Alte Tanzweisen*, die sich in der Mehrzahl auf dorische und äolische Skalen gründen. Diese Melodien verdanken der intervall-tonalen Strenge ihren Reiz, manche sind auch in rhythmischer Hinsicht interessant, wie die *Ballade* mit dem Metrum $\frac{7}{8}$, oder die Melodie Nr. 12 mit Sätzen zu je fünf Takten und veränderlichem Taktbau $\frac{3}{4}$ und $\frac{2}{4}$.

Die Harmonik der ersten 4 Lieder verwendet Akkorde, die der Melodie im allgemeinen fremd sind und mit ihr dissonieren, dabei aber ihre Herbheit und Expressivität sehr gut unterstreichen. Die pentatonische Phrase, von einer scharfen (übrigens logisch aufgelösten) Dissonanz unterstützt, verliert nichts von ihrem spezifischen Geschmack, sondern gewinnt noch an Ausdruckskraft und eigenartigem (nicht romantischem) Pathos. Als Beispiel mag hier das Werk Nr. 2 dienen:

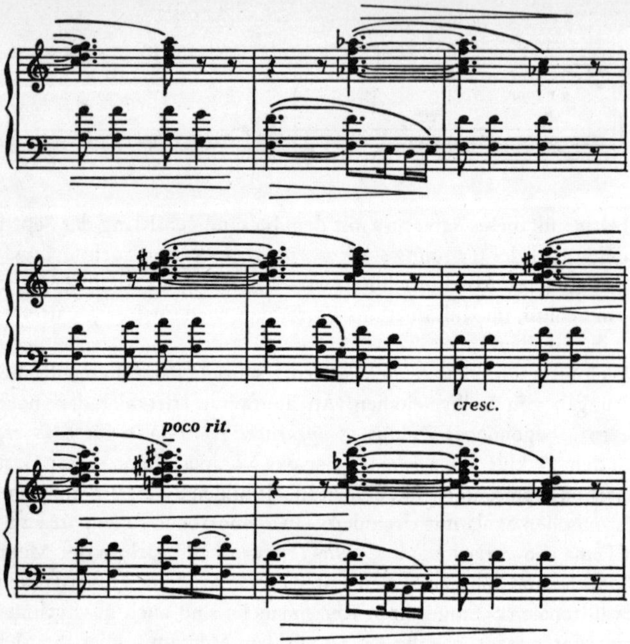

Die Harmonisierung der Tanzweisen verläuft eher in überlieferten Bahnen, bietet aber auch erlesene Kostproben, die sich aus der Deformation des alten Tonsystems ergeben: Neben einfachen Dreiklangverbindungen finden sich hier Dissonanzen, die durch Ostinatotöne verursacht werden, Akkorde, die nur zu einem Ton der Melodie passen und sich ihrem tonalen Sinn widersetzen, oder Dreiklänge, für die der jeweilige Ton der Melodie eine zusätzliche Sexte oder Septime bildet. Die Mittel sind mit Finesse angewandt, und die ganze Harmonisierung zeigt ein höchst individuelles stilistisches Bild.

Einen ähnlichen Stil der Bearbeitung repräsentieren die im Zeitraum von 1907 bis 1917 geschriebenen *8 ungarischen Volkslieder* für Gesang und Klavier. Diese im Jahre 1907 im Komitat Csík aufgezeichneten Volkslieder sind in ihrer Mehrzahl pentatonische Melodien in freiem Rhythmus (parlando-rubato). Die Harmonik ist in beträchtlichem Grad an die Pentatonik angepaßt, obwohl auch fremde Töne zur Steigerung der Spannung hinzugezogen werden; darüber hinaus wird hier das ganze Arsenal der Mittel ausgenutzt, die zum ‹folkloristischen Stil› Bartóks gehören. Insgesamt zeichnet sich dieser Zyklus durch sein strenges, dabei aber auch exotisches Kolorit aus.

Aus demselben Jahr stammen die *4 slowakischen Volkslieder* für gemischten Chor und Klavier und die *5 slowakischen Volkslieder* für vierstimmigen Männerchor a cappella. Letztere wurden am 12. Januar 1918 in Wien im ‹Historischen Konzert› des Wiener Männergesangvereins unter der Leitung von Bernhard Paumgartner aufgeführt. Dieses vom Kriegsministerium unter dem Protektorat der Kaiserin veranstaltete große Galakonzert zugunsten der Witwen und Waisen österreichischer und ungarischer Soldaten war den Volks- und Soldatenliedern beider Teile der Monarchie gewidmet. Zur Aufführung gelangten unter anderem auch polnische Ulanenlieder mit deutschem Text in der Bearbeitung von Felix Petyrek. Das Kriegsministerium beauftragte Bartók, den sich auf Ungarn beziehenden Teil des Programms zusammenzustellen; er schlug außer ungarischen und slowakischen Liedern auch seine rumänischen Tänze aus Siebenbürgen vor, die jedoch – zu seiner Entrüstung – gestrichen wurden. Er empörte sich auch darüber, daß die slowakischen Lieder in deutscher Sprache gesungen wurden, was nach seinem Dafürhalten, weil man sie als ‹ungarische Lieder› bezeichnet hatte, ein doppelter Irrtum war. Im Zusammenhang mit der beabsichtigten Wiederholung dieses Konzertes in der Hauptstadt Ungarns schrieb Bartók an Bușiția: ‹Sollten die Budapester meinen Vorschlag bezüglich des Programms nicht annehmen, dann ziehe ich mich lieber von der ganzen Angelegenheit zurück. Sollen die Budapester es allein machen, wenn sie können. Hier handelt es sich nämlich um das Vortragen von Soldatenliedern der Armee, was übrigens auch der Titel des Konzerts ist, also ist es unmöglich und widerspricht jedem Gefühl von Recht, die Nationalitäten einfach mit Stillschweigen zu übergehen.› Der logische Standpunkt Bartóks, der in dem Programm neben ungarischen auch slowakische, rumänische und kroatische Lieder, und zwar mit Originaltexten, bringen wollte, war mit der offiziellen politischen Linie unvereinbar. Das Konzert fand in der Budapester Staatsoper ohne Bartók statt.

An dem Wiener Konzert trat Bartók auch als Pianist auf: Er begleitete den Tenor Ferenc Székelyhidy. Das von der Universal-Edition herausgegebene Programmheft enthielt auch einen Artikel von Bartók: *Die Melodien der ungarischen Soldatenlieder*. Entgegen dem Titel ist es ein Versuch, die Merkmale der ungarischen Folklore systematisch und einheitlich zu erfassen. Unter dem Vorbehalt, daß es ihm ausschließlich um jene Soldatenlieder gehe, die aus dem Volk stammen, stellt der Autor fest, daß es keinen Unterschied zwischen den Melodien der Soldatenlieder und den Melodien der Volkslieder zu anderen Texten gebe und seine Bemerkungen sich allgemein auf alle ungarischen Lieder beziehen. In dieser kurzen, mit zahlreichen Notenbeispielen versehenen Abhandlung bestimmt Bartók erstmalig die Einteilung der Melodien in zwei grundsätzliche Gruppen, die er als ‹alter Stil› und ‹neuer Stil› bezeichnet. Zur ersten Gruppe gehören die in freiem Rhythmus (parlando und rubato) gesungenen Melodien mit kleinem Ambitus, in pentatonischer, dorischer oder äolischer (seltener phrygischer und mixolydischer) Skala, die aus vier verschiedenen Zeilen bestehen. Zur zweiten gehören Melodien mit entschieden tänzerischem Rhythmus, in Dur oder äolischer Skala (unter gelegentlicher Verwendung chromatischer Töne und mit Strophenbau, wobei gewisse Zeilen sich streng oder um eine Quinte erhöht wiederholen, zum Beispiel ABBA oder AA^5BA). Diese Einteilung und die im Artikel enthaltenen Betrachtungen bildeten später die Grundlage für Bartóks wissenschaftliche Systematisierung der ungarischen Folklore.

Am 24. Mai 1918, also sieben Jahre nach ihrer Entstehung, fand in Budapest die Uraufführung der Oper *Herzog Blaubarts Burg* statt. Wieder verzeichnete Bartók einen großen Erfolg beim Publikum, und die Rezensenten (mit Ausnahme von ‹Pesti Hirlap› und ‹Ujság›) schätzten das Werk noch höher ein als den *Holzgeschnitzten Prinzen*. Die Wochenschrift ‹Nyugat› brachte einen Artikel von Kodály, der unter anderem schrieb: ‹Die Aufführung war eine der schönsten des ganzen Jahres. Dirigent Tango hatte bereits im vorigen Jahr bewiesen, daß man nicht unbedingt zwanzig Jahre alt und Ungar sein müsse, um die neue ungarische Musik zu verstehen. Es gibt Schlüssel zu jeder neuen Kunst, sie sind: Talent, bereitwillige Aufnahmefähigkeit, technisches Können. Es geschah voriges Jahr bei der Aufführung des Tanzspieles vielleicht zum erstenmal, daß ein ehrlicher Künstler ohne die bei Dirigenten übliche «schulterklopfende» Attitüde an ein ehrliches Werk heranging: und Bartóks Musik erklang vielleicht zum erstenmal so, wie sie erdacht worden war. Jetzt hat sich dieses «Wunder» wiederholt, und sicherlich werden bei jeder weiteren Wiederholung immer mehr Menschen entdecken, daß diese Musik gar nicht so unverständlich ist.›

Im Laufe eines Jahres hatte sich in der Position Bartóks als Komponist ein sichtbarer Wandel vollzogen. Er war nicht mehr der ausgestoßene Komponist – wie in den Jahren seit 1912 –, und er gewann seine Autorität in der öffentlichen Meinung zurück. Die Zeit des Stillstands war vorüber, und auf den Konzertplakaten begannen wieder seine Werke zu erscheinen:

Am 11. Februar wurden seine *Rumänischen Volkstänze* für Orchester (eigentlich für das bereits erwähnte ‹Historische Konzert› bearbeitet) unter E. Lichtenberg uraufgeführt, am 3. März spielte das Waldbauer-Kerpely-Quartett erstmals sein *2. Streichquartett*, und im Frühjahr desselben Jahres gelangten die *2 Porträts* in Budapest (Dirigent I. Strasser) und am 10. November in Berlin die *2 Bilder* (Budapester Philharmonie, Dirigent I. Kerner) zur Aufführung.

Bartóks Schaffen begann jetzt Anerkennung in den avantgardistischen Kreisen Europas zu gewinnen. Im Dezember 1918 wurden an einem der ersten Konzerte des von Schönberg geleiteten ‹Vereins für musikalische Privataufführungen› in Wien seine *14 Bagatellen* gespielt, was einer Reihe Aufführungen von Bartóks Werken in diesem Rahmen den Anfang gab. Im nächsten Jahr schrieb Schönberg an Bartók unter anderem: ‹Ihre Klavierwerke haben mir außerordentliche Freude gemacht. Auf neue Werke bin ich schon sehr gespannt.› Im Jahre 1918 schloß Bartók mit der Wiener Universal-Edition – auf Anregung dieses Verlags – einen Vertrag ab, laut welchem alle bisher nicht herausgegebenen Werke und solche, die er noch schreiben würde, dort zu erscheinen hätten. In seinem Brief an Buşiţia stellt der Komponist zufrieden fest: ‹Es ist eine große Sache, denn ungefähr seit sechs Jahren ist nichts von mir erschienen, dank der vaterländischen Verlagsfirmen und weil ein ausländischer Verlag an einen ungarischen Musiker sich noch nicht gewandt hatte [...] Dieser Vertrag ist jedenfalls mein bisheriger größter kompositorischer Erfolg.›

Nun kam die Zeit des Ruhmes und mit ihm die Zeit der größten Entfaltung von Bartóks Talent: eine Periode, in der die kühnsten, aber auch vollkommensten Werke in seinem ganzen Schaffen entstehen sollten.

APOGÄUM

Im Jahre 1917 machte sich Bartók (anhand eines vierhändigen Klavierauszugs) mit *Le Sacre du Printemps* von Igor Strawinsky bekannt; es war seine erste Begegnung mit der Musik des russischen Komponisten. Das Werk machte einen nachhaltigen Eindruck auf ihn. Bartók fand hier gewissermaßen die Bestätigung seines eigenen Schaffenswegs: eine ähnliche harmonische Technik, die auf Modalismen, Ostinatozentralisationen und autonomen Klangschichten fußt, und eine ähnliche ästhetische Haltung, die in der radikalen Abkehr von der Romantik, in der aggressiven Klangschärfe und vitalen Energetik zum Ausdruck kommt. Aber er fand noch mehr: eine neue, von Grund auf revolutionäre Rhythmik, die, auf scharfer, doch irregulärer Pulsation fußend, sich von den Fesseln der metrischen Taktordnung befreit und noch dazu durch ungleichmäßige Verteilung der Pausen und Akzente große Abwechslung bringt. In den späteren Werken Bartóks finden wir immer wieder eine ähnliche Behandlung des rhythmischen Elementes, was auf einen direkten Einfluß Strawinskys hinzuweisen scheint, obwohl wir hier nicht von einer stilistischen Abhängigkeit, sondern eher davon sprechen können, daß Bartók seine eigenen Konsequenzen aus der Erfindung seines Zeitgenossen gezogen hat. Die Faszination für Strawinskys Ballett scheint nichtsdestoweniger ein tiefgreifender Akt, eine Art Impuls für die weitere schöpferische Entwicklung Bartóks gewesen zu sein, so wie es vor zehn Jahren mit dem Interesse für Debussys Musik der Fall war. Wenn Debussys Neuerertum den Autor der *Bagatellen* zum endgültigen Bruch mit der tonalen Ordnung und zur Formulierung seines eigenen, von Grund auf neuzeitlichen Stils erkühnte, so darf man annehmen, daß die Kompromißlosigkeit im *Sacre du Printemps* Bartók zur weiteren Radikalisierung seiner Klangsprache und Ästhetik anregte. Tatsache ist, daß nach 1917 Bartóks originellste Schaffensperiode einsetzte; es entstanden Werke, die in ihrer Kühnheit und Entdeckerfreude manchmal selbst Strawinsky übertrafen.

Das Studium von *Le Sacre du Printemps* weckte in Bartók den Wunsch, ein neues Ballett zu schreiben, das den Gipfel der Ästhetik des Vitalismus erbringen sollte und in welchem die Energie des Rhythmus und die Dynamik des Verlaufs einen in der Musik bisher nie angetroffenen Grad erreichen sollten. Längere Zeit suchte er nach einem entsprechenden Thema, bis er schließlich auf das (in der Zeitschrift ‹Nyugat› am 1. Januar 1917 veröffentlichte und fünf Jahre zuvor für Djagilews Ballett gedachte) Libretto *Der wunderbare Mandarin* von Menyhért Lengyel stieß. Nach einigen Änderungen an der Handlung fand Bartók, daß dieses Libretto seinem Vorhaben entspräche; im Mai 1918 begann er die Musik zu dieser Pantomime zu schreiben.

In demselben Jahr entstand ein neues, wichtiges Werk für Klavier: *3 Etüden* op. 18. Ihr Stil unterscheidet sich von Bartóks bisherigen Klavierkompositionen vor allem durch seine offenkundige Atonalität und den neuen klanglich-harmonischen Stoff. Die *1. Etüde (Allegro molto)* fußt auf der chromatischen Skala in ihrer elementaren Halbtonfolge.

Der Komponist operiert mit kleinen Ausschnitten der Tonleiter, nutzt aber in jedem Abschnitt sämtliche Töne aus: im ersten Takt lautet das Material *f–ges–g–as*, weiter *des–d–es–e*. Die Verlegung der Töne in verschiedene Register bringt Abwechslung in die Intervallstruktur; neben dem Halbtonschritt wird das Intervall der kleinen None exponiert. Der Verlauf ist ein unaufhörliches Spiel der Bewegung und der Klangstabilisation. Der Komponist hält einzelne Skalenabschnitte auf, was vorübergehend eine Zentralisationswirkung von veränderlichen (verschobenen) Zentren schafft, daneben festigt er auch Bewegungsformeln, die durch den Effekt der Progression und Transposition wirken. Nach sechs Takten stabilisiert sich ein längeres Ostinato zweier veränderlicher Töne *gis–h* (im Abstand einer Dezime), das durch die pendelnden Ausschläge nach unten und oben (*fis–a* und *ais–cisis*) noch hervorgehoben wird. Im Mittelteil erscheinen Akkorde, die eine deutliche klangliche Zentralisation *g–ais–cis–fis* (Zentrum) und *gis–gisis–his–eis* (Halbtonspannung) bilden. Diese Akkordgegenüberstellung wird von den chromatischen Klängen der Ostinatofigur in der linken Hand *h–c–cis–d* begleitet. Auf diese Weise werden schon in der ersten Hälfte des Taktes zehn verschiedene Töne der chromatischen Skala ausgenutzt; das Material wiederholt sich in kurzen Abständen.

Die *1. Etüde* ist mithin ein Beispiel der Gestaltung des chromatischen Klangmaterials auf eine Art und Weise, die weder Anklänge an eine Tonalität zeigt noch traditionelle Zusammenklänge benutzt, die aber schon aus den früheren Werken Bartóks bekannte Mittel der Klangstabilisierung und Ostinatoeffekte verwendet. Einzig der Schluß bringt eine bitonale Schichtentrennung: gleichzeitig Passagen Fis-Dur und G-Dur in der rechten und der linken Hand, die mit einem Akkord beider Dreiklänge enden.

Die *2. Etüde* (*Andante sostenuto*) knüpft in ihrer Faktur an die *Elegien* und an *Skizze Nr. 4* an und bildet einen durch zusätzliche Triller und Tremoli bereicherten Verlauf von Passagen und Arabesken in verschiedenen rhythmischen Werten und mit verschiedenem Klanginhalt. Der Klangstoff der

Passagen wird durch keine Skala, sondern durch die ausgewählten Intervallschritte bestimmt, die sich in den aufeinanderfolgenden Abschnitten ständig ändern. Der Anfang fußt nur auf Terzschritten:

Aber im nächsten Abschnitt werden schon mehr Intervalle in fast symmetrischer Anordnung verwendet:

Die Passagen begleitet eine freie Melodie der linken Hand in unterschiedlichem Klangstoff. Im weiteren Verlauf verändern sich die Anordnungen der Intervalle; sie bilden eigentlich zerlegte Vielklangakkorde, die durchaus nicht traditionell gebaut und an keine Tonart gebunden sind. Indem sie eine Zeit fortdauern, sind sie Ausdruck der lokalen Klangstabilisierung im Verlauf. Die letzte Struktur: *cis–a–e–g–dis–fis* wird dann zu einem realen Sechstonakkord, mit dem das Werk schließt.

Klanglich am ungezwungensten und dabei äußerlich Schönberg nahe ist die *3. Etüde (Rubato)*. Die ersten sieben Takte wiederholen vielfach dasselbe Achttonmaterial: *a–cis–his–fis–gis–d–fisis–eis*, aber schon der nächste Abschnitt zeigt keinerlei Stabilisation, sondern nur die Tendenz zur maximalen Ausnutzung der Zwölftonskala, mit nur wenigen Wiederholungen in einer Reihe. Das betrifft insbesondere die Figuren in der linken Hand, die auf kleinem Raum, fast nur einem Takt, sämtliche zwölf Töne der Skala umfassen:

Die Rhythmik ist hier nicht weniger kompliziert als bei Strawinsky: Fast jeder Takt bringt Änderungen im Metrum, und die Verteilung der Akkorde in der rechten Hand (und der Pausenwerte zwischen ihnen) entbehrt jeglicher Regelmäßigkeit.

Im November 1918 nahmen die Kriegshandlungen ein Ende, und als Ergebnis der Revolution und des Sturzes der Habsburger Monarchie wurde die unabhängige Republik Ungarn ausgerufen. Die weittragenden Änderungen in allen Bereichen des gesellschaftlichen Lebens wirkten sich auch auf musikalischem Gebiet aus. Am 15. Februar 1919 wurden Dohnányi zum Direktor der Musikakademie und Bartók und Kodály zu seinen Stellvertretern berufen. Für die fortschrittlichen Musiker der jüngeren Generation war die Lage jetzt im allgemeinen viel günstiger. Kodály begann seine Tätigkeit als Musikkritiker des ‹Pesti Naplo› und schrieb begeisterte Rezensionen über die Aufführungen der Werke Bartóks in Budapest. Es gab jetzt immer mehr solcher Aufführungen; im Februar trat Dohnányi mit einigen Klavierwerken auf, im März spielten die ‹Waldbauer› wieder das *2. Streichquartett*, bald danach fand in der Philharmonie die ungarische

Erstaufführung der *Rhapsodie* für Klavier und Orchester op. 1 statt, und am 21. April gab Bartók seinen seit acht Jahren ersten Musikabend, auf welchem er die *Elegien*, *Suite* op. 14, und *Etüden* spielte und Ilona Durigó die *Lieder* op. 16 vortrug.

Inzwischen nahm die Entwicklung im Lande einen noch stürmischeren Verlauf. Im März übernahm die kommunistische Partei unter Béla Kún die Macht, und die ungarische Räterepublik wurde ausgerufen. Die neue Staatsgewalt währte fünf Monate. In dieser Zeit war Bartók (den Béla Reinitz, der Beauftragte der Regierung für das ungarische Musikleben, immer unterstützte) ziemlich aktiv, wenn auch politisch nicht engagiert. Auf seine Bemühungen hin wurde im Nationalmuseum eine autonome Sektion für Volksmusik geschaffen und Bartók zu ihrem Leiter bestellt; Márta wurde Assistentin von Bartók. Er wurde auch zusammen mit Dohnányi, Kodály und Reinitz (Vorsitzender) in das sogenannte Musikdirektorium berufen, das der Regierung beratend zur Seite stand. In dieser Eigenschaft lancierte Bartók sein Projekt, in den Volksschulen einen dreijährigen Kursus für Singen und Notieren von einfachen Melodien einzuführen, um die unter den Kindern des armen Volkes dämmernden musikalischen Talente aufzufinden; damit knüpfte er an seine alte Idee an, von der er schon im Jahre 1905 in dem zitierten Brief an Irmy Jurkovics geschrieben hatte.

Während der Regierungszeit Béla Kúns, im Mai 1919, entstand Bartóks bestes Bühnenwerk: *Der wunderbare Mandarin* op. 19, Pantomime in einem Akt (nur im Klavierauszug, die Partitur wurde erst fünf Jahre später fertiggestellt). Dieses Werk, das den Gipfel des Bartókschen Vitalismus darstellt, wird oft mit *Le Sacre du Printemps* verglichen: Hier wie dort wird die brutale Energie des Rhythmus und die Roheit des Klangs bis zu Grenzen gesteigert, die der Musik bisher unbekannt waren; hier wie dort bildet die Apotheose der Natur und des Instinkts den Inhalt des Geschehens. Wenn aber in Strawinskys Ballett der Inhalt und die Szenerie – die eine strenge heidnische Kulthandlung darstellt – eher ästhetische Funktionen erfüllen, indem sie dem Werk entsprechende Stimmung und Kolorit aufzwingen, so besitzt das vom Komponisten auf Grund eines Textes von Menyhért Lengyel bearbeitete Libretto des *Wunderbaren Mandarins* einen tieferen ideologischen, fast philosophischen Sinn, was auch in der gefühlsstarken Expressivität der Musik, insbesondere in den Schlußszenen, seinen Niederschlag findet. Selbst Bartók sah (nach den Worten seiner Bekannten Wanda Gleiman) in dem Inhalt des Librettos ein Symbol der ‹alles überwindenden Liebe›.

In dem ärmlichen Vorstadtzimmer zwingen drei Strolche ein junges Mädchen, Männer von der Straße heranzulocken. Das Mädchen widerstrebt längere Zeit, stellt sich schließlich aber ans Fenster und macht verlockende Gesten. Ein alternder Stutzer kommt herein und macht in komischen Verbeugungen dem Mädchen den Hof; weil er aber kein Geld hat, wird er von den Strolchen brutal hinausgeworfen. Dasselbe Schicksal erleidet ein schüchterner, armer Jüngling. Als dritter erscheint eine seltsame Gestalt: der Mandarin. Das Mädchen ist von seinem Anblick erschreckt und zieht sich in die Zimmerecke zurück, doch die versteckten Strolche geben ihr durch Winke zu verstehen, daß sie ihn weiter reizen soll. Sie beginnt einen verführerischen Tanz, in dessen Verlauf man sieht, wie der Mandarin in Leidenschaft entbrennt. In wilder Liebe umarmt er das Mädchen, doch dieses entwindet sich ihm erschrocken und zieht sich zurück. Es folgt eine lange, wilde Jagd; als der Mandarin sie endlich erfaßt, kommen die Strolche aus ihrem Versteck hervor, werfen ihn zu Boden, berauben ihn, zerren ihn zum Bett und wollen ihn mit den Kissen ersticken. Als sie ihn tot glauben, lassen sie von ihm ab, doch der Mandarin hebt plötzlich den Kopf und blickt mit wildem Verlangen nach dem Mädchen. Ein Augenblick der Betroffenheit, dann ergreift einer der Strolche ein altes, verrostetes Schwert und durchsticht dreimal sein Opfer. Der Mandarin fällt zu Boden, erhebt sich aber wieder und wirft sich auf das Mädchen. Nun fassen ihn die Strolche und hängen ihn an der Leuchte auf, doch diese fällt zu Boden und erlischt. Der Körper des Gehängten nimmt einen grünlichbläulichen Glanz an, aber er stirbt nicht und läßt seinen verlangenden Blick nicht von dem Mädchen. Auf ein Zeichen des erschütterten Mädchens befreien die Strolche den Mandarin, und sie läßt sich von ihm ohne Widerstand umarmen. Erst jetzt, nachdem er seine Sehnsucht befriedigt hat, stirbt der Mandarin.

Die Wahl dieses Sujets zeigt eine ostentative Abkehr Bartóks von dem Ästhetizismus der traditionellen Ballette und auch von überlieferten sittlichen Konventionen, aber Bartók ging es um tiefere Ziele als Verblüffung des bürgerlichen Zuschauers. Diese außergewöhnliche Verherrlichung des rein physischen Instinkts und seiner Rechte schreitet in ihrem Wesen – trotz der ganzen Drastik ihrer Auffassung – weit über die erotische und sittliche Problematik hinaus. Die Leidenschaft des Mandarins, der gegenüber auch der Tod machtlos ist, symbolisiert die Gewalt der Lebenskräfte des Menschen und seine Beziehung zur Natur; wir erkennen hier eine Idee, die nicht nur einen verborgenen philosophischen Aspekt enthält, sondern auch eine ausgezeichnete Illustration des Vitalismus in Bartóks Kunst ist.

Schon die Ouvertüre, mit der das Werk beginnt, versetzt den Zuhörer in das wahre Zentrum dieser Ästhetik und attackiert ihn mit einer ungewöhnlichen Dynamik und Energie, wie sie bisher kein Komponist, Strawinsky und Prokofjew inbegriffen, in seiner Musik entfaltet hat. Die emotionale Kraft dieser Musik ist eindeutig: Ihre Quelle ist der unerbittliche, brutale und alles mit sich reißende Trieb. In klanglicher Hinsicht ist es eine sehr einfache Komposition. Die Grundlage der Bewegung bildet eine unaufhörlich rotierende Figur der Violinen auf einer diatonischen Tonleiter mit einer achten, zusätzlichen Stufe (die ihr auch einen tonalen Sinn nimmt). Über all dem pulsiert ein rhythmisch wiederholter Akkord der Holzblasinstrumente, der Tritonus-Quarten-Bau aufweist (ein im *Wunderbaren Mandarin* vorherrschender Klang) mit vorübergehenden Abweichungen nach oben und unten:

Er wird vom Tremolo des Klaviers auf demselben Klangmaterial unterstützt. Dann tritt noch eine dritte Klangschicht hinzu: Signalmotive der Posaunen, mit dem zentralen Klang *cis*, in unruhigem, synkopiertem Rhythmus:

von der Trompete nachfolgend um eine kleine Septime höher imitiert. Dieses aufeinanderfolgende Einschalten immer anderer Klangschichten, die eine immer größere Ladung an Energie hereinbringen, steigert die dramatische Ausdruckskraft des Werkes. Im zweiten Teil der Ouvertüre ändert sich die Instrumentation: Das Klavier und die Holzbläser übernehmen in hohen Registern die rotierende Bewegung, die Streicher dagegen die Akkorde. In den Posaunen treten bei der Kulmination des ganzen Verlaufs Glissandi auf.

Das Wesen der stilistischen Neuartigkeit der Ouvertüre liegt in dem Mangel einer melodisch-harmonischen Entwicklung. Die Melodik wird durch hartnäckiges Wiederholen sehr kurzer Signalmotive ersetzt, die Autohupen nachzuahmen scheinen, die Harmonik wiederum läßt sich auf einen einzigen Typ des Zusammenklangs zurückführen. Die Entwicklung beruht auf der aufeinanderfolgenden Einführung verschiedener Klangschichten und auf ihrem rhythmischen Zusammenspiel. Hauptelemente sind hier Klang und Bewegung: Der harmonische und instrumentale Klang enthält die Energie, zu deren Entladung es in der Bewegung kommt.

Wenn sich der Vorhang hebt, spielen die Violen eine Melodie, die den ersten in seinen Taschen nach Geld suchenden Strolch charakterisiert. Es ist eine außerdiatonische aber deutlich zentralisierte Melodie, was ihre symmetrische, pendelartige Zeichnung unterstreicht, die für Bartók typisch ist. Zentraler Klang (auch im wortwörtlichen Sinne) ist hier *h*, das von Halbtönen und ihren Tritonusgegenpolen umgeben wird. Nach vier Takten verschiebt sich das Ganze um einen Halbton:

Das rhythmische, hartnäckige Motiv, das den zweiten Strolch kennzeichnet, leitet sich aus dem ersten Motiv ab. In diesem Werk spielt, wie immer bei Bartók, die motivische und die Durchführungsarbeit eine große Rolle.

Die Szene, in der das Mädchen am Fenster steht und ihre Freier anlockt, wird von einer langen und reich ornamentierten Melodie der Klarinette begleitet. Sie weist eine deutliche tonale Zentralisation auf: Tonikaler Klang ist das besonders exponierte *a*, mit welchem jede Phrase beginnt und endet. Die Tonalität wird um die Gegenpole *dis*, *fis* und *b* erweitert; das Tonmaterial der Melodie bildet ein klassisches Beispiel der Oszillation zwischen zwei gegensätzlichen Klangregionen (vgl. Beispiel auf Seite 204 oben).

Wenn der erste Gast auf der Treppe erscheint, nimmt die Musik wieder ihre rhythmische Spannkraft auf. Der komplizierte Rhythmus und die unregelmäßige Verteilung der Pausen und Akzente zeugen davon, daß

Bartók hier einen von Igor Strawinsky aufgezeigten Weg verfolgt. Das sieht man insbesondere am Klavierpart, in welchem nur ein Akkord rhythmisiert wird:

Der alte Stutzer wird durch herrlich klingende, gewissermaßen unterbrochene Glissandomotive der Posaunen (aufwärts) und eine melodische Phrase der Violen und Violoncelli, die in parallelen großen Sekunden spielen, charakterisiert. Das Komische seiner Liebeswerbung unterstreicht ein charakteristischer Rhythmus, den Bartók in identischer Gestalt in der

2. *Burleske* und im *Holzgeschnitzten Prinzen* bereits ausgenutzt hat (siehe Notenbeispiele auf S. 145, 146 und 182). Wenn die Strolche ihn hinauswerfen, kehrt im Orchester die scharfe, rhythmische Pulsation der Ouvertüre zurück: Die Trompeten wiederholen fortissimo den Zusammenklang *e–f*, worauf eine abfallende Bewegung paralleler Sekunden zu hören ist.

Die zweite Szene des Mädchens am Fenster bringt eine variierte Entwicklung der Klarinettenmelodie, die jetzt reichhaltiger ornamentiert und emotional noch mehr gesättigt ist. Sie nimmt jetzt einen scharfen sinnlichen Ausdruck und ein Kolorit an, das durch vorzügliche Klangeffekte, Tremolo im hohen Register der Klarinette und im Klavier, hervorgehoben wird. Nach den weichen melodischen Motiven in der Szene mit dem Jüngling kehrt die scharfe Pulsation der parallelen Sekunden zurück: Die Strolche befördern den zweiten Gast zur Tür hinaus.

In der dritten Szene mit dem lockenden Mädchen am Fenster erreicht die Phantastik der arabesken Zeichnung und die koloristische Raffinesse ihren Höhepunkt: Die ornamentalen Muster der Klarinette werden von Flageoletts der Violinen, dem Tremolo der Streicher und den Glissandi der Harfe und des Klaviers sowie von schnellen Tonleiterfiguren der Holzbläser (wie in der Szene mit der Folterkammer in *Herzog Blaubarts Burg*) begleitet. Die Musik nimmt hier fast einen hemmungslosen und dabei unheimlichen Ausdruck an. Ähnlich wie in der vorhergehenden Szene vermag Bartók ausgezeichnet das Gefühl der Unruhe und die Spannung des Erwartens zu wecken. Eine schöne Kulmination dieser Szene und überhaupt eine der herrlichsten und erschütterndsten Stellen im ganzen Ballett ist der Auftritt des Mandarins. Die Posaunen spielen glissando dreimal das absteigende Motiv der kleinen Terz, jedesmal von einem Beckenschlag und einem kurzen Tremolo des ganzen Orchesters begleitet. Das klingt grandios und majestätisch und schließt zugleich eine rätselhafte Kraft des Urtriebs in sich ein.

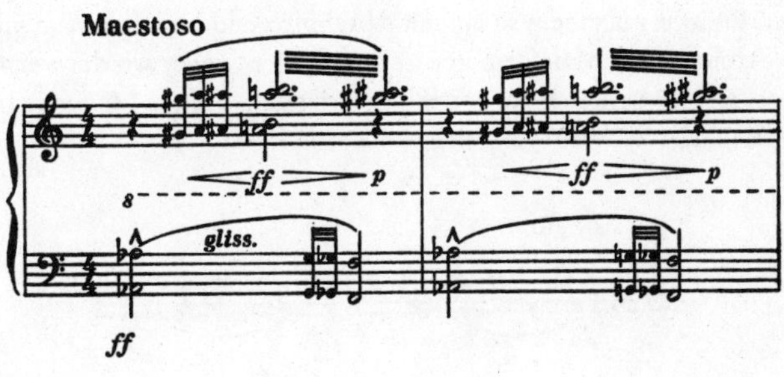

Aus diesem Motiv entwickelt sich die Melodie eines leidenschaftlichen Walzers, der die Lockungen des Mädchens begleitet. Das im Mandarin plötzlich ausbrechende heiße Liebesverlangen gibt der Zusammenklang der kleinen Sekunde in den Trompeten und Streichinstrumenten mit mehrfachem Glissando der Hörner wieder. Die Musik nimmt hier einen scharfen rhythmischen Pulsschlag wie in der Ouvertüre auf; es kehrt die Atmosphäre des brutalen Triebs und das Gefühl der unaufhaltsamen Notwendigkeit des Geschehens wieder. Die Jagd des Mandarins nach dem Mädchen begleitet eine fieberhafte, nichtdiatonische Melodie in pendelnder Gestalt und symmetrischer Anordnung.

Sempre vivace

Das Thema wird noch lange fortgesponnen und wechselt in eine pulsierende Achtelbewegung im Tutti des Orchesters. Über viele Seiten der Partitur begleitet sie nur der zäh wiederholte Akkord *gis–es–a*. Diese vortreffliche Episode, das bei Bartók erste Beispiel einer so großen rhythmischen Energie auf einem so langen Abschnitt, endet in dem Augenblick, da die Strolche den Mandarin erwischen. In der Szene, wo der vermeintlich erdrosselte Mandarin voller wilden Verlangens auf das Mädchen blickt, treten in den Streichern Vierteltöne auf:

Adagio

Von diesem Moment an nimmt die Musik Merkmale einer außergewöhnlichen, beunruhigenden Expressivität an und wird klanglich noch radikaler. Wenn die Strolche sich wieder auf ihr Opfer werfen, erklingen scharfe rhythmische Phrasen der Streicher mit den unablässigen Schritten der großen Septime:

und in der Szene mit dem Schwert bringt der Klavier- und Harfenpart Halbtonkluster:

Während die Strolche den Mandarin aufhängen, ertönen Glissandi verschiedener Instrumente in beiden Richtungen: Posaunen con sordino, Kesselpauken, Klavier und Violoncelli. Die geheimnisvolle und phantastische Stimmung steigert der plötzliche Einsatz des Chors mit dem ‹Mandarin-Motiv› (absteigende kleine Terz). Anfänglich singt er in parallelen Oktaven auf dem Vokal ‹o›, später den Vokal ‹a› in parallelen Quarten, was Gedanken an den Klang des mittelalterlichen Organums weckt. Zusammen mit den langsamen, chromatischen Motiven der Streicher gewinnt diese Musik einen mystischen ja überirdischen Zug. Das dissonante, klanglich sehr komplizierte Finale bewegt sich schon restlos innerhalb der expressionistischen Ästhetik. Das Werk endet mit den wie verhaltener Trommelwirbel klingenden Trauerakkorden der Streicher.

Der wunderbare Mandarin bildet den Höhepunkt in Bartóks Orchesterwerken und ist eine der originellsten Partituren in der ersten Hälfte des

20. Jahrhunderts. Die ästhetische Eigenart dieser Musik ist in ihrer Energie und ihrer rhythmischen Pulsation wie auch in dem Klang verwurzelt, der in seinem außerordentlichen Reichtum und in seiner Orgiastik sogar *Le Sacre du Printemps* übertrifft. Die phantastischen Klangeinfälle, die auf einem entsprechenden Zusammenspiel der Harmonik mit der Instrumentation und mit der Gestalt der Klangfigur beruhen, wirken nicht nur durch den vornehmen Kolorismus, sondern auch durch die große Ausdrucksstärke.

Im August 1919 wurde die Regierung Béla Kúns gestürzt, und das konservative Lager übernahm die Macht. Die Monarchie wurde restituiert, und Admiral Miklós Horthy übernahm die Funktion eines Regenten, in Wirklichkeit eines Diktators. Nun setzte die Verfolgung der während der Räterepublik aktiven Menschen ein. Viele mußten ins Ausland fliehen, unter ihnen – aus Bartóks nächster Umgebung – Béla Reinitz und Béla Balázs. Dohnányi wurde von dem Direktorposten der Akademie abgesetzt und zusammen mit Kodály (der die Arbeit der Akademie neu geordnet hatte) für ein Jahr von der Lehrtätigkeit beurlaubt, was zur Folge hatte, daß mehrere Professoren in den Streik traten; daraufhin wurden auch diese suspendiert. Bartók, der noch vor dem Umsturz einen längeren Urlaub beantragt hatte, betrafen diese Vorgänge nicht persönlich, dennoch manifestierte er seine Solidarität mit den Gemaßregelten. Im Februar 1920 schrieb er an Baron G. Wlassics: ‹Es ist mir erst jetzt zur Kenntnis gelangt, daß bei dem unter Ihrem Präsidium laufenden Disziplinarverfahren gegen Zoltán Kodály auch die Mitgliedschaft beim Direktorium als Anklagepunkt figuriert. Da an der Tätigkeit des Direktoriums ich ebenso teilgenommen habe wie Kodály, muß ich mich dagegen verwahren, daß – sei es wegen der bloßen Tatsache der Mitgliedschaft, sei es wegen einer beanstandeten Betätigung – Zoltán Kodály allein irgendwelche Verantwortung trage. Ich bitte darum, daß diese Zeilen vor dem Disziplinarausschuß verlesen und ins Protokoll aufgenommen werden.›

Im Gegensatz zur Regierungszeit der Republik bezogen jetzt Musiker aus dem ‹konservativen Lager› die exponierten Stellungen im Musikleben. Direktor der Musikakademie war jetzt Hubay, der, obwohl er einst Bartók bekämpft hatte, ihn für sich zu gewinnen suchte. Im Februar brachten die Zeitungen die Nachricht von der Bildung eines Musikrates unter Hubays Vorsitz, dem auch, neben Bartók, A. Szendy, A. Kern, B. Szabados, I. Kerner und A. Buttykay angehören sollten. Bartók antwortete darauf mit einem Schreiben an den Chefredakteur der Zeitung ‹Szózat›, in welchem er erklärte, daß eine diesbezügliche Aufforderung

Béla Bartók im Alter von fünf Jahren

Der junge Bartók im Jahre 1899

Bartók im Jahre 1907

Letzte Seite des Particells des *Violinkonzertes* von 1907

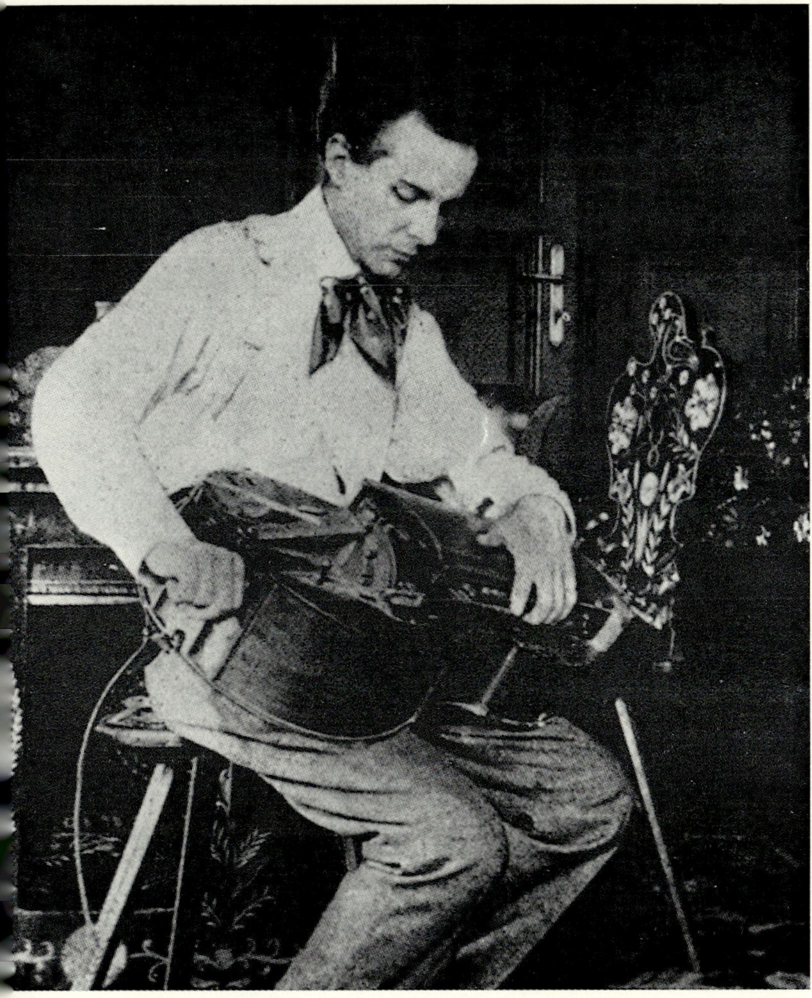

Bartók im Jahre 1908 mit einer Drehleier

Bartók mit Márta Ziegler, seiner ersten Frau, im Jahre 1912

Seite aus einem der Hefte, in die Bartók slowakische Volkslieder notierte

Bartók im Alter von 35 Jahren

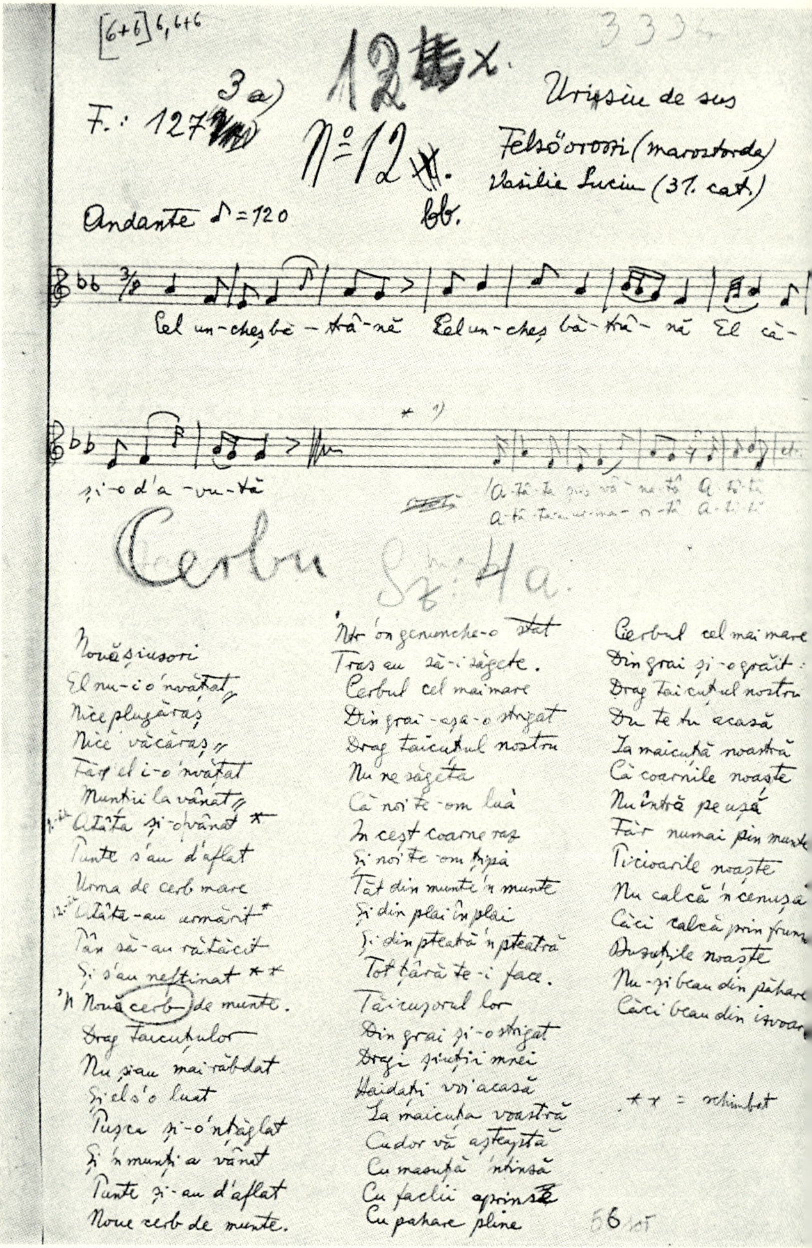

Blatt, auf dem Bartók den rumänischen Text der Legende notierte, den er für die *Cantata profana* ins Ungarische übersetzt und erweitert hat

Bartók im Jahre 1936

Bartók im Jahre 1936

Bartók im Jahre 1938 mit seiner zweiten Frau, Ditta Pásztory

Bartók 1939 in seinem Garten

Erste Seite des Particells des *Violinkonzertes* von 1937/38

von zuständiger Stelle an ihn nicht ergangen sei und daß er auch keinen Sitz in einem Musikrat einzunehmen wünsche, in welchem die besten Musiker des Landes fehlten.

Die neue Lage entsprach Bartók so wenig, daß er sich sogar mit dem Gedanken trug, Ungarn zu verlassen. Sein Name war in der Welt schon bekannt und geschätzt, insbesondere in Österreich und Deutschland, wo man ihn zu den größten Vertretern der neuen Musik zählte. In den avantgardistischen Konzerten des ‹Vereins für musikalische Privataufführungen› in Wien wurden ständig seine Werke gespielt; die Klavierzyklen (*Bagatellen*, *Rumänische Weihnachtslieder*, *4 Klagelieder*) trug Schönberg selbst vor. Am 11. April 1919 kamen erstmalig in den USA Kompositionen von Bartók zur Aufführung: in einem Konzert in der Carnegie Hall dirigierte Edgar Varèse seine *2 Bilder*.

Ende Februar 1920 fuhr Bartók nach Berlin, wo er zwei Klavierabende gab; es war seine erste Konzertreise nach dem Krieg. In Berlin trat er mit dem berühmten Regisseur Max Reinhardt in Verbindung, der ihn um eine Musik zu *Lysistrata* von Aristophanes bat. Bartók befaßte sich anfänglich ernsthaft mit diesem Vorschlag, gab ihn aber aus unbekannten Gründen auf. In derselben Zeit ersuchte ihn die Berliner Zeitschrift ‹Melos› um einen Artikel über das zeitgenössische kompositorische Metier. Dieser im April erschienene Artikel *Das Problem der neuen Musik* ist die einzige Veröffentlichung Bartóks dieser Art und verrät seine theoretischen Ansichten über die Entwicklungsrichtung der modernen Klangsprache und Harmonik; es ist in manchen Punkten eine außerordentlich treffende und zukunftweisende Betrachtung.

‹Die Musik unserer Tage›, schreibt er einleitend, ‹strebt entschieden dem Atonalen zu. Doch scheint es nicht richtig zu sein, wenn das tonale Prinzip als absoluter Gegensatz des atonalen Prinzips aufgefaßt wird. Das letztere ist vielmehr die Konsequenz einer allmählich aus dem Tonalen entstandenen Entwicklung, welche durchaus graduell vor sich geht und keinerlei Lücken oder gewaltsame Sprünge aufweist.›

Als Übergangsetappen erwähnt Bartók die Durchführung in der Sonatenform, die Vermehrung alterierter Akkorde bei Wagner und Liszt sowie den freien Gebrauch fremder Töne über den noch tonal wirkenden Akkorden bei Strauss und Debussy, schließlich die Beschränkung der tonalen Kraft nur noch auf den äußeren Rahmen des Werkes, in welchem sich die Töne atonal verbinden. Eine endgültige Wendung ist die volle Gleichberechtigung der zwölf Töne in ihren horizontalen und vertikalen Beziehungen. Für Bartók schließt diese Lage nicht eine Differenzierung der

Rolle einzelner Töne in der Komposition aus: ‹Bei diesem Verfahren erhalten zwar gewisse Töne in der Zusammenstellung ebenfalls ein relatives Gewicht; doch diese Verschiedenheit an Gewicht basiert nunmehr nicht auf diesem oder jenem Skalenschema, sondern ist eine Folge der jeweiligen Zusammenstellung. Ebenso haben in Gruppen von Zusammenstellungen deren einzelne Glieder im Verhältnis zueinander verschiedenen Wert und verschiedene Intensität.› Weiter weist Bartók auf die unbegrenzten Möglichkeiten in der Bildung von Zusammenklängen hin und läßt auch das gleichzeitige Erklingen aller zwölf Töne in verschiedensten Kombinationen zu. Der Charakter des Zusammenklangs und seine Intensität hängen nicht nur von den Intervallbeziehungen, sondern auch von der Zahl der verwendeten Töne, ihrer engen oder weiten Lage, vom Register und von der Dynamik ab. ‹Die engsten Lagen von drei oder mehr benachbarten Tönen wirken, je nach Tiefe bzw. Höhe der Lage, als mehr oder minder dicht klingendes «stilisiertes» Geräusch... Bei homophoner Musik arbeitet man sozusagen mit gleichzeitig oder in mehr oder minder raschem Nacheinander erklingenden Tonmassen, mit dichteren oder luftigeren, massiven oder dünneren Tonflecken, welche Qualitäten durch die Zahl der angewandten Töne, durch die absolute Lage und die relative (das heißt weitere oder engere Lage) bedingt sind.› Da es hier an festgelegten Regeln fehlt, sind sowohl die Komponisten als auch die Hörer ausschließlich auf ihren Instinkt angewiesen. Die Zukunft wird wahrscheinlich die theoretische Formulierung neuer Gesetze bringen, aber auch diese werden für die Nachwelt nur ein Ausgangspunkt für weitere neue Maßnahmen sein. Auf der gegenwärtigen Etappe ist noch – in entsprechend ausgewogenen Proportionen – die Anwendung traditioneller Akkorde möglich, die im neuen Kontext an Wirkungskraft gewinnen: ‹Das Endziel unserer Bestrebungen ist jedoch die unbeschränkte und vollständige Ausnutzung des ganzen vorhandenen möglichen Tonmaterials.› Nichtsdestoweniger gehören bestimmte, schon abgeschmackte Formeln, wie beispielsweise der Tonika-Dominant-Wechsel, schon der Vergangenheit an und sind der zeitgenössischen Musik durchaus fremd. Nach Bartóks Begriffen ist auch die gegenwärtige Notenschrift veraltet, in ihr sind die Versetzungszeichen lediglich eine Alteration der diatonischen Stufen; es wäre erforderlich, eine Notation zu schaffen, die den autonomen Sinn jedes der zwölf Töne nachvollzieht.

Der Inhalt dieses Artikels muß bei einem Vergleich mit Bartóks Musik, die doch schwerlich im ganzen als atonal bezeichnet werden kann und in welcher eben diatonische und sogar pentatonische Motive eine nicht geringe Rolle spielen, einiges Befremden wecken. Er beweist aber, daß Bartók sich der Richtung, in der sich die Musik entwickelte, bewußt war (seine hellsichtigen Bemerkungen über die Differenzierung der Dichte und Intensität der ‹Tonmassen› und ‹Tonflecken› erstaunen besonders heute). Nicht ohne Bedeutung ist auch die Tatsache, daß der Artikel in einer Zeit entstand, da Bartóks Schaffen sich beträchtlich von der diatonischen Motivik und von einfachen tonalen Strukturen entfernt hatte, nämlich kurz nachdem er die *Lieder* op. 16, die *Etüden* und den *Wunderbaren Mandarin* geschrieben hatte und knapp vor der Entstehung seiner beiden *Violinsonaten*. Von da an wird sein Schaffen immer zwischen dem wirklichen Zwölftonmaterial und den aus der Folklore übernommenen Modalismen, zwischen der von tonalen Anklängen freien Motivik und dem deutlich akzentuierten tonikalen Zentrum oszillieren. Dessenungeachtet – und das geht ebenfalls aus dem Inhalt des Artikels hervor – behandelt Bartók das Zwölftonmaterial anders als Schönberg, er unterscheidet die Bedeutung einzelner Töne und schafft deutliche Klangzentren und Schwerpunkte. Dieser Stoff ist übrigens in vielen Fällen die Summe verschiedener modal-diatonischer Motive, von einer mehr oder weniger verdichteten Veränderlichkeit (die mehrfach erwähnte Technik der ‹veränderlichen oder wechselnden Diatonik›), was Bartók auch in seiner im Jahre 1921 geschriebenen Selbstbiographie feststellt: ‹Die Anwendung derselben (das heißt der modalen Tonleitern) ermöglichte auch neuartige harmonische Kombinationen. Diese Behandlung der diatonischen Tonreihe führte zur Befreiung von der erstarrten Dur-Moll-Skala und, als letzte Konsequenz, zur vollkommen freien Verfügung über jeden einzelnen Ton unseres chromatischen Zwölftonsystems.›

Mit dem Problem des Zusammenspiels der Folklore und der neuen Klangsprache befaßte sich Bartók in seinem zweiten für ‹Melos› geschriebenen Artikel: *Der Einfluß der Volksmusik auf die heutige Kunstmusik* (Oktober 1920). Indem er einleitend den Begriff Folklore präzisiert, gibt der Autor folgende Definition: ‹Volksmusik ist die Musik einer von städtischer Kultur am wenigsten beeinflußten Bevölkerungsschicht.› Laut Bartók haben die Komponisten des 19. Jahrhunderts diese Musik nicht gekannt; diejenigen unter ihnen, die nach allgemeinem Dafürhalten an die Folklore anknüpften, hätten sich in Wirklichkeit an die volkstümlichen, schablonenhaften Kunstlieder mit lokalem Kolorit angeschlossen, deren Komponisten Dilettanten mit einigem musikalischem Wissen waren. Das sei die Ursache, daß die Musik des 19. Jahrhunderts auch eine gewisse ‹gefährliche Neigung zum Banalen aufweist›. Die ersten Beispiele des Einflusses der reinen Volksmusik (Osteuropas und Asiens) finden sich zunächst bei Debussy und Ravel. In noch größerem Maße betrifft das Strawinsky und Kodály. ‹Wie verträgt sich der Einfluß der durchaus tonalen Volksmusik mit der atonalen Richtung? Es genügte der Hinweis auf ein besonders charakteristisches Beispiel: *Pribautki* von Strawinsky. Die Singstimme besteht hier aus Motiven, welche – wenn auch vielleicht nicht aus der russischen Volksmusik entlehnt – durchweg Nachbildungen von russischen Volksmusikmotiven sind. Die charakteristische Kurzatmigkeit dieser Motive, die sämtlich, allein betrachtet, durchaus tonal sind, ermöglicht eine Art instrumentale Begleitung, die aus einer Reihe unterlegter, für die Stimmung der Motive höchst charakteristischer, mehr oder minder atonaler Tonflecken besteht. Die Gesamtwirkung steht jedenfalls dem Atonalen viel näher als dem Tonalen.

Eben dieses den Volksmotiven entliehene hartnäckige Festhalten an einem Ton oder an einer Tongruppe scheint eine besonders wertvolle Stütze zu sein: Sie bietet für die entstehenden Werke dieser Übergangsperiode ein festes Gerippe und bewahrt vor einem planlosen Umherirren.›

Das Jahr 1920 brachte auch die Veröffentlichung einer Reihe anderer Artikel in ausländischen Zeitschriften. Im amerikanischen ‹Musical Courier› erschien die Rezension von Bartók *Kodálys neues Trio ein Welterfolg*, und die avantgardistischen Wiener ‹Musikblätter des Anbruch› brachten den Artikel *A. Schönbergs Musik in Ungarn* (in welchem Bartók voller Begeisterung über den Autor von *Pierrot lunaire* und die von ihm vertretene Richtung spricht und es bedauert, daß seine Werke so wenig bekannt sind und selten aufgeführt werden) und einen zweiten: *Ungarische Bauernmusik*, in welchem die These aus dem Programm des ‹Historischen Konzerts› vom Jahre 1918 weiterentwickelt wird. Die Leipziger ‹Zeitschrift für Musikwissenschaft› druckte zwei kleine wissenschaftliche Abhandlungen: *Der Musikdialekt der Rumänen von Hunyad* (deutsche Übertragung eines 1914 in ‹Ethnographia› veröffentlichten Artikels) und *Die Volksmusik der Araber von Biskra und Umgebung*.

Im ersten Artikel, der sich mit der Systematik der Lieder und der eingehenden Analyse der melischen und rhythmischen Wendungen befaßt, schrieb Bartók unter anderem, daß unter den Völkerschaften Ungarns die rumänische die einzige sei, welche die Urform ihres Musizierens unangetastet bewahren konnte. Dieser in einer deutschen Zeitschrift veröffentlichte Artikel und seine wissenschaftliche Objektivität weckten den Unwillen der nationalistischen Kreise in Budapest. Die politische Stimmung war damals sehr gespannt: Am 4. Juni 1920 sollte der Friedensvertrag von

Trianon unterzeichnet werden, laut welchem Ungarn einen großen Teil seines Territoriums verlor und Siebenbürgen an Rumänien abtreten mußte. Die Hetze gegen Bartók, wegen des erwähnten Artikels, leitete ein in der Zeitung ‹Szózat› gedrucktes Pamphlet unter der Überschrift ‹Béla Bartók im Dienste der walachischen «Kultur»› ein. Darin schrieb der Autor unter anderem: ‹Abgesehen davon, daß es von unserem Standpunkt aus äußerst unzeitgemäß ist, Kulturfragen der Walachen [Rumänen] zu behandeln, ist doch unsere wichtigste Waffe unsere kulturelle Überlegenheit den Walachen gegenüber, was die ganze Welt anerkennt, häuft Bartóks Artikel tendenziöse Daten übereinander, was wir kaum auf sich beruhen lassen können... Der königlich-ungarische Professor teilt Siebenbürgen in drei Zonen ein und erklärt Máramaros, Ugocsa, Szatmár, Szilágy, Beszterce-Naszód, Bihar, Hunyad für rumänisches Kulturgebiet, natürlich mit den Territorien, die östlich hiervon liegen... Es wäre erwünscht, wenn der Kultusminister Bartók Gelegenheit böte, sich noch vor Ablauf seines Urlaubs über seine Staatsangehörigkeit klar zu äußern.› Kurz danach erschien in ‹Nemzeti Ujság› ein Artikel ähnlichen Inhalts unter der Überschrift ‹Über das Ungartum Béla Bartóks› sowie nun wieder im ‹Szózat› eine Erklärung von Jenö Hubay selbst: ‹Ich muß im voraus bemerken, daß mich an Béla Bartók schon lange ein Wohlwollen und sogar eine Freundschaft bindet und daß ich ihn für ein ausgezeichnetes Talent halte... Dies kann mich aber nicht hindern, der Wahrheit entsprechend zu erklären, daß ich die Publikation eines Artikels über die walachische Volksmusik in einem deutschen Blatte für ungemein unzeitgemäß halte. Jetzt, da wir mit jedem Tropfen Blut um die Aufrechterhaltung unserer Integrität kämpfen müssen, halte ich es für nicht entschuldbar, uns mit irgendeiner Schilderung der Kultur unserer Nationalitäten zu befassen... Diese Frage muß und soll heute nicht vom wissenschaftlichen Standpunkte beurteilt werden, sondern nur vom Standpunkte der nationalen Interessen des Ungartums, welche heute jedenfalls wichtiger sind als eine Detailfrage der Musikwissenschaft, der überhaupt keine große Bedeutung beigemessen werden kann.›

Diesmal entschloß sich Bartók zu einer Gegenerklärung in derselben Zeitung: ‹Ich las mit Verwunderung in der heutigen Nummer des «Szózat», daß Herr Direktor Hubay sich den Beschuldigungen der «Nemzeti Ujság» anschloß. Dies zwingt mich, nun auch vor die Öffentlichkeit zu treten und auf die auffallendsten Beispiele der in den Anschuldigungen sich zeigenden Unwissenheit, des Übelwollens und der tendenziösen Irreführungen hinzuweisen. Ich hege zwar nicht viel Hoffnung, daß ich mit Argumenten etwas erreichen werde, da es doch klar ist, daß meine Angreifer sogar den Grundprinzipien der musikalischen Folklore völlig unorientiert gegenüberstehen (so können sie zum Beispiel nicht verstehen, daß es beim Studium des ungarischen Volksliedes unerläßlich ist, das Volksliedmaterial auch der Nachbarvölker eingehend zu kennen), und da es weiter klar ist, daß meine Angreifer keine wissenschaftliche Diskussion, sondern persönliche Angriffe heraufbeschwören wollen... Gegenüber der Beschuldigung, daß die Publikation dieses Artikels «gegenwärtig überaus unzeitmäßig, ja sogar unglücklich» wäre, erkläre ich, daß meine Auffassung gerade das Gegenteil hiervon ist, weil daraus die kulturelle Überlegenheit des Ungartums hervorleuchtet... Die Publikation des Artikels war auch deshalb erwünscht, damit das Ausland sehe, wie hoch wir unsere Nationalitäten bewerten, wie sehr wir uns um ihre kulturellen Fragen bekümmern, daß wir sie überhaupt nicht unterdrücken. Oder fordert es vielleicht das Interesse Ungarns, die Beschuldigung unserer Feinde über die Unterdrückung unserer Nationalitäten nicht zu entkräften? Oder vielleicht versucht die Tatsache nicht die Anschuldigung zu widerlegen, daß ein königlich-ungarischer Hochschulprofessor für das ungarische Museum außer den ungarischen auch die Volksliedmaterialien der Nationalitäten sammelt?›

Die Diskussion endete mit einer offiziellen Erklärung der Ungarischen Ethnographischen Gesellschaft, die Bartók unterstützte: ‹Der Ausschuß erklärt sich mit dem Angriff, der überhaupt keine objektive Grundlage hat, nicht solidarisch; er protestiert dagegen im Interesse der Freiheit der wissenschaftlichen Arbeit.›

Im Jahre 1920 entstand der acht Stücke umfassende Zyklus für Klavier, dessen voller Titel *Improvisations sur des chansons paysannes hongroises (Improvisationen über ungarische Bauernlieder) op. 20* lautet. Ähnlich wie bei den anderen Bearbeitungen der authentischen Folklore fügte der Komponist eine Aufstellung der verwerteten Melodien (in ursprünglicher Tonart und mit Texten notiert) hinzu. Das Werk hat aber wenig mit der Form und dem Stil der folkloristischen Bearbeitungen Bartóks von vor dem Ersten Weltkrieg gemein. Den Unterschied unterstreicht übrigens schon der Titel wie auch die Angabe der Opuszahl. Wo wir es in den anderen Zyklen lediglich mit der künstlerischen Harmonisierung der zitierten Melodien zu tun hatten, bildet hier die Volksmelodie den Stoff, den der Komponist seinen Anforderungen anpaßt, indem er häufig die rhythmischen und metrischen Werte und sogar (in den Wiederholungen) die Intervalle ändert. Auch die motivische Arbeit kommt zur Anwendung als zwischen die Wiederholungen der Melodie eingeschaltete Zwischenspiele aus melodieeigenen Motiven; manchmal (wie in Nr. 4 und 5) schließt das Stück mit einer umfassenden Durchführung. Die Melodie verliert hier ihr entschiedenes Übergewicht, sie verschmilzt mit dem reichen Tonbild, dessen Hauptelemente der Klang, der Rhythmus und die Gestalt der pianistischen Figuren sind. Ihr rustikaler Charakter – Einfachheit und Schärfe der Zeichnung – verleiht dem Werk seinen besonderen Gehalt, der mit der Herbheit des Klangs gut übereinstimmt. Wieder ist es Bartók gelungen, einander scheinbar fremd gegenüberstehende Klangwelten miteinander zu verschmelzen und einen neuen, einheitlichen und sehr faszinierenden stilistischen Wert zu erzielen. In diesem Kontext wird die tonale Kraft der Melodie zweifellos abgeschwächt; wichtiger ist jetzt ihre Zeichnung und ihr Rhythmus. Die Harmonik untermalt den Verlauf klanglich, sei es in Form von Ostinatofiguren oder -akkorden (zum Beispiel in Nr. 5 der rhythmisch wiederholte ‹Fleck› zweier kleiner Sekunden), sei es in Gestalt von chromatischen Folgen, die ihre eigene Schwerkraft entwickeln (wie in Nr. 2):

In der Harmonik dominiert die Chromatik, die der Melodie das Diatonische und dem ganzen Verlauf seinen tonalen Charakter nimmt. Die Schwerpunkte haben hier eher den Charakter einer klanglichen als einer tonikalen Zentralisation. Kein Stück schließt mit einem konsonanten Akkord. Die Zusammenklänge sind (mit Ausnahme einiger chromatischer Dreiklangfolgen in Nr. 1) sehr scharf und gesättigt, wie in keinem der bisherigen Klavierwerke Bartóks, dabei aber außerordentlich differenziert, und zwar auf eine Art und Weise, die von seinem besonderen Gefühl für harmonische Klangfarbe und Ausdruck zeugen. Sie unterliegen dabei einer sehr präzisen Organisation. Der Schluß von Nr. 5 (Durchführung des Motivs der Melodie) fußt auf der Imitation in der Sexte auf eine Weise, daß sämtliche Zusammenklänge sich auf den Tritonus und die große Sekunde (oder ihre Umkehrung) zurückführen lassen:

Der Anfang und der Schluß des Stückes Nr. 6 bringen eine konsequente Schichtentrennung des Materials: Die linke Hand spielt auf den schwarzen

Tasten und knüpft an die pentatonischen Motive der Melodie an, die rechte auf den weißen, ohne daß dabei über konsonante Akkorde hinausgeschritten wird:

Interessante Effekte zeitigt die Kreuzung dieser Klangschichten über die ganze Klaviatur:

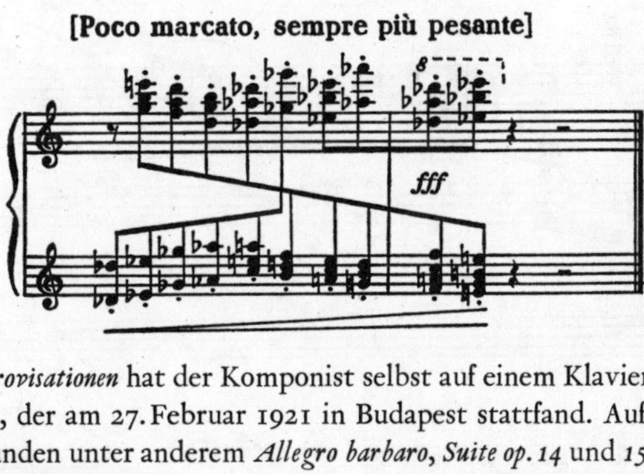

Die *Improvisationen* hat der Komponist selbst auf einem Klavierabend uraufgeführt, der am 27. Februar 1921 in Budapest stattfand. Auf dem Programm standen unter anderem *Allegro barbaro*, *Suite op. 14* und *15 ungarische Bauernlieder* für Klavier.

Im März 1921 wurde Bartók vierzig Jahre alt. Aus diesem Anlaß brachte die Pariser ‹Revue Musicale› den Artikel *Béla Bartók* von Kodály, und die Wiener ‹Musikblätter des Anbruch› gaben eine Sondernummer heraus,

Vl.
Klav.

die unter anderem folgende Artikel enthielt: von Egon Wellesz über die *Streichquartette*, von Kodály über den Zyklus *Für Kinder*, von Felix Petyrek über die Klavierwerke, von Cecil Gray: *Béla Bartók* (Übersetzung eines ein Jahr vorher im Londoner ‹Sackbut› gedruckten Artikels) sowie die bereits erwähnte *Selbstbiographie* des Komponisten.

Bald danach wurden Bartók Auftritte in England und Frankreich zusammen mit der (seit dem Krieg in London lebenden) ungarischen Violinistin Jelly d'Arányi vorgeschlagen. Jelly (mit deren Familie Bartók in seiner Studienzeit befreundet war und deren Schwester er im Klavierspiel unterrichtete) hatte ihn im Jahre 1921 in Budapest besucht und mit Bartók eine Sonate von Brahms gespielt. Bartók, der von ihrem Spiel und von der Aussicht auf gemeinsame Auftritte begeistert war, beschloß, ein spezielles Werk zu diesem Zweck zu komponieren. Als Ergebnis dieses Vorhabens entstand Ende 1921 die *1. Sonate für Violine und Klavier* (es ist die erste Komposition, die keine Opuszahl trägt; von nun an numeriert der Komponist – anscheinend dem Beispiel Strawinskys folgend – seine Werke nicht mehr).

Der Stil dieser Sonate, eine Fortentwicklung der ästhetischen Linie seiner früheren *Skizzen und Lieder zu Texten von Ady*, nähert sich aber auch (wohl mit Ausnahme des letzten Satzes) in seiner expressiven Unruhe, im Typ von Harmonik und Klangmaterial dem Schaffen der Wiener Komponisten, allerdings unter Beibehaltung der offenkundigen Eigenart des Autors. Die stark dissonante, vielklängige Harmonik vereint sich mit einer freien Behandlung der Zwölftonskala. Trotzdem ist – in Umrissen – die Neigung des Komponisten zur Klangzentralisation erkennbar: Zentraler Punkt in den beiden Ecksätzen ist der Ton *cis*, mit welchem das Werk beginnt und schließt.

Das Thema des 1. Satzes (*Allegro appassionato*) fußt im Klavierpart auf zwei zerlegten Vierklängen mit den Grundtönen *cis* und *g*, also eine Tritonusbeziehung nach dem Prinzip: Zentrum und Gegenpol. Die Melodie der Violine verrät anfänglich gewisse (eigene) tonale Züge und graviert deutlich zum *c*, das den Grundakkord klanglich färbt (vgl. Beispiel auf Seite 218).

Die Melodie ist hier (wie übrigens in der ganzen Sonate) im Verhältnis zur Harmonie eine Art Überbau, der zusätzliche Spannungen hereinbringt. Ihr Zusammenklang mit dem Klavier ist immer dissonierend; sie gründet sich dabei auf einem eigenen und unabhängigen motivischen Material.

Das zweite Thema zeichnet sich im Violinpart durch große Intervallsprünge aus, was Gedankenverbindungen zu Webern weckt:

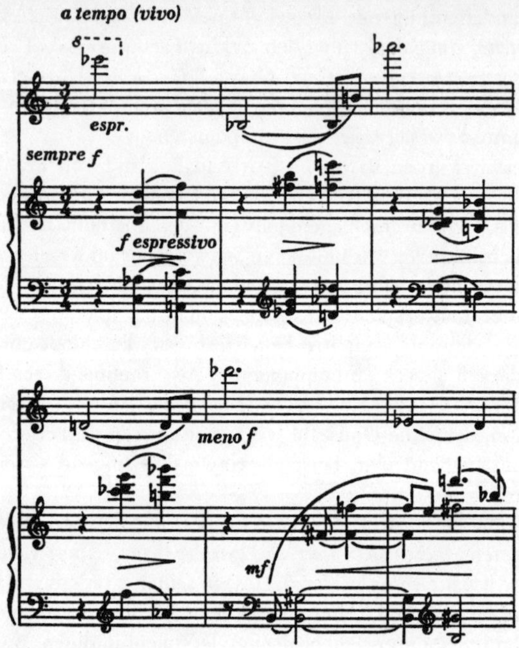

Die Akkorde – die im weiteren Verlauf schon atonal verbunden werden – schreiten im Prinzip nicht über den aus großer Septime, Tritonus sowie Terz oder Sexte zusammengesetzten Klang hinaus. Dieser Klangtyp entspricht genau der Stimmung in diesem Satz, der viel von dem Pathos der romantischen Violinsonaten in sich birgt.

Der 2. Satz (*Adagio*) beginnt mit einer langen Solomelodie der Violine, worin er an die jugendliche *Violinsonate* vom Jahre 1903 (2. Satz) wie auch an die *2. Orchestersuite* (Solo der Klarinette im 3. Satz) anknüpft. Der Stoff der chromatischen Skala wird hier umfassend ausgenutzt und erreicht sogar Elftonreihen. Die Stellen, in welchen das Klavier einsetzt, bilden einen starken Kontrast zu den Unisono-Abschnitten: Es treten authentische Molldreiklänge auf, die sich in der wiederholten Tonfolge *c, d, e, fis* parallel verschieben. Das ist ebenfalls ein Oszillieren zwischen den Gegenpolen des Tritonus. Der konsonante Klang beschränkt sich jedoch nur auf das Klavier; die Melodie der Violine bildet ständig Dissonanzen zu den Akkorden, ohne dabei der Musik ihren weichen, pastoralen Charakter zu nehmen.

Der Mittelteil dieses Satzes (*Sostenuto*) bringt einen kurzatmigen und dabei sehr impulsiven Typus der Motivik, der noch häufig in den Werken von Bartók auftreten wird. Der Komponist kehrt hier zu dem Grundsatz der ‹veränderlichen diatonischen Skala› mit deutlicher tonaler Zentralisation zurück:

Diese Motive begleitet das Klavier mit Figuren auf nur einem Ton *fis* (mit Oktavsprüngen). Im weiteren Verlauf verbreitert sich der Klang, umrankt von einer ungewöhnlich reichen und phantastischen Ornamentik der Violine und des Klaviers, die von dem Stil Szymanowskis in seinen *Mythen* deutlich beeinflußt ist.

Der 3. Satz (*Allegro*, *Allegro molto*) bringt einen grundsätzlichen stilistischen Kontrast: Zum erstenmal hören wir in diesem Werk eine entschlossene, energische Rhythmik, mit welcher die Vereinfachung der Tonbeziehungen einhergeht. Bartók kehrt hier zu der modalen Motivik sowie zur Ostinatostabilisierung zurück, und diese Merkmale trennen ihn deutlich von den Komponisten der Wiener Schule. Nach einer kurzen, klanglich scharfen Einleitung verharrt das Klavier auf dem rhythmischen Ostinato eines Akkords, der aus zwei Quint-Tritonus-Strukturen besteht. Die urwüchsige Tanzmelodie der Violine bewegt sich in einer diatonischen Skala in sonderbarer modaler Anordnung *h–cis–d–e–f–g–a*.

Diese Tonleiter verleiht der Melodie einen gewissen exotischen Beigeschmack, etwa wie im 3. Satz der *Suite op. 14*. Im weiteren evolutionär variierten Verlauf der Melodie verändert sich dieses Material und bildet verschiedene Kombinationen von Ganz- und Halbtönen, was seine Exotik noch steigert. Gleichzeitig verändert sich das Ostinatomaterial im Klavierpart; es erscheinen unter anderen Figuren, die nur aus einfachen oder doppelten Halbtonflecken zusammengesetzt sind. Im Abschnitt *Vivacissimo* übernimmt das Klavier die melodischen Motive, während die Violine nur einen Akkord in verschiedenen rhythmischen Abständen wiederholt: ♪𝄾 𝄾 𝄾 ♪𝄾 ♪𝄾 𝄾 ♪𝄾 ♪𝄾 𝄾 ♪ usw. In Verbindung mit der veränderlichen Verteilung der Akzente und Pausen in den Figuren des Klaviers bildet das einen komplizierten und dabei dynamisch sehr gehaltvollen rhythmischen Verlauf, der beweist, daß Bartók auf diesem Gebiet Strawinsky gleichkommt.

Mit dem Jahr 1922 beginnt eine lange Reihe von Konzertreisen Bartóks durch Europa. Nach einigen Auftritten in Rumänien (Siebenbürgen) reiste er im März nach London, wo die Uraufführung seiner *1. Violinsonate* stattfinden sollte. Bartóks Ankunft wurde in den dortigen Kreisen als ein großes Ereignis notiert: Die Presse brachte Bilder und Interviews, und im Programmzettel stand unter seinem Namen der Zusatz ‹großer ungarischer Komponist›. Rezensionen in den führenden Blättern erschienen schon nach seinem ersten inoffiziellen Auftritt mit Jelly d'Arányi in Hyde Park Terrace (14. März). Später trat er noch privat mit der Sängerin Dorothy Moulton sowie in Aberystwyth in Wales auf (hier spielte er unter anderem die *Suite op. 14*, den *2. Rumänischen Tanz* und die *4 Klagelieder*). Am 24. März fand sein großes öffentliches Konzert in London (Aeolian Hall) statt, auf welchem Jelly d'Arányi mit dem Komponisten seine *1. Sonate für Violine und Klavier* sowie die *Sonate D-Dur* von Mozart vortrug, Bartók spielte seine eigenen (*Burlesken* und *Bärentanz*) sowie Klavierwerke von Kodály. Die führenden Kritiker der jüngeren Generation – unter ihnen Cecil Gray und Edward J. Dent – schrieben in Superlativen über Bartók.

Von London begab sich Bartók nach Paris, wo er am 8. April zusammen mit Jelly d'Arányi im Théâtre du Vieux Colombier an dem von der ‹Revue Musicale› veranstalteten Konzert auftrat. Nach dem Konzert gab der Chefredakteur dieser Zeitschrift, Henri Prunières, einen Empfang zu Ehren Bartóks, auf welchem die ganze avantgardistische, vornehme Welt von Paris anwesend war. Bartók berichtete darüber seiner Mutter: ‹Nachher war bei Prunières ein Abendessen, wo mehr als die Hälfte der «allerersten Komponisten der Welt» zugegen waren, will sagen Ravel, Strawinsky, Szymanowski und noch ein paar junge (berüchtigte) Franzosen, die Du nicht kennst. Die meisten waren von der *Violinsonate* sehr begeistert, aber nicht weniger von Jellys Spiel, die «sich selbst übertroffen hat» an diesem Abend. NB: Das Konzert war um fünf, am Abend nach dem Essen haben wir bei Prunières in der oben erwähnten erlesenen Gesellschaft die

Sonate noch einmal gespielt.› Somit war Bartók zweifellos der Mittelpunkt des Interesses in der Pariser Musikwelt. Es lohnt, zu bemerken, daß ‹La Revue Musicale› eine Zeitschrift war, in welcher wiederholt Artikel über Bartók gedruckt wurden; Prunières selbst schrieb über ihn, vor allem aber Kodály, der seine neuen Werke (unter anderen die erst kurz zuvor instrumentierten und in Budapest von Dohnányi am 9. Januar aufgeführten 4 *Orchesterstücke* op. 12) erörterte.

Bartóks nächste Reiseetappe war Frankfurt am Main, wo am 24. April ein ausschließlich seinen Werken gewidmetes Konzert stattfand (*1. Streichquartett*, *1. Violinsonate*, *Suite op. 14*, *Burlesken*). Auch die Vorbereitungen zur Erstaufführung der Oper *Herzog Blaubarts Burg* und des Tanzspiels *Der holzgeschnitzte Prinz* waren in vollem Gang. Bartók fand nicht das vor, was er erwartet hatte; verärgert schreibt er an die Pianistin Etelka Freund: ‹In England und Frankreich ist alles gut gegangen, wie am Schnürchen. Aber in Deutschland! Hier ist alles im Verfall! Unmögliche Zustände... Was für schlechte Geiger, was für eine schlechte Quartettgesellschaft, was für eine schlechte Oper verdirbt hier meine Werke. Ich sehe einer traurigen Erstaufführung entgegen. Na, ich danke schön, von Deutschland mag ich nicht mehr. Was ich davon bisher als Kostprobe bekommen habe, war genug, sogar zuviel.› Die Premiere fand am 13. Mai 1922 statt und war ein mäßiger Erfolg.

Nach seiner Rückkehr in die Heimat verlegte Bartók seine Wohnung von Rákoskeresztúr, wo er seit 1911 wohnte, nach dem Haus am Szilágy-Platz in Buda, hart an der Donau. Dort auch begann er, in Gedanken an Jelly d'Arányi, sein nächstes Werk zu schreiben: die *2. Sonate für Violine und Klavier*. Im August fuhr Bartók, trotz seiner Abneigung, wieder nach Frankfurt zu den Festspielen der zeitgenössischen Kammermusik, bei welchen auch seine *1. Sonate für Violine und Klavier* im Programmheft stand. Auf dem Festival wurden Werke von Schönberg, Ravel, Strawinsky, de Falla, Hindemith, Honegger, Milhaud und vielen anderen, heute zum Teil unbekannten Komponisten gespielt. Dort auch wurde auf Anregung von Edward J. Dent die Internationale Gesellschaft für Neue Musik (IGNM) gegründet und beschlossen, alljährlich Musikfestspiele in jeweils anderen Städten Europas zu organisieren. Für das nächste Treffen wurde Salzburg gewählt.

Im November war die *2. Sonate für Violine und Klavier* fertig, ein Werk, das aus ähnlichen Tendenzen wie die *1. Sonate* erwächst und noch ein Beispiel einer gewissen Annäherung Bartóks an die von Schönbergs Schule verfolgte Richtung ist. Gleichzeitig hebt sich hier die unverkennbare Eigenart des Stils noch stärker hervor als in der *1. Sonate*. Die Komposition besteht aus zwei extrem gegensätzlichen Teilen – einem langsamen, expressiven und einem schnellen im tänzerischen Rhythmus – womit Bartók an die formale Idee des *1. Violinkonzerts*, der *2 Porträts* und der *2 Bilder für Orchester* anknüpft. Diese zweiteilige Form scheint der ‹dualistischen› Individualität Bartóks besonders zu entsprechen; sie umfaßt zwei entgegengesetzte Tendenzen: Expressivität und Vitalität. Der 1. Satz (*Molto moderato*) ist eine klanglich und emotional sehr gesättigte freie Fantasie, die sich der Strenge der metrisch-rhythmischen Pulsation entzieht und veränderliche Tempi sowie einen reichhaltigen, gewissermaßen improvisatorischen Verlauf verschiedenartiger Figuren und Arabesken aufweist. Der Klangstoff ist im Prinzip atonal und fußt auf der freien Verwertung der Zwölftonskala, doch ist schon die Tendenz zur Einengung des Materials und zur Wiederholung ausgewählter Klangstrukturen in den einzelnen Abschnitten sichtbar. In dem motivischen Leitgedanken der Violine am Anfang, der später noch zweimal zurückkehrt, fühlen wir sogar vorübergehend eine tonale Gravitation heraus, aber unter gleichzeitiger Verwendung veränderlicher Stufen der Skala. Die unruhigen rhythmischen Motive, die sich aus der impulsiven Gegenüberstellung von kurzen und langen Werten ergeben, sind ein typisches Symptom der individuellen Expressivität Bartóks:

Der tonale Charakter dieser Motive verliert sich später in der reichen Chromatik, die den ganzen Verlauf dieses Teils ausfüllt. Auffallend ist die Neigung zu großen Intervallschritten, vor allem der großen Septime: Wir haben sogar eine Folge von vier Septimen in einer Richtung (zum Beispiel *b–a–gis–g*). Große Sprünge, verbunden mit einer unkonventionellen Auswahl der Intervalle, treten auch im Klavierpart auf:

Der 2. Satz (*Allegretto – Vivo – Allegro molto*) nähert sich der Form des Rondos, in welchem die verschieden variierte Melodie (am Anfang pizzicato solo exponiert) wiederkehrt; sie hat gewisse tonale Merkmale und erwächst aus dem Hauptmotiv des 1. Satzes, aber im Krebsgang (*c–d–e–fis–gis–a*). Besondere Beachtung verdient die Harmonik, in der, erstmalig in so großer Häufung, der Halbton als grundsätzliches Element des Zusammenklangs ausgenutzt wird. Es treten Akkorde auf, die sich aus allen Tönen eines gewissen Abschnitts der Halbtonskala zusammensetzen, sei es in enger (Kluster) oder teilweise weiter Lage. Schon der Akkord des Klaviers am Anfang bildet den viertönigen Kluster *f–fis–g–as* mit nur einer Oktavverdopplung:

der nachfolgend zu einem Vielklang mit mehrfachen Verdopplungen anwächst:

Unter den aus Halb- und Ganztönen gebildeten Akkorden treten sogar Siebenklänge auf (*cis–d–e–f–fis–as–b*). Reiche Verwendung finden chromatisch in schnellem Tempo fortlaufende Ganztonkluster:

An anderer Stelle wird der Ganztonkluster (arpeggio abwärts) von schnellen Tonleitern überlagert; mit dem hinzutretenden Ton *b* und dem liegenden Ton *a* in der Violine bildet das zusammengenommen einen vollen Zwölftonklang in enger Lage:

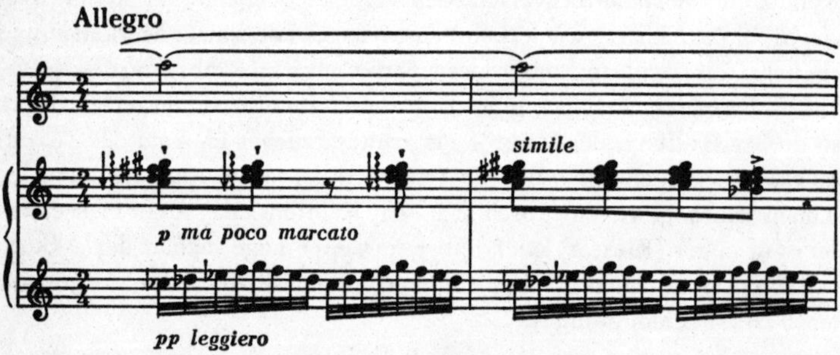

Halbtonakkorde in enger oder weiter Lage kommen auch in der Violine vor. Eine Neuheit ist die ‹martellato›, fast schlagzeugartige Behandlung des Instrumentes, das nur einen scharfen Klang in komplizierten rhythmischen Folgen wiederholt. In Verbindung mit der Klangfarbe der Violine bildet das den Effekt einer spezifischen Spannung von außergewöhnlicher Intensität:

Bartók, der seit den *Bagatellen op. 6* als der in seiner Epoche entdeckerfreudigste Komponist auf dem Gebiet der Harmonik gelten konnte, begann jetzt auch die entlegensten Möglichkeiten dieses Elementes zu untersuchen und schritt hier über die Errungenschaften seiner Zeitgenossen hinaus. Berücksichtigt man noch, daß er in der Behandlung des Zwölftonmaterials den Wiener Komponisten und auf dem Gebiet der Rhythmik Strawinsky nicht nachstand, dann ist es klar, daß Bartóks Schaffen in dieser Zeit sich auf dem am weitesten vorgeschobenen Posten der Avantgarde befand. Beide Violinsonaten, wenn sie auch nicht zu den Spitzenleistungen von Bartóks Talent gehören, haben in seinem Schaffen eine wichtige ‹experimentelle› Rolle gespielt; die hier erprobten Mittel wird der Komponist bald in seinen repräsentativsten Werken ausnutzen.

Die Uraufführung der *2. Sonate für Violine und Klavier* mit Jelly d'Arányi fand in London am 7. Mai 1923 statt; das Werk wurde auch in das Programm des 1. Musikfestspiels der IGNM in Salzburg aufgenommen. In diesem Jahr reiste Bartók sehr viel; er trat mit den Violinisten Zoltán Székely in Holland und Imre Waldbauer (der beide Sonaten in sein Repertoire aufnahm) in Berlin, Wien und Košice auf. Im November fuhr Bartók wieder nach England, wo er diesmal in London, Bournemouth, Huddersfield und St. James konzertierte. Am 10. November trat er mit Jelly d'Arányi in London auf. Das Programm enthielt die *2. Sonate für Violine und Klavier*, ferner die *Violinsonate G-Dur* von Beethoven sowie *Nocturno und Tarantella* von Szymanowski, darüber hinaus spielte Bartók fünf *Bagatellen*, die *Rumänischen Weihnachtslieder*, zwei *Klagelieder* und den *2. Rumänischen Tanz*. In London wurde er mit dem 26jährigen amerikanischen Komponisten Henry Cowell bekannt, der ihn durch seine originelle Klaviertechnik fesselte, in welcher Cowell in großem Umfang Klusterakkorde anwandte, ähnlich wie es Bartók selbst tat. Danach reiste Bartók nach Paris, wo er ihm ein Privatkonzert im Kreise der führenden Musiker, unter anderen Prunières, Ravel und de Falla, organisierte; diesen Auftritt bezeichnete Cowell nach Jahren als das größte Ereignis in seinem Leben.

Das Jahr 1923 brachte wichtige Änderungen in Bartóks Privatleben; er trennte sich von seiner Frau und schloß eine neue Ehe. Seit 1921 war die blutjunge Ditta Pásztory (geb. 1903) seine Schülerin, die den Lehrer bald nicht mehr nur als begabte Künstlerin interessierte. Das Gefühl war beiderseitig, aber Bartók konnte sich lange nicht zu einem entscheidenden Schritt entschließen. Den Lauf der Ereignisse entschied Márta, die immer zur Aufopferung für Bartók bereit war; sie war es, die entgegen dem Anraten ihrer Freunde (unter anderem Kodálys) Bartók zur Scheidung und zweiten Heirat bewegte. Am 13. August 1923 schrieb Bartók seiner Mutter: ‹... Es tut mir wohl, daß Mártas Brief Euch einigermaßen beruhigte, denn es schmerzte mich sehr, daß Du traurig wurdest... Ich glaube, daß es so gut, beziehungsweise besser sein wird, als es bisher war. Nur eben für Márta wird es schlechter sein; das ist das einzige, was mich traurig macht. Ich hätte sie wirklich nicht um dieses Opfer ersucht, ich hätte dies nicht tun können, obzwar die menschliche Raison dies befohlen haben würde. Aber sie selbst redete mir zu diesem Schritt zu, und ich konnte hierauf nicht nein sagen, es handelt sich ja nicht nur um mich.› Die Scheidung erfolgte Anfang August, die Trauung mit Ditta fand am 28. desselben Monats statt. Nach einem Jahr kam Bartóks zweiter Sohn, Péter, zur Welt. Die Trennung verlief in gänzlicher Eintracht, und Bartók blieb auch später in persönlichem Kontakt mit Márta. Im Jahre 1925 heiratete Márta ihren Vetter, der ihr schon seit langem seine Zuneigung schenkte; die Ehe war sehr glücklich.

Im August 1923 entstand ein neues Orchesterwerk von Bartók; auf Bestellung der Stadtverwaltung im Zusammenhang mit dem 50. Jahrestag der Vereinigung von Buda und Pest komponierte er die *Tanzsuite* für Orchester. Im Vergleich zum ganzen Schaffen, insbesondere zu den letzten voraufgehenden Werken Bartóks, gehört die *Tanzsuite* zum Typ der ‹populären› Musik, doch nur hinsichtlich ihres Ausdrucks, denn was die Mittel anlangt, ist sie für das avantgardistische Schaffen Bartóks in der Periode nach dem *Wunderbaren Mandarin* ein durchaus repräsentatives Werk. Die Anziehungskraft dieser Musik und ihre Verständlichkeit wurden hier ohne jegliche Zugeständnisse zugunsten der Tradition erreicht. Auf der anderen Seite bedeutet die *Tanzsuite* den endgültigen Bruch der vorübergehenden Bande mit den Tendenzen der Wiener Schule. An Stelle der freien Behandlung des Zwölftonmaterials und komplizierter Zusammenklänge trat jetzt die präzise Organisation, deren Mittel die Einschränkung des Klangmaterials, die deutlichen Schwerpunkte der Zentralisation, die Schichtenharmonik und die Stabilisierung der Zusammenklänge sind. Die Motivik der Melodie ist hier wiederum von der Folklore inspiriert, und der Rhythmus wird zu einem der wichtigsten Elemente des ganzen Werkes. In dieser Beziehung nähert sich Bartók nunmehr Strawinsky; die *Tanzsuite* ist dasjenige Werk, in dem Strawinskys Einfluß am deutlichsten wird, obwohl das eher auf einzelne Abschnitte als auf den Stil der ganzen Komposition zutrifft.

Die *Tanzsuite* besteht aus 5 Sätzen und einem *Finale*, das eine Zusammenfassung der Motive aus den Sätzen bringt. Nach dem 1., 2. und 4. Satz erscheint ein variiertes Ritornell, eine weiche, quasi volkstümliche Melodie voller Erinnerungen an den früheren ‹folkloristischen Stil› Bartóks, die zur zeitweiligen Entspannung in der klanglich und rhythmisch scharfen Aura des Werkes beiträgt.

Der 1. Satz (*Moderato*) stützt sich auf eine gänzlich chromatische Melodie, deren Stoff einen kleinen Ausschnitt der Zwölftonleiter bildet. Es ist eine besonders für das weitere Schaffen Bartóks typische Art der Chromatik, die sich grundsätzlich von derjenigen Schönbergs unterscheidet: Kennzeichnend ist die Neigung zur Beschränkung des Materials, doch werden sämtliche Töne des Skalenabschnitts verwertet, sie füllen ihn in rotierender Bewegung auf, dabei ist der zentrale Ton (*a*) deutlich stationiert und von den Nachbartönen umrankt (Beispiel weiter unten). Trotz seiner gänzlichen Unabhängigkeit von jeglicher diatonischen Skala zeigt dieser Typ der Zentralisation gewisse tonale Merkmale in der Spannung der (oberen und unteren) Leittöne. Im angeführten Beispiel ist es übrigens eine vorübergehende Zentralisation, die später dem Ton *g* den Platz räumt, mit welchem dann der 1. Satz (und das ganze Werk) schließt. Die Begleitschicht hat ihre eigene stabile Anlage: Zusammenklang der Quinte und Halbtonabweichungen. In dieser außerordentlich einfachen Klanganordnung bildet der rhythmische Verlauf eine Abwechslung, er auch übernimmt hier die wichtigste Funktion. In der Melodie des Fagotts wird die Artikulation ‹rhythmisiert›: Das Legato zweier Töne tritt jedesmal an einer anderen Stelle der aus vier Tönen bestehenden Figur auf. Hinzu kommt die verschiedene Verteilung der Akzente in der Begleitung. Im weiteren Verlauf wird die Folge von nur zwei abwechselnden Akkorden rhythmisiert, und zwar so, daß jeder Takt eine andere Verteilung der Noten und Pausen bringt. Die Funktionen der Elemente wurden hier gewissermaßen umgekehrt: Anstelle einer Entwicklung von Klangfolgen kommt es zu ihrer maximalen Stabilität und anstatt der stabilisierten Pulsation zu einer reich entwickelten Rhythmik:

Bei den nächsten Wiederholungen der Akkordabschnitte verändern sich die rhythmischen Reihen, zum Beispiel:

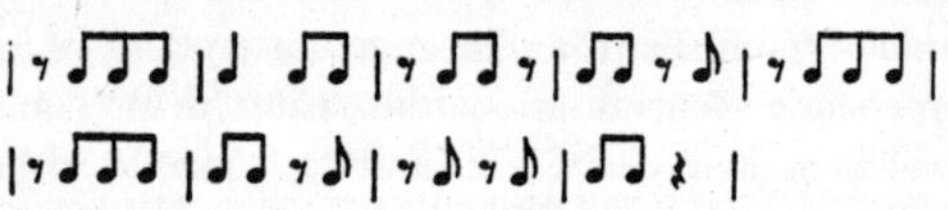

oder

Hier erfüllt der Rhythmus erstmalig bei Bartók eine so bedeutende formbildende Rolle.

Der stürmische 2. Satz (*Allegro molto*) bringt eine ‹primitive› Melodie auf einem schmalen diatonischen Ausschnitt; überwiegend sind es zwei oder drei hartnäckig wiederholte Töne der Skala (*b–des*, *b–des–es*), die in verschiedenen rhythmischen Nuancen verlaufen, was unerwartete Verschiebungen der Akzente verursacht. Die am Schluß der Melodie wiederkehrenden Glissandi der Posaunen im Umfang der kleinen Terz (wie im *Wunderbaren Mandarin*) steigern noch die große Energie und Dynamik dieser Musik.

Im 3. Satz (*Allegro vivace*) kommt der Charakter des Tanzes am deutlichsten zu Worte, er zeigt auch die auffallendsten Verbindungen zur Folklore. Die streng pentatonische Melodie ist anfänglich durch eine ebenfalls pentatonische Harmonik untermauert. Später wird sie von einer unabhängigen (ebenfalls doch zu *h* gravierenden) Schicht paralleler leerer Quinten begleitet, die, mit den Melodietönen dissonierend, dem Abschnitt eine besondere Schärfe verleihen. Die Strenge der Quinten ist auch eines der Mittel zur volkstümlichen Stilisierung:

Im *Allegro* kreuzen sich die Einflüsse dreier Nationalitäten: Neben der ‹ungarischen› pentatonischen Melodie tritt ein Fragment auf, das auf der lydischen Skala mit kleiner Septime fußt und deutlich an die Folklore der slowakischen Tatrabewohner anknüpft, ferner ein typisch ‹rumänischer› Abschnitt, der in seinem mitreißenden Temperament besonders effektvoll ist.

Der 4. Satz (*Molto tranquillo*) knüpft, nach den Worten des Komponisten, an gewisse Merkmale der arabischen Folklore an und ist abwechselnd aus akkordischen und melodischen Abschnitten aufgebaut:

In diesem Teil herrscht ausschließlich die Quartenharmonik (unter Anwendung von Umkehrungen und Verdopplungen). In den Ton- und Akkordfolgen fällt der Mangel irgendeiner stabilisierten rhythmischen oder metrischen Pulsation auf. In den Akkordabschnitten haben wir es mit einer immer anderen, freien Reihenfolge langer und kurzer Werte (Viertel und Achtel) zu tun, angesichts deren die Taktstriche jegliche Bedeutung verlieren und zu konventionellen graphischen Zeichen werden; in der Partitur bringt fast jeder Takt eine Änderung des Metrums. Nicht nur die rhythmische Anordnung, auch die Länge der einzelnen Abschnitte ist verschieden, zum Beispiel:

∪ – – ∪ ∪ ∪ ∪ ∪ – ∪ ∪ – ∪,   ∪ ∪ ∪ ∪ – ∪ ∪ ∪ ∪ ∪ – ∪,

oder ∪ – – – ∪ ∪

Dasselbe betrifft die melodischen Abschnitte von veränderlicher Länge und unterschiedlicher Verteilung der Akzente (Zweiunddreißigstel-Verzierungen).

Im 5. Satz (*Commodo*) nimmt ebenfalls die Rhythmik die Rolle eines erstrangigen Elements ein, sie übertrifft in ihrer Kompliziertheit die motivische Struktur der Melodie, die nur kleine Abweichungen von einem wiederholten zentralen Ton aufweist. Trotz des viertaktigen Periodenbaus spürt man keine Regelmäßigkeit: Die Verteilung der Triolen (melodische Abweichungen) und auch der Viertel und Achtel ist jedesmal anders:

Auch dieser Satz ist eine Studie der Quartenharmonik. Die melodische Linie wird im weiteren Verlauf durch eine Mixtur paralleler Quarten verdoppelt und nachfolgend verdreifacht, was die zusätzliche Quart- oder Quintschicht in den Bässen noch vermehrt.

Das umfängliche *Finale (Allegro)* bringt eine Zusammenfassung und gleichzeitig reiche Durchführung des motivischen Materials aus den Sätzen 1, 2, 3, und 5 und dem Ritornell. Dieses Material verflicht sich unaufhörlich und taucht immer wieder in neuer Gestalt auf. Der Anfang entspringt einer Melodie aus dem 5. Satz, deren Motive sich imitatorisch, beginnend im tiefsten Register, in Quarten nach oben aufeinanderschichten, was schließlich den Klang von acht übereinander aufgetürmten Quarten ergibt. Im *Finale* verdient das effektvolle ‹Konzert› der Blasinstrumente allein, eine polyphonische und polytonale Durchführung des Zweiklangmotivs aus dem 2. Satz, besondere Beachtung.

Die Uraufführung der *Tanzsuite* für Orchester fand am 19. November 1923 auf dem bereits erwähnten Festkonzert in Budapest unter der Leitung von Dohnányi statt. Das Programm enthielt auch andere, speziell aus diesem Anlaß komponierte Werke: *Festouvertüre* von Dohnányi und *Psalmus Hungaricus* von Kodály.

Bartók hat die *Tanzsuite* auch für Klavier solo bearbeitet. Diese Version ist noch wirkungsvoller als das Original; sie unterstreicht die ganze harmonische Klangschärfe, die mit der rhythmischen Schärfe gut zusammenspielt. Hier liegt eines der besten Beispiele von Bartóks modernem Klavierstil vor.

Eine ähnliche ästhetische Haltung repräsentiert die Bearbeitung von fünf slowakischen Liedern für eine Frauenstimme und Klavier: *Dorfszenen*, die im Dezember 1924 entstanden und die der Komponist seiner jungen Frau widmete. Das interessanteste ist hier der Klavierpart (insbesondere die Zwischenspiele zwischen den einzelnen Strophen); er gründet sich zu einem Großteil auf die aus der diatonischen Tonleiter gebildete scharfe Quarten- und Sekundenharmonik, die einer auserlesenen Rhythmisierung unterliegt. Im dritten Lied, *Hochzeit*, finden wir beispielsweise folgendes Arrangement der Anschläge in beiden Händen:

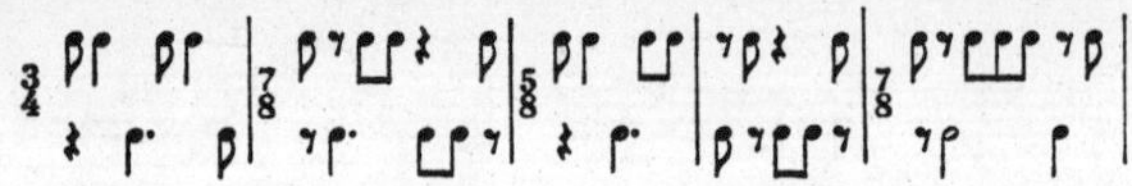

wobei die rechte Hand nur mit Zusammenklängen der großen Sekunde *g–a* und die linke Hand mit Zusammenklängen der Quarte *cis–fis* oder Sekunde *g–a* operiert. Dazu kommen noch die verschiedenen Oktavsprünge, was eine zusätzliche Abwechslung in den rhythmischen Verlauf bringt.

Unabhängig vom Komponieren widmete Bartók auch seinen wissenschaftlichen Arbeiten über die Folklore viel Zeit und Energie. Nach dem Krieg hat er das Sammeln von Liedern aufgegeben, dafür aber die präzise Untersuchung und Systematisierung des bisher zusammengetragenen riesigen Materials begonnen. Seit 1920 arbeitete er an seinem größten wissenschaftlichen Werk, dem Buch *Das ungarische Volkslied*, das im Jahre 1924 fertig war und vom Rózsavölgyi-Verlag herausgegeben wurde. Der Untertitel dieses umfangreichen Werkes lautet: *Versuch einer Systematisierung der ungarischen Bauernmelodien.* Es ist ein in seiner Eindringlichkeit und Pedanterie imposanter Katalog aller Stile, Abarten und selbst der geringsten Varianten der ungarischen Folklore und zugleich ihre synthetische Charakteristik. Die Einleitung enthält interessante allgemeine und theoretische Bemerkungen. Der Autor befaßt sich mit der Definition und Delimitation des Begriffs Folklore im Unterschied zu den volkstümlichen Kunstmelodien wie auch mit den gegenseitigen Einflüssen beider Arten. Unabhängig von den stilistischen Unterschieden erkennt er Unterschiede im Typ der Entstehung: Die Volksmelodien sind keine individuellen Gebilde von Einzelpersonen, sondern das Werk der Allgemeinheit, das sich im Laufe von Jahrhunderten herausgebildet hat. Die Bauern als Einzelwesen besitzen nur die Fähigkeit – oder Neigung – zur Umwandlung der musikalischen Elemente und zur Bildung immer wieder neuer Varianten, was sich bei der mehrmaligen Aufführung derselben Melodie auch durch dieselbe Person feststellen läßt. Nichtsdestoweniger bestimmen die gemeinsamen Anlagen der auf einem bestimmten Territorium lebenden und dieselbe Sprache benutzenden Menschen die Art und den Umfang dieser Varianten und die Entwicklungsrichtung des Materials, dank dem ein Stil entsteht.

‹Unter Bauernmusik im engeren Sinne des Wortes›, schreibt Bartók, ‹verstehen wir die Gesamtheit all jener Bauernmelodien, welche zu einem oder mehreren einheitlichen Stilen gehören. Also ist Bauernmusik im engeren Sinne das Resultat der Umgestaltungsarbeit einer unbewußt wirkenden Naturkraft: die triebhafte Schöpfung einer von jeder Gelehrsamkeit freien Menschenmasse, eine ebensolche Naturerscheinung wie zum Beispiel die verschiedenen Formen des Tier- und Pflanzenreiches. Deshalb sind die Individuen – die einzelnen Melodien – Beispiele der höchsten künstlerischen Vollkommenheit. In ihren kleinen Proportionen sind sie genau so vollkommen wie die großangelegten musikalischen Meisterwerke. Sie sind wahrlich klassische Beispiele dafür, wie man in der knappsten Form, mit den bescheidensten Mitteln einen musikalischen Gedanken in seiner ganzen Frische, wohlproportioniert, mit einem Wort: auf möglichst vollkommene Art ausdrücken kann.›

Sehr interessant sind Bartóks Feststellungen zum Thema der Entwicklungslinie der ungarischen Folklore in bezug auf die einzelnen Elemente. Er umreißt die Entwicklungsstufen – von primitiven bis zu komplizierten Gebilden – im Hinblick auf melodische Struktur, Rhythmus, Silbenzahl, Ambitus und Tonskala.

Der Hauptteil des Buches ist der Systematisierung des vorhandenen Materials gewidmet. Der Autor teilt die Melodien in drei große Gruppen ein: ‹alten Stils›, ‹neuen Stils› und ‹gemischter Klasse›. Diese Einteilung stammt noch aus der Zeit von Bartóks früheren Arbeiten; hier führt er Untergruppen – mit Rücksicht auf die Anzahl der Zeilen im Text und den architektonischen Aufbau der Melodie – ein und erörtert sukzessive die einzelnen Merkmale, wie Skala, melodische Struktur, Rhythmus, Ornamentik, das Verhältnis der Melodie zum Text, Aufführungsarten. Am Schluß bringt er ein Resümee seiner Betrachtungen und weist auf die besonders charakteristischen Kennzeichen der ungarischen Folklore hin, die diese von der Folklore anderer Völker unterscheidet in Strophenbau, Skala und Rhythmus.

Die Arbeit ergänzen Notenbeispiele von 320 Melodien mit Kommentaren.

Bartóks zweite wissenschaftliche Arbeit aus dieser Zeit ist das Buch *Die Volksmusik der Rumänen von Maramures*, das in deutscher Sprache 1923 in München herauskam. Es ist eine Sammlung von 209 Melodien (von Bartók im Jahre 1913 notiert) mit umfangreicher theoretischer Einführung. Zunächst teilt der Autor die Melodien in Gruppen (Arten) ein und charakterisiert sie weiter, indem er die einzelnen Elemente analysiert und die Häufigkeit des Auftretens der einzelnen Kennzeichen in Tafeln veranschaulicht. Die Arbeit ist – ähnlich wie *Das ungarische Volkslied* – in einem wissenschaftlichen, präzisen, bündigen und jeglicher leeren Worte, literarischen Wendungen und Ornamente entbehrenden Stil geschrieben. Der Gedankengang ist streng logisch, mit einer pedantischen Einteilung nach Paragraphen und Punkten.

Bartók ist also weiterhin in vielen Richtungen aktiv: Der große Komponist ist auch ein hervorragender Wissenschaftler, er übt seine pädagogische Tätigkeit in der Musikakademie aus und tritt auch als Pianist in vielen Städten Europas auf. Letztere Tätigkeit nimmt ihn besonders stark in Anspruch. Im Herbst 1924 unternimmt er eine Konzertreise nach Siebenbürgen, im Winter gibt er Klavierabende in Prag und Brünn, im März 1925 konzertiert er in Mailand, Rom, Neapel und Palermo (mit Werken von Bach, Beethoven, Debussy und eigenen) und im Herbst desselben Jahres in Arnhem, Utrecht und Amsterdam.

Als Komponist sammelte er in dieser Zeit viele Lorbeeren, vor allem durch seine *Tanzsuite* für Orchester. Dieses Werk wurde 1925 auf den Musikfestspielen der IGNM in Prag aufgeführt und war die Sensation dieser Veranstaltung: Vom Publikum stürmisch applaudiert, fand es auch bei den Kritikern begeisterte Aufnahme, die es als eine der bedeutsamsten zeitgenössischen Kompositionen und als ein Beispiel der einfachen, kommunikativen Musik, die sich der modernen Klangsprache bedient, anerkannten. Einen großen Erfolg hatte die *Suite* in Deutschland, wo sie im Laufe eines Jahres etwa fünfzigmal aufgeführt wurde. Ein warmer Empfang wurde ihr auch in Budapest (Herbst 1925) bei der zweiten Aufführung durch das Orchester der Prager Philharmonie unter Václav Talich bereitet; auf Verlangen des Publikums wurde sie noch einmal gespielt, und einer der Kritiker schrieb nach dem Konzert: ‹... Sie, die gestern noch das Ammenmärchen schlechten Gedenkens aufrechtzuerhalten trachteten, wonach das Budapester Publikum die ultramoderne Musik nicht will, können jetzt ihre platonisch blutig geschlagenen Nasen hängen lassen. Sie, die gestern noch dem Fortschritt das Bein stellten, müssen heute schweigen. Sie getrauen sich nicht zu lispeln und betrachten nur wehmütig ihre Niederlage. Und können endlich hoffnungslos ihre Arme kreuzen; ungewollte Zeugen dieses entscheidenden Triumphes...›

Aber auch diese Erfolge vermochten die paradoxe Lage nicht zu ändern; Bartóks im Ausland aufgeführten Bühnenwerke fanden seit Jahren keinen Zutritt zur Budapester Oper. Sie wurden aus politischen Motiven im Jahre 1919 vom Spielplan abgesetzt: Es handelte sich um das Libretto von B. Balázs, der in der Zeit der kommunistischen Regierung Kúns sehr aktiv gewesen war und nach Horthys Machtübernahme aus Ungarn emigrierte. Das Verbot der Veröffentlichung und Aufführung seiner Werke wurde auch auf die beiden Bühnenstücke Bartóks ausgedehnt; wie immer in solchen Fällen war das Verlangen nach politischer ‹Rache› stärker als alle künstlerischen Belange und jede Vernunft, und alle Bemühungen um die Aufhebung dieses Verbots waren vergeblich. Der Direktor der Budapester Oper, Baron Gyula Wlassics, beabsichtigte, Bartóks drittes Bühnenwerk, den *Wunderbaren Mandarin*, in den Spielplan aufzunehmen, und hegte die Hoffnung, daß ein Erfolg auch die Inszenierung der anderen Werke ermöglichen würde. Im Jahre 1923 wandte er sich an den Komponisten und erbat sich die Partitur. Es zeigte sich aber, daß diese noch immer nicht fertig war; daran hinderten Bartók die vielen Reisen und auch die Tatsache, daß er in dieser Zeit an dem Buch *Das ungarische Volkslied* arbeitete. Im Dezember 1924 beendete er die Partitur, aber die beabsichtigte Inszenierung kam nicht zustande. Diesmal waren die Kühnheit der Musik und des Librettos ein Hindernis; so wurde beschlossen, zu warten, bis das Werk im Ausland Anerkennung fände, um erst dann seine Aufführung im Lande zu versuchen. Diese Meinung teilte auch der Komponist, der mit Angriffen auf den *Mandarin* rechnete und glaubte, daß eine Uraufführung im Ausland die Aufnahme in Budapest günstig beeinflussen würde.

Bis es zu dieser Uraufführung kam, brachte das Nationaltheater in Weimar *Herzog Blaubarts Burg* und den *Holzgeschnitzten Prinzen* auf die Bühne. Diese Inszenierung hatte – im Gegensatz zur Aufführung in Frankfurt – einen sehr großen Erfolg, insbesondere wurde der *Blaubart* gelobt, was Bartók ungemein freute. Einige Tage vor der Premiere hielt der Direktor des Theaters, Erich Latzko, einen Vortrag über Bartók, bei dem die *1. Sonate für Violine und Klavier* gespielt wurde. In diesem Zusammenhang schrieb der Komponist an E. Latzko: ‹... Was nun den Vortrag anlangt, so würde ich Sie bitten:

1. den folkloristischen Zug in meiner Musik nicht allzusehr hervorzuheben;
2. zu betonen, daß ich in diesen Bühnenwerken wie auch in meinen sonstigen Originalwerken niemals Volksmelodien anwende;
3. daß meine Musik durchaus tonal ist und
4. auch mit der «objektiven» und «unpersönlichen» Art nichts Gemeinsames hat (also eigentlich überhaupt nicht «modern» ist!).›

Die Unterstreichung des tonalen Charakters der eigenen Musik ist sehr aufschlußreich, insbesondere wenn man sie in Verbindung mit dem Artikel *Das Problem der neuen Musik* betrachtet, in welchem Bartók entschieden für die Atonalität Stellung nahm. Das beweist, daß die Bedeutung und der Bereich beider Begriffe in Bartóks Bewußtsein eine Verschiebung erfahren haben mußten, andererseits schält sich hier ein Zusammenhang mit seiner endgültigen Abkehr von der stilistischen Tendenz heraus, mit welcher er sich vorübergehend Schönbergs Schule angenähert hatte (die Periode von den *Liedern op. 16* bis zur *2. Sonate für Violine und Klavier*). Nach 1923, als Schönberg sein Schaffen den Regeln der Dodekaphonie (völlige und gleichmäßige Ausnutzung der zwölf Töne, unter Ausschaltung jeglicher Hierarchie) unterordnete, stellt sich Bartók entschieden auf den entgegengesetzten Pol: Ein Kennzeichen seiner Technik ist eben die Einengung und präzise Selektion des Klangmaterials, die Neigung zur diatonischen Motivik und deutlich hierarchischen Ordnung der Töne und Akkorde unter beharrlicher Akzentuierung der zentralen Punkte (Ostinati). Diese Merkmale können auch als eine Art Weiterführung – oder Erneuerung – des tonalen Prinzips angesehen werden, obwohl die Technik an sich durchaus modern ist und keine Abhängigkeit vom überlieferten System zeigt. Der Stil in Bartóks neuen Werken gehört zweifellos zu den umwälzenden avantgardistischen Erscheinungen in der Musik jener Zeit und übertrifft nicht selten (insbesondere auf dem Gebiet des Klangs und des Rhythmus) die neuen Werke von Schönberg.

Die Verbindungen zur Folklore sind hier weiterhin deutlich, wenn auch nicht immer offenkundig. Von dem Einfluß der Folklore auf Bartóks Musik muß mit Vorsicht gesprochen werden, und es sind die verschiedenen Stufen dieses Einflusses wie auch die verschiedenen ästhetischen Ziele der Adaption zu unterscheiden. Das einfachste Beispiel sind hier die Bearbeitungen (Harmonisierungen) authentischer Volksmelodien für Klavier, Singstimme oder Chor, also Kompositionen, die in gewissem Sinne ein Randgebiet in Bartóks Schaffen sind und die der Komponist bewußt von seinen ‹Originalwerken› trennte. Eine höhere Stufe der Bearbeitungen repräsentieren Kompositionen, in denen die Volksmelodien eine Umwandlung und Entwicklung erfahren, um ehrgeizigeren Vorsätzen zu dienen; das betrifft teilweise die *Sonatine*, vor allem aber die *Improvisationen op. 20*, Die dritte Stufe bilden die Originalwerke, in welchen der Komponist die Volksmelodien bewußt nachahmt und eine offenkundige Stilisierung schafft, die übrigens auch im Titel der Komposition unterstrichen wird. Es sind unbezweifelbar Werke leichteren Schlages, obwohl stilistisch durchaus neu: *Abend am Lande*, *2 rumänische Tänze*, *2 Bilder (Dorftanz)* und teilweise *Tanzsuite* (3. Satz und *Ritornell*). Der höchste Grad der Assimilation der Folklore bei Bartók ist ein durchaus schöpferischer Akt: Der Komponist übernimmt aus den Volksmelodien gewisse ausgewählte Merkmale der Skala und des Rhythmus und unterordnet sie seiner eigenen Erfindung, womit er eine vollkommen autonome und originale Musik erschafft. Diese Merkmale erfüllen schon keinerlei stilisierende Funktion mehr, und ihre Herkunft ist dem Zuhörer ganz gleichgültig. Wichtig sind ihr rein musikalischer Sinn und ihre Funktion im Klangaufbau des Werkes. Sofern sie für den Komponisten das Ergebnis seiner ästhetischen Faszination für das Material, mit dem er während seiner Forschungsarbeit in Berührung kam, für seine Frische und Einfachheit waren, sind diese Merkmale für uns einfach zum Kennzeichen von Bartóks individuellem Stil geworden, und zwar in demselben Grade wie seine Harmonik oder sein Klaviersatz.

Jene ‹verarbeitete Folklore›, die sich bisher in *Herzog Blaubarts Burg* am stärksten äußerte, werden wir besonders in dem nun folgenden Schaffen Bartóks, das seine gewichtigsten Werke umfaßt, wahrnehmen. Diese Werke bringen auch eine bestimmte Wendung in der Ästhetik des Autors der *Tanzsuite*. Bartók, der bisher zwischen der scharfen, boshaften Burleske, dem naturgewaltigen Rhythmus und dem expressionistischen Pathos schwankt, wendet sich plötzlich zu den klassischen Idealen und Formen hin, die er mit der neuzeitlichen Klangtechnik verbindet. Mit dieser Wendung – das sei hervorgehoben – steht Bartók nicht vereinzelt da, sondern verbleibt im Einklang mit der allgemeinen Tendenz der Musik seiner Epoche, die – nachdem sie sich von der romantischen Ästhetik abgewandt und eine Phase des ausschweifenden Expressionismus und ungezügelten Vitalismus durchgemacht hatte – nach dem Ersten Weltkrieg plötzlich auf die Tradition des 18. Jahrhunderts, ihre Logik und Sachlichkeit, den Kult der ‹absoluten Musik› und die Schönheit der klassischen Formen zurückgriff, um nach diesen Idealen die moderne Klangmaterie zu gestalten. Eine bestimmte Neigung zum ‹Neoklassizismus› findet man in jenen Jahren nicht nur bei Strawinsky, Prokofjew oder Hindemith, sondern auch bei Schönberg (der seine dodekaphonische Technik mit einer unerwarteten Hinwendung zu klassischen Formen verband), ja selbst bei Webern, zumindest im Bereich der Gattungen und Titel seiner Kompositionen.

Bei Bartók war diese Wendung kein äußerlicher und oberflächlicher Akt. Seine Individualität neigte schon seit den jüngsten Jahren zur Ästhetik Beethovens und Brahms', die im Grunde genommen seinem musikalischen Empfinden am nächsten standen. Später, bei der Entdeckung einer neuen Klangwelt, lehnte er sich gegen diese Tradition auf und bezog ostentativ eine entgegengesetzte ästhetische Position; nach dieser Antithese folgte eine ausgereifte schöpferische Synthese, in welcher Bartóks Persönlichkeit und sein originales Talent in voller und authentischer Gestalt zutage treten sollten.

Das erste aus der Reihe der ‹klassischen› Werke ist die im Juni 1926 komponierte dreisätzige *Sonate* für Klavier (Ditta Pásztory gewidmet) – ein Werk von formaler Zeichnung, Schwung und Energie beethovenscher Prägung, aber zugleich ein drastisches Exempel des Bartókschen ‹antiromantischen› Stils. In der bisherigen Sonatenliteratur steht dieses Werk ohne Beispiel da; es ist neu nicht in seinem formalen Schema, sondern in der Art, wie dieses aufgefüllt wird. Das betrifft insbesondere den 1. Satz (*Allegro molto*). Auffallend ist hier der in dieser Gattung ungewöhnliche Typ der Faktur: Die herkömmlichen pianistischen Figuren, Läufe, Passagen oder Kantilenenabläufe, werden durch scharf und hartnäckig gehämmerte Akkorde und einzelne Töne ersetzt, anstelle fließender Klanghergänge hören wir nur rhythmisch geordnete Anschläge. Das ist ein kühner Versuch, ein Sonatenallegro (in kunstvoller Form und überzeugender Entwicklung) hauptsächlich mit Hilfe des rhythmischen Elementes aufzubauen, das in dieser Musik eine entschieden übergeordnete Rolle spielt. Die Melodik wurde hier auf ein Minimum vereinfacht; sie operiert mit den einfachsten diatonischen Motiven, mit einer geringen Zahl von Tönen aus einem schmalen Ausschnitt der Skala. Im ersten Thema beschränkt sie sich auf das aus kaum vier Tönen zusammengesetzte Anfangsmotiv:

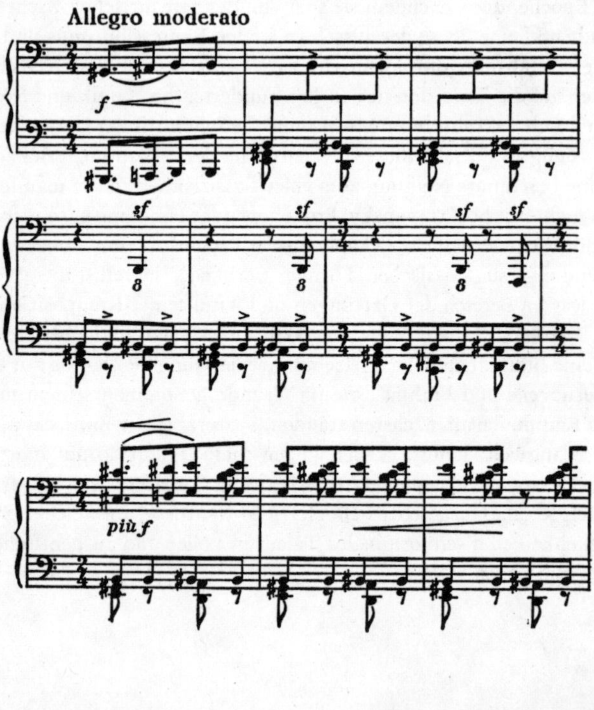

und weiter auf kurze, wie zerhackte Bruchstücke:

Die Motive lassen sich auf die einfachen Tonarten E-Dur, dann e-Moll und c-Moll zurückführen.

Einfach ist auch die Harmonik, die anfänglich auf dem E-Dur-Dreiklang (gewissermaßen tonales Zentrum; dann in Form des Dreiklangs mit Sexte) sowie dem Spannungsakkord beruht und nachfolgend auf andere Ostinato-Zusammenklangpaare übergeht, die tonal und klanglich von den Motiven der Melodie schon unabhängig sind. Die Entwicklung des ersten Themas wird grundsätzlich von der Rhythmik gestaltet. Hier wirkt ein eigenartiges Spiel der Gegensätze: einförmige, motorische Bewegung der Achtel – als rhythmische Basis des Verlaufs – sowie die überlagerte Schicht irregulärer Rhythmen, die unaufhörlich die motorische Pulsation deformieren. Das kommt in den plötzlichen Akzenten (Anschläge im Baß), in überraschenden Verlängerungen der Takte sowie der reichen Verteilung der Pausen in der rechten Hand zum Ausdruck. In der weiteren Entwicklung des Themas (siehe Beispiel auf Seite 241) ist die Melodie wie durch die Pausen zerpflückt; die Verteilung dieser Pausen und der einzelnen melodischen Abschnitte verläuft nicht parallel zur Pulsation der Begleitung. Die zerstückelten melodischen Abschnitte haben unterschiedliche Länge, sie beginnen und enden an verschiedenen Stellen des Taktes. Es ist also ein Typ der motivischen Arbeit, der streng mit der rhythmischen Evolution verbunden ist.

Das Seitenthema bringt keinen Kontrast. Die Akkordfaktur und Pulsation der Achtel bleibt bestehen, doch entwindet sie sich dem metrischen Rahmen und gestaltet sich durch irreguläre Akzente abwechslungsreich:

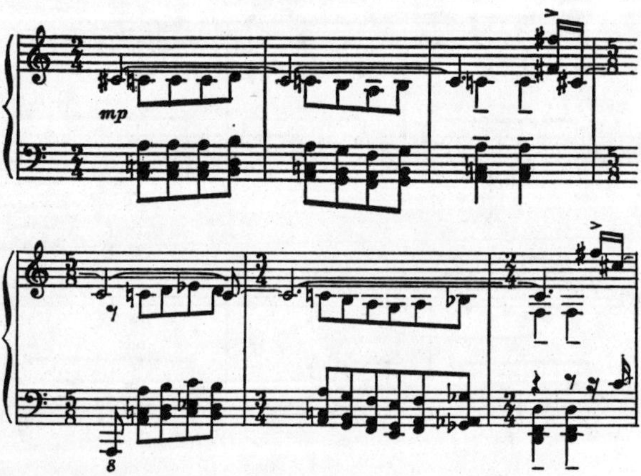

Der charakteristische Klang der Akkorde ergibt sich aus der tonalen Schichtung, die im weiteren Verlauf noch deutlicher hervortritt; die Terz-Sext-Mixturen der unteren Schicht auf den weißen Tasten werden von der auf den schwarzen Tasten gespielten Akkordschicht überlagert.

Eine deutliche melodische Linie und auch einfache Rhythmik bringt erst das dritte Thema, das sich damit von dem ganzen übrigen Verlauf des *Allegros* abhebt:

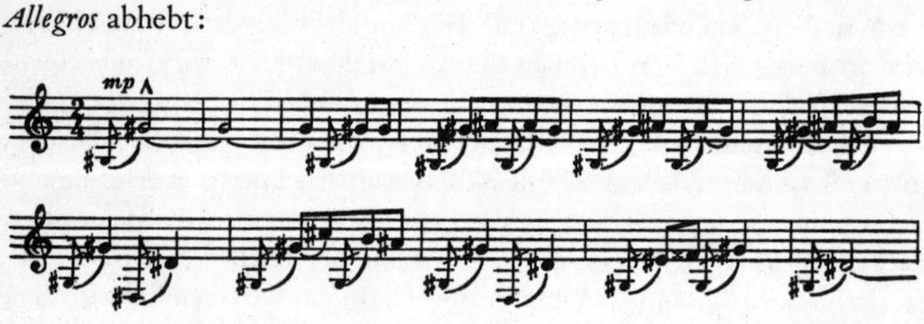

Die Durchführung spielt in diesem Werk keine größere Rolle. Sie beruht auf der schnellen und unruhigen Verflechtung tonal und rhythmisch voneinander unabhängiger Phrasen und weiter auf der vielfachen Wiederholung der Akkorde des Seitenthemas in immer anderen Höhenlagen. Anstelle der alten tonalen Modulationen treten hier mechanische Transpositionen.

Die Reprise ist als eine neue Leseart der Exposition interessant; die Entwicklung des ersten Themas fußt auf einer anderen Anordnung der Rhythmen und Akzente. In harmonischer Hinsicht bringt sie keine Lösung oder Beruhigung, im Gegenteil, sie verschärft noch den dynamischen und spannungsgeladenen Charakter der Exposition. Der tonikale Akkord (E-Dur) erscheint überhaupt nicht, denn das erste Thema setzt sofort mit seiner evolutionären Endphase ein. Anstelle des in der Durchführung ausgiebig verwerteten Seitenthemas tritt sofort das dritte Thema, diesmal in b-Moll, ein, was die gegenpolige Abweichung von der Ausgangstonart bildet. Die Koda (*Più mosso*) hat ausschließlich akkordrhythmischen Charakter mit irregulären Akzenten, sie fußt nur auf Spannungszusammenklängen, die sich aus den evolutionären Abschnitten des ersten Themas herleiten (siehe Beispiel auf Seite 241). Den letzten Akkord *eis–gis–cis–d* begleitet ein Glissando der rechten Hand H_1–e^2, als wenig überzeugungskräftiger tonaler Abschluß. In Wirklichkeit kommt es hier zu keiner Auflösung; der ganze Hergang des Allegros beruht auf der Steigerung der energetischen Spannung, die in der Koda (accelerando) ihren Gipfel erreicht.

Der 2. Satz (*Sostenuto e pesante*) ist eines der tiefgreifendsten und ausdrucksstärksten Stücke in Bartóks Schaffen, obwohl er vom Expressionismus der *Lieder op.16* oder beider *Violinsonaten* stilistisch entfernt ist. Eine große emotionale Ballung vereint sich mit strenger Disziplin und erreicht gleichsam den Ausdruck dramatischer Ruhe. Der Satz ist in der Form $ABA_1B_1CA_2B_2A_3$ aufgebaut. Der Anfang (A) hat ausschließlich klanglich-rhythmischen Sinn und folgt aus der Wiederholung eines einzigen, wundervollen und ergreifenden Klangs in verschiedenen Zeitabständen:

Ihm stellt sich der zweite Teil (B) von gänzlich tonaler Anordnung der Spannungen entgegen, die nach c-Moll oder C-Dur tendieren:

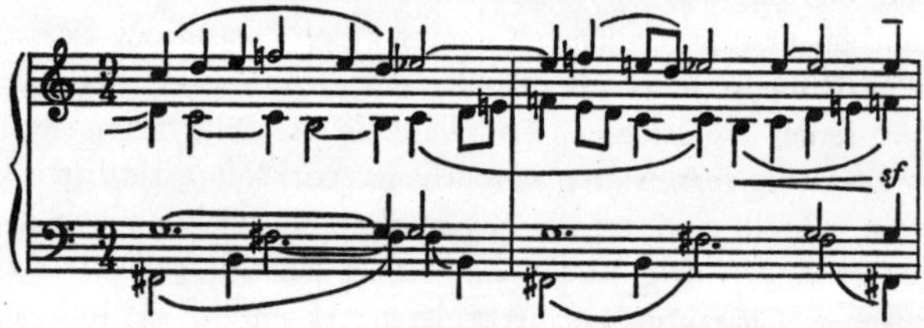

Es ist vierstimmige Polyphonie, in der die tonale Funktion eines jeden Tons deutlich hörbar ist, obwohl sich diese Funktionen in den einzelnen Stimmen ständig verflechten. Das vermittelt den Eindruck einer ‹inneren Reibung›, einer ständigen Verflechtung der Spannungen, für die es lange keine Auflösung gibt, obwohl man ihre Nähe spürt. Diese Auflösung – der Dreiklang *c–es–g* (doch mit dem Orgelpunkt *f*) – erscheint erst am Ende des komplizierten Verlaufs. Der Mittelteil (C) bringt ein dramatisches Anwachsen dissonanter Akkorde auf einem Orgelpunkt, wonach die Kulmination eintritt. Hier, wie im ganzen Teil, ist die starke Klangsättigung der Akkorde nicht nur durch die geballte Expressivität begründet, sie zeugt auch von einem sehr wählerischen Gehörsinn. Der ganze Verlauf endet mit dem tonikalen, Dur und Moll vereinigenden Zusammenklang *C–e–es*^{1}.

Eine wirkliche Entspannung bringt erst das tänzerische Finale der Sonate (*Allegro molto*) mit einer Melodie im Volksstil:

Es ist gleichsam ein variiertes Rondo, in welchem ausgebaute Zwischensätze vom akkord-rhythmischen Typ die Rolle der Episoden übernehmen und der Refrain entweder in seiner anfänglichen Gestalt und Tonart oder durch gewisse rhythmische und Intervalländerungen variiert auftritt. Es fallen hier besonders zwei Variationen von origineller rhythmisch-ornamentaler Zeichnung auf, die instrumentale Volksmelodien nachahmen. Die Harmonik fußt hauptsächlich auf zwei Arten von Zusammenklängen im quartpentatonischen (Beispiel auf Seite 244/245) und im Sekundentyp:

Letztere dienen als ein klanglicher Ostinato-Unterbau, der die scharfe Zeichnung der Melodie hervorhebt. In den Zwischensätzen erscheinen auch Klustervielklänge von verschiedener Ausdehnung:

Das Finale bildet, so wie auch der 1. Satz, ein klassisches Exempel des Klavierstils bei Bartók, in welchem die Akkord- und Oktavenfaktur überwiegt. Kennzeichnend sind hier die Zwischensätze mit den in Oktaven gespielten Tonleitern der rechten und der linken Hand, die sich miteinander verflechten und in verschiedenen Intervallen übereinanderlagern. Das klingt hart und entschlossen und führt zu dem unverwechselbaren klanglich-emotionalen Klima, das wir nur in Bartóks Musik finden.

Die zweite Spitzenleistung in der Klaviermusik Bartóks ist neben der *Sonate* der im August 1926 beendete (und ebenfalls Ditta gewidmete) Zyklus von fünf Stücken in Form einer Suite, *Im Freien (Szabadban)*. Der programmatisch-illustratorische Charakter dieses Werkes und die Überschriften zu den einzelnen Sätzen sind zweifellos ein Widerhall des starken Interesses, das Bartók in dieser Zeit den Suiten der französischen Clavecinisten entgegenbrachte, wenn es auch vergebens wäre, hier (wohl mit Ausnahme des 3. Satzes) nach irgendeiner Stilisierung zu fahnden. Es sind einfach ‹Dorfszenen›, die die Faszination des Künstlers für die Natur zum Ausdruck bringen und seinem individuellen ästhetischen Gefühl gemäß dargestellt sind.

Der vorzügliche 1. Satz (*Mit Trommeln und Pfeifen*) birgt eine geballte Ladung außergewöhnlicher, brutaler Energie und ist wohl das extremste Beispiel der schlagzeugartigen Behandlung des Klaviers. Schon der Anfang breitet vor dem Hörer den Klangzauber des tiefsten Registers im Klavier in Verbindung mit scharfen Anschlägen im Forte aus. Wichtig sind hier nur der Klang und der Rhythmus. Der rhythmische Verlauf ergibt sich aus der Überlagerung und Gegenüberstellung verschiedener aus Punkt- und Fleckfolgen zusammengesetzter Schichten. Es ist eine ‹Klangrhythmik›, wie sie beim wechselnden Anschlagen der Schlaginstrumente erzielt wird. Die bei diesen Anschlägen (in der höheren Oktave) hervortretende einfache, diatonische Melodie bildet im Grunde genommen auch eine neue, vom Rhythmus der tiefen Töne durchflochtene rhythmische Schicht, die selbst noch der Differenzierung mit Rücksicht auf die Höhe der einzelnen Töne unterliegt.

Die Harmonik im 1. Satz verwertet konsequent nur Sekunden (im Mittelteil Nonen); die Abweichungen beschränken sich nur auf große und kleine Sekunden. Im weiteren Verlauf erweitern sich manche Melodieklänge zu Sekundenflecken, was zusammen mit den Oktavverdopplungen eine neue Möglichkeit der klanglich-rhythmischen Differenzierung bildet. Kennzeichnend ist dabei, daß diese extrem neuzeitliche Klanganordnung in den Grenzen der Diatonik Platz findet:

So wie in der *Sonate* unterliegt auch hier der sich am Anfang abzeichnende reguläre, metrische Puls ständigen Deformationen und Verschiebungen. Die Kulmination wird im Endabschnitt erreicht, der melodischer Motive entbehrt und nur ein Spiel von Sekundenflecken in beiden Händen ist; jeder Takt hat ein anderes Metrum, und die Takte sind mit immer anderen Anschlägen und Pausen aufgefüllt.

Der ruhige, reflektorische 2. Satz (*Barcarolla*) fällt besonders durch sein über die Diatonik hinausschreitendes, aber deutlich stabilisiertes Klangmaterial auf. Schon die ersten Quartenschritte befreien den Verlauf von jeglichen tonalen Assoziationen. Ein stabiles Moment ist hier das unaufhörliche Kreisen in zwei Klangregionen auf schwarzen und weißen Tasten:

Im weiteren Ablauf erscheint aber der zentrale Klang *g*, und der Rotationsvorgang nimmt die Merkmale einer veränderlichen Diatonik an – die sich jeweils bei den Schritten auf- und abwärts unterscheidet. Wie immer bei Bartók werden bei dieser Art Rotation sämtliche Töne des in Frage kommenden Abschnitts der chromatischen Tonleiter ausgenutzt.

Der 3. Satz (*Musettes*) vereint auf eine originelle Art und Weise delikate, cembaloartige Ornamentik (stetig wiederholte Triller in beiden Händen) mit sehr scharfen, brutalen Zusammenklängen. Die Grundlage bildet der Klang der leeren Quinten, durch Halbtöne gefärbt, was in Verbindung mit dem lang ausgehaltenen Ostinato der Akkorde den Effekt eines stilisierten Bourdons ergibt. Das melodische Element kommt (ausgenommen im mittleren Abschnitt) überhaupt nicht vor; es gibt nur Akkorde und Trillerarabesken.

Am interessantesten im ganzen Zyklus ist unzweifelhaft der 4. Satz (*Klänge der Nacht*). Es ist wohl die am weitesten in Neuland vorstoßende Komposition Bartóks; ihre Neuheit schreitet weit über die zeitgenössischen stilistischen Errungenschaften hinaus; sowohl in den Mitteln als auch in der Ästhetik nähert sie sich den Vorhaben einer Avantgarde, die erst nach zwanzig Jahren in Erscheinung treten wird.

Wir haben es hier – erstmals in so großem Umfang – mit rein klanglicher Musik zu tun. Aber neu ist auch die Art, wie der Klang behandelt wird; ein einziger koloristischer Fleck, der sich aus fünf Tönen einer Halbtonreihe (*eis–fis–g–gis–a*) zusammensetzt, erliegt der inneren Differenzierung durch die Akzentuierung eines immer anderen Tons. Das bildet den Hintergrund für die über die ganze Klaviatur verteilten einzelnen Klangpunkte, Sekundenflecken und Klänge der kleinen None. Dieser Verlauf, der keine Spur überlieferter musikalischer Abläufe oder traditioneller Klangorganisation mehr aufweist, ist in seiner Stimmung außerordentlich suggestiv (vgl. Beispiel auf Seite 249 oben).

Überraschend in ihrer Originalität sind die im weiteren Verlauf vor diesem Hintergrund auftretenden Motive, die ausdrücklich durch den Ge-

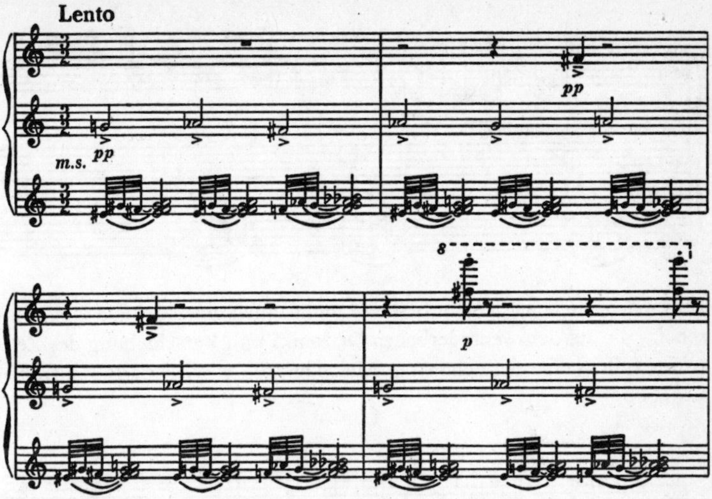

sang der Vögel inspiriert sind. Hier zeigt sich Bartók als Vorläufer von Messiaens Stil. Schon allein der musikalische Einfall, seine Gestalt wie auch die Art der Emotion sind in dieser Epoche etwas Einmaliges:

Unter den reichen Klangarabesken kommt auch eine Melodie zum Vorschein, die auf der ‹veränderlichen Diatonik› und Verschiebung des Zentrums fußt – eine der schönsten Melodien, die wir bei Bartók antreffen können:

Der Schluß des Werkes bringt diatonische Motive, die in ihrem reichen rhythmischen Gewand an die instrumentale Volksmusik anknüpfen. Zusammen mit den diatonischen Dreiklängen in der linken Hand bilden sie einen bitonalen Verlauf (in der Tonartvorzeichnung wie in der *1. Bagatelle* angedeutet), in den die plötzlich hingeworfenen, aus 8 Tönen zusammengesetzten Halbtonkluster Abwechslung bringen:

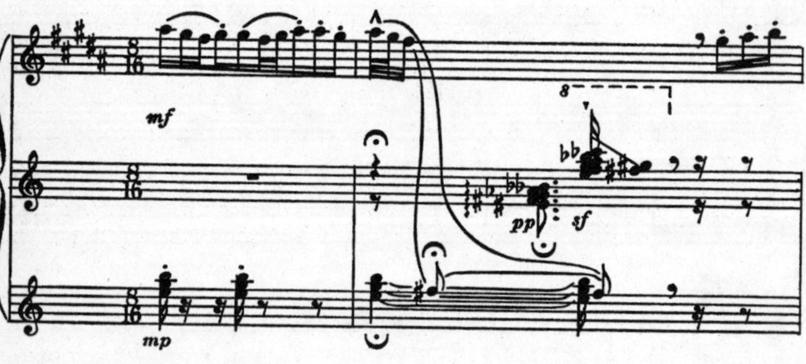

Der letzte Satz (*Hetzjagd*) enthält eine gewaltige Ballung an Energie und Dynamik, die hier zweifellos ihren Gipfel erreichen, auch wenn man von den Maßstäben in Bartóks Stil ausgeht. Vor dem Hintergrund der rotierenden Sechzehntelfiguren in der linken Hand entwickelt sich eine Melodie, deren unruhiger Rhythmus aus der unregelmäßigen Verteilung der Pausen entspringt:

In demselben Jahr entstand ein anderer Zyklus, der von dem Interesse des Komponisten für die Musik der vorromantischen Epochen zeugt: *9 kleine Klavierstücke* in 3 Heften. Das 1. Heft mit der Überschrift *4 Zwiegespräche* ist das erste streng polyphone Werk in Bartóks Œuvre. Bisher fanden wir in seinen Kompositionen nur einzelne polyphone Stellen (*Rhapsodie op. 1*, *2. Suite*, *1. Violinkonzert*, *Streichquartett Nr. 1*), die aus der Sicht des späteren Schaffens schon deutliche Keimzellen der individuellen Errungenschaften Bartóks auf diesem Gebiet in sich trugen. Beginnend mit den *9 kleinen Klavierstücken* tritt eine neue Eigenschaft von Bartóks Talent zutage; er wird in gleichem Grade Polyphoniker wie Homophoniker. Bartóks Polyphonie und der damit verbundene Typ der ureigenen Expressivität werden fortan ein wichtiges Kennzeichen seines reifen Stils und eine der wertvollsten Erscheinungen in der Musik seiner Epoche sein.

Die *4 Zwiegespräche* sind Studien des zweistimmigen Kontrapunktes, äußerlich knüpfen sie an gewisse Merkmale in Bachs Stil (*Inventionen*) oder sogar an die Orgelmusik vor Bach an, obwohl sie hinsichtlich der Rhythmik (insbesondere in dem schnellen und an Taktwechseln reichen *4. Zwiegespräch, Allegro vivace*) und der tonal-harmonischen Problematik ausgesprochen Werke der kompositorischen Handschrift von Bartók darstellen. Kennzeichnend ist hier der häufige tonal-materielle Zwiespalt zwischen den Stimmen, der zum linearen Hören zwingt. Das fällt besonders im *1. Zwiegespräch* (*Moderato*) auf, das auf der kanonischen Nachahmung fußt. Die erste streng diatonische Stimme (in E-Dur) wird von der zweiten Stimme um eine kleine Sexte niedriger (Gis-Dur) imitiert, was eine bitonale Konstruktion bildet, weiter folgt der Kanon in Quinte, Sexte, Duodezime. Die tonale Divergenz der Stimmen ist somit die logische Folge der realen Nachahmung mit der Transposition um ein ausgewähltes Intervall.

Der Klangstoff in den *4 Zwiegesprächen* ist ziemlich differenziert; neben der diatonischen Skala und sogar pentatonischen Wendungen finden wir hier die ‹veränderliche Diatonik› (Summierung der Stufen verschiedener modaler Tonleitern) sowie eine Chromatik, die sämtliche Töne eines ausgewählten Abschnitts der Zwölftonskala verwertet. Diesen Typ der Chromatik, der den schmalen Klangraum dicht füllt und die Melodie auf kleine Intervallschritte einschränkt, können wir als ein originales Merkmal in Bartóks reifem Stil ansehen. An dieser Stelle sei erwähnt, daß wir in dem berühmten Motiv *B–A–C–H* das erste Beispiel der Verwendung eines schmalen Ausschnitts der chromatischen Skala in rotierender Bewegung haben; es mag wohl kein Zufall sein, daß dieses Motiv, in der Transposition *g–fis–a–gis*, auch im *1. Zwiegespräch* (wie auch in der Finalszene von *Herzog Blaubarts Burg* und im Mittelsatz der *Sonate* für Klavier) vorkommt. Ein hübsches Beispiel dieser ‹engen› rotierenden Chromatik ist das *3. Zwiegespräch;* mit seinem langsamen Tempo und dem polyphonen Satz ruft es einen einzigartigen Typ der ergreifenden, dabei mit einer inneren Ruhe und Disziplin verbundenen Emotion hervor. Diese Art Gefühlsbewegung werden wir später im ersten Satz der *Musik für Saiteninstrumente, Schlagzeug und Celesta* wiederfinden.

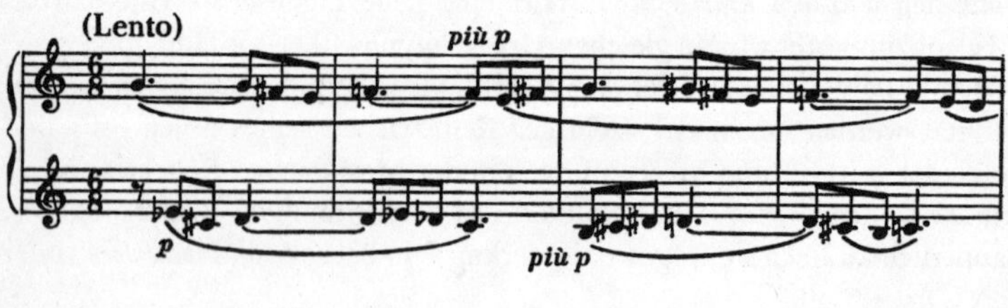

Das zweite Heft beginnt mit dem melancholischen und geheimnisvollen *Menuetto*, das sich nur mit delikaten Anschlägen scharf klingender Akkorde zufriedengibt und im Ausdruck dem Mittelsatz aus dem *Konzert Nr. 1* für Klavier und Orchester sehr nahe kommt. In den weiteren Werken nehmen Probleme der Rhythmik entschieden den ersten Platz ein. Das *Lied* bringt im Mittelabschnitt eine einfache, quasivolkstümliche Melodie, die (auch in der Harmonisierung) etwas an den alten ‹folkloristischen Stil› Bartóks erinnert, wenn auch die Einleitung und der Schluß sich auf das rhythmische Anschlagen von Klängen und Sekundenflecken beschränken, die verschiedene Ausschnitte aus derselben diatonischen Skala darstellen. Nr. 7, *Marcia delle bestie*, zeigt zwei rhythmische Schichten, die sich auf dasselbe beschränkte Klangmaterial stützen. In die Wiederholung derselben Klänge (Ostinato der großen Sekunde mit vorübergehenden Abweichungen) bringt der ungleiche Verlauf der rhythmischen Schichten, eine Folge der unterschiedlichen Verteilung der Pausen und Akzente, Abwechslung hinein:

Im weiteren Ablauf treten melodische Motive auf, die die reichlich komplizierte Rhythmik aufrechterhalten. Das Stück ist in dieser Hinsicht eine der kunstvollsten Miniaturen Bartóks und erinnert in seinen Einfällen an Strawinsky.

Glänzend und sehr effektvoll ist das Stück Nr. 8, *Tamburin*, das mit ein paar Akkorden auskommt, die über die Diatonik fast nicht hinausschreiten und sich aus Sekunden- und Quartklängen zusammensetzen. Der musikalische Verlauf des Werkes beruht hauptsächlich auf dem veränderlichen und abwechslungsreichen Anschlag beider Hände – ein Spiel wie mit der baskischen Trommel. Das dritte Heft enthält die letzte und längste Komposition des ganzen Zyklus: *Preludio – All'ungherese*, ein in harmonischer Hinsicht und im Ausdruck reichlich kompliziertes Werk, das eine diatonische Melodie volkstümlichen Charakters variiert.

Das letzte Werk, das Bartók in dem außergewöhnlich fruchtbaren Jahr 1926 geschrieben hat, ist das (im November beendete) *Konzert Nr. 1* für Klavier und Orchester. Auf die im vorherigen Jahrhundert besonders reich entwickelte Gattung (und Form) zurückgreifend, hat Bartók doch jegliche Verknüpfung mit dem Stil und der Ästhetik des romantischen Konzerts vermieden. In seiner ästhetischen Haltung gemahnt das Konzert eher an Beethoven; davon zeugen die scharf umrissenen, einfachen und dabei dynamischen Themen, die Energie und das Draufgängertum des Verlaufs, verbunden mit einer starken und präzisen Konstruktion, mit epischem Schwung und Vorliebe für den harten, entschlossenen Klang. Das *1. Klavierkonzert* kündigt eine Wendung Bartóks zu den großen (‹beethovenschen›) Formen an, die den wertvollsten Teil seines Schaffens umfassen und in welchen er als einer der größten Meister seiner Epoche erscheint.

Ähnlich wie in der *Sonate* für Klavier ist auch in diesem Werk die Rhythmik das hervorstechendste und reichste Element. Im Solopart fällt das Übergewicht der Akkord- und Oktavfaktur auf. Das Orchester wird nicht auf herkömmliche Art behandelt; die Streicher sind nicht mehr die Grundlage und haben ihre Kantilenenfunktion eingebüßt, ihre geringe Rolle beschränkt sich hauptsächlich auf Akkordakzente. Sehr umfassend wird dagegen das Schlagzeuginstrumentarium ausgenutzt (Pauken, kleine Trommel, kleine Trommel mit Schnarrsaiten, Triangel, vier Becken, große Trommel, Tamtam; unter Verwendung von neun verschiedenen Artikulationsarten), ferner die Blasinstrumente, die eine melodieführende Funktion erfüllen und dem Orchester zugleich das herbe Kolorit, insbesondere in den polyphonisierten Abschnitten, verleihen.

Grundlage und Ausgangspunkt des musikalischen Gedankens in diesem Werk ist die Repetition eines Klangs, aus der dann die melodischen Motive hervorbrechen. So beginnt der 1. Satz (*Allegro moderato*). Die hartnäckigen Paukenschläge begleiten ein wiederholter Baßklang des Klaviers (das tiefste *h*) und die Blechbläser con sordino (*a*), darüber ertönt nach einer Weile im Holz die einfache, erwartungsvolle Melodie der Einleitung. Aus den immer herausfordernderen, schlagzeugartigen Anschlägen des Klaviers tritt schließlich das Hauptthema, in veränderlicher Diatonik (D-Dur und dorisches *d*) und in Oktaven gespielt, hervor. Sein erster Abschnitt beschränkt sich nur auf die Wiederholung eines Tons, weiter treten sehr einfache melodische Motive auf. Dieses Thema ist dank der rhythmischen Struktur, die allen Schemata der Taktpulsation fremd ist, sehr reich und kunstvoll:

Auch die weitere Entwicklung des Themas, in der sich die scharf und energisch in beiden Händen angeschlagenen Achtelakkorde mit veränderlichem Intervallinhalt abzeichnen, wird von der Rhythmik gestaltet. Das scherzhafte und im Charakter derbe Seitenthema stellt sich mit seinem einfachen Rhythmus entgegen:

Die Exposition, an deren Schluß wieder das erste Thema mit etwas veränderten Intervallfolgen erscheint, ist der hervorragendste Abschnitt im ganzen 1. Satz, und zwar in den motivischen Einfällen und ihrer Entwicklung wie auch im allgemeinen Klangkolorit, in dem der einzigartige Zauber des Bartókschen Klaviersatzes eine besondere Rolle spielt. In der Durchführung wird die Melodie der Einleitung vom Klavier (wohl etwas übermäßig lang) in immer anderer, sehr scharfer Harmonisierung und ständig beschleunigtem Tempo ausgesponnen. Am Kulminationspunkt treten die Motive des ersten Themas auf. Die Rauheit und das Diabolische im Klang erreichen hier ihren Gipfel. Die Reprise klingt noch brutaler als die Exposition, und die bei der Entwicklung des ersten Themas rhythmisch angeschlagenen Akkorde erreichen eine noch größere Dynamik und Sättigung des Klangs. Das zweite Thema unterliegt durch das veränderliche Metrum $\frac{2}{4}$ und $\frac{3}{4}$ einer rhythmischen Deformation. In seinem einfachen metrischen Rhythmus kehrt es noch einmal – in der Koda – zurück.

Der 2. Satz (*Andante*) ist im Vergleich zur bisherigen Konzertliteratur eine ganz und gar ungewöhnliche Musik, sowohl in der Konzeption des Klangs (das Klavier konzertiert – mit Ausnahme des mittleren Abschnitts – nur mit dem Schlagzeuginstrumentarium), wie auch in der Gestalt des musikalischen Hauptgedankens, der auf dem Anschlagen verschiedener Töne und Zusammenklänge im Dreiachtelrhythmus beruht. Die Originalität der Klangstrukturen und des musikalischen Ablaufs verbindet sich hier mit einer nicht herkömmlichen Tiefe des Gefühls; es ist eine in Kolorit, in Stimmung und in reflexiv-tragischem Ausdruck stark suggestive Musik.

Das Neuartige fließt hier aus dem Denken in den Spielkategorien der Schlaginstrumente. Die Dreiachteltakte werden mit Schlägen verschiedener Klangfarbe gefüllt: Die traditionelle Melodie wird durch eine Folge von Klangfarben ersetzt. Im Verlauf wechseln Takte mit einer dreimaligen Wiederholung eines Klangs (Pauken oder Klavier) und ihnen entgegengestellte Takte mit drei verschiedenen Schlagzeugklängen ab. Der Komponist wendet eine verschiedenartige Tongebung an: Anschlagen der kleinen Trommel ohne Schnarrsaiten mit dem Paukenschlägel in der Mitte des Fells (1) und mit dem Trommelstock am Rande des Fells (3), Anschlagen der kleinen Trommel mit Schnarrsaiten mit dem Trommelstock in der Mitte des Fells (2), Anschlagen des Beckenrandes mit dem Paukenschlägel (4). Die Anschläge des Klaviers haben auch rein schlagzeugartigen Charakter, sie steuern nur eine besondere, übrigens veränderliche Klangfarbe bei. Die Klangfarbe dieser Anschläge wird durch den Typ des Zusammenklangs (große Sekunde, kleine Sekunde, Quarte) und die Tonhöhe differenziert.

Aus diesen Anschlägen tritt anschließend eine melodisch schon reichere und polyphonisierende Phrase des Klaviers mit tonal unabhängigen Stimmen hervor (die höchste graviert nach Fis-Dur, die tiefste nach d-Moll). In Wirklichkeit handelt es sich hier um ein rein harmonisches Ergebnis – eine schöne, gewählte und im Ausdruck durchdringende Klangwirkung. Diese erfährt durch die verschiedenen Farben der delikaten Schlagzeugbegleitung noch eine Bereicherung.

Nach einigen melodischen Phrasen kehrt das Klavier wieder zu seiner Rolle als Schlaginstrument und den einzelnen Stakkato-Anschlägen zurück. Im Mittelabschnitt mit seiner geheimnisvollen Unruhe bleibt es lange bei einer Ostinatoformel im Baß, deren Zusammenklänge, anfangs nur leere große Septimen, sich allmählich mit Intervallen ausfüllen und schließlich dicht gedrängte Vielklänge bilden. Zusammen mit dem veränderlichen Ostinato der Schlaginstrumente bildet das den Hintergrund für die polytonale Polyphonie der Holzblasinstrumente, die eine einfache, fast pentatonische Melodie in verschiedenen Fassungen wiederholen.

Ein kurzes *Allegro* mit rhythmischen Klängen der Schlaginstrumente und Glissandi der Posaunen bildet den direkten Übergang zum freudigen und temperamentvollen 3. Satz (*Allegro molto*). Vor dem Hintergrund der gleichmäßig pulsierenden Quartakkorde der Streicher erscheint im Klavierpart das Hauptthema, dessen Ausgangspunkt – ähnlich wie im Thema des 1. Satzes – die lange Wiederholung nur eines Klangs ist. Diese Wiederholung wird von den Hörnern und Pauken übernommen, worauf das Klavier den ‹melodischen› Teil des Themas in ‹wechselnder Diatonik› und mit deutlicher Betonung des Zentrums (*e*) spinnt. Das Thema ist eigentlich ein ständig wiederholter Ton mit geringen Abweichungen (eine deutliche Analogie zum 5. Satz der *Tanzsuite*):

Dieser Teil nähert sich, durch die Gegenüberstellung zweier Themengruppen, der Sonatenform, obwohl die klassische Gliederung und eine deutliche Reprise fehlen. Die Durchführungsarbeit durchdringt das Ganze und ist viel reicher als im 1. Satz. Hier wiederholt sich nichts wortwörtlich, wenn auch ständig mit demselben einfachen Stoff operiert wird. Die Gruppe des zweiten Themas führt sangbarere melodische Motive ein, diese entwickeln sich in immer anderen Versionen im Klavier und in den Blechblasinstrumenten, die in diesem Satz eine bedeutende Rolle spielen. Motivische Arbeit und blendende Entwicklung sind auch das hervorstechende Merkmal des Finales; daneben bezaubert den Hörer – so wie im 1. Satz – der typisch Bartóksche Klang der pianistischen Figuren, die mit dem herben Klang des Blechs und den starken

Akzenten des Schlagzeugs einträchtig zusammenwirken. Bartók hat hier unzweifelhaft einen neuen, ganz eigenartigen ‹Stil› des Klavierkonzerts geschaffen, der nicht weniger wirkungsvoll als der Stil der klassischen und der romantischen Konzerte ist.

Nun nahte die Zeit, da Bartóks letztes Bühnenwerk, *Der wunderbare Mandarin*, der Welt vorgeführt werden sollte. Der Komponist bestand auf einer Uraufführung in Deutschland, weil er sich dort den größten Erfolg erhoffte. Aus Deutschland erhielt er drei Vorschläge (Berlin, München, Köln), von welchen die zwei günstigsten sich leider nicht verwirklichen ließen. In Berlin, das mit seinem in dieser Zeit sehr starken avantgardistischen Milieu für die Aufnahme eines Werkes von diesem Schlag wohl am besten geeignet war, hatte im letzten Augenblick Otto Klemperer die musikalische Leitung der Oper übernommen, was sämtliche Pläne seiner Vorgänger durchkreuzte. In München, wo mit den Proben schon begonnen werden sollte, hatte der Choreograph seinen Abschied genommen. So verblieb nur die Oper in Köln, deren Direktor der Ungar Jenő Szenkár war. Bartók hatte zwar zu dem Kölner Publikum kein Vertrauen, dennoch ging er auf Szenkárs Vorschlag ein. Die Uraufführung des *Mandarins* fand Ende November 1926 statt. Sie verursachte einen berühmten Skandal, der sogar den 13 Jahre vorher in Paris bei der Uraufführung von *Le Sacre du Printemps* hervorgerufenen an Stärke übertraf.

Der ‹Kölner Stadt-Anzeiger› schrieb über dieses Ereignis:

‹... Die dann folgende Pantomime weckte von Anfang an den Widerspruch des weitaus größten Teils der Besucher. Die aus dem Orchesterraum hervorbrechenden Geräusche und die widerliche Handlung bewirkten es, daß schon vor dem Schluß die Reihen vor der Bühne sich lichteten. Und als der Vorhang niederging, entwickelte sich ein fluchtartiges Verlassen der durch ein gelinde gesagt minderwertiges Werk entweihten Räume... Und so hätte auch wohl die Uraufführung des Bartókschen Dirnen- und Zuhälterstücks mit Orchestertamtam in einer geräuschlosen glatten Ablehnung geendet, wenn nicht, auf verschiedene Plätze des Hauses verteilt, kleine Gruppen den Versuch gemacht hätten, durch Klatschen und Rufen nach dem «Autor» den unbestreitbaren Mißerfolg des Werks in einen Erfolg umzufälschen... Die Menge strömte in den Raum zurück, und als anhaltendes Zischen den Beifall nicht zu übertönen vermochte, erschollen hundertfältig und minutenlang die Rufe Pfui! Gemeinheit! Skandal!, in denen der Beifall fast ganz unterging. Der Lärm steigerte sich noch, als trotz dieser Auftritte Herr Bartók an die Rampe trat, und so war es die höchste Zeit, daß unter dem Beifall der großen Mehrheit der eiserne Vorhang herunterging...›

Die Premiere war gleichzeitig die letzte Aufführung des *Wunderbaren Mandarins*. Auf eine Anordnung des Oberbürgermeisters von Köln, Konrad Adenauer, des nachmaligen Kanzlers der Bundesrepublik Deutschland, wurde Bartóks Werk vom Spielplan abgesetzt. Ein zweites Mal gelangte es im Februar 1927 in Prag zur Aufführung. In Ungarn dagegen kam es zu Lebzeiten des Komponisten zu keiner Inszenierung; nach der Niederlage in Köln, die auch ein Triumph der Gegner Bartóks in seiner Heimat war, wagte man keine Aufführung des Balletts an der Budapester Oper.

Im Dezember 1926 fand dafür ein Komponistenabend Béla Bartóks statt, auf dem er seine *Sonate für Klavier*, *Im Freien* und *9 kleine Klavierstücke* spielte und Maria Basilides den Zyklus *Dorfszenen* sang. Wie üblich fand dieser Auftritt seitens der bewährten Freunde und Anhänger eine warme Aufnahme, aber nur Gleichgültigkeit in den weiten Kreisen der Musiker und Musikliebhaber. Das durchschnittliche Konzertpublikum blieb den Auftritten Bartóks fern und interessierte sich nicht für seine Werke. Unter den Kritikern waren nur vier, die jedes neue Werk von ihm enthusiastisch begrüßten (A. Tóth, I. Péterfi, A. Molnár, S. Jemnitz); alle anderen waren feindlich eingestellt oder äußerten sich vorsichtig und ausweichend, indem sie nur von der Neuheit seiner Musik berichteten und sich jeder konkreten Beurteilung enthielten.

Das Jahr 1927 brachte weitere neue Kompositionen Bartóks: *3 Rondos über Volksweisen* für Klavier und das *Streichquartett Nr. 3*. Die *3 Rondos* verwerten authentische slowakische Melodien (in jedem sind es drei oder zwei Volksweisen), sie beschränken sich aber nicht auf die Harmonisierung, sondern entwickeln sie motivisch und verarbeiten sie, ähnlich wie es in den *Improvisationen* op. 20 der Fall war. Klanglich sind sie jedoch einfacher und übersichtlicher als die *Improvisationen*. Das *1. Rondo*, noch im Jahre 1916 komponiert, ist ganz im Stil der Bearbeitungen *Für Kinder* gehalten; die beiden anderen, die Bartók elf Jahre später geschrieben hat, knüpfen teilweise an den ‹folkloristischen Stil› von vor dem Ersten Weltkrieg an, nur ist ihre harmonische Aufmachung schärfer, und es kommen auch vorübergehend bitonale Wendungen vor. Im *3. Rondo* finden wir die typischen Merkmale der neuesten Klavierkompositionen Bartóks, wie akkordisch-schlagzeugartige Zwischenspiele in rhythmisch veränderlichem Pulsschlag, sowie die aus Tönen der diatonischen Tonleiter gebildeten Vielklangkluster.

Das im September dieses Jahres beendete *Streichquartett Nr. 3* zeigt im Vergleich zu dem zehn Jahre früher entstandenen zweiten ein viel höheres Niveau und gehört schon zu den größten Meisterwerken dieser Gattung in der Musikgeschichte. Staunenerregend ist hier besonders die motivische Arbeit, der unerschöpfliche Einfallsreichtum bei einer vorbildlichen Sparsamkeit: Das ganze Werk erwächst aus ein paar einfachen Motiven, und sein Verlauf besteht aus ihrer unaufhörlichen Durchführung. Die außergewöhnliche Form des Quartetts basiert hier auf zwei grundsätzlichen und entgegengesetzten Sätzen (einem lyrisch-reflexiven und einem spontan-rhythmischen), von denen jeder in zwei Glieder zerfällt; diese Glieder verflechten sich gegenseitig und bilden praktisch einen viersätzigen Zyklus: *Prima parte*, *Seconda parte*, *Ricapitulazione della prima parte* und *Coda* (Schluß des zweiten Satzes). Zwischen diesen Teilen gibt es keine Unterbrechungen.

Prima parte (Moderato) hat im Typ des Ausdrucks und in der Gestaltung der Melodiebögen viel mit dem romantischen Stil gemein (ähnlich wie der 1. Satz im *Streichquartett Nr. 2*), aber im Klangmaterial ist es eine radikal neue Musik. Sie beginnt (pp) mit einem Akkord der kleinen Sekunden (cis–d–e–dis) in weiter Lage, darüber spinnt die 1. Violine eine gänzlich atonale Melodie mit (unvollständigem) Stoff der Zwölftonskala:

Ihr Anfangsmotiv bildet die Keimzelle für die motivische Entwicklung des ganzen 1. Satzes; es kehrt immer wieder in den verschiedenen Stimmen zurück, behält seine Zeichnung, nimmt aber eine verschiedene Intervallstruktur an. Unter den vielen Versionen dieses Motivs wird seine diatonische Fassung (ein Quartenschritt nach oben und eine kleine Terz nach unten) besonders herausgestellt; aus ihr auch zeichnen sich die Umrisse einer Melodie ab, die den Charakter eines Themas hat. In seiner ganzen Pracht erscheint das Thema erst am Schluß des Satzes. Es fußt auf der pentatonischen Skala:

Die ganze Satzabfolge zeigt einen Widerstreit der diatonischen oder pentatonischen Elemente gegen die totale Chromatik. Mit Ausnahme des angeführten Abschnittes ist das chromatische Zwölftonmaterial für den Charakter und Klang dieser Musik entscheidend; die in den einzelnen Instrumenten ablaufenden diatonischen Motive verlieren im allgemeinen Kontext und in der Gegenüberstellung mit dem Material der anderen Stimmen jeglichen tonalen Sinn. Der Satz ist meistenteils polyphon mit häufigen Imitationen und unterstreicht die rhythmische und harmonische Unabhängigkeit der Stimmen, es fehlen aber auch Akkordabschnitte nicht, deren Zusammenklänge aus der Überlagerung zweier fremder Dreiklänge folgen.

Im 1. Satz zeichnet sich die kurze Episode (*Più andante*) durch ihre stark neuartige Beschaffenheit aus; über dem bitonalen Ostinato der Bratsche und des Violoncellos (con sordino), das auf dem Hauptmotiv fußt, erklingen rhythmisch abgerissene chromatische Motive der 1. und 2. Violine (sul ponticello). Das Ganze stellt Geräuscheffekte von ausgesuchtem Klang dar, der sich aus der Verbindung der scharfen harmonischen Dissonanz mit der entsprechenden Artikulation der Instrumente ergibt. Wichtig sind hier nur Klang und Rhythmik, die sehr ungewöhnlich behandelt sind.

Seconda parte (*Allegro*), in diesem Werk der wichtigste Teil, fußt auf der Variierung eines motivischen Stoffes, allerdings könnte man hier auch Merkmale der Sonatenform finden. Im ganzen Satz dominieren diatonische Tonleiterschritte in der Melodik. Die am Anfang erklingenden parallelen Dezimendreiklänge, vom Violoncello pizzicato gespielt, bereiten geschickt den Einsatz des Hauptthemas vor. Das lebhafte, heitere Thema, in dorischer Tonart (*es*), zeigt ein markantes, durchaus nicht konventionelles rhythmisches Gepräge:

Ihm stellt sich seine umgekehrte Version in der gegenpoligen Tonart (äolisches *a*) entgegen, die deutlich ungarische Züge hat:

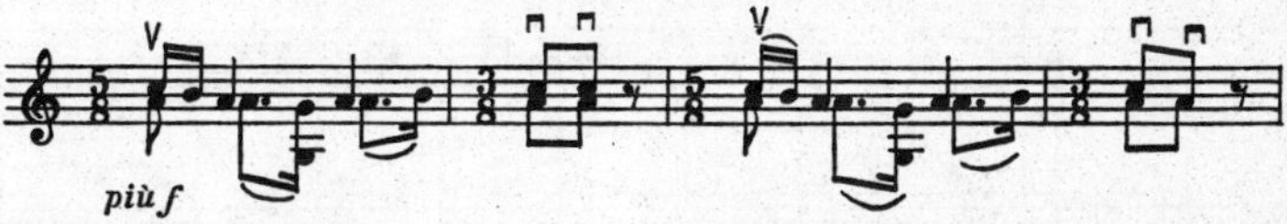

Diese Melodie wird von Akkorden begleitet, die sich aus dem Anfang des *Allegros* herleiten und auf einer ganz anderen Diatonik fußen; hier herrscht immerfort tonale Schichtung. In rhythmischer Hinsicht ist der Verlauf sehr abwechslungsreich; neben leichten, flüchtigen melodischen Motiven hören wir (wie in der *2. Violinsonate*) scharf gehämmerte, schlagzeugartige Akkorde, die an die Tonrepetitionen im Thema anknüpfen.

Die reich ausgebaute Durchführung beginnt mit einer imitatorischen Entwicklung der Melodie aus dem Anfangsabschnitt, worauf sich die Sechzehntelbewegung in den Motiven des Hauptthemas festigt. Das ist fraglos die beste Durchführung im bisherigen Schaffen Bartóks. In ihren motivisch-rhythmischen Einfällen, in der veränderlichen Gestalt der Klangfiguren, dem glänzenden Ablauf und in der meisterhaften Ziselierung aller Einzelheiten besitzt diese Musik die Merkmale echter Genialität, wie wir sie nur bei den Meistern allerhöchsten Ranges finden. Die Kulmination dieses Satzes ist eine Fuge, die sich durch maximale Beweglichkeit sämtlicher Stimmen auszeichnet. Ein interessanter Effekt (sowohl in der Fuge als auch im vorhergehenden Abschnitt) ist die Differenzierung der Klangfarbe durch veränderte Artikulation: col legno, sulla tastiera, a punto d'arco, sul ponticello – neben dem gleichfalls blendenden Wechsel im Spiel arco und pizzicato. Der letzte Abschnitt der Durchführung, in welchem die ‹normalen› Intervallschritte völlig durch die musikalische Plastik der kontinuierlichen Linien ersetzt werden – sowohl der geraden (liegenden Töne) als der wogenden (Glissandi) –, reicht in seiner Entdeckerfreude bis an den Stil unserer Zeit heran. Erstmalig in der Musik erfüllt das Glissando eine so große Rolle in der Gestaltung des musikalischen Gedankens. Über Dutzende von Takten hinweg verleiht es diesem Abschnitt sein ungewöhnliches Klangkolorit und seinen Ausdruck und präsentiert eine ganz und gar neue Methode der künstlerischen Behandlung des Klangstoffes. Die überlieferte Notenschrift ist hier fast schon ein Anachronismus: Diese Musik könnte einfacher in der modernen graphisch-linearen Notation festgehalten werden.

Ricapitulazione della prima parte (Moderato) kehrt zur Stimmung und zum motivischen Material des 1. Satzes zurück, dann folgt die *Coda (Allegro molto)*, die den Charakter einer Reprise des Materials aus dem 2. Satz hat. Die diatonischen Motive des Hauptthemas verlaufen jetzt in allen Stimmen in Sechzehnteln, ohne die Tonart zu verlassen, und exponieren deutlich den zentralen Klang *es*. Die Instrumente spielen pp und sul ponticello, was in Verbindung mit dem schnellen Tempo ein bewegliches ‹Geräusch› ergibt. Dann bricht ff (in modo ord.) der zweite Teil des Themas in seiner ursprünglichen Version und Tonart aus. Im Endabschnitt begleiten herrliche Glissandi der Bratsche und des Violoncellos, abwärts über einige Oktaven, die nach oben laufenden Motive des Themas in der Violine.

Mit dem Jahre 1927 beginnt die Zeit der größten Konzerttätigkeit Bartóks. Am 1. Juli fand auf den Festspielen der IGNM in Frankfurt die Uraufführung des *1. Klavierkonzerts* unter Wilhelm Furtwängler statt; das war der Anfang einer großen Welttournee des Komponisten mit dem neuen Werk. Am 16. Oktober trat er in Prag und am 21. Oktober in Warschau mit Grzegorz Fitelberg auf (der außerdem die *Sinfonie Nr. 1* von Mahler und *La Péri* von Dukas dirigierte). Es war Bartóks erste Reise nach Polen. Schon viele Tage vor seiner Ankunft kündigte ihn die Tagespresse als eine ‹musikalische Individualität vom Range Strawinskys, Prokofjews, Schönbergs, Honeggers und Hindemiths› an. Nach dem Konzert gab es negative Rezensionen (die Zeitung ‹Gazeta Poranna Warszawska› brachte einen niederschmetternden Artikel von Piotr Rytel), aber auch enthusiastische Stimmen fehlten nicht. Felicjan Szopski schrieb im ‹Kurier Warszawski›: ‹Eine sensationelle Attraktion des gestrigen Konzerts war die Mitwirkung des ungarischen Komponisten und Pianisten Béla Bartók. [...] In seiner gegenwärtigen schöpferischen Phase hat sich der unbändige Wille Bartóks in seinem sogenannten «dritten Stil» herauskristallisiert. [...] Das gestern vom Autor vorgetragene Klavierkonzert gehört streng zu diesem «dritten» Stil, auffallend in ihm ist eben das mächtige Ringen, diese Konzentration des Willens und der Kraft, das kühne und unnachgiebige Drängen zur Welt des erstrebten Ideals, über Wege der komplizierten Rhythmen, der durch nichts gehemmten Klangzusammenstellungen, über Klangeffekte, die so rücksichtslos hervorgebracht werden, daß sie auch das Orchester überraschen. Dieser spontane Ausbruch der im Innern tief verborgenen, angeborenen Nachklänge der ungarischen Seele kann nicht auf Regeln, Gepflogenheiten, Bücher, Schablonen und Geschmacksrichtungen Rücksicht nehmen, denn dann würde ihre individuelle Kraft verkümmern und absterben. Der vom Autor ersehnte Typ der Musik kann nur auf dem Wege des «blutigen Kampfes» zur Welt kommen.›

Von Warschau begab sich Bartók nach Wien, wo am 6. November bereits die vierte Aufführung des *Konzerts* stattfand; Dirigent war Anton Webern. Die nächste Etappe war seine erste Reise nach den Vereinigten

Staaten. Am 11. Dezember fuhr er von Frankreich nach New York ab, wo er am 22. Dezember in der Carnegie Hall mit W. Mengelberg seine *Rhapsodie op. 1* spielte, weil das Orchester mit dem Einstudieren des *1. Klavierkonzerts* nicht fertiggeworden war. Mit dem *Konzert* trat er noch in New York am 13. Februar und nachfolgend in Boston und Cincinnati auf. Bartóks Aufenthalt in den USA währte zwei Monate; die Reise führte durch die größten Städte der Staaten, von Boston und Philadelphia nach Los Angeles und Seattle. Man begegnete ihm überall mit Achtung und Anerkennung, aber die Neuartigkeit seiner letzten Werke stieß bei den Hörern auf große Widerstände und fand auch bei den Kritikern oft kein Verständnis. Nach dem Klavierabend in Los Angeles schrieb ein Kritiker: ‹Die vor zwei Jahren geschriebene Klaviersonate war, dimensional genommen, das einzige größere Werk, aber – Mister Bartók bestreitet, ein Romantiker zu sein – die kraftvollen Intervallfolgen, der Gebrauch kleiner Intervalle, die gedrängten Themen und Wiederholungen haben uns nicht überzeugt... Bartók und seine Freunde sagen wenig darüber, was Beethoven als den moralischen und geistigen Inhalt und Einfluß der Musik bezeichnet haben würde. Bartóks Musik vom letzten Klavierabend ist «amoralisch», steht jenseits von Gut und Böse, doch hat sie wenig von Nietzsches Expansivität...› Bartók selbst legte in einem Interview für die Zeitschrift ‹Musical America› Nachdruck auf die traditionellen Merkmale seiner Musik, wie Tonalität, Gefühl, und betonte, ähnlich wie in dem zitierten Brief an E. Latzko, daß sie mit der ‹objektiven und unpersönlichen Art› nichts gemein habe.

Im März 1928 kehrte Bartók nach Europa zurück und setzte seine Auftritte mit dem *1. Klavierkonzert* unter anderem in Deutschland und in Holland fort. Am 19. März spielte er es mit Dohnányi zum erstenmal in Budapest. Ein Kritiker schrieb damals: ‹Je abgeklärter, je «klassischer» Bartók wird, um so komplizierter und differenzierter wird er. Und je komplizierter er in seinem abgeklärten Klassizismus wird, um so mehr «Asiat» wird er. [...] Welch große Macht ist doch die Musik dieses kleinen von Ost nach West verschlagenen Volkes. [...] Béla Bartók führt uns in die Urheimat zurück.› Bemerkenswert ist, wie sich Bartóks Vitalismus in der Vorstellung der Kritiker mit der Idee des ‹Urmagyarentums› verflicht; ähnlich wurde seinerzeit über das *Allegro barbaro* geschrieben.

Am 15. Oktober hörte das Budapester Publikum erstmals die Musik zum *Wunderbaren Mandarin* in der Bearbeitung für Konzertaufführungen. Da keine Hoffnungen auf eine Inszenierung der Pantomime bestanden, entschloß sich Bartók, eine ‹sinfonische Suite› daraus zu machen; er übernahm zwei Drittel der Partitur (bis zur Szene, da die Strolche den Mandarin ergreifen) ohne Änderungen und komponierte einen Schluß dazu. Das unter Dohnányi aufgeführte Werk weckte große Verlegenheit bei den Kritikern, die nicht wußten, was sie darüber schreiben sollten. Sie waren von dem Stil verblüfft und enthielten sich einer eindeutigen Beurteilung mit dem Hinweis, daß dieses Werk Bühnenwirkung erfordere, oder entledigten sich der Sache mit pseudoliterarischen Phrasen, aus welchen keine konkreten Schlüsse folgten.

Der Komponist bereitete indessen für seine Hörer neue außergewöhnliche Eindrücke vor; im September dieses Jahres entstand eines seiner neuartigsten Werke – das *Streichquartett Nr. 4.* Es gehört zu den Gipfelleistungen in Bartóks Schaffen; der Radikalismus der neuen klanglichen Einfälle und der Reichtum der rhythmischen Phantasie vereinen sich hier mit einer außerordentlich kunstvollen Form. Ähnlich wie im *Streichquartett Nr. 3* imponiert hier der Komponist mit einem unerschöpflichen Einfallsreichtum in der motivischen Arbeit, die die einzelnen Sätze miteinander verbindet. Das Werk besteht aus fünf Sätzen, die eine symmetrische Anordnung bilden. Der erste und der letzte Satz – beide voller brutaler Energie – fußen auf demselben Material; bestimmte gemeinsame motivische Merkmale finden sich auch in den beiden scherzoartigen paarigen Sätzen; den größten Kontrast bringt der langsame Mittelteil.

Der 1. Satz (*Allegro*) enthüllt in seinem Aufbau gewisse allgemeine Anzeichen der Sonatenform, obwohl er keine ‹klassischen›, deutlich abtrennbaren Themen aufweist; die Grundlage der Melodik bilden hier kurze, aber sehr charakteristische Motive, die vielfach in komplizierten polyphonischen Anordnungen zurückkehren. Die reiche Stimmtechnik geht hier Hand in Hand mit einem vielfältigen Klangmaterial, das von jeglicher Diatonik und tonalen Strukturenform entfernt ist (obwohl man am Anfang, in der Grundgestalt des Hauptmotivs, und am Schluß des Satzes eine Gravitation zum Ton *c* merken kann). Es überwiegen eigentümliche, für Bartók typische ‹Mikrostrukturen›: Die Stimmen operieren mit kleinen Intervallschritten und nutzen in den einzelnen Abschnitten sämtliche nebeneinanderliegenden chromatischen Töne aus, sie kreuzen und verflechten sich auf kleinem Raum, was Zusammenklänge von kleinen und großen Sekunden ergibt. Die Unterlage der Harmonik bildet also der Klangfleck, aber ein Klangfleck, der sich durch seine innere Beweglichkeit auszeichnet, da doch der Zusammenklang immer das Ergebnis linearer Verflechtungen der Stimmen ist. Die Kompliziertheit der Klangstrukturen wird durch die scharf ausgeprägten Motive und dynamische Rhythmik kompensiert. Nach einigen Takten Einleitung tritt das aus sechs Tönen bestehende Hauptmotiv hervor, dessen Entwicklung die Funktion des ersten Themas erfüllt. Es unterliegt gleich von Anfang an kunstvollen kontrapunktischen Maßnahmen, erscheint in seiner Nachahmung und Umkehrung, was aber sein deutliches Gepräge keinesfalls verwischt:

Sein Dynamismus wird gut von der Schärfe der Zusammenklänge unterstrichen, besonders dort, wo die Stimmen in parallelen Nonen verlaufen:

Es ist ein ideal chromatisches, also scheinbar atonales Motiv, doch – wie bereits gesagt – seine grundsätzliche Version tendiert zum *c*, und der Schluß des *Allegros* (mit der phrygischen Sekunde) erläutert eindeutig seinen eigentlichen tonalen Sinn:

Das zweite grundsätzliche Motiv der Exposition fußt auf einer außerdiatonischen Viertonskala, deren erste drei Töne in der Diatonik (sogar in der Pentatonik) Platz finden, während der vierte eine deutliche Ablenkung und Spannung beiträgt, indem er im Verhältnis zum ersten die Relation eines Tritonus und zum dritten die Relation eines Halbtons bildet:

Das Motiv erscheint ebenfalls mit sofortigen Nachahmungen in der Transposition (*gis*, später *d*), was zusammengenommen jeden möglichen tonalen Sinn verschleiert. Die Durchführung bringt keine neuen Motive, mit Ausnahme der hartnäckig wiederholten ornamentalen Zweiunddreißigstelfigur, die an *Musettes* aus der Suite *Im Freien* erinnert. Sie bildet den stetigen Hintergrund für das zweite Motiv, das sich imitatorisch in verschiedenen Instrumenten ausbreitet. Nach der kurzen Episode mit sich kreuzenden Glissandi kehrt diese Figur forte in allen Instrumenten gleichzeitig zurück und wird jetzt von Abschnitten des ersten Motivs ständig unterbrochen, die das Violoncello und die Bratsche in tiefen Registern energisch spielen. Das ist eine sehr markante Stelle im ganzen Werk. Nicht minder effektvoll ist die umfangreiche Koda, in der das Hauptmotiv durchgeführt wird und die am Schluß seine Apotheose bringt.

Der 2. Satz (*Prestissimo, con sordino*) gehört zu den neuartigsten, weit in die Zukunft vorauseilenden kompositorischen Einfällen Bartóks. In dieser Musik (mit Ausnahme der kurzen Mittelepisode) gibt es weder Thema noch Motive, hier existieren nur Bewegung und Klang. Die Bewegung offenbart sich entweder in den chromatischen Läufen, auf- und abwärts, im reichen Wogen, in welchem wir, wegen des schnellen Tempos, nicht mehr die einzelnen Töne und ihre Schritte, sondern die allgemeine Zeichnung und ihre Gestalt aufnehmen, oder in den im Klangraum zerstreuten Tonpunkten, die sich in schnell veränderliche, phantastische Figuren und Dessins zurechtordnen. Über den charakteristischen Klang entscheiden die unaufhörliche Harmonik der kleinen und großen Sekunden (es treten auch Akkorde auf, die eine Summe aller diatonischen Töne in enger Lage oder aus sieben Tönen zusammengesetzte Halbtonkluster bilden) sowie die Artikulation: immer con sordino, plötzliche Wechsel im Spiel arco und pizzicato, Glissandi und schließlich das anhaltende dynamische Wogen. Die Raffinesse und der Glanz des ganzen Verlaufs ergeben sich auch aus der reichen und verschiedenartigen Verteilung der Pausen und Akzente in den einzelnen Instrumenten bei der anhaltenden Prestissimobewegung.

In der Mittelepisode erscheint schließlich ein Motiv (Notenbeispiel unten). Es ist ein typisches Exempel der Bartókschen ‹Mikrostruktur›: Eine minimale Intervallbewegung füllt dicht den chromatischen Raum von *d–ges*. Es wird von einer Ostinatobewegung der Bratsche und des Violoncellos begleitet, die die Halbtonskala in den Grenzen von *b–des* ergänzt. Das Ganze konzentriert sich somit auf einen schmalen Raum und in einer maximal engen Klanglage, die sich dabei durch ihre starke innere Beweglichkeit auszeichnet:

Wenn das Motiv verstummt, verbleibt nur die Ostinatobewegung in allen Instrumenten (Duolen und Triolen) in dem chromatischen Raum von *gis–es;* dieser Raum unterliegt der Verschiebung. Nach diesem Teil folgt eine Episode aus lauter Glissandi (vgl. Beispiel auf Seite 271) die sich (wie im *Streichquartett Nr. 3*, siehe Beispiel auf Seite 264) in allen Instrumenten kreuzen und ineinandergreifen, dann eine beinahe ‹geräuschartige› Sechzehntelbewegung im pp, von veränderlicher Klangfarbe, abwechselnd sul ponticello und modo ordinario gespielt.

Der 3. Satz (*Non troppo lento*) ist in seiner Stimmung und auch in der rhythmischen Melodiezeichnung eine deutliche Ankündigung des 3. Satzes aus der *Musik für Saiteninstrumente.* Auf den langen, liegenden Akkorden (vibrato; diatonischer Sechsklang, dann andere Zusammenklänge von großer Intervallsättigung) intoniert das Violoncello im hohen Register eine pathetisch-rhapsodische Melodie von eigenartiger, impulsiver Expressivität, die mit der scharfen Gegenüberstellung von kurzen und langen Noten zusammenhängt. Dieser Typ des melodischen Ausdrucks hat zweifellos in der populären ungarischen Violinmusik ihre Quelle, die Bartók noch vor seinem Studium der Folklore so stark fasziniert hatte (vgl. *Rhapsodie op. 1*). Diese Melodie, von einer deutlichen Klangzentralisation, ist anfänglich stark chromatisch:

und nimmt erst im weiteren Verlauf immer mehr diatonische Züge an:

Im Mittelabschnitt (ebenfalls vor dem Hintergrund des liegenden Akkordvibratos) melden sich in der 1. Violine typische ‹Vogelrufmotive›, die eine Ankündigung des Stils von Messiaen bilden. Der außerordentlich schmale Stoff, der sich nur auf zwei Töne beschränkt, wird durch eine komplizierte Rhythmik und durch Oktavsprünge kompensiert. Sowohl der Einfall selbst als auch die erzielte Klanggestalt sind in der damaligen Musik eine total neue Erscheinung:

Der 4. Satz (*Allegretto pizzicato*) verdient besondere Aufmerksamkeit, nicht nur weil er ganz pizzicato gespielt wird, sondern auch als eines der schönsten Beispiele der Anwendung dieser Artikulation, die doch so gut

zur stilistischen Welt Bartóks paßt. Der Zauber des Pizzicatoklangs vereint sich hier auf eine ideale Weise mit der für diesen Komponisten charakteristischen motivischen Zeichnung, Rhythmik und Harmonik. Diese Werte werden durch die blendenden und kunstvollen Klangfolgen noch gesteigert. Aus dem synkopierten Ostinato erwächst eine scherzhafte Melodie, deren wogende Gestalt an die Zeichnung der chromatischen Folgen am Anfang des 2. Satzes erinnert. Die Melodie ist aber durchweg diatonisch:

Von der Bratsche angestimmt, entwickelt sie sich in den anderen Instrumenten weiter, verflicht sich kontrapunktierend so, daß es mehrfach zur tonalen Unabhängigkeit der einzelnen Stimmen kommt. Die melodische Bewegung erfaßt schließlich sämtliche Stimmen und verdrängt die Ostinatoformel der Begleitung. Die unterschiedliche Bewegungslinie in den einzelnen Instrumentenparts wie auch ihre mit Hilfe von Pausen erzielte innerlich verschiedene Rhythmisierung bringen Abwechslung in den Verlauf. In seinen weiteren Abschnitten wird der Pizzicatoklang durch zusätzliche Artikulationsschattierungen, wie starkes Anreißen der Saite, so daß sie aufs Griffbrett zurückschnellt, und durch die Anwendung von Akkordarpeggios auf- und abwärts noch bereichert. Das bemerkt man insbesondere in dem sarkastischen Mittelabschnitt, der auf aus dem 2. Satz geschöpften Motiven (siehe Beispiel auf Seite 270) und auf der Klusterharmonik fußt:

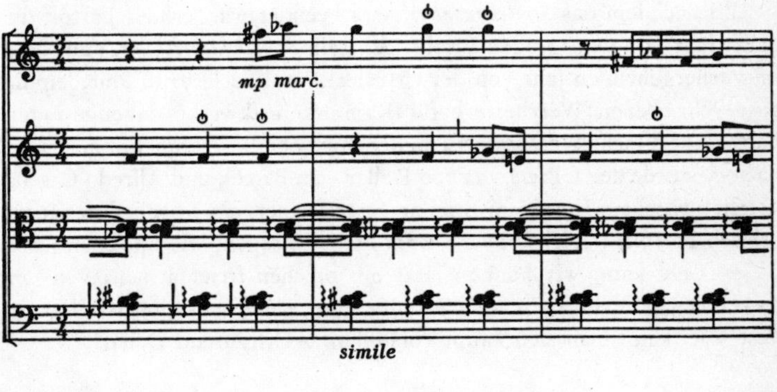

Der energie- und temperamentvolle 5. Satz (*Allegro molto*) beginnt mit scharf und brutal klingenden Akkorden *c–des–fis–g* (Quinte und zwei Tritonusgegenpole), die nachfolgend ein irregulär pulsierendes Ostinato bilden. Der Toninhalt dieser Akkorde bestimmt den tonalen Stoff des weiteren Verlaufs, in dem sich zwei gegenpolige diatonische Regionen gegenüberstellen. Das in den Violinen erklingende Thema entspringt dem zweiten Motiv aus dem 1. Satz (siehe Beispiel auf Seite 269):

Seine entwickelte Gestalt stützt sich auf die Klänge *cis–dis–fis* und ihre Gegenpole *g–a–his*. Die Zeichnung des Themas ist für Bartók charakteristisch: Emporsteigen und – als Antwort – Rückkehr nach unten:

Dieses Thema unterliegt verschiedenen kontrapunktischen Durchführungsmaßnahmen, worauf ein Mittelabschnitt folgt, in dem sich das neue, chromatische Motiv mit dem Hauptmotiv des 1. Satzes verflicht (siehe Beispiel auf Seite 268). Die freie Reprise wird von einer Koda gekrönt, in welcher das Hauptmotiv mit noch größerer Kraft zu Worte kommt; das Werk schließt wie der 1. Satz.

Bald nachdem das *Streichquartett Nr. 4* beendet war, erhielt Bartók die Nachricht von dem großen Erfolg, den sein *Streichquartett Nr. 3* auf dem im vorhergehenden Jahr von der ‹Musical Fund Society› in Philadelphia ausgeschriebenen Wettbewerb für Kammermusikwerke davongetragen hatte. Auf diesem Wettbewerb, zu dem sich 600 Teilnehmer angemeldet hatten, wurde der 1. Preis – 12000 Dollar – an Bartók und Alfredo Casella geteilt vergeben. In seinem Brief an Fritz Reiner, ein Mitglied der Jury, schrieb Bartók: ‹...Ich brauche wohl nicht zu sagen, wie «gelegen» mir dieses Geld kam, wir können jetzt ein bißchen freier atmen; von der Reklame gar nicht zu reden. Was für eine Riesensensation das hier in Pest war, kann man sich kaum vorstellen. Sechstausend Dollar!...›

Dieser Erfolg war für Bartók eine Überraschung; sogar nach der ersten inoffiziellen Nachricht wollte er nicht daran glauben, daß ein stilistisch so neues und kompromißloses Werk wie das *Streichquartett Nr. 3* bei der Jury höchste Anerkennung gefunden hatte. In demselben Jahr komponierte er zwei Werke, die ein bewußtes Zugeständnis an den allgemeinen Geschmack des Publikums bedeuten: die beiden *Rhapsodien für Violine und Klavier*, die 1. ist J. Szigeti, die 2. Z. Székely gewidmet. Mit dem Stil und der Klangsprache der beiden letzten Quartette haben sie wenig gemein. Auch mit der echten Folklore verbindet sie nichts. Hier hat der Komponist, erstmalig seit vielen Jahren, wieder auf eine deutliche und unmittelbare Art und Weise auf die Tradition der ungarischen populären Musik zurückgegriffen. Beide *Rhapsodien* für Violine und Klavier bestehen (ähnlich wie die *Rhapsodie op. 1*) aus zwei kontrastierenden Teilen: dem langsamen (Lassú) und dem schnellen, temperamentvollen (Friss). An den ersten Platz tritt hier der Violinpart, der die Melodie führt; die Begleitung bildet nur den Hintergrund. Die Melodien, insbesondere in der *Rhapsodie Nr. 1*, erinnern sehr stark an die populären ungarischen Melodien, sie sind übrigens tonal ganz einfach, in der Mehrzahl diatonisch, und es verändern sich im Verlauf lediglich die einzelnen Stufen der Skala (kleine und große Terz, natürliche oder lydische Quarte, Dur- oder äolische Septime). Die Begleitung unterstreicht im Prinzip den tonalen Sinn der Melodie, weist aber eine gewisse Unabhängigkeit der Tonschritte auf, was eine dissonante Färbung in den Verlauf bringt. Klanglich gewählter und mehr stilisiert ist die *Rhapsodie Nr. 2*, in der (im 1. Teil) eine komplizierte, ornamentale Melodiezeichnung zur Geltung kommt. Trotz des populären, leichten und virtuosen Charakters verraten beide Kompositionen deutlich die individuelle Feder Bartóks und den Zug der modernen Stilisierung, im übrigen ermangeln sie nicht eines eigenartigen Charmes und schwungvollen Temperaments. Bald danach bearbeitete der Komponist sie auch für Violine und Orchester und die *Rhapsodie Nr. 1* auch für Violoncello und Klavier (für J. Kerpely). Die Uraufführung der *Rhapsodie Nr. 2* (in der Originalfassung) fand im November 1928 in Amsterdam mit Székely (Violine) und G. Frid (Klavier), der *Rhapsodie Nr. 1* ein Jahr später in Budapest mit Szigeti und Bartók statt.

Im Jahre 1929 begab sich Bartók (über Warschau) auf eine Konzertreise durch die UdSSR. Das war noch vor der offiziellen Stellungnahme der damaligen Parteiführung gegen die modernen Richtungen in der Kunst, und in der UdSSR, in der starke avantgardistische Kreise tätig waren, wirkte noch die ‹Vereinigung für zeitgenössische Musik›, die dem Schaffen Bartóks großes Interesse entgegenbrachte. Die Zeitschrift ‹Sowremennaja Muzyka› widmete ihm eine ganze Nummer, und in verschiedenen Städten Rußlands und der Ukraine wurden seine Werke wiederholt aufgeführt, unter anderen die *Tanzsuite*, die *Quartette Nr. 1* und *Nr. 2*, die *Violinsonaten*. Aus Charkow, wo Bartók am 6. Januar 1929 einen Klavierabend mit eigenen und Kodálys Werken gab, schrieb er an seine Frau: ‹... Es sind sehr nette Menschen, sie haben mich mit Noten, mit Volksliedausgaben überhäuft (da hab' ich was nach Hause zu schleppen). Auch das Konzertpublikum zeigte sich am Ende des Konzerts sehr begeistert, es wurde «bis, bis!» (noch einmal, noch einmal) gerufen, so daß es zu drei Zugaben kam. Nach dem Konzert wurde [...] mir zu Ehren ein Bankett veranstaltet [...] ferner war hinterher noch ein Konzert, unter anderem wurde auch der 3. Satz meines *1. Streichquartetts* gespielt, ganz leidlich. – Ich war auch zweimal im Theater; bei der einen Gelegenheit sah ich den «Barbier von Sevilla», höchst merkwürdig in Regie und Dekorationen. Die Dekorationen, die sich von Zeit zu Zeit auch selbst in Bewegung setzen, sind in stark konstruktivistischem Stil gehalten. Das Ganze hat einen etwas revueartigen Geschmack, ist aber voll Bewegung. Die Dekorationen in Bewegung zu setzen ist ein guter Einfall, den man bei vielen neueren Bühnenstücken gut anwenden könnte. – Dann sah ich ein neues Gebäude, einen richtigen Wolkenkratzer; in dem neuen, dem dessauischen ähnlichen, schmucklose Blöcke gruppierenden Stil. Die Aktivität ist hier groß, das konnte ich bisher schon sehen.›

Von Charkow begab sich Bartók nach Odessa, wo er die *2. Violinsonate* (mit S. Frenkel) sowie die *Klaviersonate*, Stücke aus *Im Freien*, die *9 kleinen Klavierstücke*, die *3 Burlesken* und die *Suite op. 14* spielte, dann folgte ein Klavierabend in Leningrad mit Barockmusik (Rossi, Marcello, Scarlatti, della Ciaia) und Werken von Kodály und eigenen (unter anderen *Bärentanz*, *Abend am Lande*, *1. rumänischer Tanz*, *Sonatine*). In Leningrad trat Bartók auch mit dem Orchester auf (Direktion A. Gauk) und spielte das *1. Klavierkonzert*. Der letzte Auftritt fand in Moskau am 24. Januar statt und war eine Wiederholung des Leningrader Klavierabends.

Bald nach Bartóks Rückkehr in die Heimat fanden in Budapest zwei wichtige Auftritte des Waldbauer-Kerpely-Quartetts statt; am 6. März mit der Uraufführung des *Streichquartetts Nr. 3* und am 20. März des *Streichquartetts Nr. 4*. An letzterem Konzert trug Maria Basilides auch einige der (in diesem Jahre bearbeiteten) *20 ungarischen Volkslieder* für Gesang und Klavier vor. Diese Bearbeitung ist im Stil den *Dorfszenen* aus dem Jahre

1924 verwandt; im Klavierpart überwiegen scharf angeschlagene Akkorde, mit irregulären, durch Pausen getrennten Akzenten. In harmonischer Hinsicht ist er noch fortschrittlicher und scheut vor dichten, aus Sekunden zusammengesetzten Vielklängen nicht zurück. Trotzdem schreitet das Klavier über den Rahmen des Akkompagnements nicht hinaus und betont in Schlagzeugmanier lediglich den Verlauf der Melodie, die entschieden den Vorrang hat.

Das Jahr 1929 brachte keine neuen Werke von Bartók. Der Komponist widmete sich ausschließlich seinen Konzertreisen; er trat mit J. Szigeti in Paris und nachfolgend in London auf, konzertierte in Deutschland und in den Ostseestädten Kopenhagen, Danzig und Königsberg. In demselben Jahr, beim Konzert der schweizerischen Sektion der IGNM in Basel (an dem er mit seiner einstigen Freundin Stefi Geyer, nun die Frau von Walter Schultheß, auftrat), wurde er mit dem jungen Dirigenten und Gründer des Basler Kammerorchesters, Paul Sacher, bekannt. Daraus entwickelte sich bald eine nahe und langjährige Freundschaft, die – das sei schon hier unterstrichen – den Anlaß zur Entstehung einiger der größten Meisterwerke Bartóks gab.

Die Auftritte mit Szigeti, der eben dabei war, den Ruhm eines der ersten Violinisten der Welt zu erlangen, wurden auch im nächsten Jahre fortgesetzt; unter anderem gaben beide Künstler am 3. April in Berlin einen Bach- und Bartók-Abend, auf dem neben Solowerken die *2. Violinsonate* zur Aufführung gelangte.

Im September 1930 beendete Bartók sein nach *Herzog Blaubarts Burg* größtes Vokalinstrumentalwerk: *Cantata profana* für Tenor, Bariton, zwei Chöre und Orchester. Das Vorbild zu dieser Komposition, die den Untertitel *Die Zauberhirsche* trägt, ist eine rumänische Volksballade, deren Text Bartók selbst in die ungarische Sprache übertragen hat. Anfänglich trug sich der Komponist mit dem Gedanken, ein rumänisch-ungarisch-slowakisches Kantatentriptychon zu schaffen, doch nur das erste Glied dieses Zyklus kam zustande. Ähnlich wie in seinen Bühnenwerken verbirgt der volkstümlich-balladeske Inhalt einen gewissen metaphorischen Sinn. Der Text spricht von neun Brüdern, deren Vater ihnen kein Handwerk beigebracht hat und sie nur in der Jägerei erzog. Eines Tages, als die Jünglinge einem großen Hirsch nachstellten, kamen sie an eine geheimnisvolle Brücke, nach deren Überschreiten sie sich in Hirsche verwandelten. Als sie nicht nach Hause kamen, machte sich der Vater auf die Suche, verfolgte ihre Spuren und gelangte so an eine Quelle, aus der neun Hirsche Wasser tranken. Der Vater legte schon das Gewehr an, da sprach der älteste Hirsch und bat ihn, nicht auf sie zu zielen, weil sie ihn sonst mit ihren Geweihen töten würden. Als der Vater die Stimmen seiner Söhne vernahm, war er hocherfreut und flehte sie an, nach Hause zurückzukehren. Doch er fand kein Gehör: ‹Unser liebes Väterchen! Geh du nur nach Hause zu unserer lieben Mutter, doch wir gehen nicht (mit)! Denn unser Geweih kann durch keine Tür gehen, nur in die Berge; unser Leib kann nicht hemdbekleidet schreiten, nur zwischen grünem Laub; unser Fuß kann nicht auf (des Herdes) Asche treten, nur auf (dürres) Laub; unser Mund kann nicht aus Bechern trinken, nur aus Quellen.› Daß der Komponist eben diesen Text wählte, ließ vielen Vermutungen und Interpretationen freien Spielraum; man mutmaßte, daß es eine Manifestation der Einheit mit der Natur sei, eine Apotheose der Freiheit, ja sogar ein Protest gegen das diktatorische Regime Horthys.

Wenn auch der Text eine rumänische Ballade ist; in der Musik finden sich keine Verknüpfungen mit der rumänischen Folklore. In einigen Partien des Werkes lassen sich zwar Übereinstimmungen mit der ungarischen Volksmotivik feststellen (doch nicht stärkere als in den ‹klassischen› Werken Bartóks), die übrigen wecken keine Gedanken an Folklore. Dafür sind gewisse Beziehungen zur alten Musik sichtbar – zu den Motetten der Renaissance und zu den Vokalinstrumentalwerken von Bach, doch auch dies ist keine einfache Stilisierung; es handelt sich eher um die Anknüpfung an die klassischen Vorbilder der polyphonen Technik. *Cantata profana* ist der Höhepunkt der polyphonischen Kunstfertigkeit in Bartóks Schaffen. Zwei gemischte Chöre bilden einen reichen achtstimmigen Kontrapunkt, der zum größten Teil auf der Imitation (häufig in Umkehrung) fußt und von den ebenfalls häufig polyphon und imitatorisch behandelten Instrumenten ergänzt wird. Das Orchester hat eher die Rolle eines Hintergrunds für die Chöre und Solisten; es tritt selten selbständig und nur ab und zu mit voller Besetzung hervor. Außer einigen koloristisch effektvollen Stellen klingt das Ganze streng und asketisch, vor allem kommt die Kunst der Linienführung und die Pulsation des Rhythmus zur Geltung.

Das Werk besteht aus drei Sätzen, die attacca aufgeführt werden. Der am weitesten ausgebaute 1. Satz beginnt mit den imitatorischen Einsätzen der Streicher (*Molto moderato*), die ihren Stoff aus der originellen heptatonischen Tonleiter *d–e–f–g–as–b–c* schöpfen. Mit dem Eintreten der Holzblasinstrumente werden die Motive chromatisiert. Das Klangmaterial der Kantate ist nicht einheitlich; es schwankt zwischen der reinen Diatonik und der Technik der ‹chromatischen Rotation›, mit der engen Auffüllung der Skala durch Halbtöne. Auch die in der Harmonik verwendeten Mittel weisen eine große Spannweite auf. Der erste Einsatz des Chors (im Kanon) bildet einen sich ausweitenden diatonischen Kluster, der schließlich die vollen sieben Töne der Skala umfaßt. Dieser Klang ‹reinigt› sich später und gelangt zur Harmonie von Drei- und Vierklängen, die eine einfache Melodie mit ausgesprochen ungarischen Merkmalen unterstützen. Der zweite Abschnitt des 1. Satzes (*Allegro molto*), die Schilderung der Jagd, bringt scharfe Rhythmik im Orchester, und darüber entfaltet sich energisch eine vierstimmige Fuge des Chors, deren Thema in veränderlicher Diatonik (in B mit äolischen, lydischen und mixolydischen Schritten) verläuft:

Im Kulminationsmoment wird der Chor fast schlagzeugartig behandelt: Er ruft in einem unregelmäßigen Rhythmus nur einen diatonisch-dissonanten Akkord aus und wiederholt ihn abwechselnd mit dem Orchester. Der dritte Abschnitt (*Moderato*), der die Verwandlung der Jünglinge in Hirsche schildert, führt eine Stimmung der geheimnisvollen Phantastik ein. Das auftretende kurze ‹Kläffen› der Blasinstrumente (Siebenklangakkorde), das Tremolo der Streicher und die stürmischen Glissandi der Harfe bilden das suggestivste koloristische Bild im ganzen Werk. Die Harmonik ist stark gesättigt, und die melodischen Motive des Chors beschreiten zielsicher die Welt der Bartókschen chromatischen Rotation.

Dieselbe Aura hält auch im 2. Satz (*Andante*) an. Nach der chromatischen Einleitung der Streicher con sordino singt der Chor einen Kanon, der motivisch mit dem oben zitierten Fugenthema verwandt ist:

Die Musik belebt sich allmählich und gelangt (in der dramatischen Begegnungsszene des Vaters mit den neun Hirschen) zum Tempo *Molto*

vivo; beide Chöre rufen kanonisch immer wieder eine kurze Phrase aus, die von scharfen Akzenten des Orchesters unterstrichen wird. Den Dialog zwischen dem Vater und dem ältesten Sohn nehmen die Solisten auf, sie singen unter anderem im Duett. Besonders interessant ist die stark chromatische Tenorpartie, die eine reich ornamentierte Linie und Melismen aufweist.

Der kürzeste 3. Satz (*Moderato*) faßt den Inhalt der Ballade zusammen und kehrt zur diatonischen Motivik des 1. Satzes zurück. Die Stimmung der Musik hellt sich auf und beruhigt sich: Am Schluß meldet sich wieder die Stimme des Tenors, der (in lydischer Tonart) unter langen Melismen die vom Chor mehrfach wiederholten letzten Worte des Textes singt: ‹...ihr Mund trinkt nur aus klarem Quell.› Das Werk endet mit dem D-Dur-Dreiklang.

Im Jahre 1930 erschienen die ersten Bücher über Bartók: in Budapest die Monographie *Bartók Béla* von Emil Haraszti und in Halle eine Arbeit des deutschen Musikwissenschaftlers Edwin von der Nüll: *Béla Bartók. Ein Beitrag zur Morphologie der Neuen Musik*, die eine ausführliche Analyse (leider vom Standpunkt des traditionellen harmonischen Systems) der Klavierwerke Bartóks von den *Bagatellen* bis zum *1. Klavierkonzert* enthält. In demselben Jahr erschienen auch die ersten Schallplatten mit seiner Musik: *Allegro barbaro*, vom Komponisten selbst gespielt (His Master's Voice) sowie die *Rumänischen Volkstänze* und Stücke aus *Für Kinder* in der Transkription für Violine und Klavier von J. Szigeti und von ihm gespielt (Columbia).

Am 25. März 1931 feierte der Komponist seinen 50. Geburtstag. Aus diesem Anlaß unternahm die Budapester Oper wieder ihre Vorbereitungen zur Aufführung des *Wunderbaren Mandarins*, diesmal mit einem von dem Regisseur László Márkus überarbeiteten Libretto, um so die Beanstandungen der Zensur zu umgehen. Aber diese Änderungen gaben den Anlaß zu einer grundsätzlichen Auseinandersetzung zwischen Bartók und der Oper, als deren Ergebnis die Inszenierung eingestellt wurde. Der Komponist war eher bereit, die einzige Gelegenheit, sein Werk auf der einheimischen Bühne zu sehen, aufzugeben, als so weitgehende Abweichungen von seiner Idee zu akzeptieren.

Bartóks Kompromißlosigkeit und kämpferische Haltung, die er in seinen (häufig ‹naiven›) Auseinandersetzungen mit den Gesetzen und Sitten der zeitgenössischen Zivilisation an den Tag legte, seine gewaltsamen und leidenschaftlichen Reaktionen, insbesondere wenn er es mit offenkundiger Ungerechtigkeit zu tun hatte, betrafen nicht nur Fragen, die ihn persönlich berührten. Bezeichnend ist sein Protest, vom Mai dieses Jahres, im Zusammenhang mit dem Konflikt zwischen Arturo Toscanini und der italienischen Regierung. Der große Dirigent hatte sich demonstrativ geweigert, die faschistische Hymne *Giovinezza* zu dirigieren, und mußte nach einem großen Skandal Italien verlassen. Bartók war darüber entrüstet und schrieb im Namen der Neuen Ungarischen Musikvereinigung (UMZE) einen offiziellen Brief an das Präsidium der IGMN:

‹1. Mit Bestürzung und Entrüstung hat die UMZE von der schweren Kränkung Kenntnis erhalten, die Arturo Toscanini widerfahren ist. Sie versichert ihn ihrer vollsten Anteilnahme und Anhänglichkeit und begrüßt ihn mit der größten Hochachtung und Liebe.

2. Die UMZE sieht mit Besorgnis, daß gewaltsame Eingriffe außerhalb der Kunst stehender Faktoren in das Leben der Kunst immer häufiger werden und sogar vor dem weltweiten Ansehen eines Toscanini nicht mehr zurückweichen. Sie hält daher die Zeit für gekommen, das Problem der Abwehr aufzuwerfen. Deshalb richtet die UMZE ein Rundschreiben an alle Sektionen der IGNM und fordert sie auf, für die Zusammenkunft in Oxford am 1. Juli geeignete Vorschläge zum Schutz der Integrität und Autonomie der Kunst auszuarbeiten. Sie ersucht das Zentralpräsidium, die Verhandlung vorzubereiten und mit anderen Musikorganisationen, eventuell auch Organisationen der bildenden Künste und der Literatur Kontakt aufzunehmen mit dem Ziel, eine Weltorganisation zum institutionellen Schutz der Freiheit der Kunst zu bilden. Béla Bartók›

Dieser Brief, der keinen Widerhall fand, war die erste offizielle antifaschistische Stellungnahme Bartóks, doch nicht die einzige; in den späteren Jahren wird der Komponist noch oft seiner Einstellung zu dem verhaßten politischen System leidenschaftlich und ostentativ Ausdruck geben.

Im Juli 1931 erhielt er – als einziger Musiker – eine Einladung zur Teilnahme an der Session des Internationalen Komitees für geistige Zusammenarbeit beim Völkerbund in Genf. Auf dieser Sitzung traten über zwanzig Intellektuelle aus verschiedenen Ländern auf, unter ihnen Thomas Mann, Paul Valéry und Karel Čapek. Trotz der deutlichen Mißbilligung durch die ungarische Gesandtschaft brachte er die Sache mit Toscanini zu Gehör und wiederholte seine in dem Brief an das Präsidium der IGNM formulierten Vorschläge, dann trug er sein Referat über Schallplattenaufnahmen der Volksmusik vor. Bei dem offiziellen Abendessen unterhielt er sich lange mit Thomas Mann; auf inständige Bitten der Anwesenden spielte er zwei Werke: *Abend am Lande* und *Bärentanz*. Thomas Mann äußerte sich später: ‹Wo immer ich Béla Bartók sah, mit ihm sprach, ihm lauschte, war ich aufs tiefste berührt, nicht nur von seiner Liebenswürdigkeit, sondern von seinem hohen und reinen Künstlertum, dessen Wesen sich schon in dem schönen Blick seiner Augen ausdrückte.›

Von Genf fuhr Bartók nach Mondsee in Österreich, als Lehrer beim Sommerkurs einer österreichisch-amerikanischen Musikschule im Schloß des Grafen Almeida. Zu dem Kurs hatten sich nur wenige Schüler angemeldet, so daß der Aufenthalt den Charakter einer sorglosen Erholungszeit annahm. In Mondsee bearbeitete Bartók die Orchesterfassungen (wie er selbst sagte, hauptsächlich aus ‹kommerziellen› Gründen) einiger seiner populären Klavierstücke. Es sind dies: *Tänze aus Siebenbürgen* (*Sonatine* vom Jahre 1915) sowie *Bilder aus Ungarn*, und zwar *Abend am Lande* und *Bärentanz* (aus den *10 leichten Klavierstücken*), *Melodie* (Nr. 2 aus den *4 Klageliedern*), *Etwas angeheitert* (*2. Burleske*) und *Öröger Hirtentanz* (Nr. 42 aus dem 2. Heft *Für Kinder*).

Im Oktober 1931 beendete Bartók ein neues großes Werk, das man zu den Gipfelleistungen seines Talents zählen kann: das *Konzert Nr. 2* für Klavier und Orchester. Es ist im Prinzip eine Fortsetzung des Stils und der ästhetischen Haltung des *Konzertes Nr. 1*, mit seiner einfachen und energischen Thematik, dem monumentalen und dabei aggressiven Klang, dem glänzenden Zusammenspiel des Klaviers mit den Blas- und Schlaginstrumenten. Es ist auch eine der herrlichsten Verkörperungen des Bartókschen Vitalismus – im Bereich der großen Formen –, der manchmal an Brutalität grenzt, aber immer der klassischen Präzision und Eleganz in der Wahl der Klangfiguren und ihrer Entwicklung untergeordnet ist. In seiner endgültigen künstlerischen Gestalt, was Konstruktion, Ausdruckstiefe, schönen und effektvollen Klang angeht, übertrifft das *2. Klavierkonzert* sogar das 1.; es kann ohne weiteres neben die größten Meisterwerke dieser Gattung gestellt werden. Im Aufbau nähert es sich der symmetrischen Form, die uns schon aus dem *4. Streichquartett* bekannt ist; die Ecksätze sind im Charakter ähnlich und verwenden auch denselben motivischen Stoff, der 2. Satz (*Adagio*) enthält noch eine besondere Mittelepisode (*Presto*), so daß die Anordnung $ABCB_1A_1$ entsteht.

Im 1. Satz (*Allegro*) begleiten nur die Blas- und Schlaginstrumente das Klavier, was in Verbindung mit dem für Bartók typischen Klaviersatz die Energie und Derbheit des Klangs noch steigert. Eine besondere Rolle spielt hier das polyphon konzertierende Blech. Die Entwicklung des 1. Satzes hält sich nicht an das Schema der klassischen Sonatenform, sondern bildet eine ununterbrochene motivische Evolution des Hauptthemas, was in gewissem Grad an die Konzerte von Bach erinnert. Dieses am Anfang von der Trompete eingeführte Thema (Beispiel unten) ist überraschend einfach und bündig, es fußt auf der unvollständigen Diatonik mit pentatonischen Schritten. Seine klangliche und rhythmische Gestalt ‹projiziert› den Charakter des ganzen Satzes und sein klares, heiteres Kolorit vorweg. Das Klavier antwortet mit einer Phrase im Rhythmus der ungarischen *verbunkos* (charakteristisches Hauptmotiv), die größtenteils auch diatonisch ist und dem ganzen Thema einen eindeutigen tonalen Sinn mit dem zentralen Ton *g* verleiht. Die dicht gesättigte, aber im Verlauf logische Harmonik mit den liegenden Tönen und Sekundenschritten wie auch die entschlossene Akkordfaktur bestimmen ihrerseits den pianistischen Stil des ganzen *Allegros*.

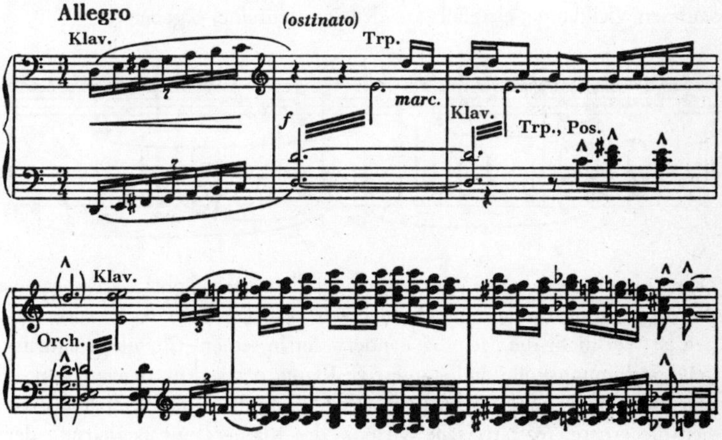

Die Gegenwart dieses Themas und seiner beiden Glieder ist im ganzen 1. Satz spürbar. Nach den Akkordfolgen des Klaviers mit den charakteristischen Mixturen aus parallelen Terzen, Sexten und Oktaven (unzweifelhaft brahmsscher Herkunft) kehrt das erste Glied des Themas in einem polyphonen Fanfarenkonzert des Blechs wieder. Der erneute Einsatz des zweiten Gliedes im Klavierpart, in verändertem klanglichem Rahmen, leitet einen Abschnitt in der Art einer Durchführung ein, dessen Hauptepisode ein mächtiger, brutaler und rhythmisch scharfer Auftritt des Klaviers in Quintakkorden, nur vom Schlagzeuginstrumentarium begleitet, ist. Die deutliche und energische Rückkehr des Themas in den Posaunen suggeriert eine Reprise, obwohl die Durchführungsarbeit weiterläuft und das Thema in zahlreichen Nachahmungen, Umkehrungen und auch im Spiegelkrebsgang erscheint. Das ist der bravouröseste und blendendste Abschnitt im ganzen 1. Satz, sowohl im Klavierpart als auch im kapitalen Klang des Blasorchesters. Die ausgebaute Akkordkadenz des Klaviers verarbeitet das erste Themenglied und vermittelt uns den höchst eigenartigen und unersetzlichen Charakter des Bartókschen Klaviersatzes. Nach der belebten, an Tonläufen reichen Koda endet das *Allegro* mit einem gewaltigen Dreiklang in G-Dur.

Der tiefsinnige und ergreifende 2. Satz (*Adagio*) führt erstmalig die Streichinstrumente ein, die ein Zwiegespräch mit dem Klavier und den Schlaginstrumenten führen. Die Abschnitte der Streicher (pp, con sordino) gründen sich auf zwei Schichten paralleler Quintakkorde, die zusammen Vielklänge, ebenfalls aus der Quintenreihe, ergeben:

Diese Akkorde sind der Unterbau für die diatonische (phrygische) Melodie, die weiter Ganzton- und chromatische Schritte aufweist, aber wesentlich ist hier nicht die Melodie, sondern der in seinem Charakter einheitliche, stimmungsvolle und suggestive Klang, der sich in der langsamen, wogenden Bewegung entwickelt. Den Abschnitten der Streicher stellt sich die ernste, rezitativische Melodie des Klaviers mit Begleitung der Pauken entgegen. Es ist ein nur in der Faktur bereicherter Unisonoverlauf. Anfänglich reichen nur die letzten Töne der Phrasen über die Diatonik hinaus und bilden plötzliche tonale Wendungen (ähnlich wie in der Melodie aus den *Klängen der Nacht*), später umfaßt die Chromatik die ganze Phrase und füllt die Skala mit Halbtönen auf (vgl. Beispiel auf Seite 285). Der zweite Einsatz des Klaviers bringt eine diesmal aufsteigende Phrase, die in den pathetisch wie Glocken klingenden Oktavwiederholungen ihre Kulmination erreicht.

Der Mittelabschnitt des 2. Satzes (*Presto*) ist der herrlichste, einfallsreichste und in seinem Neuerertum am weitesten reichende Teil des ganzen Konzerts. In seinem allgemeinen Charakter erinnert er an den 2. Satz (*Prestissimo*) des *4. Streichquartetts;* hier wie dort sind Klang und Bewegung

wesentliche Elemente. Von melodischen Motiven kann überhaupt nicht gesprochen werden. Die lebhaften, wogenden chromatischen Läufe in beiden Händen, die sich immer wieder bei der Wiederholung eines Klangs aufhalten, ändern nach und nach ihre Klangfarbe: Sie verlaufen anfänglich in parallelen Oktaven, dann in zwei Schichten parallel fortschreitender großer Sekunden und schließlich in – kleinen, später großen – parallelen Sexten. Die chromatischen Stakkatofolgen der Blasinstrumente und der Wirbel der Pauken vervollständigen das koloristische Bild. Nach den gewaltigen, schlagzeugartigen Anschlägen der Quartakkorde im Klavier beginnt der außergewöhnlichste, wirklich phantastische Abschnitt des *Prestos:* Der Pianist wiederholt schnell, mit beiden Händen abwechselnd, sämtliche chromatischen Klänge der Tonleiter, was einen dichten Zwölftonkluster ergibt. Dazu erklingen im Orchester einzelne abgerissene Töne und Motive in verschiedenen Registern und von verschiedenen Instrumenten. Dies ist der eigenartige Bartóksche Punktualismus, der uns schon aus den *Klängen der Nacht* bekannt ist und der zweifellos in der Faszination des Komponisten für Klänge der Natur, insbesondere den Gesang der Vögel, seine Quelle hat:

Das Klusterband im Klavier unterliegt im weiteren Verlauf abwechselnden Verschiebungen und entrinnt so der Stabilität; sodann treten Zweiunddreißigstel-Rotationen, in beiden Händen und in demselben Material, an seine Stelle. Die das Klavier begleitenden Streichinstrumente spielen einen Triller auf einem vollen Ganztonakkord, dazu kommen die Blasinstrumente, die bewegliche und phantastische Anordnungen, verschiedene Punkte, Flecken und Läufe beisteuern. In harmonischer Hinsicht ist es in der Musik das erste Beispiel eines so lange (über 50 Takte) ausgehaltenen vollen Zwölftonklangs, dazu in enger Lage; zugleich ist es ein Beispiel der reichen inneren Differenzierung dieses Klangs. In koloristischer Beziehung ist es eines der prachtvollsten Fragmente in Bartóks Schaffen.

Diese phantastische Aura dauert auch in dem zurückkehrenden *Adagio* fort: Die Streicher spielen Quintakkorde im Tremolo, begleitet von einem zarten, wie gelispelten Triller des Klaviers im hohen Register. Die pathetischen Phrasen des Solisten klingen noch ergreifender als am Anfang.

Der energische, bravouröse 3. Satz (*Allegro molto*) hat die Form eines Rondos und nähert sich in seinem Ausdruck dem 1. Satz. Das vom Pianisten mit beiden Händen im Oktavabstand gespielte Thema ist rhythmisch sehr scharf gezeichnet. Es bewegt sich in einem schmalen Ausschnitt der diatonischen Skala (3 Töne), wonach es sich plötzlich zu gegenpolig entfernten Klängen hinwendet:

Nach seiner zweimaligen Wiederholung in umgewandelter Gestalt erscheint die Melodie aus dem 1. Satz (Beispiel auf Seite 283, zweites Themenglied), die der Pianist diesmal in Oktaven und im Triolenrhythmus spielt. Nach ihrer Entwicklung hören wir auch ihren ersten Abschnitt, den die Blechinstrumente imitatorisch und ebenfalls im Triolenrhythmus führen; hier tritt die Anknüpfung an den 1. Satz besonders deutlich hervor.

Das wiederkehrende Thema des Finales bildet jetzt eine entwickelte diatonische Melodie, der eine originelle, exotische Tonleiter: *b–c–des–es–fes–g–a*, zugrunde liegt:

Der weitere Verlauf bringt eine effektvolle Darstellung der Bartókschen Pianistik mit den typischen, sich miteinander verzahnenden Oktavläufen der rechten und der linken Hand und Terzmixturen. Das Thema des Finales und die beiden Abschnitte des Themas aus dem 1. Satz melden sich wieder, diesmal in der Umkehrung. Der Schluß des Finales verläuft ähnlich wie der Schluß im 1. Satz.

Im Jahre 1931 wandte sich Professor E. Doflein, der damals an einer Violinschule arbeitete, an Bartók mit der Bitte um einige leichte Duette. Bartók, der sich immer für die polyphone Technik des zweistimmigen Satzes interessiert hatte, begeisterte sich für diesen Vorschlag und begann Doflein immer wieder neue Miniaturen – zur Auswahl – zuzustellen. Auf diese Weise entstanden die *44 Duos* für zwei Violinen, die (mit Ausnahme von zweien) ihren Stoff aus den ungarischen, slowakischen, rumänischen, ukrainischen Volksliedern sowie einem serbischen und einem arabischen Lied schöpfen. Die Kompositionen sind nach ihrem technischen Schwierigkeitsgrad geordnet, nichtsdestoweniger hat Bartók in seinem Vorwort zu der Ausgabe vermerkt, daß sie beim Konzertvortrag in beliebiger Auswahl und Reihenordnung in einer oder einigen Gruppen attacca gespielt werden können; er gab auch einige Beispiele solcher Gruppierungen an.

Der Stil der *Violinduos* ist zu einem Großteil eine Fortführung des Stils der Volksliedbearbeitungen *Für Kinder* aus dem Jahre 1909, mit einer einfachen tonalen Harmonisierung und vorübergehenden Deformationen. Die Spannweite der Klangmittel ist nicht kleiner als die der Spieltechnik. Im Gegensatz zur ersten Stimme, die immer auf der Volksmelodie fußt, weist die zweite chromatische Ausschmückung und eine gewisse Unabhängigkeit der tonalen Spannungen auf, was häufig sehr scharfe Dissonanzen verursacht (Nr. 16, 23). In vielen Stücken finden sich Analogien zu dem in jenen Jahren komponierten Klavierzyklus *Mikrokosmos*, in dem das Zusammenspiel eines unterschiedlichen (beschränkten) Klangmaterials in den einzelnen Stimmen vorgeführt wird. Nr. 19 (*Märchen*) stützt sich auf eine aus vier Klängen bestehende Melodie, die eine unvollständige pentatonische Skala bilden (die Melodie ist uns aus dem 2. Heft *Für Kinder*, Nr. 26, bekannt), während die zweite Stimme sich auf den zerlegten Molldreiklang mit Sexte beschränkt. In Nr. 42 (*Arabischer Gesang*) umfaßt die Melodie nur die vier Töne *es–fis–g–a*, die zweite Stimme bewegt sich in dieser Zeit nur auf den drei Tönen *b–cis–d*. In diesem Stück kommt auch das scharfe Pizzicato mit Zurückschnellen der Saite auf das Griffbrett (ȯ), wie im *4. Streichquartett*, zur Anwendung. In manchen Duos haben wir es mit einer offenkundigen Bitonalität zu tun, die (ähnlich wie in der *1. Bagatelle* und *Klängen der Nacht*) durch den Unterschied in der Schlüsselvorzeichnung angedeutet wird. Im *Wiegenlied* (Nr. 11) hat die eine Stimme als Versetzungszeichen zwei ♭ – *b* und *des* (!) – die zweite ein Kreuz – *fis*. In Wirklichkeit spielt die 1. Violine eine Melodie aus drei Tönen (*b–c–des*), die 2. Violine eine Melodie mit unvollständiger pentatonischer Skala (*d–e–g–a*, später *e–fis–a*). Zentraler Klang der einen Stimme ist *b*, der zweiten sein Gegenpol *e*.

Eine deutliche Gegenüberstellung zweier extrem entfernter Klangstoffe sehen wir im *Erntelied* (Nr. 33). Die 1. Violine bewegt sich im Umfang eines Tetrachords *a–d*, dann *d–g*; die 2. Violine einen Tritonus tiefer: *dis–gis*, dann *gis–cis*. Im zweiten Teil bildet sich ein regulärer Kanon im Intervall eines Tritonus:

Nach den *Violinduos* hat Bartók bis 1934 kein Werk komponiert, sofern man von der Bearbeitung der *6 Siebenbürgisch-ungarischen Lieder* für sechsstimmigen Männerchor a cappella und der *Ungarischen Bauernlieder* für Orchester (einige Stücke aus den *15 ungarischen Bauernliedern* für Klavier vom Jahre 1917) sowie der *Ungarischen Volkslieder* für Gesang und Orchester (einige Stücke aus den *20 ungarischen Volksliedern* für Gesang und Klavier vom Jahre 1929) absieht. Eine ähnliche Unterbrechung haben wir schon in den Jahren 1923–1926 beobachtet; nach ihr kam der große Aufschwung in Bartóks Schaffen und die überraschende Anknüpfung an die klassischen Formen, in welchen die Rhythmik ein erstrangiges Element wurde (*Klaviersonate*, *1. Konzert*). Der Komponist schickte sich an, der Musikwelt die reifsten und würdigsten Meisterwerke seines Stils zu schenken. In diesen sollten sämtliche Elemente der Musik ein neues ideal klassisches Gleichgewicht bilden, und eine einzigartige Synthese des Neuen mit den besten Mustern der Tradition sollte darin erreicht werden. Von der jetzigen ästhetischen Haltung Bartóks zeugt seine in ‹The Music News›

(Chicago, Januar 1934) veröffentlichte Antwort auf die in derselben Zeitschrift gedruckte Abhandlung *Melody versus Rhythm* von P. Grainger. Nachdem er einige Probleme hinsichtlich der Folklore erörtert hatte, machte Bartók folgende Feststellung: ‹Die Volkmusik [...] widerspiegelt jedenfalls einen vollkommen natürlichen Zustand, dieser natürliche Zustand scheint meine Auffassung zu bekräftigen: daß nämlich die Menschheit von Natur aus in gleichem Maße sowohl die «melodious» als die «rhythmic» Musik begehrt und benötigt. Ich fühle die Gleichberechtigung beider Arten, und als das vollkommenste musikalische Werk betrachte ich jenes Werk, welches beide Arten zusammenfaßt. Und dieses Werk ist, meines Wissens und meinem Gefühl nach, J. S. Bachs Werk.›

In dieser Zeit beschäftigte sich Bartók weiterhin mit Fragen der Folklore. Er folgte einer Einladung zu dem Kongreß für Arabische Musik in Kairo im März 1932, wo er einen Vortrag über die arabische Folklore hielt, den später die Berliner ‹Zeitschrift für Vergleichende Musikwissenschaft› druckte. (In Kairo freundete er sich mit dem ebenfalls dort weilenden jungen Paul Hindemith an; sie besichtigten zusammen die Altertümer Ägyptens.) In demselben Jahre veröffentlichte er in den Wiener ‹Musikblättern des Anbruchs› seinen Aufsatz *Neue Ergebnisse der Volksliedforschung in Ungarn.* Um seine wissenschaftliche Arbeiten ungestört fortsetzen zu können, gab er 1934, nach 27 Jahren, seine Stellung als Professor an der Musikakademie auf und übernahm als Mitarbeiter der Ungarischen Akademie der Wissenschaften die Vorbereitung einer vollständigen Ausgabe des ungarischen Volksliederschatzes: *Corpus Musicae Popularis Hungaricae.*

Die Konzerttätigkeit gab er dabei nicht auf. Er gastierte in Spanien, später in Paris, wo er (im Jahre 1932) im Pleyel-Saal mit Pierre Monteux sein *1. Klavierkonzert* spielte. Am 23. Januar 1933 fand in Frankfurt die Uraufführung des *2. Klavierkonzerts* unter der Direktion von Hans Rosbaud statt, was einer neuen Reihe von Konzertreisen Bartóks mit diesem Werk den Anfang gab. Es war aber auch der letzte Auftritt Bartóks in Deutschland. Noch in demselben Monat wurde Adolf Hitler Reichskanzler, der die nazistische Diktatur im Land einführte; diese Tatsache war für Bartók ein ausreichender Grund, sämtliche künstlerischen Beziehungen zu Deutschland abzubrechen.

Den direkten Anstoß zu einem neuen großen Werk – dem *Streichquartett Nr. 5* – gab ein konkreter Auftrag, der von Frau Elizabeth Sprague Coolidge, der Gründerin der nach ihr benannten Stiftung an der Kongreßbibliothek in Washington, erging; auf ihre Initiative entstanden viele bedeutende Werke der zeitgenössischen Musik (unter anderen das *3. Streichquartett* von Schönberg). Bartók nahm den Auftrag an und machte sich mit großem Eifer an die Arbeit. Er komponierte in einem flotten Tempo in seiner neuen Wohnung in der Villa an der Csalán utca 27 in Buda (die Bartók im Jahre 1932 bezog), und genau einen Monat nach dem Beginn, am 6. September 1934, war das neue Werk fertig.

Das *5. Streichquartett* – das längste von allen – ist wohl klanglich weniger neuartig als das vorhergehende, es zeichnet sich dagegen durch größeren Melodienreichtum und größere Verschiedenartigkeit der Motivik, der Tempi und der Stimmungen, auch innerhalb der einzelnen Sätze, aus. Dessenungeachtet setzt es im allgemeinen die stilistische Linie des *4. Streichquartetts* wie auch dessen symmetrischen, fünfsätzigen Aufbau fort. Die Ecksätze verbindet sowohl eine ähnliche Energetik als auch eine gewisse Verwandtschaft der Motive; diese Verwandtschaft tritt in den Sätzen 2 und 4, diesmal in langsamem Tempo gehalten, noch deutlicher hervor. Der zentrale Satz ist in diesem Werk ein lebhaftes *Scherzo.*

Der 1. Satz (*Allegro*) beginnt mit einem energischen Thema, das einen rein rhythmischen und im weiteren Verlauf auch einen melodischen Faktor exponiert. Diese Anordnung weckt den Eindruck, als ob sich die in den ersten Takten angehäufte rhythmische Energie in der nach ihnen folgenden melodischen Phrase entlädt:

Der Anfang ist in der Quartettliteratur ein Unikum: Es besteht in einer unisono und martellato vorgetragenen Tonwiederholung. Das Fehlen einer melodischen Linie wird durch rhythmische Vielgestaltigkeit kompensiert: In den einzelnen Gruppen erscheinen vielerlei Töne und zwischen diesen Pausen von unterschiedlicher Länge. Trotz der Taktstriche im Notenbild findet der Verlauf in keinem metrischen Schema Platz. Der wiederholte Ton *b* bestimmt eindeutig das tonale Zentrum des Werks; die vorübergehende Abweichung in die Sekunde (*c*) unterstreicht nur die Stärke der Zentralisation. Im 4. und 5. Takt erscheint (in der Bratsche und im Violoncello) eine chromatisierte Melodiephrase, die eine Ablenkung zum Gegenpol *e* bringt und sich dann auf pentatonische Motive festsetzt. Das *e* als Gegenpol des zentralen Klangs wird weiterhin, zusammen mit dem ihm verwandten *a*, exponiert. Gleichzeitig aber setzen die 1. und die 2. Violine ein und beginnen vom zentralen Klang aus die Imitation des bisherigen Verlaufs; auf diese Weise kommt es zu dem Zusammenklang *b–e–a*. Wenn die Violinen den Klang *e* erreichen, kontrapunktiert die Bratsche mit dem Violoncello in einer neuen Phrase, wiederum aus der ‹B-Zone›:

Diese ganze rhythmische, motivische, tonale und schließlich auch kontrapunktische Kompliziertheit in der Entwicklung des ersten Themas verleiht der Musik einen starken Spannungsgehalt, er bestimmt auch den Stil des ganzen Satzes. Das zweite Thema kontrastiert stark mit dem ersten; es besteht aus einer glatten und ruhigen melodischen Linie, die von verschiedenen Instrumenten mehrfach wiederholt wird:

In dieser Melodie verflechten sich diatonische mit chromatischen Schritten; sie wertet (zusammen mit dem vom Violoncello pizzicato wiederholten Ton *b*) sämtliche zwölf Töne der Skala aus. Zentraler Klang der Melodie ist *a*, das zur gegenpoligen Region der Haupttonart des Werks gehört.

Den Durchführungsteil eröffnet das rhythmische Hauptmotiv, diesmal auf dem Ton *e* (Gegenpol von *b*) wiederholt, worauf der ‹melodische› Abschnitt des ersten Themas (mit seiner gegenpoligen Abweichung nach *ais*) verarbeitet und viele Male von allen Instrumenten imitatorisch wiederholt wird, was ein herrlich klingendes und spannungsreiches bewegliches Klanggewebe ergibt. Die weitere Durchführung des rhythmischen Motivs, von melodischen Motiven beider Themen meisterhaft durchflochten, führt zu einer freudigen Kulmination, in welcher die weitere Phrase des ersten Themas erscheint – erst jetzt erstrahlt sie in vollem Glanz. Nach Reminiszenzen an die Melodie des zweiten Themas bricht auf den scharfen Wiederholungen der kleinen Sekunde *e–f*, die die gegenpolige und zugleich Dominantabweichung vom zentralen Punkt darstellen, das erste Thema im Fortissimo aus.

Die Reprise bringt eine Umkehrung des ganzen Verlaufs der Exposition sowie motivische Inversionen der Themen. Sie beginnt mit dem zweiten Thema, dessen Bogenlinie diesmal nach unten abweicht. Die umfassende, majestätische Rückkehr des ersten Themas zeigt eine strenge Umkehrung der Melodie: Das Hauptmotiv weicht nach *as*, die ‹melodische› Phrase nach unten zum Tritonus *e* ab. Die Koda (*Allegro molto*) schließt mit einer chromatischen Kadenzwendung, in welcher zwei Stimmen vom tieferen und höheren *e* in Gegenbewegung einsetzen, auf dem zentralen Klang *b*.

Der 2. Satz (*Adagio molto*) ist, wie der 4., ein Beispiel der stimmungsvollen Phantastik, die für die langsamen Teile in den zyklischen Werken Bartóks, mit ihrem faszinierenden Klang und originellen Ablauf, typisch ist. In der Einleitung hören wir kurze Triller und Noten mit Verzierungen in abwechselnden Registern und ferner lose verstreute ‹Seufzermotive› in verschiedenen Instrumenten, die keine erkennbare tonale Anordnung bilden. Erst im Mittelabschnitt festigt sich das tonale Zentrum: Es ist das lang ausgehaltene Tremolo der 2. Violine auf dem Ton *g* (dem sich ein neuer Effekt hinzugesellt: das Anreißen des oberen Endes der Saite mit dem Daumennagel), das vom Pizzicato der Bratsche auf dem Motiv *as–g* unterstützt wird. Hinzu kommen kurze, in verschiedenen Registern pianissimo gespielte chromatische Vierundsechzigstelfiguren, was im ganzen ein berückendes und subtiles koloristisches Bild aufsteigen läßt. Vor diesem Hintergrund erwächst eine ausdrucksvolle Melodie von typisch ungarischen Zügen und pentatonischen Motiven, die zwischen den gegenpoligen Klangregionen schwankt und sich schließlich zum Zentrum *g* neigt.

Im letzten Abschnitt kehrt die stimmungsvolle Phantastik der Einleitung mit den verstreuten Tönen und Trillern zurück, und am Schluß erklingt geheimnisvoll eine Vierundsechzigsteltonleiter abwärts, vom Violoncello (quasi glissando) con sordino gespielt.

Der in seiner Stimmung unbekümmerte 3. Satz (*Scherzo – Alla bulgarese*) verläuft von Anfang bis Ende in bulgarischen Rhythmen, jeder Takt enthält Gruppen zu zwei und drei Achteln; über den einfachen Pizzicato-Akkorden des Violoncellos, die zum Dis-Dur-Dreiklang gravieren, entfaltet sich eine diatonische Melodie (dorisches *cis*), die abwechselnd von verschiedenen Instrumenten aufgegriffen wird:

Im weiteren Verlauf kommt Chromatik in die Melodie, die Faktur nimmt stärkere polyphone Züge an. Hinzu tritt eine neue rhythmisch-melodische Phrase mit einem Sechzehntelmotiv, das die volkstümliche Tanzsucht zum Ausdruck bringt. Das ‹bulgarische› Taktschema verändert und differenziert sich in den einzelnen Instrumenten, was die rhythmische Schärfe noch verstärkt.

Im Trio (das in bezug auf den symmetrischen Bau des Quartetts der zentrale Teil im Werk ist) bilden die Klangbewegung und die Klangfarbe eine untrennbare Einheit. Die ununterbrochen und immer schneller wiederholte Phrase der 1. Violine (pp, con sordino), die sämtliche chromatischen Töne innerhalb einer Quinte erschöpft, verleiht dieser Musik den Effekt eines eigenartigen Wirbelns. Die hinzutretende 2. Violine akzentuiert (pizzicato) manche Klänge dieser Phrase, und die nun folgende pentatonische Melodie der Bratsche bildet mit der 1. Violine ein delikates und zugleich klanglich pikantes Zwiegespräch:

Die rotierende Phrase verlagert sich räumlich und beherrscht allmählich die 2. Violine und die Bratsche, wobei die 2. Violine sie in der Umkehrung spielt. Das bildet zusammengenommen ein subtiles und außerordentlich bewegliches Klangmagma, in welchem Intervalle schon nicht mehr zu hören sind. Scherzo da capo (in etwas veränderter Gestalt) bringt einen unerwarteten Abschluß: Nach dem scharfen Anreißen der Saite mit Zurückschnellen auf das Griffbrett (ȯ) im Violoncello tritt eine durchaus herkömmliche melodisch-harmonische Phrase auf, die anmutsvoll nach cis-Moll kadenziert.

Der ergreifende, lyrische 4. Satz (*Andante*) knüpft zunächst an den 2. Satz an; er beginnt mit einzelnen abgetrennten Motiven in verschiedenen Registern, aber nicht in Gestalt von Trillern, sondern von kurzen Pizzicatowiederholungen mit ornamentalen Figuren. Weiter (siehe Beispiel auf dieser Seite) erscheinen subtile Farbeffekte: der von der Bratsche wiederholte Ton *g*, abwechselnd auf der leeren Seite und mit dem vierten Finger auf der C-Seite (ein deutlicher Unterschied), Pizzicatoglissandi des Violoncellos im Umfang eines Tritonus (auf der angerissenen Saite wird der Finger verschoben), die in Halbtonschritten abwärtsschreiten, schließlich die delikaten ‹Vogelmotive› der Violinen in verschiedenen Registern und immer höheren chromatischen Stufen. Aus diesen Motiven taucht bald eine diatonische Melodiephrase hervor. Die Pizzicatoglissandi des Violoncellos vereinen sich nachfolgend mit dem arpeggierten Pizzicato der 2. Violine, was zusammen einen besonders gewählten Klangeffekt ergibt:

Nach einer Reihe von Tremolando-Akkorden, ähnlich dem Klang einer gedämpften Trommel, erscheint in der 1. Violine die variiert ausgebaute Melodie aus dem 2. Satz (Beispiel auf Seite 293), vom Violoncello kanonisch imitiert. In dem kulminierenden, sehr ergreifenden Fragment *Più mosso, agitato* spielen Bratsche und Violoncello beharrlich, aber in immer anderen Höhenlagen eine chromatische Zweiunddreißigstelfigur, die eine Art bewegliches Geräusch abgibt, und vor diesem Hintergrund wiederholen die Violinen kanonisch eine einzige melodische Phrase mit dem charakteristischen synkopierten Motiv der kleinen Terz nach oben. Hier gibt es keine melodische Entwicklung im herkömmlichen Sinn, nur das lange, leidenschaftliche und dramatische Wiederholen derselben Motive, die in verschiedenen Registern auftauchen. Am Schluß klärt und beruhigt sich die Musik. Der Abschnitt endet mit einer Sequenz von Molldreiklängen, (*fis–a–c–e–g*), die das Violoncello pizzicato spielt und die durch Glissandi verbunden sind.

Das Finale (*Allegro vivace – Presto*) nähert sich sowohl der Rondo- als auch der Sonatenform. Nach den einleitenden einzelnen Tetrachordmotiven, mit immer neuem Stoff, setzt das Hauptthema ein, das eine entfernte Reminiszenz des Themas aus dem 1. Satz (in der Umkehrung) ist. Davon zeugt die anfängliche Wiederholung eines Tons (*e*) und nachfolgend das zum Tritonus absteigende Motiv. Der Ton *b* bildet hier das Zentrum, sein Gegenpol ist *e*.

Dieses Thema voller impulsiver Energie und rauschhaft-tänzerischer Bewegtheit verleiht dem ganzen Satz seinen Charakter. Es überwiegt die motorische Achtelbewegung und eine eigenartige Virtuosität der Entwicklung, die übrigens mit einer kunstvollen Polyphonie einhergeht. Im Klangmaterial, das auf stetig veränderlicher (oder chromatisierter) Diatonik fußt, spielt die Gegenüberstellung der Tritonuspole eine besondere Rolle, und in der motivischen Arbeit das aus fünf Tönen bestehende Hauptmotiv des Themas im Umfang eines Tritonus, der auf- und abwärts von den Instrumenten in verschiedener Höhe gespielt wird. Das zweite

Thema mit seinem chromatischen Motiv (Halbtonschritte und große Septimen) tritt im Verlauf des Finales wenig hervor. Beachtung dagegen verdient die tremolierte Klusterepisode im Zwischensatz: Der Zusammenklang der kleinen Sekunde *g–as* verbreitert sich allmählich um immer weitere Halbtöne und bildet am Ende einen Zehntonkluster im Ambitus *es–c*. Dieser Vorgang wiederholt sich, beginnend mit *c–des* bis *as–f*.

Im Durchführungsteil (*accellerando al prestissimo*) tritt gleichzeitig mit den schnellen Tonwiederholungen (col legno) ein Fugato des Themas aus dem 1. Satz mit dem rhythmischen Anfangsmotiv auf. Die Imitation verläuft im Abstand eines Tritonus abwechselnd auf *e* und *b*. Nach dem Fugato folgt eine Entspannung: eine reizende, mit schelmischem Humor gewürzte Episode, *Allegretto capriccioso* (poco rubato), voller Pizzicati und Glissandi. Einen humoristischen Effekt bringt auch die Episode am Schluß der Reprise; nach der Apotheose des rhythmischen Repetitionsmotivs aus dem 1. Satz ertönt unerwartet eine einfache A-Dur-Melodie mit unterlegter primitiver Harmonik (Tonika, Dominante) und Alberti-Bässen. Die Melodie wird bei unveränderter Begleitung um einen Halbton höher wiederholt und nimmt so karikaturistische Züge an. Nach der lebhaften Koda (*Prestissimo*) endet das Werk mit einer kadenzartigen Wendung zweier Stimmen, mit Verdopplungen, die vom *e* zum hohen und tiefen *b* auseinanderstreben (also umgekehrt zum Schluß des 1. Satzes), was den tonalen Rahmen des Werkes deutlich unterstreicht.

Das *5. Streichquartett* wurde am 8. April 1935 in Washington vom Kolisch-Quartett uraufgeführt. Ein Jahr später spielten es die Waldbauer auf den Musikfestspielen der IGNM in Barcelona.

Trotz Ruhm und Ehren, die Bartók seitens der fortschrittlichen Musikkreise in der ganzen Welt entgegengebracht wurden, ließ seine Position in Ungarn viel zu wünschen übrig. Besonders bitter und paradox ist die Tatsache, daß in den Jahren 1919–1935 (also in einer Zeit, da Bartók schon als ein führender Komponist von der Welt anerkannt war) keines seiner Bühnenwerke über die Bretter der Budapester Oper ging. Beim *Wunderbaren Mandarin* war das Libretto ein unüberwindliches Hindernis; sofern es sich um die beiden übrigen Werke handelt, lag die Hauptursache nicht beim Inhalt, sondern beim Autor der Libretti. Béla Balázs, der als Kommunist unter Kúns Herrschaft politisch aktiv war, lebte als Emigrant ständig im Ausland. Diese Tatsache warf – in den Augen des Horthy-Regimes – ihren Schatten nicht nur auf seinen ganzen literarischen Nachlaß, sondern auch auf Bartóks Werke mit seinen Libretti. Erst das Jahr 1930 brachte eine Wendung; Bartók traf sich mit Balázs in Berlin, und sie verabredeten das weitere Vorgehen. Balázs schrieb eine offizielle Erklärung, in der er auf die Erwähnung seines Namens bei den Aufführungen und auf die anfallenden Tantiemen zu Bartóks Gunsten verzichtete, dieser wiederum verpflichtete sich privat, die entsprechenden Beträge an Balázs zu zahlen. Bartók übersandte die Erklärung Balázs' an den Operndirektor M. Radnai, der die Inszenierung durchzuführen versprach. Es vergingen aber noch fünf Jahre, bis am 30. Januar 1935 in Budapest die neuerliche Premiere des *Holzgeschnitzten Prinzen* (Choreographie: Jan Ciepliński) stattfand. Fast zwei Jahre später, am 29. Oktober 1936, kam auch *Herzog Blaubarts Burg* (Regie: Kálmán Nádasdy) zur Aufführung. Schöpfer der im kubistischen Stil gehaltenen Bühnenbilder zu beiden Aufführungen war Gustáv Oláh.

Außer bei diesen Vorstellungen war sonst in Budapest wenig von Bartóks Musik zu hören. Bartók, der von Natur aus kein ‹exklusiver› Künstler war und beim Komponieren immer an die Hörer dachte, litt sehr darunter und beklagte auch die Gleichgültigkeit des breiten Konzertpublikums, das fast nie zu seinen – übrigens immer selteneren – Kompositionsabenden erschien. Den größten Erfolg hatten seine Konzerte, in welchen er als Pianist mit klassischem Repertoire, insbesondere in Begleitung eines anderen berühmten Künstlers, auftrat. Zu solchen Konzerten gehörten sein Abend mit J. Szigeti am 30. Oktober 1935 (Bach, Beethoven, Schubert, Ravel) sowie die Auftritte im Klavierduett mit Edwin Fischer (27. Februar 1936) und mit E. Dohnányi (22. April 1936) mit Werken von Bach, Mozart und Brahms.

Im Dezember 1935 erhielt Bartók eine Auszeichnung, die er als eine Beleidigung empfand. Die schon im 19. Jahrhundert gegründete berühmte literarische Kisfaludy-Gesellschaft verlieh alle fünf Jahre die von A. Greguss (dem ehemaligen Präsidenten der Gesellschaft) gestifteten sechs Kunstpreise, darunter einen für Musik. Die Gesellschaft entschloß sich, nach vielen Jahren, auch Bartók auszuzeichnen, verwarf aber den Antrag der Musikakademie auf Auszeichnung des *2. Klavierkonzerts* und verlieh Bartók die Medaille für die *1. Suite* vom Jahre 1905! Es war klar, daß sich dahinter die ostentative Ablehnung des ganzen Schaffensweges, den Bartók seit dreißig Jahren verfolgte, seitens der konservativen Gesellschaft verbarg. Der entrüstete Komponist verweigerte die Annahme der Medaille und schrieb an die Kisfaludy-Gesellschaft einen ironischen Brief (den er später in einem Interview für die Presse zusammenfaßte):

‹1. Die Behauptung in der Begründung, daß die erste vollständige Aufführung dieses Werkes in Ungarn im November 1929 stattgefunden hat, ist falsch, da das ganze Werk, Gott sei Dank, bereits 1909 von Jenő Hubay [...] aufgeführt wurde.

2. Doch wenn auch die oben erwähnte Begründung stimmen würde [...], dann wurde doch in der Zuerkennung ein Fehler begangen. Ich habe zwar dieses meiner Werke sehr gern und halte es für eine wirklich ausgezeichnete Leistung eines 24jährigen jungen Mannes, doch wurden in dem Zeitraum 1929–1934 in Ungarn viel bessere und reifere Werke zum Vortrag gebracht, wie zum Beispiel die *Szekler Spinnstube* oder die *Tänze aus Galánta* [beides Werke von Kodály].

3. Zwar ungebeten, doch gutgemeint möchte ich Ihnen den Rat geben, sich schnellstens einen anderen Referenten in dieser Sache zu wählen. Wer nicht einmal feststellen kann, welche Werke auf Grund äußerer Umstände chronologisch in Betracht gezogen werden können, ist auch unmöglich imstande, den Wert der Werke zu beurteilen.

4. Erlauben Sie mir schließlich die Erklärung, daß ich weder jetzt noch in Zukunft, weder lebendig noch tot die Greguss-Medaille anzunehmen wünsche.›

Einen kaum größeren Widerhall als Bartóks kompositorisches Schaffen fand seine folkloristische Arbeit. Auch jetzt, nach 30 Jahren, gelang es ihm nicht, das Interesse der öffentlichen Meinung für die wirkliche Volksmusik zu wecken und die allgemein vorherrschende Meinung zum Thema der ungarischen Folklore zu korrigieren. Im Jahre 1934 schrieb er an den jugoslawischen Musikfolkloristen Vinko Žganec im Zusammenhang mit seiner Studie *Die Volksmusik der Magyaren und der benachbarten Völker* unter anderem: ‹... Es wäre mir lieb, wenn man in dem, was ich auf Seite 33 meines Heftes im letzten Absatz sage, die bittere Ironie nicht mißverstände. Diese Ironie gilt – wie das der aufmerksame und mit den ungarischen Verhältnissen bekannte Leser sofort herausfühlen kann – einzig und allein der Gleichgültigkeit, ja Feindseligkeit meiner eigenen Landsleute. Nämlich achtzig oder sogar neunzig Prozent des ungarischen vornehmen Publikums halten mich und meine Gefährten auch jetzt noch geradezu für Vaterlandsverräter, weil ich die Musik der ungarischen Dörfer studiere und propagiere (anstatt dasselbe mit der «ungarische Weisen» genannten Kunstmusik zu tun!). Aus dieser Gleichgültigkeit wollte ich unsere Leute aufrütteln, als ich ihnen in so grellen Farben schilderte, wie es mit dem ungarischen Volkslied bestellt ist. Es ist mir auch gelungen, zu erreichen, daß sich ein Teil der offiziellen Kreise endlich gerührt hat, so daß jetzt im Herbst endlich einmal damit begonnen werden konnte, ungarische Volkslieder zur Herausgabe vorzubereiten, eine Arbeit, die mehrere Jahre dauern wird.›

Die erwähnte vergleichende Studie über die Folklore Ungarns und der Nachbarvölker erschien im Jahre 1934 in Budapest; ein Jahr später kam sie auch in Berlin und 1936 ebenfalls in Bukarest heraus. Die Studie beginnt mit allgemeinen theoretischen Betrachtungen zum Thema der gegenseitigen Einflüsse in der Musik benachbarter Völker und bringt eine Systematisierung der Typen und Stufen fremder Einflüsse und ihrer Assimilation. Weiter folgen Kapitel, in welchen nacheinander die Beziehungen der ungarischen zur österreichischen, slowakischen, ukrainischen, rumänischen und serbo-kroatischen Folklore erörtert werden. Die Betrachtungen werden durch Notenbeispiele von 127 Melodien illustriert. Aus ihnen geht ganz eindeutig hervor, daß die authentische Musik des ungarischen Dorfes, trotz gewisser fremder (vor allem slowakischer) Einflüsse eine urwüchsige und auf europäischem Boden einzigartige Erscheinung ist und keinen geringen Einfluß ausübt. Abschließend schrieb Bartók: ‹Das Resultat meiner Untersuchungen hätte ich auch in dem Falle publiziert, daß es für uns weniger günstig ausgefallen wäre... Es ist möglich, daß die Forschungen in Zukunft meine Feststellungen in einigen Punkten modifizieren werden. Ich glaube aber fest daran, daß ich mich im Wesentlichen der Sache nicht geirrt habe.› In dem bereits zitierten Brief an Vinko Žganec lesen wir noch: ‹Sie können mir glauben, daß mich bei meinen Studien keinerlei chauvinistische Voreingenommenheit geleitet hat und daß mich eine solche auch nie leiten wird, sondern einzig das Suchen nach der Wahrheit, mit der menschenmöglich größten wissenschaftlichen Objektivität.› Das Problem war aber an sich genügend heikel, um eine lebhafte Reaktion hervorzurufen; Bartóks Arbeit wurde von einer Gruppe rumänischer Folkloristen angegriffen, was eine Replik des Autors zur Folge hatte.

Im Jahre 1935 gab die Wiener Universal-Edition Bartóks neues Buch *Die Melodien der rumänischen Colinde (Weihnachtslieder)* heraus. Es enthält 484 Melodien, die Bartók noch in den Jahren 1909–1917 in Siebenbürgen gesammelt hatte, eine allgemeine Charakteristik der rumänischen Weihnachtslieder und ihres außerordentlich reichen Stils und schließlich eine präzise Analyse ihrer einzelnen Elemente. Im folgenden Jahr erschien in Budapest die Broschüre von Bartók *Weshalb und wie soll man Volksmusik sammeln?* – die erste methodologische Studie, die sich mit der Forschungsarbeit über die musikalische Folklore befaßt. Nachdem er über Ziel und Zweck des Sammelns von Volksmusik gesprochen hat, gibt der Autor viele wertvolle Hinweise über Methoden der Sammelarbeit, die Auswahl eines bestimmten Gebietes, über die Selektion des gesammelten Materials und schließlich über vergleichende Untersuchungen und Analysen. Neben den Bemerkungen über das wissenschaftliche Vorgehen sind die praktisch-technischen Ratschläge im Zusammenhang mit der Arbeit im Gelände nicht minder wertvoll. Zum Schluß erwähnt der Autor die hohen Unkosten, die das systematische Sammeln und die wissenschaftlichen Tonaufnahmen in vielen Ländern erschweren oder unmöglich machen, und schließt mit der melancholischen Feststellung: ‹Ich bin weder Mathematiker noch Volkswirtschaftler, aber vielleicht irre ich nicht, wenn ich sage: würde nur das Geld, das in der ganzen Welt in einem Jahr für Kriegsvorbereitungszwecke ausgegeben wird, für Volksliedersammlungen aufgewendet, so könnte man mit diesem Geld ungefähr die ganze Volksmusik der Welt erforschen und sammeln.›

Im Februar 1936, anläßlich seiner Wahl zum korrespondierenden Mitglied der Ungarischen Akademie der Wissenschaften, hielt Bartók seinen Antrittsvortrag zum Thema *Liszt-Probleme.* In diesem Zusammenhang sei daran erinnert, daß Bartók schon im Jahre 1911 zu diesem Thema offiziell Stellung genommen und in einer Budapester Zeitschrift den Artikel *Liszts Musik und das Publikum von heute* veröffentlicht hatte. Er stellte damals fest, daß Liszt im allgemeinen nicht gebührend geschätzt wird und das Publikum geneigt ist, in ihm nur den Autor oberflächlicher und virtuoser Kompositionen zu sehen, ohne sein reiches Schaffen an wirklich wertvollen Werken und sein originelles Neuerertum wahrzunehmen. In seinem Vortrag in der Akademie – der mehr publizistischen als wissenschaftlichen Charakter trug – wiederholte Bartók nach fünfundzwanzig Jahren dieselbe These. In der für die Presse vorbereiteten Zusammenfassung des Vortrags schrieb Bartók: ‹Der Vortragende findet, daß das breite Publikum die bedeutenden Werke Liszts auch heute noch nicht genug wertet; es findet eher Gefallen an den weniger wichtigen, wie zum Beispiel an den Rhapsodien. Dies kommt – nach Ansicht des Vortragenden – daher, daß das breite Publikum in den Musikkompositionen das Wesen nicht erkennen kann, sondern eher den Äußerlichkeiten nachgeht. [...] Die zweite Frage ist: von welcher Bedeutung waren Liszts Werke für die weitere Entwicklung der Musik? Der Vortragende hält in dieser Beziehung Liszts Œuvre für wichtiger als das Œuvre Wagners; nicht weil Liszts Werke vollkommener wären als die Werke Wagners (es verhält sich ja gerade umgekehrt), sondern weil Wagner alle von ihm selbst angeregten neuen Möglichkeiten selbst im vollsten Maße ausgenutzt und entwickelt hat. Demgegenüber sind in Liszts Werken viele in die Zukunft weisende Initiativen, deren völlige Ausnutzung nicht Liszt selbst durchführte, sondern seine Nachfolger.› Bartók wies auch auf die kühnen harmonischen Einfälle Franz Liszts hin und auf die Neuartigkeit seiner formalen Konzeptionen in den großen Werken und in der Behandlung des Klaviers und des Orchesters. Die dritte von ihm berührte Frage war die falsche Einstellung Liszts zur Folklore und schließlich die letzte Frage: Liszts nationale Zugehörigkeit. ‹In dieser Frage gebührt Franz Liszt selbst das entscheidende Wort, der sich unzählige Male als Ungar bekannte. Einem Franz Liszt kommt es von seiten der ganzen Welt zu, daß sein diesbezüglicher Wille zur Kenntnis genommen und ihm nicht widersprochen wird.›

Die Beschäftigung mit so vielen mehr oder weniger wissenschaftlichen Problemen hinderte Bartók nicht am weiteren Komponieren. Im Jahre 1935 schrieb er zwei Zyklen für Chor nach eigenen Melodien, die stilistisch der *Cantata profana* verwandt sind: *Zwei- und dreistimmige Chöre* für Kinderchor und Frauenchor a cappella (unter Ausnutzung reicher Imitationstechnik), sowie das kleine Triptychon *Aus vergangenen Zeiten* für dreistimmigen Männerchor a cappella, nach alten Volks- und Kunstliedtexten, das die ältesten Merkmale der ungarischen Folklore stilisiert. Im nächsten Jahr entstand die *Kleine Suite* für Klavier, eine Bearbeitung der Nummern 28, 38, 43, 16 und 36 aus den *44 Violinduos*. Es ist ein technisch nicht schwieriger Klavierzyklus, der den früheren Stil der folkloristischen Bearbeitungen für dieses Instrument fortsetzt. Jede der ausgenutzten Melodien ist anderer Herkunft: 1. *Getragener Gesang*, ungarisch; 2. *Drehtanz*, rumänisch; 3. *Quasi pizzicato*, slowakisch; 4. *Kleinrussisch*, aus Karpatenrußland; 5. *Sackpfeife*, eine Originalkomposition im rumänischen Stil. Im 4. Satz unterliegt die Melodie kunstvollen polyphonischen Maßnahmen (in den Akkorden verborgen), wie beim Kanon zweier Zweiklangschichten oder der gleichzeitigen Inversion der Melodie in der tiefsten Stimme; hinzu kommt eine außergewöhnliche, bestechende Auswahl von Zusammenklängen.

Ende Juni 1936 erhielt Bartók von Paul Sacher den Auftrag, ein Werk für Streichorchester, eventuell mit ein paar zusätzlichen Instrumenten, zu komponieren, das am Jubiläumskonzert des Basler Kammerorchesters zum 10. Jahrestag seines Bestehens zur Aufführung gelangen sollte. Einen Monat danach schrieb Bartók an Sacher: ‹Und zwar denke ich an ein Werk für Saiten- und Schlaginstrumente (also außer Streichern noch Klavier, Celesta, Harfe, Xylophon und Schlagzeug); ich nehme an, daß diese Besetzung keinerlei Schwierigkeiten verursacht. Heikler ist schon die Erfüllung des Wunsches, daß das Werk nicht allzu schwierig sein soll.

Technische Schwierigkeiten werde ich wohl möglichst vermeiden können; schwieriger ist aber die Vermeidung rhythmischer Schwierigkeiten. Wenn man etwas Neues schreibt, so stellt das bloß wegen der Ungewohntheit bereits Schwierigkeiten an die Ausführenden. Jedenfalls werde ich auch da trachten, leicht Spielbares zu schreiben.›

Das Werk war am 7. September 1936 fertig. Nach Jahren, als er diese Bestellung bei Bartók in Erinnerung brachte, sagte Sacher: ‹Wir konnten damals noch nicht wissen, daß uns ein wahres Meisterwerk geschenkt würde.› Tatsächlich, die *Musik für Saiteninstrumente, Schlagzeug und Celesta* (diesen nicht alltäglichen Titel gab Bartók seinem Werk) wurde zu einem der berühmtesten und repräsentativsten Orchesterwerke des 20. Jahrhunderts. Sie ist auch eine Synthese der im höchsten Grad schöpferischen und dabei so verschiedenartigen individuellen Merkmale seines Talents. Die nicht typische Besetzung, obwohl zum Teil von Sacher suggeriert, war für Bartók kein Zufall, denn hier stand ihm ein Material zur Verfügung, das seinen kreativen Möglichkeiten und seiner Kunstfertigkeit bestens entsprach. Streicher (mit ihren verschiedenen Artikulationsmitteln), Schlagzeug und Klavier waren schon immer die Domäne, in der seine Individualität brillierte, die eben in seinen Quartetten, Klavierwerken und Konzerten ihren stärksten Ausdruck fand. Auch Harfe und Celesta wurden von ihm wiederholt im Orchester ausgenutzt, vor allem in den in koloristischer Hinsicht ungewöhnlichen und phantastischen Abschnitten. Im ganzen entstand hier ein ausgesprochen ‹Bartóksches› und (trotz der reichen inneren Differenzierung) einheitliches Klangklima. Ergänzend zu der großen Expressivität und dem sehr reichen Stimmungsgehalt hat der Komponist dem Werk vor allem konzertanten Charakter verliehen, was dadurch unterstrichen wird, daß er das Streichorchester in zwei Zwillingsgruppen (zwei Streichquintette) teilt und diese auf dem Podium beidseits der übrigen Instrumente aufstellt. Mit dieser Aufstellung beabsichtigte Bartók gewiß auch räumlich-klangliche Effekte – eine Idee, die in der späteren Musik ein besonders starkes Echo fand.

Das Werk besteht aus vier Sätzen, zeigt also eine Abkehr von der in den Jahren vorher von Bartók vorgezogenen symmetrischen Form, die wir im *2. Klavierkonzert* sowie im *4. und 5. Streichquartett* sehen. Der für diese Werke charakteristische motivische Zusammenhang der Sätze tritt hier nur in lokalen Reminiszenzen des Themas aus dem 1. Satz in allen übrigen Sätzen zutage. Wesentlich ist dagegen ihre maximale Andersartigkeit; jeder der vier Sätze ist ganz anders, und zwar in einem Maße, daß fast von stilistischen Unterschieden gesprochen werden kann. Jeder ist dabei von durchaus

‹Bartókscher› Art; das hängt natürlich mit dem weitgehenden Begriff von Bartóks individuellem Stil und der gewaltigen Spannweite der Klangmittel und des Ausdrucks zusammen, die wir in seinem Schaffen finden. Seine Vorliebe für größtmögliche Kontraste innerhalb eines Werkes konnten wir schon mehrfach, insbesondere in den zweisätzigen Kompositionen, wie dem *1. Violinkonzert*, den *2 Porträts* und den *2 Bildern* oder in der späteren *2. Violinsonate*, feststellen. In der *Musik für Saiteninstrumente* sind die Eigenarten der einzelnen Sätze und die reiche Auffächerung der Klangmittel so vortrefflich ausgewogen, daß die künstlerische Homogenität des Werkes nicht berührt wird; die Sätze ergänzen sich auf eine natürliche Weise und bilden ein in seiner Art einmaliges Meisterwerk.

Der 1. Satz (*Andante tranquillo*) ist das Beispiel einer Komposition, wie wir nur wenige in der ganzen Musikgeschichte finden, einer Komposition, die aus einem in seinem künstlerischen Ausdruck außerordentlich originellen und unwiederholbaren Einfall geboren ist. Es ist eine Musik, in der Tonmaterial, Motivik, Satz, Form, Klang, rhythmische Pulsation und Ausdruck eine einheitliche, untrennbare und absolut vollkommene Ganzheit bilden. Äußerlich ist es eine Fuge für Streichinstrumente (arco), die nur an einigen Stellen durch Retuschen von Pauken, Becken, Trommel und Celesta ergänzt wird. Das von der Bratsche con sordino intonierte Thema (Beispiel auf Seite 305) besteht aus vier durch Pausen getrennten Gliedern in ähnlicher Bogenzeichnung der Melodie. Die Glieder haben verschiedene Länge und verschiedene rhythmische Struktur, was eine metrische Stabilisierung ausschließt; fast jeder Takt der Fuge bringt eine neue Bezeichnung des Metrums. Für die Gestalt und den energetischen Verlauf des Themas sind (außer der Intervallanordnung) die unterschiedliche Zahl der Töne in jedem Glied (5, 8, 7, 7) und die verschiedene Zahl der in ihm enthaltenen Achtelfolgen, die die Bewegung steigern, entscheidend. Die größte energetische Intensität entfällt demnach auf das zweite und dritte Glied, was dem ganzen Thema auch eine gewisse Bogenform verleiht.

Das Klangmaterial des Themas (und der ganzen Fuge) ist ein ideales Beispiel der Bartókschen totalen Chromatik, mit der unentbehrlichen Rotationsformel der Melodie, die den vorgegebenen Abschnitt aus der Zwölftonskala mit Halbtönen dicht auffüllt. Der traditionelle Klangraum wird hier konsequent eingeengt: Die einzelnen chromatischen Stufen haben ihren autonomen Sinn, der Halbton wird zu einem grundsätzlichen und durchaus natürlichen Schritt; das größte Intervall im ganzen Thema ist die kleine Terz, und die Melodie schreitet nicht über den Umfang einer Quinte hinaus. Mit dem Einsatz der zweiten Stimme erweitert sich das Klangmaterial um eine weitere Quinte, und somit wird die ganze Zwölftonskala ausgenutzt:

Die Funktion des tonalen Zentrums erfüllt, aus Gründen seiner Stellung in der Melodie des Themas wie auch im ganzen Aufbau der Fuge, der Klang *a;* sein Gegenpol ist *es.* Die Stimmen imitieren jeweils von einem anderen Ton aus, der abwechselnd um eine immer weitere Quinte höher oder niedriger als der zentrale Ton liegt. Die 3. und die 4. Violinen setzen mit *e*, die Violoncelli mit *d*, die 2. Violinen mit *h*, die Kontrabässe mit *g* und schließlich die 1. Violinen mit *fis* ein; nun bringen die Violoncelli und Kontrabässe noch einmal das Thema in *c*. Damit endet die sechsstimmige Exposition der Fuge.

Obwohl der harmonische Klang eine Folge der linearen Stimmführung ist, hat er keinen zufälligen Charakter; es bilden sich unaufhörlich Terz-Sept-Zusammenklänge (im Kulminationsabschnitt auch Ganztonzusammenklänge), die sich chromatisch verändern und der Musik den Ausdruck einer nicht endenden Spannung verleihen. Sie entsprechen der großen Ausdruckskraft, die in dem melodischen Stoff der Stimmen enthalten ist. Es ist eine Expressivität besonderer Art, die in keiner Beziehung zur romantischen steht; tiefe, erschütternde Dramatik vereint sich mit strenger Disziplin und äußerlicher Zurückhaltung, tragisches Pathos wird ohne herkömmliche Gesten und die Zudringlichkeit äußerer Effekte ausgedrückt. Die formale Disziplin – Imitationstechnik, Einschränkung der Intervallschritte und des Ambitus in den einzelnen Stimmen, Beschränkung der rhythmischen Werte, die sehr langsame dynamische Steigerung – das alles verstärkt noch die expressive Ballung, die in der Motivik selbst (chromatisches Kreisen um einen Punkt) und im Klang verborgen ist.

Der emotionale und auch konstruktive Verlauf der ganzen Fuge hat Bogenform. Nach der Exposition verändert sich die Klangfarbe, die Dämpfer werden abgenommen, und es meldet sich ein Wirbel der Pauken. Es folgt eine Stretta, in der die Motive des Themas in den weiteren Schritten des Quintenzirkels einsetzen. Wenn die 1. und die 2. Violinen mit dem Thema bei *es* (dem entfernten Gegenpol des zentralen Tons) einsetzen, gelangt die allmählich zunehmende Dynamik zum Forte. Dies ist der mittlere, höchst ausdrucksvolle Abschnitt der Fuge; die hohen und die tiefen Stimmen wiederholen imitatorisch immer ein und dieselbe Phrase, was zu einer eigenartigen Ekstase führt. Sie werden vom Wirbel der Pauken und Becken (pp) begleitet. Ein Trommelschlag akzentuiert den Höhepunkt, den die synkopische Wiederholung (fff) des Tons *es* in allen Instrumenten bildet. Nun folgt, verkürzt, ein umgekehrter Prozeß; die Dynamik nimmt allmählich ab, die Stimmen imitieren das Thema in Umkehrungen und gelangen im Quintenzirkel zum Ausgangspunkt zurück. Im Endabschnitt spielen die 1. und die 4. Violinen (con sordino, pp) vom hohen und vom tiefen *a* ausgehend gleichzeitig das Thema in seiner ursprünglichen Gestalt und in der Umkehrung, von Passagen der Celesta und dem Tremolo der übrigen Instrumente auf dem Ton *es* begleitet. Die letzte Phrase ist nur das zweite Glied des Themas, von den 1. und (gleichzeitig in der Umkehrung) auch von den 2. Violinen vorgetragen; beide Stimmen streben vom Unisono auseinander, erreichen beim *es* den Abstand einer Oktave, worauf sie zum Unisono auf *a* zurückkehren.

Der 2. Satz (*Allegro*) hat den Charakter eines Scherzos und zeichnet sich durch eine kaleidoskopische Veränderlichkeit der Figuren, Motive, des Klangs und der Stimmung aus, womit er zu dem im Charakter einheitlichen 1. Satz stark kontrastiert. Obwohl nach den Regeln der klassischen Sonatenform aufgebaut, zerfällt sein Verlauf in eine lange Reihe von aufeinanderfolgenden Abschnitten, die gewissermaßen selbständige musikalische und konstruktive Einfälle sind. Ihr gemeinsames Merkmal ist die Herausstellung des rhythmischen Elementes und dessen stetige Beweglichkeit. Dieser Satz hat darüber hinaus ausgesprochen konzertanten Charakter (am deutlichsten im ganzen Werk) und weist den räumlichen Effekten, die sich aus der getrennten Aufstellung der beiden Streichorchester auf dem Podium ergeben, eine besondere Rolle zu.

Schon das von der zweiten Streichergruppe unisono gespielte Anfangsmotiv (Beispiel auf dieser Seite) mit dem exponierten Intervall der kleinen Terz (wie im Finale des *2. Klavierkonzerts*) ruft das charakteristische ‹Bartóksche› Kolorit wach, das mit dem Klang der Saiteninstrumente zusammenhängt. Der Komponist führt hier Pizzicatoglissandi ein, der Finger wird auf der angerissenen Saite verschoben, wobei das Klavier den zweiten Ton des Intervalls (*c*) zusätzlich akzentuiert. Das *c* wird von vornherein zum tonalen Zentrum bestimmt. Nach dieser kurzen Einleitung intoniert die erste Streichergruppe (arco) das erste Thema. Seine Bogenzeichnung mit der Abweichung nach dem Tritonus und der Rückkehr (über andere Tonstufen) zum zentralen Ton erinnert etwas an das zweite Glied des Themas im 1. Satz. Das Tritonusintervall wird durch sämtliche Halbtöne ausgefüllt, was ein charakterisches Merkmal der ‹chromatischen Rotation› ist. Aber das Übergewicht diatonischer Schritte (in einer Richtung) suggeriert, daß wir es hier auch mit der veränderlichen Diatonik zu tun haben: phrygisches *des* und *es* und ionisches *d* und *e*, ionisches *f* und lydisches *fis*. Das *fis* erfüllt dabei die Rolle des Gegenpols der Tonika *c*. Diese kurze Phrase bringt somit – im Rahmen der erweiterten (dennoch deutlichen) Tonalität – eine ideale Synthese verschiedener Merkmale der melodischen Technik bei Bartók. Sie wird anschließend von der zweiten Streichergruppe um eine Quinte höher (die übliche Dominantbeziehung!) übernommen; damit ist die ganze Zwölftonskala in enger chromatischer Lage erschöpft:

Das antiphonale Konzertieren beider Streichergruppen tritt auch in der weiteren Entwicklung des Themas auf. Seine grundsätzliche Phrase verschiebt sich zur Tonart *B*, dann nach *F* und kehrt wieder zu *C* zurück. Diese Rückkehr betont das Klavier mit der mehrfach wiederholten Tonleiter von *c* bis *fis*. Im Zwischensatz konzertieren die einzelnen Instrumente polyphon und übernehmen gegenseitig in schnellem Tempo Terz- und weiter Quartmotive nach oben und unten, in immer anderer Höhenlage und auf verschiedenen chromatischen Stufen. Die freudige Stimmung steigert der Einsatz des zweiten Themas in einem tänzerischen Rhythmus:

Es tendiert zum *g* (Dominanttonart), nutzt aber sämtliche Stufen der Zwölftonskala aus. Diese Stimmung erreicht ihre Kulmination in einer ganz einfachen, diatonischen Phrase in der gegenpoligen Tonart *Fis:*

Im letzten, äußerst effektvollen und virtuosen Abschnitt der Exposition erscheinen Halbtonkluster im Tremolo nebst chromatischen Sechzentelbewegungen, dann erscheint die Tonleiterphrase des Klaviers (*g–cis*) wieder, die nachfolgend in Quarten abwärts schreitet, und schließlich eine Reihe schöner Pizzicatoglissandi, vom Klang der Celesta untermalt. Die Exposition schließt mit dem G-Dur-Dreiklang.

In bezug auf Klangfarbe und Rhythmus ist die Durchführung in diesem Werk besonders interessant. Sie zeichnet sich durch den charakteristischen Klang des ‹gezupften Spiels› aus, ohne Artikulation col arco (die nur im abschließenden Fugato vorkommt). Der Durchführung unterliegen hier die Pizzicatomotive der Einleitung in kleinen Terzschritten. Diese anfänglich im Tritonus imitierten Motive laufen nachfolgend in dem gemeinsamen Klangstoff *b–des–es–e–g–a* zusammen. Die zweite Streichergruppe (pizzicato) und die Harfe wiederholen fortwährend, über Dutzende von Takten, kleine aus diesem Material ausgewählte Fünftonpassagen, und zwar bringt jede Stimme eine andere Passage in verschiedenen Richtungen. Diese bilden ein rhythmisches, klanglich stabilisiertes, wenn auch innerlich differenziertes Ostinato. Von diesem Grund heben sich scharf in irregulärem, wie zerfetztem Rhythmus die Dreiklangakkorde des Klaviers (secco) und der ersten Streichergruppe (scharfes Pizzicato mit Zurückschnellen der Saiten aufs Griffbrett) ab. Die melodische Bewegung dieser Akkorde ist eine Reminiszenz des Anfangsmotivs aus dem 1. Satz, dessen Umkehrung und Grundgestalt eine Pendellinie bilden:

Das ist klanglich und rhythmisch zweifellos einer der herrlichsten Einfälle Bartóks. Das Pizzicato beider Orchester (zwei Arten der Artikulation), dazu Harfe und Klavier, dann noch Xylophon, von Akzenten der großen und der kleinen Trommeln unterstützt, ergeben zusammen eine unvergeßliche Klangfarbe und einen spezifischen Ausdruck, die der rhythmische Verlauf noch unterstreicht und ergänzt. Nach diesem folgt ein neuer blendender Abschnitt: ein polyphones Konzertieren der Streichinstrumente im Pizzicato mit diatonischen Tonleitermotiven (eine deutliche Analogie zum *Allegretto* aus dem *4. Streichquartett*). Die endlich folgende Durchführung des ersten Themas nimmt die Gestalt eines lebhaften Fugatos an: Die einzelnen Instrumente setzen (arco, con sordino) im Quintenzirkel ein (*e*, *h*, *fis*, *cis*, *gis*) und entwickeln ein Sechzehntelmotiv des Themas.

In der Reprise wird das erste Thema von allen Streichinstrumenten unisono vorgetragen. Der Verlauf der Reprise ist im allgemeinen eine getreue Wiederholung der Vorgänge in der Exposition, nur die Rhythmik verändert sich. Wie es die klassischen Regeln verlangen, erscheint das zweite Thema in der Haupttonart. Die Koda bringt einen neuerlichen Dialog der beiden Streichorchester über das Hauptthema, diesmal in seiner Grundgestalt und Umkehrung. Das Allegro schließt mit einer von allen Streichern zweimal wiederholten Tonleiter abwärts von *fis* bis *c*, mit phrygischer Sekunde. Der von Bartók gern gewählte Tritonusausschnitt der diatonischen Skala (Transposition der Tonleiter *f–h* abwärts) unterstreicht auch die Beziehung Tonika–Gegenpol.

Der 3. Satz (*Adagio*) ist in klanglicher und ästhetischer Hinsicht am meisten zukunftsweisend und gehört zu den schönsten Beispielen der Bartókschen ‹koloristischen Phantastik›, die verbunden ist mit tiefer, lyrischer Expressivität, ähnlich wie in den *Klängen der Nacht* für Klavier und den langsamen Sätzen des *4.* und des *5. Streichquartetts.* Sein Aufbau zeigt symmetrische Bogenform ($ABCB_1A_1$); zwischen den Abschnitten treten sukzessive die einzelnen Glieder des Themas aus dem 1. Satz (in unveränderter Gestalt) auf.

Schon der Anfang schafft eine außergewöhnliche Stimmung: Die wie hingestreuten Klänge der zunächst beschleunigten, dann verlangsamten Wiederholung eines hohen Tons des Xylophons (wie in der *12. Bagatelle*) werden von geheimnisvollen Paukenglissandi begleitet. Nach dieser Einleitung setzen die Bratschen über einem kaum hörbaren, geräuschartigen Tremolo der Bässe und Pauken mit einer verträumt-melancholischen Melodie ein, deren rhythmische Zeichnung – Synkopen, Gegenüberstellung von kurzen und langen Noten, kurzatmige Vierundsechzigstelmotive – Gedanken an die populäre ungarische Geigenmusik aufkommen läßt. Diese Melodie ist stark chromatisiert und erschöpft sämtliche Töne der Zwölftonskala, dennoch ist ihr tonaler Stützpunkt (*cis*, dann *e*) sehr deutlich:

Weiter entwickelt sie sich zweistimmig, später in drei- und vierstimmigen Nachahmungen, die Chromatik (Rotationsschritte) und damit auch die schmerzliche Erregung schwellen an.

Der zweite Abschnitt (*Più andante*) führt uns in eine Welt von irrealen Traumvisionen ein. In den 3. und 4. Violinen (divisi) erklingt ein Triller (pp, con sordino), der sich in Halbtönen ausweitet und einen liegenden, zitternden Achttonkluster in den Grenzen *dis–b* bildet. Gleichzeitig verschiebt das Klavier chromatisch Zweiklänge mit großen Septimen, begleitet von auf denselben Intervallen gebildeten zarten Glissandi der

2. Violinen in beiden Richtungen (con sordino). Vor diesem Hintergrund spielen Celesta und 2. Violinen (2 Soli) im hohen Register eine chromatisch-rotierende Melodie, die sich den Motiven aus dem 1. Satz nähert:

Diese ganze Anordnung verschiebt sich allmählich nach oben und entlädt sich in einem gewaltsamen Mezzoforte der Tritonusakkorde des Klaviers und Schläge des Xylophons, von Paukenglissandi begleitet.

Der dritte Abschnitt bringt nur noch Effekte der Geräuschkoloristik: Gleichzeitig gespielte schnelle pentatonische Passagen der Celesta (auf schwarzen und weißen Tasten, ab- und aufwärts), Harfenglissandi in beiden Richtungen, Glissandi und (abwechselnd) pentatonische Passagen des Klaviers, ebenfalls in beiden Richtungen und durch alle Register, und schließlich Tremoli der Streicher (flautando) in chromatischen Motiven. Dieser bizarr klingende Abschnitt ist wohl der kühnste kompositorische Einfall der damaligen Musik, der sich schon der Sphäre des ‹organisierten Chaos› nähert. Nach der Kulmination (ff) entwickelt der Komponist einen neuen Einfall: beharrliches Anschlagen von nur fünf Tönen (*c–a–b–es–d*), aber in jedem Takt anders – dabei verändern sich ihre Richtung, die rhythmischen Werte, die Dynamik und vor allem ihre Klangfarbe (verschiedene Instrumentenbesetzung und Artikulation).

Der vierte Abschnitt kehrt in der Stimmung und im Material zum zweiten zurück; die chromatische Melodie wird jetzt im Kanon von beiden Streichergruppen gespielt, die Passagen der Celesta sowie die Tremoli der Harfe und des Klaviers geben den Hintergrund ab. Ein plötzlicher scharfer Pizzicatoklang leitet zum fünften Abschnitt über, in welchem wieder die sanfte und in ihrem lyrischen Gehalt ergreifende Melodie der

Violinen erklingt, die an das Anfangsthema und zugleich an das Motiv des zweiten Abschnitts anknüpft (siehe Beispiel auf Seite 311). Ihre abwärtsschreitende Sechstonphrase mit der einfallenden Sequenz im Tritonus bilden zusammen eine authentische Zwölftonreihe. Am Schluß kehrt der rhythmisch wiederholte hohe Klang des Xylophons zurück.

Der freudestrahlende, vitale 4. Satz (*Allegro molto*) in Rondoform bildet gegenüber den voraufgehenden Sätzen einen unerwarteten Kontrast, und zwar wegen seines volkstümlichen, tänzerischen Charakters und seiner tonal-harmonischen Einfachheit (die aber von höchst raffinierten klanglichen Einfällen unterbrochen wird). Er beginnt mit schnell wiederholten A-Dur-Dreiklängen (Akkorde pizzicato und arpeggio, abwechselnd in beiden Richtungen), nach welchen eine diatonische, lydische Melodie im bulgarischen Stil erklingt:

Die kontrastierende Hauptepisode in pendelförmiger Zeichnung fußt auf der chromatischen Rotation. Sie wird vom Klavier unisono angeschlagen:

Eine andere hervortretende Episode ist die von den Dreiklängen es-Moll und Es-Dur untermauerte einfache diatonische Melodie, die an den Stil der *verbunkos* anknüpft; sie erinnert ein wenig an das Marschfragment aus *Kossuth* (siehe Seite 55).

Im weiteren Verlauf fehlt es an pikanten Einfällen nicht; so entsteht ein Dialog zwischen zwei extrem entfernten modalen Klangregionen (pentatonische, aus dem Material *fis–a–h–cis–e* gebildete Motive des Klaviers und der Harfe, abwechselnd mit den Tonleitermotiven der Streicher im lydischen *F*), vor allem aber eine wiederkehrende chromatische Episode des Klaviers, diesmal mit parallelen kleinen Sekunden harmonisiert und von den Streichern imitatorisch ‹karikiert›, was wie diabolisches Gekicher klingt. Unmittelbar danach ertönt eine echt dodekaphonische Episode mit Harfenglissandi und schnellen chromatischen Tremoli der Streicher (*Presto strepitoso*), die auf der verschiedentlich transponierten Zwölftonreihe *gis–a–h–ais–his–cis–g–fis–e–f–es–d* fußen, deren zweite Hälfte eine Umkehrung der ersten ist.

Am Schluß (*Molto moderato*) kehrt das Thema aus dem 1. Satz zurück, diesmal in diatonischer Version (lydische Tonleiter mit verminderter Septime) und in parallelen kleinen Sexten geführt; es breitet sich mächtig und majestätisch in allen Streichinstrumenten aus. Später erscheint dann doch chromatische Färbung in den Stimmen, die schließlich eine durchaus moderne, damals noch ungewöhnliche Klanggestalt bilden: Sie laufen in einem Ganztonkluster und nach ihm in einem vollen chromatischen Zwölftonkluster zusammen. Es folgt ein kurzes *Adagio* mit Trillern und ornamentalen, chromatischen Vierundsechzigstelfiguren. Mit der Rückkehr des *Allegros* und des tänzerischen Themas beginnt eine bravouröse Koda, die mit dem Dreiklang auf A-Dur (tutti, ff) endet.

So wie vorgesehen, fand die Uraufführung am Jubiläumskonzert des Basler Kammerorchesters unter Paul Sacher am 21. Januar 1937 statt. Das Programm umfaßte noch die *Rhapsodie (Concertino Nr. 2) für Klavier und Kammerorchester* von Conrad Beck und ‹*Das ewige Brausen*› *für Baßstimme und Orchester* von Willy Burkhard.

In der Zeit zwischen der Beendigung der *Musik* und ihrer Uraufführung unternahm Bartók seine letzte (es war die erste seit dem Jahr 1917) wissenschaftlich-folkloristische Wanderung mit dem Phonographen. Diesmal war die Türkei das Forschungsgebiet. Die Anregung zu dieser Reise kam von dem ungarischen Orientalisten und Universitätsprofessor in Ankara, László Rásonyi, derzufolge die türkische Regierung Bartók einlud, die wissenschaftliche Volksliedforschung in der Türkei zu organisieren. Rásonyi teilte sein Vorhaben Bartók noch Ende 1935 mit. Obwohl sich Bartók seit dem Ersten Weltkrieg nur mit der wissenschaftlichen Auswertung des gesammelten Materials und der Bearbeitung von theoretischen Schlußfolgerungen befaßte, war dieser Vorschlag sehr verlockend. Das Problem der Beziehungen zwischen der ältesten ungarischen Folklore und der Musik der asiatischen Völker, insbesondere der uralischen und der turkotatarischen Völkerschaften, interessierte ihn schon immer, und letztlich wurde er auf eine Publikation aufmerksam, in welcher der Autor (Mahmud Raghib) über das Auftreten pentatonischer Melodien in der türkischen Folklore schrieb. Bartók wollte diese Musik gern aus der Nähe kennenlernen und teilte Rásonyi mit, daß er bereit sei, sofern die Türkei die Unkosten decke, im nächsten Jahr nach Ankara zu fahren, dort einige Vorträge zu halten und persönlich beim Liedersammeln teilzunehmen.

Die Reise kam erst im Oktober 1936 zustande. Das erste Reiseziel war Istanbul, wo sich Bartók länger aufhielt und die im dortigen Konservatorium zusammengetragenen Tonaufnahmen türkischer Volksmelodien sichtete. Im November begab er sich nach Ankara; hier hielt er drei Vorträge über die Volksliedforschung und den Einfluß der Folklore auf die Kunstmusik, ferner trat er in der Philharmonie an dem zu seiner Ankunft organisierten Konzert mit ungarischer Musik auf. Bartók spielte den *Totentanz* von Liszt, ferner erklangen Bartóks *Bilder aus Ungarn* sowie die *Maroszéker Tänze* von Kodály. Von Ankara fuhr er in Begleitung des Folkloristen und Komponisten Achmed Adnan Saygin in den südlichen Teil des Landes, in die Gegend von Adana, um die Musik gewisser Nomadenstämme, die ihre Lebensweise seit Jahrhunderten nicht geändert haben, zu studieren. Die Wanderung war sehr anstrengend und fand unter primitivsten Bedingungen statt; als Verkehrsmittel in dem steinigen, weglosen Gelände diente ein Leiterwagen, auf dem man mit dem Phonographen auf den Knien saß. In einem später in der Zeitschrift ‹Nyugat› veröffentlichten Artikel hat Bartók einen Besuch bei den Nomaden beschrieben:

‹Nach Landessitte zogen wir die Schuhe aus und ließen uns nach türkischer Art auf den Matten nieder, während unser Wirt Feuer machte. Es gab weder Kamin noch Fenster, innerhalb weniger Minuten war der Raum voll stickigen Rauches... Langsam füllte sich das Haus mit Nachbarsleuten, mit denen wir uns bis gegen sieben Uhr auf das freundschaftlichste unterhielten. Allem Anschein nach hatte unser Führer noch gar nicht erwähnt, was uns hergeführt hatte, und ich saß wie auf Kohlen. Schließlich hörte ich ihn etwas wie «türki, türk halk musiki» sagen und von Volksliedern sprechen. Ich hoffte, das Eis würde nun bald gebrochen sein, und tatsächlich sang ein Fünfzehnjähriger ohne Scheu und Zögern das erste Lied. Die Melodie klang wieder ganz ungarisch. Rasch bereitete ich meine auf dem Boden verstreuten Instrumente vor und schrieb beim Schein des Holzfeuers das Lied nieder. So, dachte ich, und jetzt der Phonograph! Das war aber nicht so einfach. Mein guter Sänger fürchtete, er verlöre die Stimme, wenn er in die Maschine sänge, die offenbar vom Teufel betrieben wurde. Er dachte, sie würde seine Stimme nicht nur auf-, sondern ganz abnehmen. Es dauerte eine ganze Weile, bis ich seine Bedenken zerstreut hatte. Dann arbeiteten wir ununterbrochen und ungestört bis gegen Mitternacht!›

Während dieser Forschungsreise sammelte Bartók 90 Melodien, von denen 20 ähnliche Merkmale wie die ungarische Folklore aufwiesen; das gab Veranlassung zu vergleichenden historischen Untersuchungen. 6 Lieder veröffentlichte Bartók im Jahre 1937 in ‹Nyugat›, zusammen mit dem erwähnten Artikel *Auf Volkslied-Forschungsfahrt in der Türkei*, den auch ‹Hungarian Quarterly› in englischer Übersetzung druckte. Die ganze Sammlung sollte der Firma Rózsavölgy übergeben werden, die Publikation kam aber nicht zustande.

Außer der wissenschaftlichen Arbeit und der Komposition nahmen auch die Konzertauftritte in diesen Jahren Bartók sehr in Anspruch. Im Mai 1936 gab Bartók sein letztes Konzert in Wien, wo er den *Totentanz* von Liszt spielte. In demselben Jahr trat er mit seinem *2. Klavierkonzert* in Holland und am 15. Dezember in Lemberg auf; das Orchester dirigierte Henry Pensis. Das war Bartóks zweiter Auftritt in Polen. Am Vorabend spielte er im Rundfunk Lemberg Werke von Chopin, Kodály und eigene. Im Januar 1937 fand in Budapest ein Bartók-Abend statt; aufgeführt wurden die *1. Violinsonate* und die *1. Rhapsodie*, Bartók selbst spielte 27 Stücke aus dem neuen, noch nicht beendeten Klavierzyklus *Mikrokosmos*. Stücke aus diesem Zyklus spielte er auch am 7. Mai, und drei Tage zuvor nahm er an einem Galakonzert im Städtischen Theater teil, an dem er mit Edwin Fischer und Ernő Dohnányi die Konzerte für drei Klaviere von Bach spielte.

Im Mai 1937 beschloß Paul Sacher, von dem Erfolg der *Musik für Saiteninstrumente, Schlagzeug und Celesta* angeregt, eine neue Komposition bei Bartók in Auftrag zu geben, und zwar ein Kammermusikwerk aus Anlaß des zehnten Jahrestages der Basler Abteilung der IGNM. Bartók interessierte sich sehr für diesen Vorschlag; er beschäftigte sich gerade mit Plänen über die verschiedenen Besetzungen für Kammermusik, antwortete jedoch, daß er erst im Laufe des Sommers entscheiden könne, ob die Ausführung des Auftrages zum vorgesehenen Termin möglich sei. Dabei fragte er Sacher: ‹Welcher Art Kammermusik kann es sein? Wie wäre es zum Beispiel mit einem Quartett für zwei Klaviere und zwei Schlagzeuggruppen? Oder Klaviertrio? Betrachtet man eventuell Stücke für Gesangsstimme mit Klavier als Kammermusik oder nicht?› Sacher akzeptierte sämtliche Projekte, zeigte aber für das erwähnte Quartett größtes Interesse. Der Komponist selbst war sich lange über die Wahl nicht schlüssig; die Besetzung von Klavieren mit Schlagzeug allein hatte keinen Präzedenzfall (mit Ausnahme von Fragmenten in seinem *1.* und *2. Klavierkonzert*), sie interessierte ihn zwar schon seit langem, war aber bei einem großen Werk ein zweifellos schwieriges und riskantes Unterfangen. Am

2. September schrieb er an Sacher: ‹Es freut mich, Ihnen mitteilen zu können, daß ich das geplante Werk – meine Wahl ist auf das Quartett für zwei Klaviere und zwei Schlagzeuggruppen gefallen – fast beenden konnte, also kann man darauf rechnen. Es ist in drei Sätzen, wovon der 1. und der 2. fertig ist, der 3. zur Hälfte.› Einen Monat später schrieb er wieder: ‹Der Titel meines Werkes soll *Sonate für zwei Klaviere und Schlagzeug* sein, denn eventuell – wenn die zwei Schlagzeugspieler nicht genügend geschickt sind – wird noch ein dritter Spieler notwendig sein, so daß dann aus dem «Quartett» ein «Quintett» entstehen würde.› Diese Vorsorge war jedoch überflüssig. In einem weiteren Brief an Sacher vom 11. November meldete Bartók: ‹Ich hatte unlängst Gelegenheit, mir ein Schlagzeugensemble genau anzusehen; es wird sehr gut möglich sein, das Werk mit nur zwei Schlagzeugern zu spielen, meiner Originalintention gemäß. Namentlich rhythmische Schwierigkeiten wird es wohl geben (im 1. Satz):

Die zweite Schwierigkeit wird in der entsprechenden Dosierung der Klangstärke sein; es sind zahlreiche Stufen (Abstufungen) innerhalb eines *f* oder *mf*, oder *p* (und *pp*) notwendig.›

Die *Sonate für zwei Klaviere und Schlagzeug* wurde zu einem der in jeder Hinsicht vollkommensten und bedeutsamsten Meisterwerk in Bartóks Œuvre; überragende formale Vorzüge gehen hier Hand in Hand mit einem Reichtum an Erfindung und Originalität der klanglichen Einfälle. Ein geradezu ideales Gleichgewicht der Elemente: Melodik, Rhythmik und Klang, ferner Natürlichkeit, Logik und Übersichtlichkeit des Verlaufs – das alles verleiht dem Werk deutlich ‹klassische› Züge, obwohl in ihm ungestümer Dynamismus, pathetische Expressivität und koloristische Phantastik nicht fehlen. Der typisch Bartóksche, harte und derbe Klang der Klaviere vereint sich mit der Dünne und Kunstfertigkeit der polyphonen Zeichnung. Die Polyphonie, die in dem Werk viel Platz einnimmt und dank den zwei Klavieren entsprechend ausgebaut ist, hat linearen Charakter, der die klangliche Unabhängigkeit der Schichten hervorhebt. Trotzdem ist das Klangergebnis kein Zufall, seine eigenartige harmonische Schönheit kann ihm nicht abgesprochen werden. In der polyphonischen Differenzierung der Stimmen spielt die Rhythmik eine besondere

Rolle, die in anspruchsvollen Kontrapunkten und feinfühligen Kombinationen der Akzente und Pausen pulsiert und die innere Dynamik des Verlaufs steigert.

Neben den Klavieren werden folgende Schlaginstrumente gefordert: drei Pauken, Xylophon, zwei kleine Trommeln (mit und ohne Schnarrsaiten), vier Becken, große Trommel, Triangel und Tamtam. Darüber hinaus führt der Komponist verschiedene Arten der Artikulation ein: Anschlagen des Beckens mit dem Paukenschlegel, mit dem schweren Ende des Trommelstockes (an den Rand oder die Wölbung des Beckens), mit einem dünnen Holzstäbchen, mit der Schneide des Taschenmessers oder mit einem ähnlichen Werkzeug sowie der Zusammenstoß zweier Becken, ferner das Anschlagen des Triangels mit dem gewöhnlichen Stahlstab, mit einem kurzen, aber schweren Metallstab und einem dünnen Holzstäbchen. Trotz dieser reichen Skala der Tongebung wird das Schlagzeug im Werk nicht übertrieben verwendet und ist nicht etwa ein besonderes, den Klavieren gegenübergestelltes ‹Orchester›. Der Komponist dosiert seine Klänge sparsam und ergänzt eher mit ihnen – an entsprechenden Stellen – die beiden Klavierparts, die unverkennbar dem Werk den musikalischen Halt geben. Die Schlaginstrumente erfüllen im Prinzip dreierlei Funktionen: 1. Sie bilden die koloristische Retusche für ausgewählte Akkorde und Figuren des Klaviers. 2. Sie bringen zusätzliche rhythmische Akzente, die mit dem rhythmischen Verlauf der Klavierparts kontrapunktieren. 3. Sie übernehmen manchmal melodische Motive (Pauken, Xylophon). Die Aufstellung der Instrumente auf dem Podium wurde vom Komponisten genau festgesetzt: Die Schlaginstrumente sind zentral aufgestellt, sie trennen die beiden schräg in entgegengesetzter Richtung stehenden Flügel. Auf diese Weise nimmt der Dialog der beiden Pianisten stereophonische Merkmale an.

Der 1. Satz, obwohl hinsichtlich Tempo und Rhythmus am meisten ausgebaut und differenziert, fußt (mit Ausnahme des 4. und 6. Taktes der Introduktion) auf dem unveränderlichen Metrum $\frac{9}{8}$. Dem Komponisten genügt die verschiedenartige Aufteilung der Takte, um eine reichhaltige Veränderlichkeit der Pulsation und starke polyrhythmische Effekte zu erzielen. Das Werk beginnt mit der langsamen Introduktion (*Assai lento*), deren Thema die bei diesem Metrum natürlichste Einteilung in Triolen zugrunde liegt. Aber schon im nächsten Takt erfolgt eine geringe Verschiebung der Melodie, als deren Ergebnis dieselben Töne auf andere Taktstellen entfallen, was natürlich die regelmäßige Pulsation der Takte aufhebt:

Das Thema gibt ein Beispiel der chromatischen Rotation, die einen Ausschnitt der Zwölftonskala mit sämtlichen Halbtönen auffüllt. Obwohl alle Töne der Skala gleichrangig sind, erhält das *fis* durch seine Situation eine zentrale Funktion (im weiteren Verlauf erweist es sich als Gegenpol des eigentlichen tonalen Zentrums im Werk: *c*). Das zweite Klavier imitiert die Melodie im Tritonus und füllt so den verbliebenen Abschnitt der chromatischen Tonleiter auf. Dieser in sich gesammelte polyphone Verlauf wird zweimal von einem scharfen und heftigen Ausbruch *ff* unterbrochen (Akkordkluster tremolo, Beckenschläge und schnelle Rotationsfiguren), worauf er sich weiterentwickelt.

Beide Klaviere führen die Melodie anfänglich in Oktaven, dann in parallelen kleinen Sexten, dann (in der Umkehrung) in Sexten und Terzen und schließlich in Tritonusintervallen, wobei die Imitation im Tritonus ständig bewahrt wird. Wir begegnen hier also der Polyphonie von Mixturschichten, die in der *Sonate* eine nicht geringe Rolle spielt. Die allmähliche Zunahme der Dynamik führt zur Kulmination, nach der ein Accelerando-Abschnitt folgt, eine Überbrückung von der Einleitung zum ersten Thema. In diesem Abschnitt treten erstmalig die für den 1. Satz charakteristischen synkopierten Rhythmen und die scharfe rhythmische Divergenz der Klangschichten auf. Eine dieser Schichten bilden die jetzt stark hinzutretenden Schlaginstrumente (Pauken und große Trommel). Eine neue dynamische Kulmination bringt der Eintritt des ersten Themas (*Allegro molto*); es wird von beiden Klavieren gleichzeitig in vier Oktaven fortissimo gespielt, was seine vitale Kraft noch steigert (siehe Seite 319). Sein Rhythmus entspringt dem voraufgehenden Accelerando-Abschnitt: der Komponist teilt den $\frac{9}{8}$-Takt auf eine interessante Weise, so daß der gerade $\frac{4}{4}$-Takt mit ‹überzähliger› Achtelpause entsteht. Diese zusätzliche Pause fällt in den Klavieren auf den Anfang und in den begleitenden Pauken auf das Ende des Taktes, was zu einem charakteristischen ‹Auseinanderrücken› der Phrasen und ihrer scharfen synkopischen Relation führt. Aber in den Takten, die die einzelnen Themenglieder voneinander trennen, stellen die Pauken die normale Trioleneinteilung wieder her. Im ganzen verleiht das dem (sonst sehr einfachen) Thema eine große rhythmische Spannung. Die Melodiezeichnung des Themas, insbesondere die pendelnden Abweichungen in seinen ersten Gliedern, weist eine Ähnlichkeit mit dem Thema aus dem *Allegro barbaro* auf:

Die Melodie des Themas erschöpft zwar alle zwölf Töne, besteht aber aus diatonischen Abschnitten, und ihre Tonalität (*c*) ist sehr deutlich. In den letzten beiden Gliedern besteht sie nur aus Spannungstönen im Verhältnis zu C-Dur und endet mit einem Halbschluß auf der Dominante. Die Akkorde bilden einen autonomen klanglichen Unterbau zu den einzelnen Melodietönen (in Gestalt des Dreiklangs oder des Quartakkords) oder auch mit melodischen Dissonanzen belastete Übergangszusammenklänge.

Die weitere Entwicklung des ersten Themas verläuft in drei rhythmischen Schichten: Das zweite Klavier wiederholt ein Ostinato im Triolenrhythmus und bildet (mit dem Wirbel der Pauken und der großen Trommel) einen einförmig pulsierenden klanglichen Grund, über dem beide kleinen Trommeln abwechselnd den synkopierten Rhythmus des Themas wiederholen, während das erste Klavier irreguläre rhythmische Motive anschlägt, die jeweils eine unterschiedliche Anzahl von Tönen aufweisen und durch Pausen von verschiedener Länge getrennt sind; sie akzentuieren eine immer andere Stelle im Takt. Diese Motive bilden eine Melodie, deren Skala fremdartig klingt:

Das ernste und besinnliche zweite Thema zeichnet sich durch sein langsameres Tempo (*Un poco tranquillo*), die neue Aufteilung der Takte (verschiedene Verteilung der Halben, Viertel und punktierten Viertel) und den charakteristischen, durch parallele Verschiebung der Durdreiklänge erzielten Klang aus. Am wenigsten ausgeprägt ist hier die melodische Zeichnung, die unentschlossen auf verschiedenen Intervallen umherirrt. Unsere Aufmerksamkeit fesselt dagegen das aus ihr erwachsene neue, dritte Thema mit dem charakteristischen Auftakt der Sexte *d–h*, das anfänglich auf dem liegenden Akkord H-Dur (gleichzeitiges Dur und Moll!) fußt, dann aber – zusammen mit dem immer schnelleren, bis zum Vivo führenden Tempo – polyphon über dem Grund der Paukenglissandi ausgewertet wird. Sein eigentliches Gesicht zeigt dieses Thema aber erst in der Reprise (siehe Beispiel auf Seite 321). Der Schluß der Exposition knüpft an die Motive aus der Entwicklung des ersten Themas an (siehe Beispiel oben), dann bietet sich dem Hörer eine Reihe delikat klingender paralleler Quartmixturen beider Klaviere, vom Timbre des Triangels gefärbt.

Die relativ kurze Durchführung (*Non troppo vivo*) fußt zum Großteil auf rotierenden Achtelfiguren aus dem Thema der Introduktion, über denen sich die synkopierten Motive des ersten Themas polyphonisch ausbreiten. Im Mittelabschnitt ertönen fortissimo die Motive des zweiten Themas, diesmal im ‹bulgarischen› Rhythmus (♪♩ ♩. ♪♩ ♪) und in Gestalt von Terz-Sext-Mixturen, die das Xylophon begleitet. Am Schluß hört man motivische Reminiszenzen aus dem Endabschnitt der Introduktion (accelerando).

In der Reprise treten alle Themen in neuer, variierter Gestalt auf. Das erste Thema (*Un poco maestoso*), das jetzt auf langen Tönen und Triolenrhythmen basiert, klingt ernst und triumphal. Das zweite bewahrt seinen Klang und die Stimmung aus der Exposition, bildet aber eine abgewandelte melodische Zeichnung. Eine Belebung bringt erst das dritte Thema (*Vivo*), das auf einem flott pulsierenden Rhythmus und diatonischen Motiven basiert. Es ist das Thema einer vierstimmigen Fuge (vgl. Beispiel auf Seite 321 oben). In der Fuge setzen die Stimmen im Quintzirkel ein

(d, a, e, h) und bilden einen ausgezeichnet klingenden polytonalen Verlauf. Die Fuge ist eine großartige und effektvolle Krönung des 1. Satzes. In der Koda kehrt das erste Thema (beide Klaviere und Xylophon) und mit ihm die synkopierten Rhythmen zurück, die in den Imitationen hart aufeinanderstoßen. In der Schlußkadenz lösen sich die Quinten *des–as* und *h–fis* in Gegenbewegung auf dem tonikalen Akkord *c–g* auf.

Der 2. Satz (*Lento, ma non troppo*) beginnt mit dem Spiel des Schlagzeugs allein. Diese kurze Einleitung verdient besondere Beachtung: Die hier auftretenden Klänge haben keine bestimmte Tonhöhe, sie unterscheiden sich aber in ihrer Klangfarbe, deren Abfolge einen präzisierten musikalischen Verlauf bildet. Der Komponist verwendet sechs verschiedene Klänge: 1. Anschlagen des Beckenrandes mit einem Holzstäbchen, 2. Anschlagen der Wölbung (Mitte des Beckens) mit dem Holzstäbchen, 3. Anschlagen der kleinen Trommel mit Schnarrsaiten, 4. Wirbel auf der Trommel mit Schnarrsaiten, 5. Anschlagen der Trommel ohne Schnarrsaiten (in der Mitte des Fells), 6. Anschlagen der Trommel ohne Schnarrsaiten am Rande des Fells. Das gleichzeitige Ertönen des ersten und des dritten ergibt den siebenten Klang. Diese Klänge verlaufen ohne direkte Wiederholungen und bilden immer andere Folgen; jeder Takt ist anders. Auf diese Weise entfaltet sich eine eigenartige ‹Melodie der Klangfarben›.

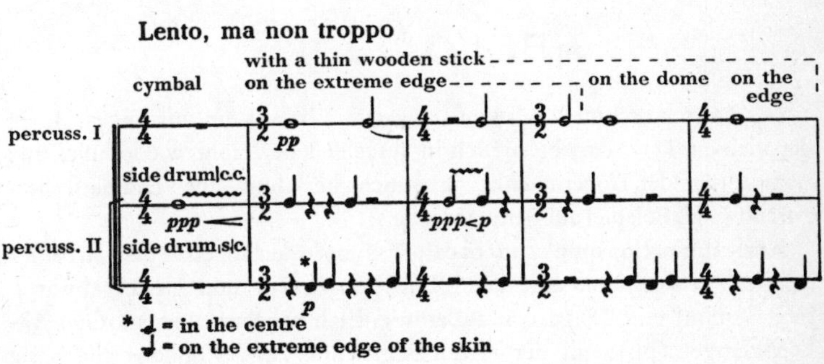

Dieser Verlauf setzt sich fort (doch jetzt in wiederholten Taktfolgen), und über diesem Grund setzt das erste Klavier mit einer lyrischen, gedankentiefen Melodie ein, die wir zu den schönsten Melodien in Bartóks Schaffen zählen können. Sie fußt auf der Zwölftonskala, obwohl sie der diatonischen Motive nicht entbehrt; ihr Anfang weckt den Eindruck eines chromatisch leicht abgewandelten h-Molls:

Mit dem Ton *a* (im zweiten Takt) beginnt der Prozeß der engen Auffüllung der Skala mit Halbtönen; außer der einmaligen Abweichung zum hohen *d* wird ein mehr als eine Oktave umfassender Ambitus aufgefüllt. Die einzelnen Melodieabschnitte haben verschiedene Zentralisation: *h*, *g*, dann (schon im zweiten Klavier) *c*. Wenn das zweite Klavier die Melodie übernimmt, verharrt das erste Klavier auf dem Ostinato der Töne *f* und *ges*, die in verschiedene Höhen versetzt werden. Weiter entwickeln sich die Motive in beiden Klavieren polyphon. Der rhythmische Verlauf der Melodie findet scheinbar in keinem Metrum Platz und weckt den Eindruck einer ungezwungenen Reihenfolge der Werte, in Wirklichkeit jedoch läßt sich hier ein wiederholtes Schema aussondern:

Der Mittelabschnitt (*Un poco più andante*) bringt ein unruhiges Motiv der kleinen Terz, das, beharrlich in verschiedener Höhe wiederholt, eine Atmosphäre der Unheimlichkeit und nicht herkömmlichen Dramatik hervorruft (vgl. Beispiel auf Seite 323 oben).

Am Kulminationspunkt bricht es fortissimo in den hohen Registern beider Klaviere abwechselnd mit dem Xylophon hervor und gleitet abwärts. Jetzt kommt eine Folge von außerordentlich weichen und subtilen Akkordklängen (pp); mit der zarten Begleitung des Xylophons bilden sie

eine chromatische Melodie, die nach gis-Moll tendiert. Diese parallel verschobenen Akkorde ergeben Zehnklangstrukturen aus acht verschiedenen Tönen, die so aufgebaut sind, daß die Intervalle in der einen Hand eine Spiegelung der Intervalle in der anderen Hand bilden (in der linken: kleine Terz, große Sekunde, zwei kleine Terzen; in der rechten: dieselben Intervalle in umgekehrter Ordnung im Quintabstand). Wenn das zweite Klavier (nur linke Hand) mit der Imitation einsetzt, bilden sich Zusammenklänge von elf verschiedenen Tönen. Dieser so stark koloristische Abschnitt verwandelt sich nachfolgend in eine stürmische ‹Feerie› chromatischer Tonleitern in beiden Klavieren, die sich in den Partien der vier Hände kreuzen, chromatischer Figuren, Tonleitern auf den weißen Tasten mit gleichzeitigen Passagen auf den schwarzen Tasten, schließlich Terzglissandi im Baßregister ab- und aufwärts. Sie werden von Beckenschlägen und Wirbelakzenten begleitet. Dies ist eines der erlesensten Beispiele der ‹Geräuschphantastik› und der Mittelepisode aus dem 2. Satz der *Musik für Saiteninstrumente* verwandt. Im Kulminationspunkt brechen über der schnell wiederholten chromatischen Figur plötzlich scharfe und abgerissene, gewissermaßen diabolische Motive des zweiten Klaviers hervor:

Unter den letzten Passagen und Glissandi (jetzt pp gespielt) kehrt die Melodie vom Anfang zurück, worauf sich die Musik plötzlich beruhigt. Am Schluß meldet sich das Motiv der kleinen Terz, im tiefen Register und – zum drittenmal – von den Pauken wiederholt, wieder. Der letzte Akkord, *des–fis–h*, mehrfach staccato artikuliert, bildet eine Halbtonspannung zu dem liegenden *c–f–c* und auch zu dem C-Dur, das den 3. Satz einleitet.

Der ergötzliche tänzerische 3. Satz der *Sonate für zwei Klaviere und Schlagzeug* (*Allegro non troppo*) ist in rhythmischer und motivischer Hinsicht der einfachste, obwohl er sich durch große Kunstfertigkeit und blendende Einfälle auszeichnet. Seine Form ist eine Kreuzung des Rondos mit dem Sonatenallegro. Er beginnt mit einer munteren Tonleiter der Klaviere, nach der beide Pianisten nur den C-Dur-Dreiklang im Tremolo wiederholen. Darüber setzt das Xylophon mit dem Hauptthema ein: einer Melodie in lydischer Tonart mit kleiner Septime und in der für Bartók charakteristischen Zeichnung: plötzliches Aufstreben und, als Antwort, die analoge Rückkehr nach unten:

Das Thema moduliert anschließend zu den B-Tonarten, worauf es zum C zurückkehrt. Nun wird es vom zweiten Klavier übernommen und in Oktaven im zweistimmigen Kanon gespielt. Aus seinem Sechzehntelmotiv entspringt eine neue Melodie, die mit einer spaßigen tonalen Wendung endet:

Die Lebenskraft des pulsierenden Rhythmus, die scharfen Akzente der tiefen Klänge des Klaviers und der hohen des Xylophons sowie die wiederkehrenden einfachen, diatonischen Motive verleihen dieser Musik eine helle und freudige Stimmung.

Die Rolle des Seitenthemas des Allegros erfüllt eine außerdiatonische Melodie, doch von beschränktem Klangmaterial; die Einschränkung folgt nicht aus dem Skalenaufbau, sondern aus der stabilisierten Ordnung der Intervallfolgen. Die Melodie zeigt Pendelbewegung mit fast symmetrischen Abweichungen vom zentralen *b* (nach unten Halbton, Quinte, zwei Halbtöne; nach oben dasselbe, nur mit Tritonus statt Quinte):

Aus demselben Klangstoff entwickeln sich anschließend Sechzehntelläufe, die die Klaviere gleichzeitig, beide in Gegenbewegung, spielen; sie werden von den rhythmischen Figuren der großen und der kleinen Trommeln begleitet. Nach diesem lebendigen und klanglich gesättigten Fragment folgt die Durchführung, in der die Motive des Hauptthemas imitatorisch verarbeitet werden. Eine groteske Kulmination des Finales ist die einfache Melodie (A-Dur), die das Xylophon mit Begleitung der von den Klavieren im Marschrhythmus angeschlagenen Dreiklänge spielt:

Nach der Reprise (mit dem etwas veränderten ersten Thema) folgt eine feinfühlige Koda, in der die Musik allmählich abnimmt und erlischt. Beide Klaviere führen ein Zwiegespräch auf den Anfangsmotiven des Themas (Tonleiterschritte auf- und abwärts), die in parallelen Durdreiklängen harmonisiert sind. Am Schluß hört man nur das immer leisere und langsamere Auseinanderstreben der Dreiklänge, vom rhythmischen Ostinato der kleinen Trommel begleitet, und – nach einer Pause – eine anmutige Dominantkadenz (mit zusätzlichem *as*, *b* und *fis*), die sich im C-Dur-Dreiklang auflöst. Nun verbleibt nur noch das Ostinato der kleinen Trommel, das sich allmählich auflöst und verstummt.

Die Uraufführung der *Sonate* fand am 16. Januar 1938 in Basel statt. Die Klavierparts spielten der Komponist und seine Frau Ditta Pásztory, am Schlagzeug waren Fritz Schießer und Philipp Rühling. Es war einer der größten Erfolge Bartóks, sowohl beim Publikum als auch bei der Kritik. Zum zweitenmal im selben Jahr wurde das Werk in London an den Festspielen der IGNM aufgeführt.

Die *Sonate für zwei Klaviere und Schlagzeug* kann man als die künstlerische Krönung der reifsten Schaffensperiode Bartóks ansehen, aber die Rolle eines systematischen Resümees seiner technisch-kompositorischen Probleme erfüllt ein anderes großes Werk: der Zyklus von 153 Klavierstücken in 6 Heften *Mikrokosmos*. Es ist sowohl in der intellektuellen Konzeption als auch in den Ausmaßen ihrer Realisation ein imposantes, ungewöhnliches und einzigartiges Werk in der ganzen Musikliteratur. Äußerlich ist es eine Sammlung von didaktischen Kompositionen, progressiv geordnet, von den leichtesten für den Anfangsunterricht bis zu Stücken für sehr fortgeschrittene Pianisten. Der eigentliche Wert des Zyklus liegt jedoch tiefer; er ist eine sukzessive Einführung in die moderne Klangwelt, eine Enzyklopädie des modernen Klavierspiels und ein lebendiges ‹theoretisches Traktat› über die Komposition, das ausgewählte Probleme hinsichtlich Skalen und Harmonik sowie Rhythmik illustriert. Es ist schließlich eine Sammlung von Werken, die in ihrer Mehrzahl ausgesprochen künstlerischen Wert besitzen und sich mit den besten Leistungen Bartóks auf dem Gebiet der Klaviermusik vergleichen lassen.

Der *Mikrokosmos* entstand im Laufe von vielen Jahren. Eines dieser Stücke stammt aus dem Jahre 1926 (es sollte anfänglich den Zyklus *9 kleine Klavierstücke* ergänzen); schon damals beschäftigte Bartók der Gedanke, einen pädagogischen Klavierzyklus zu schreiben. An die Durchführung dieser Absicht trat er aber erst im Jahre 1932 heran, als er seinem jüngeren Sohn Peter Klavierstunden zu erteilen begann (dem auch die beiden ersten Hefte gewidmet sind). Bis 1934 entstanden 80 Stücke, im Jahre 1937 waren es annähernd 100. Die letzten Lücken in den Heften füllte Bartók im Jahre 1939 auf.

Das 1. Heft umfaßt einfache Übungen in parallelen Oktaven, dann in zwei Stimmen unter Verwendung strenger polyphoner Mittel, wie Nachahmung, Umkehrung, Spiegelung. Entgegen den traditionellen ‹Klavierschulen› vermeidet Bartók in der Melodie das tonale Dur- und Moll-Schema, verwendet verschiedene modale Skalen und operiert mit Ausschnitten aus der diatonischen Tonleiter ohne Herausstellung der Tonika und der Kadenz mit Leitton. Auf diese Weise wird den Schülern das modale Hören gelehrt, das heißt, ihre Aufmerksamkeit wird auf das ausgewählte Klangmaterial und die darin angewandten Intervalle gelenkt. Das Material (anfänglich fünf Töne) ist verschieden, häufig im Umfang eines Tritonus, zum Beispiel *h–c–d–e–f* (ohne das *c* zu exponieren!), oder außerhalb der üblichen Diatonik: *d–e–f–g–as*. In den zweistimmigen Werken behandelt jede Hand einen anderen Stoff (zum Beispiel *cis–d–e–fis–g* und *g–a–h–c–d*). Der Komponist verwendet von Anfang an verschiedene Zusammenklänge, ohne vorübergehende Dissonanzen zu vermeiden, sofern sie in den Tonleiterschritten der einzelnen Stimmen (insbesondere in

Gegenbewegung) oder in den Regeln der Nachahmung ihre Begründung finden. Auf diese Weise wird die Logik der melodischen Bewegung der Stimmen, ihre lineare Kraft, über die akustische Übereinstimmung aller mitklingenden Töne erhoben. Aber auch in den konsonanten Verläufen vermeidet der Komponist die herkömmlichen harmonischen Wendungen, wofür das Stück Nr. 29 (*Imitation im Spiegelbild*) ein Beispiel ist. Die klangliche Konstruktion ist hier sehr einfach, logisch und natürlich, obwohl sie durchaus nicht konventionell klingt. Der Schüler wird ohne größere Anstrengung in die Welt der neuen Musik und in Bartóks Stil eingeführt (vgl. Beispiel auf Seite 327).

Die modal-harmonische Problematik wird in den nächsten Heften auf eine besonders interessante Art und Weise hervorgehoben. Die einzelnen Stücke machen uns, ohne daß sie ihre pianistisch-didaktischen Werte verlieren, mit immer anderen Mitteln und Arten ihrer Verwendung im Klangverlauf bekannt. Gezeigt werden vor allem verschiedene modale Strukturen und die aus ihnen folgenden harmonischen Konsequenzen. Ein Beispiel der pentatonischen Zweistimmigkeit ist Nr. 78 (*Pentatonische Skala*):

Einen ganz anderen Ausdruck und ein anderes harmonisches Kolorit präsentiert das Stück Nr. 58 (*Im Orient*), das auf dem Material *g–a–b–cis–d*, später *b–cis–d–e–f* fußt. Diese deutliche Einschränkung des Materials begründet die Wahl und die Qualität der Zusammenklänge. Probleme der in zwei autonome Schichten aufgespaltenen diatonischen Harmonik werden in einer Reihe von Stücken illustriert: Melodie auf dem Grund einer von ihr ‹unabhängigen› Dreiklangfolge (Nr. 69), zwei Schichten paralleler Terzen (Nr. 71, 129), Schichten paralleler Sextmixturen (Nr. 73, 112), Schichten paralleler Dreiklänge (Nr. 120).

Besonders viel Platz nehmen im *Mikroskosmos* die bitonalen oder, genauer gesagt, die bimodalen Strukturen ein. Jede Hand operiert in einem anderen, beschränkten Material; manchmal führt der Komponist verschiedene Schlüsselvorzeichnungen ein. Wir finden extrem unterschiedliche pentatonische oder tetratonische Skalen (Nr. 70, 105, 110) wie auch verschiedene Ausschnitte aus diatonischen Tonleitern (Nr. 86, 99, 103). In dem Stück Nr. 125 (*Kahnfahrt*) spielt die rechte Hand auf den schwarzen (Pentatonik), die linke auf den weißen Tasten (diatonisches Sechstonostinato). Zu dem originellen Ausdruck dieses Werkes tragen auch die unüblichen Intervallschritte der Stimmen bei:

Eine andere Art der Bimodalität ist das Zusammenspiel verschiedener Tongeschlechter. Nr. 59 (*Dur und Moll*) bildet den Kontrapunkt zweier Pentachorde mit unterschiedlichen diatonischen Stufen (f-Moll und lydisches F), während in Nr. 108 (*Ringen*) die große und die kleine Terz auf einem kleinen Ausschnitt der Skala gegenübergestellt werden (im weiteren Verlauf wechseln die Tongeschlechter in beiden Händen):

Es finden sich auch außerdiatonische Anordnungen, wie das Zusammenspiel zweier strenger Ganztonreihen (Nr. 136). In Nr. 109 (*Auf der Insel Bali*) läßt sich das ganze Material auf die zwei Viertonskalen *gis–a–d–es* und *h–c–f–ges* zurückführen, deren jede aus zwei Paaren gegenpoliger Töne besteht:

Die chromatische Skala samt strenger Auffüllung des Ambitus mit Halbtönen repräsentieren die Stücke Nr. 64b, 80, 91, 92, 115 (*Bulgarischer Rhythmus* – ein schönes Beispiel der chromatischen Rotation), 123, 145. Manche von ihnen befassen sich mit der Technik der Nachahmung, sie tragen die Überschrift *Chromatische Invention*, wie beispielsweise Nr. 91 (vgl. Beispiel auf Seite 331 oben).

Einen besonderen Problemkreis bildet die Wahl der Intervalle bei der Aufstellung von Zusammenklängen. Manche Stücke sind Studien über

einzelne Intervalle, was schon ihre Überschriften andeuten: *Melodie in Dezimen* (Nr. 56), *Parallelbewegung* in kleinen Sexten (Nr. 62), *Terzen* (Nr. 71), *Verminderte Quinten* (Nr. 101), *Quintenakkorde* (Nr. 120), *Quarten* (Nr. 131), *Große Sekunden* gleichzeitig und gebrochen (Nr. 132), *Kleine Sekunden, große Septimen* (Nr. 144).

Das zuletzt erwähnte Stück ist klanglich außerordentlich feinfühlig und nähert sich stilistisch den *Klängen der Nacht* vom Jahre 1926:

Ein meisterhaftes Beispiel der Bartókschen ‹Mikrostruktur› ist das Stück Nr. 142 (*Märchen von der kleinen Fliege*), das sich formal auf zwei diatonischen Ausschnitten im Halbtonabstand gründet. Die enge Lage und die große Beweglichkeit der Töne auf einem schmalen Raum bewirken, daß auch hier der Halbton zum elementaren Intervall der Harmonik wird:

Halbtonklang und -bewegung dominieren auch in dem Stück Nr. 140 (*Freie Variationen*). Das Werk ist darüber hinaus eine klassische Illustration zweier gegensätzlicher Kräfte: Stabilisation und Bewegung, die in dem zentralisierenden Widerstand der Ostinatoklänge und in der zentrifugalen Wirkung der sich chromatisch bewegenden Töne zum Ausdruck kommen. Die Logik und Präzision des Verlaufs sind so deutlich, daß sie auch durch das Zusammentreffen aller Töne in einem Kluster nicht getrübt werden.

(Allegro molto)

Das letzte Heft des *Mikrokosmos* schließt mit *6 Tänzen in bulgarischem Rhythmus*. Es sind sehr effektvolle, virtuose Werke, obwohl sie eine strenge und präzise Klangtechnik verbindet. Ähnlich wie viele Werke aus dem ganzen Zyklus, fußen sie auf komplizierten und dabei scharf pulsierenden rhythmischen Verläufen.

Mit dem *Mikrokosmos* und der *Sonate für zwei Klaviere und Schlagzeug* findet die interessanteste Periode in Bartóks Schaffen ihren Abschluß, eine Periode, in der seine künstlerische Vollendung und seine Erfindungsgabe ihren Höhepunkt erreichten. Die in dieser Zeit entstandenen Kompositionen zählen nicht nur zu den repräsentativen Meisterwerken des 20. Jahrhunderts, sondern sie gehören auch – zusammen mit dem Schaffen von Schönberg, Webern und Varèse – zu den kühnsten, in die Zukunft weisenden Erscheinungen ihrer Periode auf kompositorischem Gebiet. Das bezieht sich natürlich nicht auf die ganze Musik, die Bartók in diesen Jahren geschrieben hat; seine Neigung zur stilistischen Synthese veranlaßte ihn – sogar im Rahmen eines Werkes –, sehr unterschiedliche Mittel, die verschiedene Stufen des Radikalismus repräsentieren, anzuwenden.

Die Originalität und das Entdeckerische in Bartóks Kompositionstechnik äußern sich hier am stärksten in der Art, wie er mit dem Skalen- und

Tonmaterial, mit der Harmonik und dem Klang operiert. Neben den reichen, in seiner Epoche gänzlich neuen, modalen Kombinationen fesselt unsere Aufmerksamkeit vor allem die Bartóksche Zwölftontechnik, die auf der Verselbständigung aller Töne der chromatischen Tonleiter und auf der dichten Auffüllung (in Rotationsbewegungen) des in Anspruch genommenen Raums basiert. In Bartóks ureigener Klangwelt wird die Bildung von Zusammenklängen aus großen und kleinen Sekunden, was manchmal – wie im 1. und 2. Satz des *4. Streichquartetts* – zum obersten Grundsatz wird, zu der weitestgehenden, neuartigen Erscheinung. Häufig finden sich Halbtonkluster von verschiedener Tonzahl, die (wie in der *Musik für Saiteninstrumente*) sogar einen vertikalen Zwölftonklang ergeben; ein extremes Beispiel ist die einige Dutzend Takte umfassende Episode aus dem *2. Klavierkonzert*, die auf dem unaufhörlichen Klang (in Gestalt des Tremolos oder sehr schneller Rotation) aller 12 Töne in enger Lage beruht. Das ist eine harmonische Konzeption, die erst in der zweiten Hälfte des 20. Jahrhunderts breite Anwendung finden wird. Eine Ankündigung der Musik unserer Zeit sind auch die koloristischen Einfälle Bartóks, seine subtile Differenzierung der Tongebung auf den Streich- und Schlaginstrumenten, die Episoden bloßer Glissandi im *3.* und *4. Streichquartett*, die Effekte der ‹Geräuschkoloristik› in der *Musik für Saiteninstrumente* und der *Sonate für zwei Klaviere und Schlagzeug* sowie die Stellen, wo schon nicht mehr die Intervallbeziehungen, sondern allein die Bewegung und der Klang den musikalischen Verlauf zu gestalten scheinen (*Prestissimo* aus dem *4. Streichquartett*).

Alle diese Mittel funktionieren in Bartóks Musik auf eine erstaunlich natürliche Art und Weise, sie lenken fast unsere Aufmerksamkeit von den Merkmalen des Neuerertums ab und lassen uns nur an die Vollkommenheit der Komposition selbst denken. Heute erscheinen uns die Werke Bartóks aus seiner radikalsten Schaffensperiode als klassische Kompositionen im besten Sinne des Wortes; tatsächlich waren sie es schon im Augenblick ihrer Entstehung, obwohl sie der musikalischen Vorstellungskraft des damaligen Hörers vorauseilten.

Bartóks letzte Schaffensperiode bringt eine ziemlich sichtbare – doch keineswegs radikale – Änderung in seiner stilistischen Haltung; die Sache vereinfachend, könnte man sie als den Rückzug des Komponisten aus den bisherigen avantgardistischen Positionen bezeichnen. Zweifellos waren die *Sonate für zwei Klaviere und Schlagzeug* und *Mikrokosmos* die letzten Werke Bartóks, in welchen er nach neuen, bisher unbekannten Mitteln und Möglichkeiten des musikalischen Ausdrucks strebte; es läßt sich auch nicht verleugnen, daß in seinen späteren Werken sich sogar gewisse – mehr oder weniger deutliche – Beziehungen zum Stil und zur Harmonik des 19. Jahrhunderts abzeichnen, die er zwanzig Jahre lang zu vermeiden versuchte. Mit anderen Worten: Bartóks neues Schaffen scheint mehr auf die Vergangenheit als auf die Zukunft gerichtet zu sein.

Diese Wendung wurde verschieden gedeutet. Eifrige Verfechter der Tradition waren geneigt, darin eine Abkehr des Komponisten vom Wege der fruchtlosen Experimente und nun – nach Jahren des angeblichen Umherirrens – die Bekehrung zur echten Kunst zu sehen; in gewissen Ländern wurde noch unlängst versucht, die letzten (ebenfalls die frühen) Kompositionen von Bartók seinen Meisterwerken aus der mittleren Schaffensperiode gegenüberzustellen und diesen jeglichen Wert abzusprechen. Die extremen Modernisten dagegen, die nur radikale Richtungen in der Musik unseres Jahrhunderts anerkennen, würdigten seine letzten Werke herab und sahen in ihnen nur den Niedergang der schöpferischen Kräfte und des Talentes dieses Komponisten. Beide Deutungen, aus dem direkten Engagement in dem Streit um die ‹richtige› Auffassung der Idee der zeitgenössischen Musik geboren und von Menschen verkündet, für die diese oder jene vom Komponisten getroffene Wahl der stilistischen Haltung oder gar einer bestimmten Technik oftmals wichtiger ist als die wirklichen künstlerischen Vorzüge des Werkes, scheinen heute gleicherweise falsch zu sein. Heute, da Bartóks ganzes Schaffen der Tradition angehört, hat das Problem seiner ‹Radikalität› für uns an Schärfe eingebüßt; in seinen Werken frappiert uns eher das, was individuell und unwiederholbar ist, unabhängig vom Grad der Entfernung von der Tradition der vorherigen Epoche. Und diese Merkmale finden wir unverkennbar in allen Perioden seines Schaffens.

Der Stil der letzten Werke Bartóks, der im allgemeinen jedwede extremistischen Tendenzen vermeidet, bringt eine ausnehmend reiche Synthese verschiedener Arten der Organisation des Klangs und verschiedener ästhetischer Haltungen, von den durchaus traditionellen bis zu entschieden modernen Einfällen, die den kühnsten Werken dieses Komponisten ebenbürtig zur Seite stehen. Synthetische Tendenzen waren schon immer das Merkmal seines kompositorischen Metiers, das sich durch die große Spannweite der Mittel und des Ausdrucks auszeichnet. Hier jedoch vollführt Bartók eine eigenartige Synthese: Die in allen seinen Schaffensperioden gesammelten stilistischen Erfahrungen auswertend, bringt er jetzt eine Art Zusammenfassung seines ganzen kompositorischen Weges. Wir finden hier sowohl das Klang- und das ästhetische Klima der frühen, romantischen *Suiten für Orchester* als auch Akzente der scharfen, diabolischen Groteske, die Merkmale des ‹folkloristischen Stils› aus den Jahren 1908–1916 und des rhythmischen Vitalismus sowie überlieferte tonalharmonische Wendungen und originelle Klangkombinationen, die seinen Werken aus den zwanziger und den dreißiger Jahren verwandt sind. Wir finden hier sowohl modale als auch Zwölftonmelodik, die zuweilen den Grundsätzen der Dodekaphonie nahesteht. Diese reiche stilistische Spannweite tritt in Bartóks neuen Werken auf eine natürliche Weise zutage, ohne die Einheitlichkeit des Verlaufs zu stören, und die großen Kontraste unterstreichen lediglich den charakteristischen, auch neckischer Akzente nicht entbehrenden Ausdruck dieser Musik.

Das Werk, mit dem Bartóks neue Schaffensperiode beginnt (das aber auch in gewissem Grad noch an die vorangehende Zeit anknüpft), sind die im September 1938 beendeten *Kontraste*, ein dreisätziges Trio für Violine, Klarinette und Klavier. Es wurde im Auftrag des berühmten amerikanischen Jazzklarinettisten Benny Goodman geschrieben und ist ihm und dem Violinisten Joseph Szigeti gewidmet; beide Virtuosen erhielten auch von Bartók das ausschließliche Aufführungsrecht für die Zeit von drei Jahren nach seiner Entstehung.

In den *Kontrasten* finden wir, ähnlich wie in beiden *Rhapsodien für Violine und Klavier* (stellenweise auch im *4. Streichquartett* und in der *Musik für Saiteninstrumente, Schlagzeug und Celesta*), eine deutliche Stilisierung der ungarischen populären Musik, die sich unter anderem aus den *Verbunkos* herleitet. Diese Anknüpfung kommt in den rhythmischen und melodischen Merkmalen des Werkes und in seiner motivischen Anspruchslosigkeit zum Ausdruck, die sich hier mit dem Blendwerk und Raffinement des allgemeinen Klangbildes kreuzt.

Der 1. Satz (*Verbunkos*), in der Form ABA_1 aufgebaut, fußt auf zwei typisch ungarischen Themen von sehr einfacher tonaler Aufmachung. Das erste präsentiert die lydische Skala mit verminderter Septime:

moduliert im weiteren Verlauf zur Tonart der Molldominante und kehrt schließlich zur Ausgangstonart *A* zurück. Das zweite Thema stützt sich auf eine schmale Skala und bildet einen Ausschnitt der Tonart gis-Moll, später e-Moll:

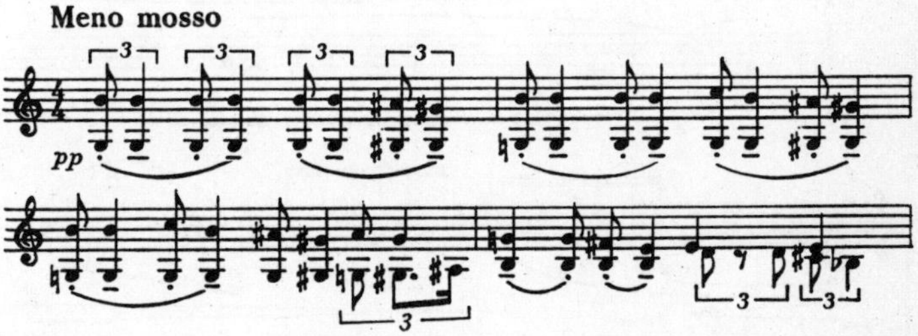

Die Harmonik paßt sich allgemein dem Charakter der Melodie an, unterstützt sie tonal, scheut aber auch vor scharfen Dissonanzen nicht zurück, die sich aus den autonomen Tonschritten in den einzelnen Instrumenten ergeben. Das Werk beginnt mit einer Folge von parallelen Durdreiklängen des Klaviers, von Dis-Dur (Gegenpol) bis A-Dur (Tonika), die, von den Pizzicatoklängen der Violine gefärbt, von vornherein die Tonart bestimmen. Die Melodie der Klarinette begleitet anfänglich ein Ostinato des A-Dur-Dreiklangs (pizzicato), das dissonanten Akkorden von romantischem Klang und deutlicher tonaler Tendenz den Platz räumt, die allerdings der erwarteten Auflösung nicht unterliegen. Die Harmonik ‹kreist› überwiegend um traditionelle Strukturen und traditionelle Zusammenklänge, die sie dabei pikant deformiert. Doch nicht nur die harmonischen

Subtilitäten sind für die Klangschönheit entscheidend, sondern auch der Glanz der ornamentalen Figuren, insbesondere im Part der Klarinette (die auch mit einer effektvollen Solokadenz am Schluß des Satzes auftritt).

Es mangelt auch nicht an entschieden neuartigen Klangeinfällen, wie die reichen Geflechte der harmonisch voneinander unabhängigen chromatisierten Arabesken in allen Instrumenten:

oder die Tremoli der Sekundenflecke, die unerwartet mit einer sarkastischen Tonleiter paralleler großer Sekunden enden:

An den Stil der voraufgehenden Periode klingt am meisten der 2. Satz (*Ruhe*) an, der mit einem besinnlichen Zwiegespräch der Violine und Klarinette beginnt, von den Tremoloklängen des Klaviers im Baß (pp) unterbrochen. Das Klangmaterial ist hier außerdiatonisch und verwertet – beginnend mit dem zweiten Abschnitt des Zwiegesprächs – sämtliche chromatischen Töne des benutzten Tonleiterabschnitts. Beide Instrumente operieren, immer konsequent in Gegenbewegung, mit demselben Stoff und denselben Motiven, aber in verschiedener Reihenfolge. Die Konsonanz der Intervalle zeigt keinerlei Anklänge an ein überliefertes tonales System.

Im Mittelabschnitt fesseln unsere Aufmerksamkeit die pathetischen Triller und Tremoli der Violine und der Klarinette und am Schluß die weichen

Klänge zweier miteinander dissonierender Terz-Sext-Schichten des Klaviers, die in Gegenbewegung verlaufen.

Der rhythmisch lebhafte 3. Satz (*Schnell*) beginnt mit einer Einleitung von Doppelklängen der leeren Saiten der *gis–d–a–es* gestimmten Violine (nach 30 Takten tauscht der Geiger das Instrument und spielt in normaler Stimmung weiter). Über den aus Tritonus und Quinten gebildeten Doppelklängen setzt die Klarinette mit einem csárdásartigen Thema ein, das auf außerdiatonischem Material und der symmetrischen Anordnung der Intervalle fußt: Zentrum ist *es*, dazu treten Abweichungen um einen Halbton sowie eine Quarte nach oben und unten und Übergangstöne:

In der nachfolgenden rhythmischen Sechzehntelbewegung der verschiedenen Instrumente überwiegen streng diatonische (lydische) oder auch auf der ‹veränderlichen Diatonik› fußende Strukturen; in ihrem Ausdruck und ihrer Motivik nimmt die Musik eindeutige Charakterzüge der populären ungarischen Tanzmusik an.

Im Mittelfragment erscheint eine neue lyrische ‹Zigeunermelodie› in äolischer Skala und synkopiertem Rhythmus | ♪♩ ♩ ♩ ♪ | ♩ ♫ , in einfacher Harmonik, die dem Stil aus dem Zyklus *Für Kinder* nahesteht. Dieser Rhythmus wird auch weiter, unter Verwendung von ganz und gar verschiedenen harmonischen Mitteln, fortgesetzt: Nach den Oktav- und später Tritonusparallelen des Klaviers (wie in der *Sonate für zwei Klaviere und Schlagzeug*) hören wir eine chromatische Verschiebung dichter Ganztonkluster, die mit der gleichzeitigen melodischen Umkehrung in der Violine und der Klarinette sogar volltönende Sechstonklänge bilden.

In der Reprise bringt die von der Violine intonierte und von der Klarinette kreischend im hohen Register übernommene burlesk-diabolische Phrase einen scharfen Akzent:

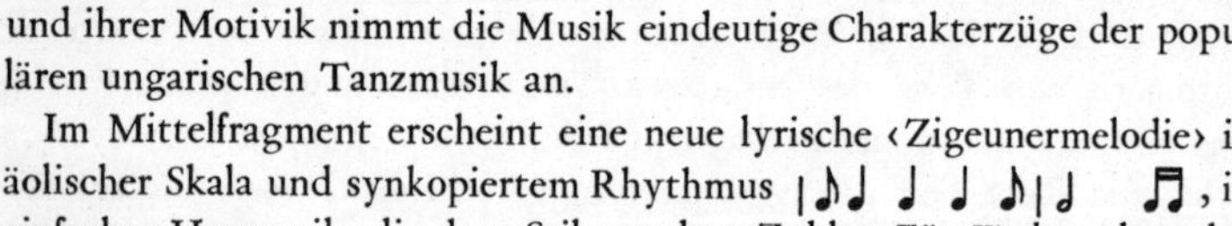

In diesem Teil erscheint auch die Solokadenz der Violine, ein Gegenstück zur Kadenz der Klarinette im 1. Satz. Der Schluß des Werkes hebt – ebenso wie der Anfang – die Tritonusbeziehung hervor: Der zentrale

Ton *b* wird von einer vom Gegenpol *e* (von unten und oben) ausgehenden Tonleiterfolge vorbereitet. Der Zusammenklang am Schluß ist aber keine Konsonanz: Der Ton *b* tritt mit der gleichzeitigen chromatischen Spannung *a* und *ces* auf und bildet einen Halbtonfleck mit Oktavverdopplungen.

Die Uraufführung der *Kontraste* fand am 9. Januar 1939 in New York unter Mitwirkung von J. Szigeti, B. Goodman und des Pianisten Endre Petri statt. Einige Tage zuvor, am 31. Dezember 1938, beendete Bartók ein neues Werk, das er seit August 1937 (also gleichzeitig mit den *Kontrasten*) auf Bestellung von Zoltán Székely geschrieben hatte: das *2. Violinkonzert*. Anfänglich dachte Bartók an einen großen Variationenzyklus für Violine und Orchester, weil aber Székely auf der klassischen Form des Konzertes bestand, fand der Komponist eine Kompromißlösung: Der 3. Satz ist eine freie Variation des Stoffes aus dem 1. Satz; der Mittelteil bildet einen unabhängigen Variationenzyklus. In seinen äußeren Merkmalen knüpft das *Konzert* unzweideutig an die Tradition des 19. Jahrhunderts an, womit es sich sehr stark von Bartóks früheren Werken abhebt. Die Rhythmik ist hier nicht mehr ein erstrangiges Element oder auch nur ein gleichrangiger Partner der Melodik. Der Melodie fällt entschieden die wichtigste Rolle zu; sie nimmt häufig die Gestalt einer breit gesponnenen, romantischen Kantilene an, während von den komplizierten rhythmischen Strukturen, die für die mittlere Schaffensperiode Bartóks so typisch sind, keine Spur verblieben ist. Das Orchester wird (im Gegensatz zum *1.* und *2. Klavierkonzert*) konventionell behandelt und findet in den Streichern seine Grundlage, während die Violintechnik, die übrigens an den Ausführenden große Anforderungen stellt, sowie der allgemein virtuose Charakter des *2. Violinkonzerts* sehr an den Stil der romantischen Musik erinnert. Allgemein genommen setzt das Werk die ästhetische Linie der Konzerte von Beethoven und Brahms fort; davon zeugen die Monumentalität der Form, der epische Schwung, der Ernst und die Gemessenheit des Ausdrucks. Das Neue im Verhältnis zur überlieferten Konvention tritt nur in der Anordnung der Intervalle und in der Harmonik sowie in den scharfen und unvermittelten Kontrasten zutage, die in allen Sätzen des *Konzerts* zahlreich vorhanden sind.

Den 1. Satz (*Allegro non troppo*) beginnen ruhige Akkorde der Harfe, sie bestimmen die Tonika (H-Dur-Dreiklang) mit ihrer subdominantartigen Abweichung. Die Melodie des Themas (die dank den synkopierten Rhythmen und der Quartenmotivik deutlich ungarische Züge trägt) präsentiert das äolische *h*, was schöne Effekte der Abstufung von Dur und Moll zwischen dem Solisten und der Begleitung ergibt. Diese Ab-

(Allegro non troppo)
Vl.
solo
f
3
13
tr

stufung besteht weiter, wenn die Violine nach fis-Moll, das Orchester aber unabhängig nach Fis-Dur moduliert. Diese Modulationen vollziehen sich in komplizierten chromatischen Verbindungen, die Erinnerungen an die postwagnerische Harmonik, wenn auch in neuer, gekürzter Form, wecken. Hier, wie im 1. Satz der *Kontraste*, ist die Abhängigkeit von der romantischen Klangwelt (mit ihrer subtilen und spitzfindigen Deformation) unüberhörbar (vgl. Beispiel auf Seite 342).

Der weitere Verlauf des ersten Themas bringt eine noch verstärkte Chromatik in den melodischen Motiven, die sich in dem unruhigen, aus Sechzehnteln bestehenden Zwischensatz (*Risoluto*) derart verdichtet, daß innerhalb eines Taktes sämtliche zwölf Töne der Tonleiter auftreten. Das zweite Thema dagegen bringt eine reguläre Zwölftonreihe ohne Wiederholungen, wie in der Dodekaphonie:

Ähnlichen Zwölftonreihen begegneten wir bei Bartók schon mehrfach: in seiner frühen *Violinsonate* vom Jahre 1903 (siehe Beispiel auf Seite 58), in der *Suite op. 14* (Beispiel auf Seite 175), im *2. Streichquartett* (Beispiel auf Seite 188) und im 3. und 4. Satz der *Musik für Saiteninstrumente, Schlagzeug und Celesta*, wenn sie auch nie eine so entscheidende Bedeutung in der klanglichen Konstruktion des Werkes wie in Schönbergs Reihentechnik besitzen. Auch hier hat die Reihe lediglich lokalen, einmaligen Zweck; obwohl das Prinzip der Zwölftongruppen auch in den nächsten Takten aufrechterhalten bleibt, ist doch die Reihenfolge der Töne jedesmal eine andere. Die zweite Phrase (im Orchester) wiederholt die ursprüngliche Reihe, aber unter Vertauschung der Töne *b* und *fis*, und der weitere Melodieabschnitt der Solovioline bewahrt nur die ersten vier Töne dieser

Reihe (in Transposition), die übrigen acht sind anders eingeordnet und bilden neue Intervallbeziehungen. Die nächsten Abschnitte des Themas gliedern sich in eine Zehntonreihe (in Transposition wiederholt) und dann wieder in eine Zwölftonreihe. Damit endet die Entwicklung des lyrischen zweiten Themas. Die Exposition schließt mit einem klanglich scharfen und im Ausdruck diabolischen *Vivace*, das wieder – in den schnellen Läufen der Violine – Zehn- und Zwölftonreihen bringt.

Die Durchführung kehrt zu den diatonischen Motiven des Anfangs zurück und führt das erste Thema, diesmal in der gegenpoligen Tonart (äolisches *f*), ein; das Thema erscheint nachfolgend in der Umkehrung. Ebenfalls diatonisch gekennzeichnet ist das temperamentvolle neue *Vivace*, das (ähnlich wie am Schluß der Exposition) einen scharfen, plötzlichen Kontrast zu dem übrigen Verlauf bringt. In der Reprise erscheint das zweite Thema in einer neuen Intervallgestalt und bildet eine neue Zwölftonreihe, bewahrt aber die ursprüngliche Melodiezeichnung und rhythmische Anordnung. Nach einem weiteren *Vivace* treten im Solopart Vierteltöne auf: der langsam wiederholte Ton *d* mit kleinen Abweichungen nach unten und oben wie eine unbedeutend gewellte Klanglinie. Die Solokadenz der Violine bereitet den virtuosen Schluß des 1. Satzes vor.

Der 2. Satz (*Andante tranquillo*) beginnt mit einem sanften, fast brahmsschen, in seiner lyrischen Bescheidenheit bezaubernden Thema, anfänglich im lydischen G, später mit chromatischer Färbung. Der Charakter der Melodie und die sie begleitende euphonische Harmonik wecken Gedanken an die romantische Musik, deren subtile und geschmackvolle Stilisierung sie bilden:

Nach dem Thema folgen sechs Variationen in immer anderer ornamentaler Gestalt. In der ersten hören wir chromatische Sechzehntelfiguren, nur mit einzelnen Klängen des Schlagzeugs als Hintergrund, in der zweiten komplizierte Kantilenenmotive, die an das zweite Thema des *Allegros* erinnern; die dritte Variation bringt scharfe, dissonante Doppelläufe der Violine, die vierte Triller und rotierende Zweiunddreißigsteltonleitern. Die beiden letzten Variationen zeigen ein lebhafteres Tempo: die fünfte, scherzhaft-tänzerische, bringt herrliche Zusammenklänge der Figuren des Solisten mit der Klangfarbe des Orchesters, die sechste Variation schließlich fußt auf ergötzlichen, absteigenden Trillerketten und schnellen Tonleiterfiguren der Violine, die nur von den Streichern (pizzicato) mit scharfem Anreißen der Saite begleitet werden. Am Schluß kehrt das Thema in lyrisch und euphonisch verstärkter Form zurück; vom Solisten und Orchester im hohen Register gespielt, zerfließt es am Ende in einem delikaten *ppp*.

Der 3. Satz (*Allegro molto*) in Rondoform verwertet im ganzen den thematischen Stoff des 1. Satzes. Das Hauptthema mit plötzlichen tonalen Verschiebungen ist eine deutliche Variation des ersten Themas:

Als eine der Episoden tritt hier ebenfalls das variierte zweite Thema auf, diesmal aber ohne Merkmale der dodekaphonischen Reihe, obwohl insgesamt sämtliche zwölf Töne ausgenutzt werden. Andere Episoden erwachsen aus den Motiven des Hauptthemas, unter ihnen ein effektvolles Konzert der Blechblasinstrumente im Kanon, das nur Quartakkorde und -motive verwendet. Im Solopart überwiegt eine rhythmische Triolenbewegung in rasch veränderlichen diatonischen Tonleiterschritten. Die im Temperament feurige, virtuose Darbietung des Solisten findet ihr Gegengewicht in den machtvollen Ausbrüchen des Orchesters, die die ganze Essenz und den Zauber des Bartókschen Stils umfassen.

Das *Violinkonzert* ist Zoltán Székely gewidmet und wurde von ihm erstmalig am 23. März 1939 in Amsterdam mit dem Concertgebouw-Orchester unter Leitung von Willem Mengelberg aufgeführt. Bartók war bei der Uraufführung nicht anwesend; einige Tage später trat er mit seiner Frau in Budapest auf einem Konzertabend für zwei Klaviere auf und spielte die *Sonate D-Dur* von Mozart, *En blanc et noir* von Debussy und *Konzert für zwei Soloklaviere* von Strawinsky. Seit der Uraufführung der *Sonate für zwei Klaviere und Schlagzeug* trat das Ehepaar Bartók ständig zusammen auf; im Frühjahr 1938 spielten sie die *Sonate* in Luxemburg (mit vier Schlagzeugern), dann in Brüssel, Amsterdam und Den Haag sowie – im Mai desselben Jahres – auf den Festspielen der IGNM in London, um sie schließlich am 31. Oktober dem eigenen Publikum in Budapest vorzuführen. Im Februar 1939 traten sie in Zürich und Paris (Pleyel-Saal) mit der *Sonate* und dem *Konzert F-Dur* für zwei Klaviere von Mozart in der Bearbeitung von Bartók auf.

Im Jahre 1937 erschien in der Zeitschrift ‹Tükör› der Artikel *Volksliedforschung und Nationalismus* von Bartók. Daß der Verfasser diesen Fragenkreis gerade in der Zeit berührte, da in Europa (insbesondere in den faschistischen Ländern und in Ungarn) die chauvinistischen Tendenzen an Stärke zunahmen, hat seinen besonderen Aussagewert, und man kann den Artikel als eine Art ideologisches Credo Bartóks, zumindest in seinem eigenen Forschungsbereich, ansehen. Der Autor behandelt in dem Artikel die sehr ‹heikle› Frage der fremden Einflüsse in der Volksmusik, die die nationalen Gefühle der daran interessierten Seiten verletzen und Gegenstand heftiger Auseinandersetzungen sogar zwischen Forschern sind. Wegen seiner wissenschaftlichen Arbeit war Bartók wiederholt den Angriffen seiner eigenen Landsleute und Fremder ausgesetzt. Nachdem er krasse Beispiele von durch Chauvinismus und politisches Engagement verursachten Auftritten (die seiner Meinung nach die größte Gefahr für die Wissenschaft sind) angeführt hatte, schrieb Bartók: ‹Die ideologischen Spannungen unserer Zeit begünstigen leider das Umsichgreifen der krankhaftesten Einseitigkeiten anstatt des Vorherrschens einer objektiven Betrachtung. Wenn aber die oben geschilderte Voreingenommenheit sich in wissenschaftlichen Debatten immer bemerkbarer macht, dann ist es um die Wissenschaft geschehen. [...] Was ist nun zu tun und was zu fördern? Es muß von jedem Forscher, also auch vom Musikfolkloreforscher, die menschlich größtmögliche Objektivität verlangt werden. Er muß in seiner Arbeit danach trachten, sein eigenes Nationalgefühl auszuschalten, solange er sich mit der Vergleichung des Materials beschäftigt. Das Wort «trachten» gebrauche ich absichtlich und mit besonderer Betonung [...], denn schließlich ist doch der Mensch ein unvollkommenes Geschöpf, das oft seinen Gefühlen ausgeliefert ist. Und gerade jene Gefühle, die die Muttersprache und die Dinge der Heimat betreffen, gehören zu den instinktivsten, zu den stärksten. Ein wahrer Forscher muß jedoch soviel Geisteskraft besitzen, diese Gefühle dort, wo es nötig ist, zu zähmen und zurückdrängen.›

Es waren die Jahre, in welchen der Chauvinismus, und zwar in allen Lebensbereichen, zu einer unheildrohenden Erscheinung wurde; er war ja eines der Hauptelemente der faschistischen Ideologie. Bartók, der entgegen der Stimmung in seinem eigenen Land ein leidenschaftlicher Gegner des Faschismus war, manifestierte seine Haltung bei jeder Gelegenheit. Im Mai 1937 schrieb er an Frau Müller-Widmann (eine große Befürworterin seiner Musik, bei der Bartók und seine Frau während ihrer Aufenthalte in Basel wohnten): ‹... Und damit hat sich der ganze Plan geändert – wir fahren irgendwo nach Kärnten. [...] Ursprünglich wollten wir nach Italien (Dolomiten) gehn; aber mein Haß gegen Italien ist in der letzten Zeit derart abnormal groß geworden, daß ich einfach mich nicht entschließen kann, das Land zu betreten. Das scheint ein überspannter und übertriebener Standpunkt zu sein: Aber wenigstens möchte ich in meinen Ferienwochen nicht fortwährend von der italienischen Aggressivität gereizt werden. Allerdings sagt man, daß Österreich ebenfalls vom Nazigift durchtränkt sei, aber vielleicht trägt man das dort nicht so sehr zur Schau.›

Knapp ein Jahr danach, im März 1938, durcheilte die Nachricht vom Anschluß Österreichs die Welt. Für Bartók war das ein harter Schlag. Am 13. April schrieb er wieder an Frau Müller-Widmann: ‹... Ja, das war auch für uns eine fürchterliche Zeit – jene Tage, an welchen Österreich überrumpelt wurde. [...] Es ist nämlich die imminente Gefahr, daß sich auch Ungarn diesem Räuber- und Mördersystem ergibt. Die Frage ist nur: wann, wie? Wie ich dann in so einem Lande weiter leben oder – was dasselbe bedeutet – weiter arbeiten kann, ist gar nicht vorstellbar. Ich hätte eigentlich die Pflicht, auszuwandern, solange es noch möglich ist. [...] Das bisherige betrifft Ungarn, wo leider die «gebildeten» christlichen Leute fast ausschließlich dem Nazisystem ergeben sind: Ich schäme mich wirklich, aus dieser Klasse zu stammen. [...] Was nun meine spezielle Lage anbetrifft, so ist sie vorläufig eine ziemlich böse, denn nicht nur mein Verlag (Universal Edition) ist jetzt ein Naziverlag geworden (man hat die Inhaber und Leiter einfach hinausgeworfen), sondern auch die AKM (Gesellschaft für Aufführungsrechte), der ich angehöre (auch Kodály) ist ja eine Wiener Gesellschaft, die jetzt ebenfalls «nazifiziert» wurde. Eben vorgestern erhielt ich den berüchtigten Fragebogen, mit Fragen über Großväter usw., dann: «Sind Sie deutschblütig, rassenverwandt oder nichtarisch?» Natürlich wird dieser Fragebogen weder von mir noch von Kodály ausgefüllt: Unser Standpunkt ist, daß solche Fragereien rechts- und statutenwidrig sind. Eigentlich schade, denn man könnte bei der Beantwortung schöne Späße machen; zum Beispiel sagen, wir sind *nicht* arisch – weil ja schließlich (wie ich aus meinem Lexikon erfahre) «arisch» heißt «indoeuropäisch»; wir Ungarn sind jedoch finnougrisch, ja sogar vielleicht rassenmäßig nordtürkisch, also überhaupt nicht indoeuropäisch, demzufolge nicht arisch. Eine andere Frage lautet: «Wo und wann wurden Sie verwundet?» Antwort: «Am 11., 12. und 13. März 1938 in Wien!»›

Bald danach löste Bartók seinen Vertrag mit der Universal Edition, und im Juni desselben Jahres, während des Festivals der IGNM in London, unterzeichnete er einen Vertrag mit dem Verlag Boosey & Hawkes, dem er die Herausgeberrechte aller seiner neuen Kompositionen übertrug, beginnend mit dem (noch nicht veröffentlichten) *Mikrokosmos* und der *Sonate für zwei Klaviere und Schlagzeug*. Es gelang ihm auch nach langen Bemühungen, sich von der AKM (die der deutschen ‹Stagma› unterstellt wurde) zu lösen und Mitglied der englischen Gesellschaft für Aufführungsrechte zu werden.

Inzwischen folgten düstere politische Ereignisse rasch aufeinander. Im Oktober 1938 annektierte Deutschland auf Grund des Münchener Abkommens das Sudentenland; gleichzeitig vergrößerte Ungarn, das sich immer stärker an Hitler band, sein Territorium um die südlichen Gebiete der Slowakei. Am 9. Oktober 1938 schrieb Bartók an Frau Müller-Widmann: ‹... Ich lebe hier womöglich noch mehr zurückgezogen, habe keine Lust, mit Leuten zu verkehren, ein jeder, der lebt, ist des Nazismus verdächtig. Ich arbeite fast täglich zehn Stunden ausschließlich mit Volksmusikmaterial; sollte aber zwanzig Stunden arbeiten, um einigermaßen weiterzukommen. Peinliche Lage – ich möchte so gerne diese Arbeit vor der neuen in der Luft schwebenden Weltkatastrophe beenden.› Und in seinem Brief an Frau Z. Székely vom 24. Oktober lesen wir unter anderem: ‹Man müßte weggehen von hier, weit weg aus der Nachbarschaft dieses verpesteten Landes, aber wohin: nach Grönland, Kapland, dem Feuerland, den Fidschi-Inseln oder weiß der liebe Herrgott wohin!›

Die Ideologie der Nazis brachte auch eine Bedrohung für die Kunst, sie verdammte alle modernen Richtungen und schrieb ihre ‹Entartung› den jüdischen Einflüssen zu. 1938 wurde in Düsseldorf unter dem Titel ‹Entartete Musik› eine Ausstellung von Partituren, unter anderen der führenden Vertreter der modernen Musik, wie Schönberg, Strawinsky, Berg, Hindemith, Milhaud, veranstaltet. Aus politischen Rücksichten gegenüber der hitlerfreundlichen ungarischen Regierung war Bartóks Name in der Ausstellung nicht vertreten. Bartók reagierte darauf mit der ihm eigenen Leidenschaft und protestierte empört in einem Schreiben an das Auswärtige Amt gegen den Ausschluß seiner Werke auf dieser Ausstellung. Bald danach, als der deutsche Pianist Hans Priegnitz im Deutschlandsender Bartóks *1. Klavierkonzert* aufführen wollte, schrieb ihm der Komponist höflich, daß dieses Konzert für das Orchester außerordentlich schwierig sei und daß es besser wäre, von der Aufführung abzusehen, worauf er hinzufügte: ‹Übrigens wundert es mich, daß man gerade in einem Sender derartige «entartete» Musik aufzuführen die Absicht hat.›

Angesichts der sich verschärfenden politischen Lage und der zunehmenden deutschen Einflüsse in Ungarn beschäftigte sich Bartók immer öfter mit dem Gedanken, das Land zu verlassen, wenn er sich auch noch nicht recht zu diesem entscheidenden Schritt entschließen konnte. Im Januar 1939 schrieb er an Frau Székely: ‹... Seit März sind wir natürlich davon überzeugt, daß es sich zum Schlechten oder zum Schlechtesten wenden werde, was es unmöglich machen dürfte, hier zu arbeiten und überhaupt zu leben. Aber wäre es mir in dem Lande, welches Sie erwähnen, möglich, die mir so wichtige Arbeit zu verrichten (ich meine die wissenschaftliche Arbeit)? [...] Ich glaube, es ist unendlich schwer, sich in dieser Sache zu entscheiden, und ich bin darüber, was ich tun soll, wirklich ratlos ...› Im März traten neue schwerwiegende Ereignisse ein: Hitler zwang Böhmen und Mähren sein ‹Protektorat› auf, während Ungarn den östlichen Teil der Tschechoslowakei – die Karpato-Ukraine – an sich riß. Am 3. Juni 1939 schrieb Bartók an seinen ehemaligen Schüler Sándor Veress: ‹Ihre Nachricht, daß ich Ungarn verlassen werde, ist ein Irrtum. Aber diese Nachricht ist schon seit einiger Zeit verbreitet worden – viele andere sprechen mir davon. [...] Wenn jemand hierbleibt, obwohl er wegfahren könnte, so stimmt er stillschweigend alledem zu, was hier geschieht, wird man sagen. [...] Man könnte aber auch sagen, in wie großes Unglück das Land auch kommt, müßte doch jedermann auf seinem Platze bleiben und die Dinge unterstützen, wie es nur möglich ist. Es stellt sich nur die Frage, ob auf absehbare Zeit Hoffnung ist, erfolgreiche Hilfe leisten zu können. [...] Mit einem Wort, ich bin einstweilen ganz ratlos, aber mein Gefühl sagt mir, wer nur kann, der reise fort.›

Den August 1939 verbrachte Bartók in dem Schweizer Ort Saanen, in dem reizend gelegenen Chalet Aellen, als Gast von Paul Sacher, für dessen Basler Kammerorchester Bartók ein neues Werk – diesmal für Streichorchester – komponierte, das Sacher noch im November 1938 in Auftrag gegeben hatte. Von dort schrieb er seinem Sohn Béla: ‹Irgendwie fühle ich mich als ein Musiker vergangener Zeiten, der von seinem Mäzen zu Gast geladen ist. Du weißt, daß ich als Ehrengast Sachers hier weile. Sie sorgen aus der Ferne vollständig für mich. Mit einem Wort, ich wohne ganz allein – in einem volkskundlich interessanten Objekt: in einem regelrechten Bauernhaus. Die Einrichtung kann jedoch kaum mehr volksmäßig genannt werden, da das Ganze überkomfortabel ausgestattet ist.

Sogar ein Klavier haben sie mir aus Bern hierher geschafft. [...] Was die Ausflüge betrifft, so kann ich das schöne Wetter leider nicht ausnützen: ich muß arbeiten.›

Im Laufe von zwei Wochen, vom 2. bis 17. August, wurde das Werk fertiggestellt: das dreisätzige *Divertimento* für Streichorchester. Wenn es auch nicht zu den bahnbrechenden Kompositionen Bartóks gehört, ist es zweifellos ein Meisterwerk, das durch die Finesse der Konstruktion und die blendende Entwicklung imponiert und mit seinem einfachen, unprätentiösen Stil den Hörer gefangennimmt. Das volkstümliche Kolorit der Motive und ihr manchmal derber Ausdruck (insbesondere bei der Themenaufstellung) kreuzen sich mit archaisierenden Merkmalen, die an das Concerto grosso des Barocks anknüpfen. Der Gegensatz und das Wechselspiel zwischen den Soloinstrumenten (Streichquartett) und dem vollen Streichorchester, das übrigens schwach besetzt ist, verleiht dem Werk konzertanten Charakter. Sowohl der harmonische als auch der instrumentale Klang, die Rhythmik und die Anordnung der Klangfiguren sind überwiegend traditionell gehalten, was auch die Dünnheit und Schärfe jeder vorübergehenden Dissonanz und jeder Störung des traditionellen Verlaufs unterstreicht.

Der Anfang des 1. Satzes (*Allegro non troppo*) führt den Hörer unmittelbar in das unprätentiöse, aber auch feinnervige Klima des Werkes ein. Die rhythmisch pulsierenden Akkorde verwenden längere Zeit nur einen einzigen Dreiklang F-Dur und vorübergehend diatonische Abweichungen auf dem unveränderlichen Grundton *f*, später *c*. Wichtig ist hier jedoch nicht die Harmonik, sondern die Melodik, deren Entwicklung (übrigens im ganzen Werk) den Hauptgegenstand der Erfindung des Komponisten bildet. Das erste Thema schwankt zwischen dem lydischen F und dem dorischen f, was eine Veränderlichkeit der 3., der 4. und der 7. Tonleiterstufe hervorruft. Die tonale Einfachheit der Melodie wird durch die reiche und kunstvolle rhythmisch-motivische Entwicklung kompensiert. Aus dem ersten Motiv (dem Hauptmotiv im *4. Streichquartett* verwandt) spinnt der Komponist eine lange, ornamentale Linie in immer anderen, subtilen Rhythmen:

Im Zwischensatz beginnt die Gegenüberstellung der Soloinstrumente zum Tutti. Das tritt im zweiten Thema noch stärker hervor: Mit dem synkopisch wiederholten Orchesterklang (ff) kontrastieren die Motive der Soloinstrumente (p), mit ihrer für Bartók charakteristischen ‹Pendelzeichnung› und symmetrischen Verteilung der Intervalle, die nun zwischen dem äolischen *d* und dem lydischen *D* schwanken:

Im Gegensatz zu der einfachen, homophonen Faktur der Exposition insbesondere im ersten Thema kommt in der Durchführung die Polyphonie zu Worte. In den Soloinstrumenten treten sogar kanonische Abschnitte von deutlich archaisierendem Klang auf. Wie es oft bei Bartók vorkommt, setzen die imitierenden Stimmen in aufeinanderfolgenden Quinten ein, anfänglich schichten sich die Einsätze nach oben (vom Kontrabaß bis zu den 1. Violinen), später in umgekehrter Richtung auf. Am Ende der Durchführung verschärft sich die Harmonik erheblich, was in der Kontrapunktierung zweier Schichten paralleler großer Sekunden mit chromatischen Motiven seinen Höhepunkt erreicht. Die Reprise beginnt mit dem Eintritt des ersten Themas in der Tonart *c*, dann folgt eine umgekehrte Anordnung der Exposition (wie im *5. Streichquartett*), die von dem erneuten Auftreten des ersten Themas, diesmal in ursprünglicher Tonart, gekrönt wird.

Der 2. Satz (*Molto adagio*) kontrastiert in seinem dunklen, düsteren Kolorit und der dramatischen Expressivität sehr stark mit den Ecksätzen. Seine mit geheimnisvoller Unruhe erfüllte Stimmung, ja sogar der Typ der Motivik, erinnern an *Herzog Blaubarts Burg* und stellenweise (am Anfang) auch an den 1. Satz der *Musik für Saiteninstrumente, Schlagzeug und Celesta.* Der Anfang ist im Prinzip atonal. Vor dem Hintergrund der wogenden chromatischen Folgen in den tiefen Instrumenten spinnen die 2. Violinen (später die 1. Violinen und Bratschen im Kanon) eine für Bartók charakteristische rotierende Melodie in kleinen Intervallen, die den Ambitus *f–c*, dann *b–f*, mit Halbtönen füllen:

Im weit ausgebauten Mittelabschnitt intonieren die Bratschen eine Melodie von ausgesprochen ungarischen, rhapsodischen Zügen, die auf der unvollständigen Zigeunerskala *g–b–cis–d–f* fußt (siehe Beispiel unten). Nach einer Weile imitieren die 2. Violinen um eine Quinte höher, was eine neue tonale Schicht über die Läufe der Bratschen legt, worauf sich die 1. Violinen, wieder um eine Quinte höher, mit einer dritten Klangschicht einschalten, was eine ergreifende Kulmination bringt. Die Polytonalität, als Ausdruck des konsequenten Anwachsens, vereint sich hier mit einer außerordentlich feinen Klangorganisation; hinzu kommen subtile rhythmische Divergenzen der Stimmen, was die Ausdruckskraft noch steigert. Es ist eine der schönsten und empfindsamsten Stellen in Bartóks Musik.

Nach diesem Abschnitt gewinnt die Musik wieder die geheimnisvolle, bange Stimmung; auf dem Boden pentatonischer Ostinatomotive der Bässe, die strenge Quintzusammenklänge bilden, hört man in den 1. Violinen eine anwachsende Kette von Trillern und Verzierungen, anfänglich unisono, dann in parallelen Quinten, was zu einer neuen, dramatischen Kulmination führt. Der letzte Abschnitt kehrt zu den chromatischen Motiven vom Anfang zurück.

Der freudige 3. Satz (*Allegro assai*) nimmt die Stimmung des Divertimentos wieder auf und knüpft dabei noch stärker an die Tradition des Barocks und des Klassizismus an. Davon zeugen die rhythmische Pulsation der Achtel wie auch die unablässige Gegenüberstellung derselben Phrasen in den Soloinstrumenten und im Tutti. Sein Bau ist der eines mit der Sonatenform verschmolzenen Rondos. Das Hauptthema, in einfacher Harmonik, ist im ganzen diatonisch im mixolydischen F gehalten. Diese Tonart und der aus 7 Tönen bestehende Klangstoff bleiben unverändert über 80 Takte lang erhalten.

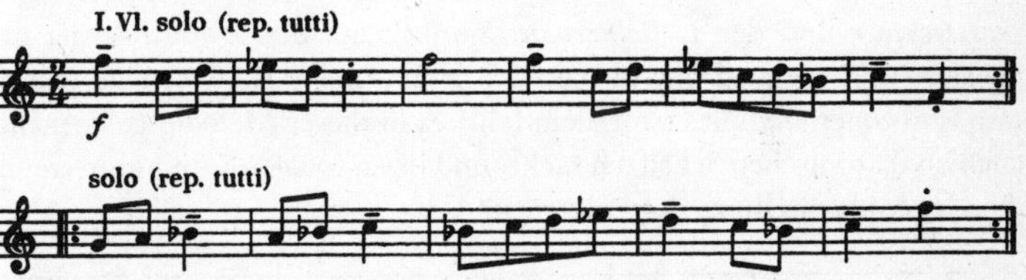

Das zweite Thema von irregulärem Periodenbau und durch Pausen zerstückeltem rhythmischem Verlauf leitet sich aus dem zweiten Thema des 1. Satzes ab; Tonart, Zeichnung und die symmetrische Anordnung der Intervalle bleiben unverändert.

In der Mittelepisode erscheint ein sehr herkömmliches Fugato, diesmal mit tonalen Antworten (anschließend in der Umkehrung wiederholt), wonach eine wehmütige Melodie im ‹Zigeunerstil› (*Più lento, rallentando*) folgt, die von der Solovioline reichlich ornamentiert gespielt wird. Am Schluß erklingt unerwartet eine triviale ‹Pizzicato-Polka› (*Grazioso, scherzando, poco rubato*) mit schablonenhaften Effekten von Terzglissandi in den Bratschen, die eine Stilisierung der Unterhaltungsmusik des 19. Jahrhunderts und zugleich eine Reminiszenz der scherzhaften Episoden in den Werken von R. Strauss sind. Nach ihr folgt eine glänzende, virtuose Koda.

Während seines Aufenthalts in Saanen begann Bartók auch an dem *6. Streichquartett* zu arbeiten, und zwar im Auftrag des Violinisten Zoltán Székely, der sich in Amsterdam niedergelassen und dort das Ungarische Streichquartett gegründet hatte. Die Komposition wurde im November 1939 in Budapest beendet. Dieses letzte Werk aus der imposanten Reihe von Bartóks Streichquartetten wendet sich weniger als das *2. Violinkonzert* und das *Divertimento* vom Stil der voraufgehenden Periode ab. Im Gegensatz besonders zum *Divertimento* vermeidet es entschieden diatonische Melodien, ja man könnte sagen, daß es eine der wenigen Kompositionen von Bartók ist, die so stark die Diatonik meiden.

Der formale Aufbau des Werkes fußt auf dem Spiel außerordentlich starker Kontraste, die zur Unterstreichung der tiefgründigen und komplizierten Expressivität dieser Musik dienen. Der 1. Satz beginnt mit einer langsamen Introduktion (*Mesto*), von der Bratsche solo vorgetragen; diese Melodie weckt Gedanken an die chromatischen Solomelodien in der *2. Suite für Orchester* und der *1. Violinsonate*. Sie fußt auf der Zwölftonskala und operiert überwiegend mit kleinen Schritten, indem sie über eine Oktave mit Halbtönen auffüllt. Trotzdem fehlt es in dieser Melodie gelegentlich auch an diatonischen Schritten, und ihren tonalen Sinn unterstreicht die Gegenüberstellung der Pole *gis* und *d*:

Der Ton *gis–as* (der in dieser Melodie den zentralen Punkt bildet) ist in Wirklichkeit der Gegenpol der Tonika in D-Dur, auf dem der 1. Satz (*Vivace*) fußt. Sein erstes Thema, in der Zeichnung etwas an Strauss gemahnend, ist für die heitere Stimmung des ganzen Satzes entscheidend:

Es schließt mit einem Glissando aller Instrumente, das noch in der Durchführung eine besonders interessante Verwendung finden wird. Das Thema weist eine starke Chromatik auf, die gleichfalls den weiteren Klangverlauf bestimmt; man hört das ununterbrochene Hinundherfluten des Zwölftonmaterials, wenn auch gewisse tonale Wendungen erhalten bleiben. In der Durchführung gewinnt dieses Thema eine neue, energische Gestalt in der für Bartók typischen Linienführung, unter Anwendung der Antwort in der Umkehrung. Es nimmt auch die Züge einer konsequent rotierenden Chromatik an:

Die Antwort in der Umkehrung finden wir auch im zweiten Thema des Allegros, das rhythmisch und melodisch deutliche ungarische Züge trägt. Es bewegt sich in der Tonart F, aber mit veränderlichen diatonischen Schritten: Abwärts nimmt es die phrygische, aufwärts die lydische Gestalt an. Auf diese Weise werden im Rahmen einer Quinte sämtliche chromatischen Töne in vollkommen gleichrangiger Bedeutung ausgewertet:

Dem 2. Satz geht eine Einleitung (*Mesto*) vorauf, in der die von der Bratsche solo gespielte ‹Leitmelodie› aus dem 1. Satz zurückkehrt, diesmal vom Violoncello gespielt, das die übrigen Instrumente unisono mit einem Kontrapunkt (tremolo, con sordino) begleiten. Der nach der Einleitung

einsetzende Teil *Marcia* erwächst in seinem grotesk-heroischen Charakter aus einem Motiv, das dem 1. Satz der *Kontraste* verwandt ist:

Der von der 1. Violine und (zwei Oktaven tiefer) vom Violoncello gespielte Anfang der Melodie suggeriert die Tonart H-Dur, die sich jedoch in den komplizierten, in kurzer Zeit die ganze Zwölftonskala erschöpfenden Intervallfolgen bald verliert. Die zweite Stimme, von der 2. Violine und der Bratsche eine Oktave tiefer gespielt, graviert nach gis-Moll, was mit den Motiven der ersten Stimme vorübergehend bitonale Effekte hervorruft. Weiter treten ebenfalls diatonische Folgen auf (im scherzhaften Rhythmus, der an die *9. Bagatelle* erinnert: ♫𝄾 𝄾. ♫ 𝄿♫ 𝄾 ♫𝄾 𝄽 ♫), aber auch hier fehlt eine deutliche Tonika. Den ganzen Verlauf kennzeichnet ein der Stimmung dieser Musik entsprechendes kapriziöses Umherirren im vorhandenen Klangstoff.

Der improvisatorisch-rhapsodische Mittelteil (*Animato, molto agitato*) bringt Tremoli der Violinen und schnell wiederholte Pizzicato-Akkorde (↑↓) der Bratsche, was wie ein gleichzeitiges Dur und Moll klingt; vor diesem Hintergrund spinnt das Violoncello im hohen Register seine Melodie in der exotischen Skala *a–c–cis–dis (es)–e–g–as.*

Das dem nächsten Satz voraufgehende neue *Mesto* führt wieder die ‹Leitmelodie›, diesmal in der 1. Violine, ein, begleitet von einem zweistimmigen Kontrapunkt der 2. Violine und des Violoncellos, anschließend auch der Bratsche. Der 3. Satz (*Burletta*) mit seinem scharfen, diabolischen Gepräge ist mit den unüblichen motivischen Einfällen voller aggressiver Widerspenstigkeit zweifellos der originellste Teil im ganzen Werk. Die gewaltsamen Sprünge der Melodie (die zum *c* tendiert) werden von dem charakteristischen Motiv des ‹Gekichers› unterbrochen, das uns schon aus dem

Finale der *Kontraste* bekannt ist, aber diesmal auf einem Sekundenfleck erscheint. Bartók führt hier auch erstmalig Glissandi von verbreitertem Klang ein: Die 1. Violine spielt einen Viertelton tiefer (↓) als die 2. Violine; dann tauschen sie die Rollen:

Die Harmonik fußt zu einem Großteil auf Sekundenflecken, die sich in scharfen rhythmischen Kontrapunkten übereinanderschichten. Der weitere Abschnitt, in seinen Einfällen Strawinsky nahestehend, bringt zwei verschiedene rhythmische Schichten in synkopierter Taktteilung. Die Schärfe und Kompliziertheit der Rhythmik geht hier mit einer Harmonie einher, die sich aus den Schichten der Ostinatoklänge und der chromatisch fortbewegten Töne ergibt, ähnlich wie im Stück Nr. 140 aus *Mikrokosmos* (siehe Beispiel auf Seite 333):

Nach der gemäßigten Mittelepisode (*Andantino*) kehrt die *Burletta* zurück, die jetzt pizzicato, unter Anwendung der schon bekannten Bartókschen Effekte, wie scharfes Anreißen der Saite mit Zurückschnellen auf das Griffbrett und Pizzicato-Glissando gespielt wird. Hinsichtlich der klanglichen Anziehungskraft ist dieser Abschnitt ein würdiges Gegenstück zum Pizzicato aus dem *4. Streichquartett.* Zum Ende hin verflicht sich das Pizzicato mit staccato vorgetragenen Wiederholungen (arco), die die Instrumente einander bis zum Schluß in immer anderer Höhenlage zuspielen.

Der 4. Satz (*Mesto*) gründet sich im ganzen auf die ‹Leitmelodie›, die jetzt in vierstimmiger Polyphonie mit reichlich eingesetzten Nachahmungen entwickelt wird. Es treten auch Reminiszenzen der Hauptthemen aus dem 1. Satz auf. In seiner tiefen, schmerzbewegten Expressivität, die aber äußere Ruhe atmet, zeigt dieser Satz eine deutliche Analogie zu den Finales im *2. Streichquartett* und in der *Suite op. 14* für Klavier.

Am 1. September 1939, als Bartók noch an dem *6. Streichquartett* arbeitete, erfolgte der Überfall Deutschlands auf Polen, was dem Zweiten Weltkrieg den Anfang gab. Angesichts dieser tragischen Ereignisse, die sich in der Nachbarschaft Ungarns abspielten, begann Bartók immer realer daran zu denken, sein Land, das Hitlers Politik offen unterstützte und immer stärker den Einflüssen der faschistischen Ideologie erlag, zu verlassen. Zu diesem schweren Entschluß ermunterte ihn Joseph Szigeti, der in den USA wohnte und ihm seine Unterstützung bei der Beschaffung von Existenzmöglichkeiten in diesem Lande versprach. Noch vor Ausbruch des deutsch-polnischen Krieges hatte Szigeti Bartók einen gemeinsamen Auftritt auf dem

Elizabeth-Sprague-Coolidge-Festival in Washington im Frühjahr des nächsten Jahres vorgeschlagen. Der mit seinen folkloristischen Arbeiten beschäftigte Komponist sagte anfänglich ab, änderte später plötzlich seinen Entschluß und war zu einer ‹Orientierungsreise› nach den Vereinigten Staaten bereit. Zum Verlassen des Landes bewegte ihn auch ein persönlicher Schicksalsschlag: Am 19. Dezember starb Bartóks Mutter. Die Sorge um sie war eine der Hauptursachen, die ihn von dem entscheidenden Schritt abgehalten hatte: Er wollte seine Mutter nicht allein in Budapest zurücklassen. Mit ihrem Tod fielen diese Bedenken fort, und Bartók entschloß sich, sofern die Lebensbedingungen sich dort als tragbar erweisen sollten, mit seiner Frau auf unbestimmte Zeit nach den Vereinigten Staaten auszuwandern.

Übereinstimmend mit dem ursprünglichen Plan fuhr Bartók im März 1940 ab. Am 13. April trat er mit Szigeti im Saal der Kongreßbibliothek in Washington auf; sie spielten die *1. Rhapsodie*, die *2. Violinsonate*, ferner die *Violinsonate* von Debussy und die *Kreutzersonate* von Beethoven. Nach dem Konzert wurde der Komponist insbesondere für die *Rhapsodie* gelobt, während der Kritiker der ‹New York Times› über die *2. Violinsonate* folgendes schrieb: ‹Die Einfälle sind weitschweifig, die Themen und Rhythmen rauh und die unangenehmsten Violinklänge werden mit besonderer Hartnäckigkeit exponiert. Es kommen Momente vor, wo der Komponist irgendeine Stimmung suggeriert, doch zieht er sich davon sofort zurück, als wenn Gemütsregung etwas wäre, das man vermeiden muß.› Zwei Tage später trat Bartók im Juniata-College in Huntingdon (Pennsylvania) auf, wo seine ehemalige Schülerin Dorothy Parrish arbeitete, und zwar mit einem Konzert und einer Vorlesung, und am 21. April gab er – wieder mit Szigeti – ein Konzert in der Carnegie Hall in New York (unter anderem *1. Rhapsodie*). In demselben Monat spielte er mit Szigeti und Goodman die *Kontraste* auf Schallplatten für die Firma Columbia ein.

Mit der Beschaffung von Arbeit gab es keine Schwierigkeiten. Das Curtis Institute of Music schlug Bartók vor, die Kompositionsklasse zu übernehmen. Trotz der außergewöhnlich günstigen finanziellen Bedingungen schlug Bartók diese Offerte aus; er wollte seinem Grundsatz, dieses Fach nicht zu lehren, treubleiben. Dafür entschloß er sich, einen Vertrag mit der Columbia-Universität in New York einzugehen, die ihm seine wissenschaftliche Arbeit ermöglichte, ohne auf Vorlesungen zu bestehen; das Salär sollte 1500 Dollar pro Semester betragen. Das Arbeitsthema wurde vorerst nicht festgelegt. Auch Aussichten auf Auftritte in verschiedenen Städten der Staaten zeichneten sich ab.

Nachdem er sich so die Möglichkeit eines längeren Aufenthaltes gesichert hatte, kehrte Bartók nach fünf Wochen nach Budapest zurück, mit dem Entschluß, seinen Haushalt aufzulösen und im Herbst desselben Jahres endgültig nach Amerika zu emigrieren. Kurz nach seiner Rückkehr, am 11. Juni 1940, fand in Basel die Uraufführung des *Divertimentos* unter der Leitung von Paul Sacher statt; der mit seinen eigenen Angelegenheiten stark beschäftigte Komponist konnte nicht anwesend sein. Einen Monat danach schrieb Bartók an Gyula Kertész, den Direktor des Verlages Magyar Kórus, bei dem Bartóks Chorkompositionen erschienen, unter anderem: ‹Infolge der jetzigen Ereignisse kann ich nicht nur keine neuen Chöre, sondern überhaupt nichts Neues schreiben – dieses Jahr wird wahrscheinlich schon so zu Ende gehen. Was das nächste bringt, das weiß nur – Wotan (und sein irdischer Statthalter).› Seit Ausbruch des Krieges hatte Bartók das Komponieren aufgegeben, und zwar für eine längere Zeit, als er anfänglich annahm: Erst im Jahre 1943 begann er wieder damit.

Nach vielen Wochen gelang es ihm schließlich, sämtliche Formalitäten, die mit der Ausreise verbunden waren, zu erledigen. Am 4. Oktober 1940 schrieb er sein Testament nieder, in dem er folgendes erklärte: ‹Wenn etwa nach meinem Tode eine Gasse nach meinem Namen genannt werden sollte oder wenn man an einem öffentlichen Orte in Verbindung mit mir eine Gedenktafel anbringen will, so ist mein Wille folgender: Solange der gewesene Budapester Oktogon-Platz und der gewesene Köröndplatz nach jenen Männern genannt wird wie gegenwärtig [Adolf Hitler und Benito Mussolini], ferner so lange, als in Ungarn ein Platz oder eine Gasse nach diesen Männern genannt wird, möge man nach mir in diesem Lande weder einen Platz noch eine Gasse noch ein öffentliches Gebäude nennen; im Zusammenhang mit mir möge man bis dahin an einem öffentlichen Ort keine Gedenktafel anbringen.› – Am 8. Oktober fand im Saale der Musikakademie das Abschiedskonzert des Ehepaars Bartók statt; das Orchester führte János Ferencsik. Beide traten mit dem *Konzert Es-Dur* für zwei Klaviere von Mozart auf; Ditta spielte noch das *Klavierkonzert F-Dur* von Mozart und Béla das *Klavierkonzert A-Dur* von Bach sowie *6 Tänze in bulgarischem Rhythmus* aus *Mikrokosmos*. Einige Tage danach verließen Bartók und seine Frau Ungarn.

Die Reise führte mit der Eisenbahn über Jugoslawien und Norditalien nach Genf, hier hielten sie sich, von Stefi Geyer und ihrem Mann erwartet, einen Tag auf; Stefi Geyer besorgte auch die Fahrkarten für den Autobus nach Barcelona und betreute sie bis zur Abreise. Aus Genf schrieb Bartók an Frau Müller-Widmann: ‹... Und nun sind wir traurigen Herzens hier und sagen Ihnen und den Ihren unser Adieu – auf wie lange, ob auf ewig, wer weiß! – Schwer, unendlich schwer ist der Abschied. Und dieses wunderschöne Land, Ihr Land, vielleicht zum letztenmal zu sehen, und mit dem Gedanken, welche Zukunft seiner harrt, und unserer Freunde, die hier sind! [...] Eigentlich ist diese Reise ein Sprung ins Ungewisse aus dem gewußten Unerträglichen. Schon wegen meines nicht ganz befriedigenden Zustandes; ich meine die noch immer nicht geheilte Periarthritis. Weiß Gott, wie und wie lange ich dort draußen arbeiten kann.›

Am 15. Oktober fuhr das Ehepaar Bartók von Genf durch den von den Deutschen nicht besetzten Teil Frankreichs zur spanischen Grenze. Dort stellten sich unerwartet Schwierigkeiten ein: Die Zollkontrolle zog sich so lange hin, daß sie wegen der bevorstehenden Abfahrt des Zuges ihr ganzes Gepäck (sechs große Koffer) zurücklassen mußten; sie sollten es an der portugiesischen Grenze nachgeschickt erhalten. Doch weder in Badajoz noch in Lissabon, wo sie am 20. Oktober nachts ankamen, war das Gepäck zur Stelle; auch zeigte es sich, daß der Dampfer schon am nächsten Tag den Hafen verlassen sollte; so begnügten sie sich mit der Versicherung, daß sie ihr Gepäck in New York erhalten würden, gingen an Bord und verließen Europa.

Am 29. Oktober kamen sie in New York an, wo ihre Auftritte schon angesagt waren. Weil sie aber die Abendkleider, Wäsche, Noten und sonstigen Kleinigkeiten in den Koffern verpackt zurückgelassen hatten, mußten sie das Notwendigste neu anschaffen. Am 3. November 1940 fand in der Town Hall das von den New Friends of Music organisierte Konzert statt, auf welchem das Ehepaar Bartók die *Sonate für zwei Klaviere und Schlagzeug* spielte. Am 24. November gaben sie in demselben Saal ein Konzert für zwei Klaviere; das Programm umfaßte die *Sonate D-Dur* von Mozart, *En blanc et noir* von Debussy, 4 Stücke aus *Mikrokosmos*, einiges aus der *Kunst der Fuge* von Bach und die *Sonate f-Moll* von Brahms. Am nächsten Tag fand in der Columbia-Universität die feierliche Ernennung Bartóks (mit drei anderen Kandidaten) zum Ehrendoktor statt. Die ‹New York Times› brachte eine Aufnahme von Bartók und einen Ausschnitt aus der Ansprache des Präsidenten der Lehranstalt, in welcher Bartók als ‹... ausgezeichneter Lehrer und Erzieher; international anerkannte Autorität auf dem Gebiet ungarischer, slowakischer, rumänischer und arabischer Volksmusik; mit seinen Kompositionen Schöpfer eines musikalischen Stils, der allgemein als eine der großen Leistungen der Musik des 20. Jahrhunderts anerkannt ist; ein wirklich hervorragender Künstler, der dem geistigen Leben seines Landes hohe Achtung erwarb› vorgestellt wurde.

Im Dezember mietete Bartók eine Wohnung in Forest Hills, sechzehn Kilometer vom Zentrum New Yorks entfernt. Seine Arbeit an der Universität sollte er mit dem zweiten Semester beginnen. Das von Tag zu Tag erwartete Gepäck war noch nicht angekommen, Bartók war um seine Manuskripte ernstlich besorgt. Anfang Dezember erhielt er die Nachricht aus Lissabon, daß die Koffer mit der ‹Excambion› in New York eintreffen würden. Das Schiff kam am 13. Dezember an, aber ohne Koffer. Nach vielen Telegrammen, auf die es wochenlang keine Antwort gab, kam endlich das Gepäck an: Mitte Februar.

Am 20. Januar 1941 wurde in New York das *6. Streichquartett* vom Kolisch-Quartett, dem es gewidmet ist, uraufgeführt. Im Februar begab sich das Ehepaar Bartók auf eine Konzertreise durch die Staaten, sie spielten unter anderem 7 Stücke aus *Mikrokosmos* (Nr. 113, 69, 135, 123, 127, 145, 146) in der Bearbeitung für zwei Klaviere; im Laufe eines Monats traten sie in St. Louis, Denver, Provo, San Francisco, Seattle, Kansas City sowie in Detroit auf, wo sie den verhältnismäßig größten Erfolg zu verzeichnen hatten. Nach New York zurückgekehrt, nahm Bartók am 13. März seine wissenschaftliche Arbeit in der Columbia-Universität als Visiting Associate of Music auf. Seine für ihn besonders dankbare Aufgabe bestand darin, eine Sammlung von jugoslawischen epischen und lyrischen Volksliedern in Notenschrift niederzulegen, die der Philologe und Professor der Harvard-Universität, Milman Parry, in den Jahren 1934/35 in Jugoslawien auf Platten aufgenommen hatte. Parry starb bald nach seiner Rückkehr von dieser Expedition. In einem Brief an Kodály schrieb Bartók: ‹Es wurde ganz und gar mir überlassen, was für eine Arbeit ich wählen sollte – ich brauche keine Vorlesungen zu halten. Ich wählte eine Notation der Parry-Sammlung (eine Riesensammlung von Schallplatten, die Aufnahmen jugoslawischer Volksmusik enthalten). Ich arbeite jetzt im Flügel der Columbia-Universität, im Schallarchiv von Herzog. Die Geräte sind ausgezeichnet. Fast habe ich das Gefühl, daß ich meine Arbeit an der ungarischen Akademie der Wissenschaften, nur unter etwas veränderten Umständen, weiterführe.›

Bartók übersiedelte nun in den Stadtteil Bronx, in die Nähe der Universität. Seine Berufung lief nur für ein Semester, doch Bartók erwartete, daß man sie verlängern werde. Im April machte er den Vorschlag, einen Teil der Sammlung (die *Frauenlieder* und lyrischen Gesänge) wissenschaftlich zu bearbeiten und in Buchform herauszugeben, daraufhin wurde seine Berufung um zwei Semester, bis Juni 1942, verlängert.

Sein von der Universität bezogenes Gehalt war eher bescheiden, und er war auf Einkünfte aus Auftritten angewiesen. Indessen traten in der Veranstaltung von Konzerten, entgegen den ursprünglichen Erwartungen, immer größere Schwierigkeiten auf. Bartók war nicht der Typ eines Pianisten, der das Publikum leicht mitreißt, das war nur in einem schmalen Kreis von Kennern der Fall; schon allein die Tatsache, daß er immer von Noten spielte, stand im deutlichen Gegensatz zu dem ‹Modell› des blendenden Virtuosen, der in Amerika besonders geschätzt wurde. Nach zwei weiteren Auftritten im April 1941 – in Baltimore und Princeton – zeigte es sich, daß bis Ende des Jahres von keinem Engagement mehr gesprochen werden konnte. Die materielle Lage wurde immer schwieriger. Auch als Komponist weckte Bartók in den Staaten kein größeres Interesse. Am 25. März 1941 wurde er 60 Jahre alt; diese Tatsache verlief unbemerkt. Im Mai schrieb er an seinen Sohn Béla in Budapest: ‹Gut, daß ich am 25. März nicht dort war, denn sonst hätte ich überall erscheinen müssen, und das tue ich – wie Du weißt – nicht gern. Solche Sorgen hatte ich hier nicht, denn außer fünf, die mich telegraphisch grüßten, hat sich kein Hund um den 25. gekümmert.›

Ende des Jahres sollte Bartóks jüngerer Sohn, Péter, in New York ankommen. Im Oktober gelang es ihm, ein amerikanisches Besuchervisum zu erhalten, es dauerte aber eine längere Zeit, bis auch die europäischen Durchreisevisa beschafft waren. Inzwischen waren auch die Vereinigten Staaten in den Krieg eingetreten, und das amerikanische Visum verlor seine Gültigkeit. Nach vielen Bemühungen erhielt Bartók die Sondergenehmigung für die Einreise seines Sohnes, doch als Péter schließlich im Februar in Lissabon ankam, verweigerten die britischen Behörden die Seefahrtsgenehmigung. Bartók mußte mit seinen Bemühungen von neuem beginnen und suchte auch bei seinem Verleger in London um Unterstützung nach. Es dauerte noch zwei Monate zermürbenden Wartens, bis Bartók von seinem Sohn ein Kabel über die Ankunft erhielt, doch hatte der Zensor den Namen des Schiffes herausgeschnitten, so daß nicht bekannt war, wann Péter ankommen würde. Am 20. April 1942 begegnete Bartók seinem Sohn zufällig: in der New-Yorker Untergrundbahn.

Der Beginn der Kriegshandlungen seitens Amerikas bedeutete für Bartók die Unterbrechung des Zuflusses von Tantiemen aus Ungarn, das dem Krieg ebenfalls, auf der anderen Seite, beigetreten war. Die Lage wurde beunruhigend insofern, als die Berufung an der Universität im Juni endete und keine Aussicht auf ihre Verlängerung bestand. Im Januar 1942 gelang es Bartók, mit seiner Frau in Chicago aufzutreten; sie spielten unter anderem die *2. Suite für Orchester op. 4*, in der im vorangehenden Sommer vom Komponisten angefertigten Bearbeitung für zwei Klaviere. Bald nach diesem Konzert schrieb Bartók an seine ehemalige Schülerin, die Amerikanerin Wilhelmine Creel: ‹... Wir haben ziemlich gut gespielt und sehr schlechte Kritiken bekommen. Das heißt, eine war gut, eine lauwarm, und eine so schlecht, wie ich in meinem Leben noch keine bekommen habe. Gerade als wären wir von den letzten Pianisten die letzten. Sie sehen also, Sie haben Ihren Klavierlehrer sehr schlecht gewählt! [...] Unsere Lage verschlechtert sich von Tag zu Tag. Alles, was ich sagen kann, ist, daß ich noch nie in meinem Leben, seitdem ich mir meinen Unterhalt verdiene (das ist von meinem 20. Lebensjahr an) in einer so entsetzlichen Lage war, wie ich wahrscheinlich sehr bald sein werde. Entsetzlich, das ist vielleicht übertrieben, aber nicht sehr übertrieben. Meine Frau erträgt das sehr tapfer: Je schlimmer es kommt, desto energischer, zuversichtlicher und optimistischer ist sie. Sie versucht, etwas zu arbeiten, zum Beispiel zu unterrichten. Aber wie kann man Schüler oder Arbeit bekommen! Sie bittet Sie, uns, wenn Sie können, einen Rat zu geben. Könnten Sie uns den Prospekt der Agentur schicken, mit der Sie voriges Jahr verhandelt haben? Und was halten Sie davon? Ich bin ziemlich pessimistisch, ich habe all mein Vertrauen zu Menschen, zu Ländern, zu allem verloren. Leider kenne ich die Umstände viel besser als Ditta, und so habe ich wahrscheinlich recht, pessimistisch zu sein.› In dem gleichen Ton ist der Brief an Dorothy Parrish vom 4. März 1942 gehalten: ‹... Das Schlimmste von allem ist, daß wir nicht genug Engagements haben, und das erschwert uns das Leben beträchtlich. Mein Gehalt an der Columbia-Universität wird kaum für drei Personen reichen, wegen der hohen Steuern und anderer lästiger Ausgaben aller Art. Meine Frau würde gern Unterricht geben, um unsere Lage zu bessern. Aber wir wissen nicht, wie wir das anfangen sollen, was man machen muß, um Schüler oder eine Beschäftigung zu bekommen. Sie haben darin einige Erfahrung, könnten Sie uns nicht einen Rat geben? Wie wäre es mit einer Agentur? Haben Sie noch den Prospekt von Ihrer Agentur und könnten Sie ihn uns schicken oder uns Auskunft geben, wie diese Agenturen arbeiten?›

Im Sommer 1942 verlängerte die Universität die Berufung, nun zum letztenmal, für ein weiteres Semester, das heißt bis Ende Dezember. Im Oktober beendete Bartók seine Studie *Serbo-kroatische Volkslieder* mit Beispielen von 54 Melodien aus Parrys Sammlung; die Arbeit wurde erst sechs Jahre nach dem Tod des Autors veröffentlicht. Hingegen erschien im selben Jahr in der New-Yorker Zeitschrift ‹Modern Music› der Artikel *Rassenreinheit in der Musik*, mit welchem sich Bartók in die in jener Zeit aktuelle Diskussion zum Thema Rassenreinheit einschaltete. Einleitend schreibt

Bartók: ‹Im gegenwärtigen Stadium des Streites über Rassenfragen mag es an der Zeit sein, die Frage zu untersuchen: Ist rassische Unreinheit der Volks-, zum Beispiel der Bauernmusik, günstig oder nicht?› Indem er sich auf seine Erfahrungen als Forscher beruft, stellt er fest: ‹Der Vergleich der Volksmusik der einzelnen Völker ließ klar erkennen, daß da ein ständiges Geben und Nehmen von Melodien vor sich ging, ein ständiges Kreuzen und Wiederkreuzen, das jahrhundertelang anhielt. [...] Dieses Geben und Nehmen ist nicht so einfach, wie manche glauben könnten. Wenn eine Volksmelodie die Sprachgrenze eines Volkes überschreitet, so wird sie – früher oder später – gewissen Veränderungen unterworfen werden, die durch die andere Umgebung und insbesondere durch die Sprachunterschiede bedingt sind. Je größer die Unähnlichkeit in bezug auf die Akzentuierung, die Wortbeugung, die metrischen Verhältnisse, den Silbenbau usw. zweier Sprachen ist, desto größer sind die Veränderungen, denen die «emigrierten» Melodien glücklicherweise unterworfen sein können. [...] Ich habe den Ausdruck «Kreuzen und Wiederkreuzen» gebraucht. Dieses «Wiederkreuzen» vollzieht sich im allgemeinen in der folgenden Art: Eine ungarische Melodie wird zum Beispiel von den Slowaken übernommen und «slowakisiert». Dieses slowakisierte Form kann dann von den Ungarn rückübernommen und so «remagyarisiert» werden. Aber – und wieder sage ich: glücklicherweise – diese remagyarisierte Form wird von der ursprünglichen ungarischen Form verschieden sein. [...] Der Stand der Volksmusik in Osteuropa kann folgendermaßen zusammengefaßt werden: Als das Resultat einer ununterbrochenen gegenseitigen Beeinflussung zwischen der Volksmusik jener Völker ergibt sich eine gewaltige Mannigfaltigkeit und ein riesiger Reichtum an Melodien und Melodietypen. Die schließlich erreichte «rassische Unreinheit» ist entschieden zuträglich.

Und nun sehen wir uns einmal das entgegengesetzte Bild an! Wenn man eine nordafrikanische Oase, zum Beispiel Biskra oder eines der benachbarten Dörfer, besucht, so hört man Volksmusik von ziemlich einheitlichem und einfachem Aufbau, die aber dennoch sehr interessant ist. Wenn man dann, sagen wir 1500 Meilen, weiter nach Osten geht und sich die Volksmusik in Kairo und seiner Umgebung anhört, so hört man genau die gleichen Musiktypen. [...] Die arabischen Völker in Nordafrika mögen zahlreicher sein als jene kleinen osteuropäischen Völker, sie leben aber in einem weit größeren Gebiet und sind nicht durchsetzt mit Völkern verschiedener Rasse und Sprache.›

Der Artikel endet mit folgender Schlußfolgerung: ‹Es ist offensichtlich, wenn für die nähere oder fernere Zukunft ein Überleben der Volksmusik erhofft werden kann, [...] dann ist die künstliche Errichtung von Chinesischen Mauern, zur Trennung des einen Volkes von dem anderen, für die Entwicklung der Volksmusik sehr ungünstig. Eine vollkommene Absperrung gegen fremde Einflüsse bedeutet Niedergang: gut assimilierte fremde Anregungen bieten Bereicherungsmöglichkeiten dar.›

Als die wissenschaftliche Arbeit an der Columbia-Universität zu Ende ging, stand die Familie Bartók eigentlich ohne Mittel für den Lebensunterhalt da. Bartók verblieb die Aussicht auf einige Vorlesungen an der Harvard-Universität in Cambridge (Massachusetts) und auf einen Auftritt. Am 31. Dezember 1942 schrieb er an W. Creel: ‹... Die Harvard-Universität hat mich zu Vorlesungen fürs erste Semester ab Februar eingeladen. Das gibt uns eine Atempause bis zum nächsten Herbst (keine Möglichkeit mehr zum Konzertieren und zu Vorlesungen; wir haben nunmehr einen einzigen Kontrakt für Januar, mit den New-Yorker Philharmonikern, aber das ist ein «family business», ein durch meinen Freund Fritz Reiner verursachtes Engagement, der als Gast einige Konzerte leitet). Wir leben von einem Halbjahr aufs andere. [...] Meine Laufbahn als Komponist ist sozusagen beendet; der Quasi-Boykott meiner Werke seitens der führenden Orchester geht weiter, weder meine alten noch meine neuen Werke werden gespielt. Eine große Schande – natürlich nicht für mich.› Zum Überfluß ließ der Gesundheitszustand des Komponisten seit längerer Zeit viel zu wünschen übrig. Im April erkrankte er an einer Grippe, nach der das Fieber hartnäckig jeden Abend wiederkehrte. Dieser Zustand dauerte mehrere Monate und weckte schwere Besorgnis. ‹Die Ärzte können die Ursache nicht finden und demzufolge auch nicht eine Heilung versuchen. Ist das nicht sonderbar?› lesen wir in demselben Brief.

Am 21. Januar 1943 fand in der New-Yorker Philharmonie die Uraufführung des *Konzerts für zwei Klaviere und Orchester* von Bartók statt; es spielten der Komponist mit seiner Frau, Dirigent war Fritz Reiner. Das Werk ist eine Transkription der *Sonate für zwei Klaviere und Schlagzeug*, die Bartók bald nach seiner Ankunft in Amerika anfertigte und damit die Hoffnung verband, daß es in dieser Version größere Aufführungschancen haben würde (diese Annahme war irrig; nicht einmal die Partitur wurde veröffentlicht). Das *Konzert* fand beim Publikum eine wohlwollende Aufnahme, von der Kritik wurde es aber negativ gewertet und als ‹trocken und doktrinär› hingestellt.

Das war Bartóks letzter öffentlicher Auftritt. Nach dem Konzert fühlte er sich sehr schwach und elend; das Fieber ging nicht mehr zurück. Trotzdem begann er im Februar seine Vorlesungen an der Universität. Er hatte kaum drei Vorlesungen gehalten, da kam der Zusammenbruch. Die Ärzte stellten Leukämie fest, doch diese Tatsache wurde dem Patienten vorenthalten und ihm weiterhin gesagt, daß die Ursache der Krankheit unbekannt sei. In dieser dramatischen Lage kam ihm die ASCAP (Amerikanische Gesellschaft der Komponisten, Autoren und Verleger) zu Hilfe und übernahm – obwohl Bartók nicht ihr Mitglied war – sämtliche Kosten der Behandlung und Unterbringung im Krankenhaus. Im Mai verschlechterte sich der Zustand; Bartók hatte große Schmerzen in den Gelenken und konnte sich kaum noch bewegen.

Inzwischen hatten Szigeti und Reiner den Dirigenten des Bostoner Sinfonieorchesters, Serge Koussewitzky, dazu bewogen, bei Bartók eine neue Komposition für die Koussewitzky-Stiftung in Auftrag zu geben, um ihm in seiner schweren materiellen Lage beizustehen. Diese Gespräche mußten vor Bartók verheimlicht werden, sonst hätte er die Sache als eine Wohltätigkeitsaktion angesehen und den Auftrag bestimmt nicht angenommen. Im Juni besuchte Koussewitzky Bartók am Krankenbett und bat ihn um ein großes sinfonisches Werk, das dem Gedächtnis seiner Frau, Natalie Koussewitzky, gewidmet wäre; damit war ein Honorar von tausend Dollar verbunden. Bartók lehnte anfänglich mit dem Bedenken ab, daß er keine Gewißheit habe, den Auftrag erfüllen zu können. Auf Koussewitzkys längeres Drängen entschloß er sich schließlich, das Werk zu schreiben, und nahm die Hälfte der Summe in Empfang.

Seit dem Augenblick besserte sich Bartóks Gesundheitszustand zusehends. Anfang Juli fuhr er auf Kosten der ASCAP nach dem Erholungsort Saranac Lake im Staat New York. Hier trat eine beträchtliche Besserung ein; die Fieberanfälle und auch die Muskel- und Gelenkschmerzen hörten auf, auch gewann der Kranke seine alten Kräfte zurück. Nach sechs Wochen machte er sich an die Arbeit und komponierte das bestellte Werk, wie er sagte, bei Tag und Nacht.

Am 8. Oktober 1943 beendete Bartók in Saranac Lake eines seiner berühmtesten Werke: das *Konzert für Orchester*. Es ist neben dem *Wunderbaren Mandarin* eine Gipfelleistung Bartóks in der Verwendung des großen Orchesters; sie zeugt von großer Kunstfertigkeit und hohem individuellem Geschmack. Aber im Gegensatz zum *Wunderbaren Mandarin* und anderen Werken aus den zwanziger und dreißiger Jahren knüpft das *Konzert* zu einem Großteil an den Stil und die Ästhetik der herkömmlichen Sinfonik an, indem es gewissermaßen eine Erneuerung der Tradition der romantischen Sinfonien bildet (ähnlich übrigens wie die 5. und die *6. Sinfonie* von Prokofjew, die *Sinfonie in C* von Strawinsky, die späten Orchesterwerke von

Hindemith, die Sinfonien von Schostakowitsch). Das sieht man sowohl in der Behandlung des sinfonischen Apparates als auch in dem weit ausholenden episch-dramatischen Verlauf und schließlich in dem Reichtum an melodiösen Themen, die sich leicht dem Gedächtnis einprägen. Bartók wendet sich hier von der seinen früheren Werken eigenen Bündigkeit und Sparsamkeit der Motivik zugunsten einer typisch romantischen Gestaltung der Melodiebögen ab; eine ähnliche Änderung haben wir schon beim *2. Violinkonzert* wahrgenommen, das sich jedoch durch größere Ökonomie und Homogenität in der Entwicklung des Stoffes auszeichnet. Hier ist die Melodik ein entschieden erstrangiges Element und – neben der Instrumentation – Hauptgegenstand der Erfindung des Komponisten; die Harmonik ist überwiegend traditionell, wenn sie auch Stellen aufweist, die dem Klima der früheren Werke nahestehen. Das *Konzert für Orchester* ist im Grunde genommen eine fünfsätzige Sinfonie, aber der Titel (von Hindemith erstmalig im Jahre 1925 angewandt) weist auf den virtuosen Charakter der einzelnen Instrumentalparts hin. Bartók selbst schrieb in dem Programm der New-Yorker Erstaufführung des *Konzerts:* ‹Der Titel rührt daher, daß im Laufe dieses in der Art einer Sinfonie geschriebenen Orchesterwerkes die einzelnen Instrumente und Instrumentalgruppen konzertierend oder solistisch auftreten. Die virtuose Behandlung erscheint zum Beispiel in der Durchführung des ersten Satzes (Fugato der Blechbläser), auch in dem einem Perpetuum mobile ähnlichen Verlauf des Hauptthemas im letzten Satz (Streicher) und besonders im 2. Satz, wo die Instrumentenpaare nacheinander mit virtuosen Phrasen auftreten.›

Der 1. Satz (*Introduzione*), voller scharfer dynamischer und agogischer Kontraste, beginnt mit einer ernsten und strengen Einleitung (*Andante non troppo*), in welcher die Violoncelli und Kontrabässe eine Melodie mit quartpentatonischen Motiven intonieren, die viel Ähnlichkeit mit dem Anfang von *Herzog Blaubarts Burg* hat. Die einzelnen Abschnitte der Melodie, mit einer immer größeren Zahl aufsteigender Quarten, sind mit einem Tremolo der Violinen (pp, con sordino), das sich zu einem Ganzton-Vierklang-Kluster ausweitet und wieder zum Unisono zusammenschrumpft, sowie chromatischen Figuren der Flöten, die vom Unisono bis zur großen Septime auseinanderstreben, verflochten. In diesem phantastischen Klima erscheint ein Thema in ungarischer Art, das die Flöte und später drei Trompeten in schönen, ausgewählten harmonischen Folgen vortragen. Trotz der starken Dissonanz der durchgehenden Spannungsakkorde (die eine Folge der selbständigen Bewegung der einzelnen Stimmen sind) und der chromatischen Folgen, gibt es ein deutlich tonales Thema (e-Moll):

Nun bricht das Thema in seiner entwickelten Gestalt, von den Streichern (forte) in Terzen gespielt, pathetisch aus und nimmt romantische Züge an, stilisiert aber gleichzeitig die Zigeunermusik und ihre Manier; Bartók knüpft hier deutlich an den Stil seiner frühen Werke, der *Rhapsodie op. 1* und des *Scherzos für Klavier und Orchester*, an. Nach der Kulmination steigt die Melodie in einer vom Tritonus *es–a* begrenzten chromatisch rotierenden Bewegung ab, diese wird immer tiefer wiederholt, was den tragischen Ausdruck der Musik unterstreicht.

Der eigentliche Sonatenteil (*Allegro vivace*) beginnt mit dem heroischen ersten Thema im chromatisierten f-Moll (äolisch), das auch die typisch Bartókschen Intervallschritte exponiert: Tonleitern im Umfang eines Tritonus (Takt 1 und 4) und quartpentatonische Motive (Takt 2–3 und Schlußtakte). Kennzeichnend für Bartók ist schon allein die Linienführung am Anfang der Melodie: ungestüme Aufwärtsbewegung und umgekehrte Antwort nach unten:

Die Entwicklung des ersten Themas endet mit einem kurzen Zwischensatz in Quartschritten, der an die Themen bei Hindemith erinnert:

Den Eintritt des zweiten Themas, das auf der im Ostinato wiederholten Quinte *h-fis* (Gegenpol von *f*) fußt, begleitet ein plötzlicher Wechsel des Tempos (*Tranquillo*). Diese Melodie beschränkt sich anfänglich auf nur zwei Töne, ist aber in ihrer Bewegung genügend ausdrucksvoll und variiert; die zweite Phrase bringt einen ‹Krebsgang› der ersten und bildet mit ihr ein symmetrisches Ganzes. Im weiteren Verlauf tritt die chromatisch rotierende Bewegung auf, die hier freilich als eine natürliche Ergänzung des Anfangs empfunden wird.

Die glänzende und dynamische Durchführung kehrt zu der heroischen Stimmung des ersten Themas zurück, sie wiederholt zunächst seine ganze führende Phrase und entwickelt nachfolgend seine Tritonusmotive (Takt 1), dann das pentatonische Motiv (Takte 2–3) mit seiner Umkehrung. Den Höhepunkt bringt das von Bartók so geliebte polyphone Konzertieren der Blechinstrumente (vgl. *Tanzsuite* für Orchester, *1.* und *2. Klavierkonzert*, *2. Violinkonzert*), in Form eines Fugatos nach Motiven des Zwischensatzes (siehe Beispiel Seite 369 unten) und seiner Umkehrung. Im Fugato setzen die Stimmen mit ihrer tonalen Antwort ein; das Ganze klingt etwas archaisch.

Die Reprise bringt eine Umkehrung der Exposition; nach dem zweiten setzt das erste Thema ein, das auch die Koda bildet. Den Satz schließt energisch das Thema des Zwischensatzes, das die Blechinstrumente unisono (ff) spielen und das mit einem Tutti auf dem Dreiklang f-Moll endet.

Der 2. Satz (*Giuoco delle coppie*) voller Finesse und Scherzhaftigkeit ist mit seinem rhythmischen und klanglichen Reiz der originellste und kunstvollste Teil des ganzen Werkes und entspricht am meisten seinem Titel.

In diesem Satz konzertieren immer wieder andere Blasinstrumentenpaare, indem sie parallel in einem immer anderen Intervallabstand spielen. Er beginnt mit einem Trommelsolo in reicher rhythmischer Phrase,

nach dem zwei Fagotte mit einer Melodie in parallelen Sexten einsetzen, von den Streichern diskret begleitet. Die von Bartók so geliebte Parallelbewegung kleiner Sexten (vgl. *Mikrokosmos* Nr. 62) gibt dem Verlauf einen besonderen klanglichen Beigeschmack, der der überlieferten tonalen Harmonik ganz und gar fremd ist:

(Allegretto scherzando)

Für den Ausdruck dieser Melodie entscheidend sind sowohl die subtile Verteilung der rhythmischen Akzente als auch ihre allgemeine Linienführung, die – gewissermaßen ‹au ralenti› – an die altungarischen Tanzmelodien im Stil der *Verbunkos* anknüpft. In noch größerem Maße betrifft das die weiteren Phrasen der Melodie, die von den Oboen in parallelen Terzen gespielt werden. Das nächste Instrumentenpaar, die in parallelen kleinen Septimen spielenden Klarinetten, setzen mit einer neuen Melodie in origineller ornamentaler Gestalt ein, die von den Flöten in parallelen Quinten und glänzenden Figuren weiterentwickelt wird. Vor dem phantastisch klingenden Hintergrund, der sich aus dem Tremolo der 1. Violinen con sordino (Ganztonkluster), den Glissandi der 2. Violinen und den Pizzicatotonleitern der Bratschen zusammensetzt, treten nach den Flöten die Trompeten in parallelen großen Sekunden mit einer originellen rhythmischen Phrase hervor:

trb. con sord.

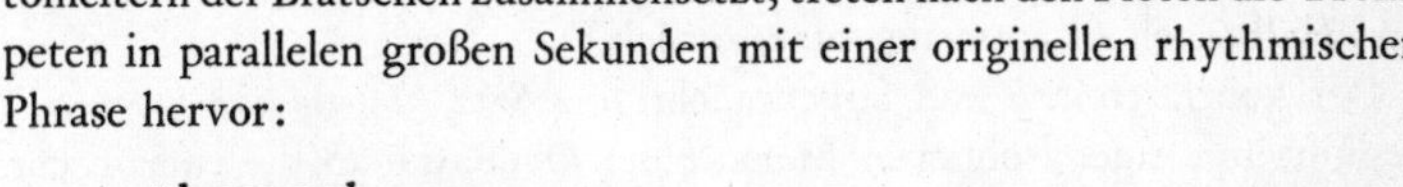

Der Mittelteil bringt einen archaisierenden Choral des Blechs, wonach der ursprüngliche Verlauf in etwas erweiterter instrumentaler Fassung wiederkehrt. Die Melodie der Fagotte wird jetzt vom dritten Fagott kontrapunktiert, die Oboen werden von den dieselbe Melodie in der Umkehrung spielenden Klarinetten, die Klarinetten von den Flöten um eine Quint höher und die Flöten schließlich von allen übrigen Holzbläsern, die die Quint zum Dreiklang ergänzen, begleitet. Als Hintergrund für die Trompeten erscheint ein Tremolo der Streicher, was nun einen vollen Zwölftonkluster ergibt, dazu erklingen Glissandi der Harfen.

Der 3. Satz (*Elegia*) vereint romantisches Pathos mit der stimmungsvollen Phantastik der Bartókschen ornamentalen Figuren. Nach den düsteren Quart- und Halbtonmotiven der Streicher, die an die Stimmung am Anfang (*Introduzione*) erinnern, stabilisiert sich in den Violinen (tremolo) ein Dur-Moll-Akkord (*c–dis–e–g*), begleitet von den Glissandi der Harfe, den rotierenden Passagen der Klarinette und der Flöte in einer abwechselnd aus kleinen Terzen und kleinen Sekunden zusammengesetzten Tonleiter (*c–es–e–g–as–h*) sowie von dem im hohen Register von der Oboe und dann von der Piccoloflöte wiederholten einen Klangpunkt: *h*. Auf diesem phantastischen Hintergrund setzt dann die Oboe mit einer chromatischen Melodie im Klangstoff *gis–a–b–h* ein. Den mittleren, längsten Abschnitt der *Elegia* füllt das ‹ungarische› Thema aus der Einleitung des 1. Satzes, das von den Streichern mit noch größerer Ausdruckskraft als in der *Introduzione* entwickelt wird. Seiner ergreifenden Kulmination mit den absteigenden Tritonusmotiven geht eine strenge chromatische Melodie der Holzbläser (unisono) vorauf, die den ganzen Raum einer Oktave mit Halbtönen füllt. Am Schluß kehren die sich miteinander verflechtenden phantastischen Passagen sämtlicher Holzblasinstrumente, diesmal aus Quarten und Halbtönen zusammengesetzt, zurück.

Der kontrastreiche und farbenprächtige 4. Satz (*Intermezzo interrotto*) beginnt mit einer fröhlichen Melodie der Oboe, die an die rumänische Folklore anknüpft. In ihrer rhythmisch-motivischen Finesse und dem Einfallsreichtum im Rahmen eines sehr beschränkten Klangstoffes ist diese Melodie ein Kunstwerk in dem Sinne, wie Bartók von Meisterwerken unter den Volksliedern sprach. Sie fußt auf der unvollständigen diatonischen Skala, die überwiegend auf nur drei Töne innerhalb eines Tritonus (*e–fis–ais*) beschränkt bleibt, was ihr einen lydischen Anflug verleiht; erst die letzten zwei Töne verändern plötzlich den tonalen Sinn und bestimmen das H-Dur:

Dieses Thema wird von der Flöte in der Tonart d-Moll weiterentwickelt, worauf es zur ursprünglichen Gestalt zurückkehrt.

Einen Stimmungswechsel bringt die neue, wehmütige Melodie, die eine anmutsvolle Stilisierung der ungarischen populären Musik ist; ihr scheinbar banaler Stil und ihr Ausdruck wird durch unaufhörliche tonale Wendungen kompensiert, die sich aus dem überraschenden Kadenzieren zu einer immer anderen Tonika ergeben:

Nun wechselt die Stimmung wieder, diesmal nimmt sie sarkastisch-grotesken Ausdruck an. Es erscheint eine triviale Polka, die ein ausgedehntes Zitat eines Ausschnitts des Themas aus dem 1. Satz der *7. Sinfonie* (*Leningrader*) von Schostakowitsch ist. (Bartók hörte sie, nach den Worten seines Sohnes, im Sommer 1943 im Rundfunk; die Naivität dieses in der Sinfonie zwölfmal nacheinander wiederholten Themas hatte ihn so amüsiert, daß er beschloß, es in seinem *Konzert* zu parodieren.) Die ersten vier Takte sind genau, sogar in der ursprünglichen Tonart, zitiert:

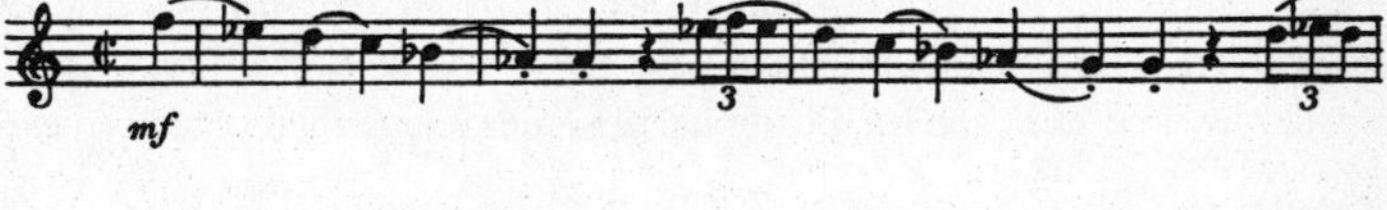

Die Melodie wird plötzlich von dem scharfen Klang des Orchesters unterbrochen, der wie ein Hohngelächter klingt: ein ungestümer Triller der Holzbläser und Tremoli der Streicher (*ff*) bilden den Kluster *gis–a–b–h* mit nachfolgendem chromatisch absteigendem Staccato paralleler großer Sekunden. Nach mehrfacher Wiederholung dieser Episode in immer schärferer Gestalt bildet die Rückkehr der sanften und ruhigen ungarischen Melodie (2. Beispiel auf Seite 373) einen erschütternden Kontrast.

Der freudige und ungestüme 5. Satz (*Finale*) voller blendender Virtuosität beginnt mit einem kurzen Thema der Hörner in ‹veränderlicher Diatonik› (abwärts lydische, aufwärts mixolydische Tonart):

Anschließend festigt sich die motorische Sechzehntelbewegung der Streicher (*Presto*), die fortschreitende Figuren in veränderlichen diatonischen Tonleiterschritten spinnen. Der gleichmäßig pulsierende Rhythmus, wie im 3. Satz der *Kontraste*, ist eine deutliche Anknüpfung an die traditionellen ungarischen Tänze. Im Mittelabschnitt erscheint ein Fugato der Holzblasinstrumente mit dem Anfangsthema, worauf die Trompeten ein neues Thema bringen, das auf der Pentatonik mit einem veränderlichen Ton (*h–b*) fußt:

Diese sodann in der Umkehrung entwickelte Melodie bildet schließlich das Thema einer energischen Fuge der Streichinstrumente, die von Triolenfiguren der Holzbläser begleitet wird. Nach der motorischen Reprise schließt das Werk mit einer majestätischen, triumphalen Apotheose dieses von sämtlichen Blechinstrumenten in Augmentation gespielten und von den Streichern und Holzbläsern begleiteten Themas.

Im Oktober 1943, kurz nachdem er das *Konzert für Orchester* geschrieben hatte, hörte Bartók zum erstenmal sein *2. Violinkonzert*, das Tossy Spivakowsky in New York spielte. Bisher hatte er nie Gelegenheit gehabt, dieses

Werk zu hören; bei der Uraufführung in Amsterdam 1939 war er nicht anwesend, und die Hoffnung, daß es Szigeti in Amerika spielen würde, ging zunichte. Nach dem Konzert schrieb er an Szigeti: ‹Wahrhaftig, es tut mir sehr leid, daß nicht Du das Violinkonzert spielen konntest. Vielleicht erinnerst Du Dich noch, daß ich vor drei Jahren, als der Klavierauszug noch gar nicht erschienen war, Dir eine Photokopie davon sandte? Außer Dir erhielt damals kein anderer ein Exemplar. Mit Ormandy ist noch immer eine Möglichkeit vorhanden. Er schrieb mir in einer anderen Angelegenheit und erwähnte, wie sehr er bedaure usw., und er möchte, wenn es sich doch noch ermöglichen ließe, das Violinkonzert mit Dir in Philadelphia aufführen, denn er habe es im Rundfunk gehört und meint, seit Beethoven, Mendelssohn und Brahms sei noch kein derartiges Violinkonzert komponiert worden. Sic Ormandy! – Die Aufführung war wirklich ausgezeichnet. Am meisten freute mich, daß die Instrumentation fehlerlos war. Man braucht nichts daran zu ändern. Obzwar doch gerade die Orchester-«Begleitung» zur Geige etwas sehr Heikles ist. – Die Kritiker freilich sind sich treu geblieben, obwohl sie diesmal um eine Nuance günstiger schrieben als gewöhnlich. Ich würde kein Wort über diese Kritiker verlieren, wenn einer von ihnen nicht folgenden Blödsinn geschrieben hätte: er glaube nicht, daß dieses Konzert diejenigen von Beethoven, Mendelssohn, Brahms «verdrängen» würde. Wie kann man einen solchen Unsinn schreiben? Wer wäre so irrsinnig, daß er mit seinem Werk jene Werke «verdrängen» wollte?›

Für das *Violinkonzert* interessierte sich auch Yehudi Menuhin, der es in den nächsten Monaten in sein Repertoire aufnehmen wollte. Schon im November 1943 spielte Menuhin auf einem Violinabend in New York auch die *1. Violinsonate* von Bartók. Kurz danach schrieb der Komponist an Wilhelmine Creel: ‹Er ist wirklich ein großer Künstler, er spielte an demselben Konzert die *Sonate C-Dur* von Bach in großem, klassischem Stil. Meine Sonate hat er auch hervorragend wiedergegeben. Wenn jemand ein großer Künstler ist, dann sind Ratschläge und Hilfe des Komponisten überflüssig, er findet selbst den Weg ganz gut. Überhaupt ist es eine erfreuliche Sache, wenn einen jungen Künstler die Musik seiner Zeit interessiert, die doch kein Publikum anzieht, und sie ihm gefällt und er sie auch comme il faut vorträgt.›

Menuhin, der plötzlich zu einem großen Anhänger Bartóks wurde, beschloß, seine Musik bei jeder Gelegenheit zu verbreiten, und wandte sich an den Komponisten mit der Bitte, für ihn ein neues Werk – eine Solosonate für Violine – zu schreiben, wofür er ihm einen größeren Geldbetrag zur Verfügung stellte.

Nach der Rückkehr aus Saranac Lake übersiedelte Bartók in die neue Wohnung, ganz im Zentrum von New York, West 57th Street, in der Nähe der Metropolitan Opera. Im Dezember schickten ihn die Ärzte, um ihn vor dem scharfen Klima in New York zu schützen, für den ganzen Winter – bis Ende April – nach Asheville in Northcarolina, ungefähr tausend Kilometer südlich von New York. Dort verbesserte sich sein Gesundheitszustand noch mehr. Die Fieberanfälle verschwanden gänzlich, er kam wieder zu Kräften und machte ausgedehnte Spaziergänge, auch in die Berge. Da er die Ursachen seiner Krankheit nicht kannte, gewann er die Überzeugung, daß er nun gänzlich geheilt sei und nach der Rückkehr die Ärzte nicht mehr aufzusuchen brauche. Er unternahm eine neue, diesmal nicht musikalische Arbeit: Bartók beschloß, die 2000 Texte von rumänischen Volksliedern aus seiner Sammlung zu ordnen und ins reine zu schreiben, da er überzeugt war, daß sie ein wertvolles Material für Ethnographen und Soziologen abgeben.

In Asheville, am 14. März 1944, beendete Bartók die *Sonate für Solovioline*. Das Werk (Spieldauer 20 Minuten) ist deutlich von der Faktur und stellenweise vom Stil der Solosonaten von Bach inspiriert. Das betrifft insbesondere den 1. Satz (*Tempo di ciacona*), der Gedanken an die Ciacona d-Moll von Bach weckt. Er gehört im übrigen (neben dem Finale im *Divertimento*) zu den wenigen Kompositionen Bartóks, die deutlich archaisierende Züge verraten. Dieser Teil ist in Sonatenform aufgebaut. Das erste Thema fußt auf einer diatonischen Melodie (dorisches *g*), die sich im 3. und 4. Takt auf die Pentatonik beschränkt; es treten auch Quartschritte auf:

Die Faktur und die Rhythmik sind unverkennbar von Bachscher Art. Die Harmonik nimmt durch die Herausstellung von Molldreiklängen (sogar in der Dominante) archaische Züge auf, verrät aber Merkmale der zeitgenössischen Stilisation. Die Begleitakkorde der Melodie sind von dieser tonal unabhängig und bilden einen chromatischen Verlauf, der sich nur an ihre einzelnen Klangpunkte anpaßt; neben den Dreiklängen treten vorübergehend scharfe, aber logisch aufgelöste Dissonanzen auf. In der weiteren Entwicklung des Themas erscheinen schon die typisch Bartókschen Figuren: zwei in Gegenbewegung miteinander korrespondierende Stimmen, die impulsive, aber kurzatmige rhythmische Motive von veränderlicher Diatonik und Gravitationsrichtung vorstellen:

Im Verlauf des 1. Satzes finden sich auch die aus den früheren Violinsonaten bekannten scharfen Repetitionen eines Tons oder eines Halbtonfleckens, ebenso wie Folgen paralleler Quarten und Quinten. Das zweite Thema ist im ganzen chromatisch und im Prinzip atonal (in den beiden ersten Takten werden neun verschiedene Töne ohne Wiederholungen verwertet), doch läßt sich zugleich eine gewisse Tendenz zum *des* (Gegenpol der Haupttonart) wahrnehmen:

Der ausgezeichnete 2. Satz (*Fuga*) bringt die bahnbrechendste Periode in Bartóks Schaffen in Erinnerung. Das rhythmisch komplizierte und durch Pausen zerstückelte Thema ist ein sehr typisches Beispiel der Bartókschen chromatischen Rotation mit autonomer Behandlung aller Stufen der Zwölftonskala. Dieses Thema füllt den Raum *h–fis* mit Halbtönen aus. Zentraler Ton ist hier aber unverkennbar das *c*. Das Hauptmotiv mit der kleinen Terz ist ein für Bartók charakteristisches Motiv (vgl. Finale des *2. Klavierkonzerts* und den 2. Satz der *Musik für Saiteninstrumente, Schlagzeug und Celesta*):

Die zweite Stimme setzt eine Quinte höher ein und füllt den restlichen Ausschnitt der Zwölftonskala mit Halbtönen auf, die dritte Stimme setzt in der Oktave, die vierte in der Terzdezime ein. Die ganze Exposition der Fuge bildet eines der (neben der Fuge aus der *Musik für Saiteninstrumente*) herrlichsten Beispiele von Bartóks chromatischer Polyphonie. Im weiteren Verlauf verflicht sich der vielstimmige Satz mit einstimmigen Sechzehntelfigurationen (wie in Bachs Violinfugen) und Akkordparallelen. Am Kulminationspunkt erscheint das Thema in Augmentation, hier fortissimo in parallelen Dreiklängen in weiter Lage gespielt. Der Schluß bringt ein phantastisch klingendes Glissando paralleler Quinten aufwärts (vom f zum ppp) und – als letzten Akzent – das scharf (fff) prononcierte Hauptmotiv mit der kleinen Terz.

Der 3. Satz (*Melodia*) voller tiefer Besinnlichkeit, im Tempo Adagio, ist in Bartóks Schaffen ein weiteres Beispiel der chromatischen Solomelodie mit pastoralen Merkmalen, deren Inspirationsquelle in der Einleitung zum 3. Aufzug des *Tristan* zu suchen ist. Raffinierte Intervallfolgen gehen hier mit den einfachsten diatonischen Motiven einher, so im 1. Takt, dessen erste fünf Töne buchstäblich an die Melodie im 2. Satz des *Doppelkonzerts* von Brahms anknüpfen, oder in dem wie ein Refrain wiederkehrenden Ostinato aus drei Klängen. Die reiche melodische Linie vereint sich mit einer subtilen Ornamentik; es treten Tremoli, Triller, Flageolette und rotierende Zweiunddreißigstel-Tonleitern auf. Das effektvolle, virtuose Finale (*Presto*) bringt eine rhythmische Bewegung der Sechzehntel (unisono, später in parallelen Quinten) in wogender chromatischer Linie, wie im 2. Satz des *4. Streichquartetts*. Mit dieser Bewegung kontrastieren zwei melodische Episoden: eine hat tänzerischen Charakter und fußt auf der Pentatonik, die zweite, lyrische verläuft über zerlegten Terzakkorden.

Die *Sonate für Solovioline* wurde von Yehudi Menuhin an einem Violinabend in New York am 26. November 1944 uraufgeführt. Das Publikum nahm sie mit großem Beifall auf, der seinen Höhepunkt erreichte, als der Komponist auf dem Podium erschien. Die Kritiker waren weniger begeistert, allgemein nahm jedoch das Interesse für die Musik und die Person Bartóks schon sichtlich zu. Am 1. Dezember fand in Boston die Uraufführrung des *Konzerts für Orchester* unter S. Koussewitzky statt; sie war für Bartók ein großer Triumph. Der Erfolg beim Publikum war so eindrucksvoll, daß Koussewitzky sich entschloß, die Aufführung des Werkes nach ein paar Wochen (am 29. Dezember) in demselben Saal zu wiederholen. Er spielte es mit seinem Orchester am 10. Januar 1945 auch in New York. Nach dem ersten Konzert schrieb Bartók an W. Creel: ‹Die Erstaufführung meines für die Koussewitzky-Stiftung im September 1943 geschriebenen Orchesterwerkes fand am 1. und 2. Dezember in Boston statt. Wir fuhren zu den Proben und Aufführungen hin, da wir zu dieser Reise die ungern gegebene Bewilligung der Ärzte erhielten. Es war der Mühe wert, die Aufführung gelang vorzüglich. Koussewitzky ist von der Komposition ganz begeistert und behauptet, daß sie «das beste Orchesterwerk der letzten 25 Jahre» sei (inbegriffen die Werke seines Abgotts Schostakowitsch!). Zumindest ist das seine persönliche Meinung...›

Im September führte Menuhin das *2. Violinkonzert* bei der BBC auf; in demselben Jahre spielte er es noch in Washington, Baltimore und Pittsburgh. Alle diese Aufführungen festigten die Position Bartóks auf radikale Weise; nach Jahren der ‹Dürre› war er plötzlich ein begehrter und gesuchter Komponist. Neue Aufträge gingen ein: Ralph Hawkes aus London ersuchte Bartók, ein neues Streichquartett zu komponieren, der berühmte Bratschist William Primrose bestellte ein Konzert für Viola, das Klavierduett Barlett und Robertson bat um ein Konzert für zwei Klaviere. Bartóks finanzielle Lage besserte sich erheblich. Im Jahre 1944 erhielt er 1400 Dollar an Tantiemen für die Aufführungen seiner Werke in den USA und in England. Im Dezember desselben Jahres verpflichtete sich der Verlag Boosey & Hawkes, ihm in den nächsten drei Jahren jährlich 1400 Dollar zu zahlen, unabhängig von den regulären Einnahmen für Verkäufe und Aufführungen. Darüber hinaus übernahm die ASCAP weiterhin die Kosten für ärztliche Behandlung.

Vor Bartók taten sich somit ganz unerwartet günstige Aussichten auf. Leider war es ihm nicht beschieden, sich der neuen Lage lange zu erfreuen. Die Krankheit machte rasch Fortschritte und führte zu dem unvermeidlichen Ende. In dem bereits zitierten Brief vom Dezember an W. Creel schrieb er: ‹Jene Infektion in der Lunge verschwand allerdings auf eine genau so rätselhafte Weise, wie sie gekommen. [...] Es gibt aber – und das fast ununterbrochen – eine Art von kleineren Unannehmlichkeiten, die man vielleicht nie völlig heilen kann und die jedwedes systematische Arbeiten oder Konzertieren usw. unmöglich machen. Im April letzten Jahres zum Beispiel begann mir die Milz zu revoltieren. Mein Arzt in Asheville dachte an Brustfellentzündung. Sehr zuvorkommend wäre er bereit gewesen, mich zu behandeln, doch zu meinem Glück mußte ich zurück nach New York, wo man das Übel gleich erkannte und meine Milz mit einer brutalen Röntgenbehandlung bestrafte. Nachher entdeckten sie irgendeine Anomalie im Blutbild, weshalb sie mich dementsprechend mit Arsen vergifteten. Soll ich fortfahren? Vielleicht doch nicht.

Vor einigen Wochen sagte ich: «Herr Doktor, sagen Sie mir genau, was meine Krankheit ist! Wählen Sie ein schönes lateinisches oder griechisches Wort und sagen Sie es mir.» Nach einigem Zögern erklärte er: «Polyzythämie.» Da sind wir ja wieder! Vor nur zwei Jahren bedeutete es zu viele rote Blutkörperchen, jetzt aber zu viele weiße.›

Anfang 1945 lud Menuhin Bartók zu einem Aufenthalt auf sein Gut in Kalifornien ein, wo er sich ruhig dem weiteren Schaffen widmen könne. Im März erkrankte Bartók an einer Lungenentzündung, die mit Antibiotika behandelt wurde, aber die allgemeine Schwäche ließ nicht mehr nach. Im März schrieb er an Menuhin, daß er seiner Einladung nicht folgen könne und die Ärzte ihm einen Aufenthalt in Saranac Lake verordnet hätten. Dort auch erreichten ihn nach dem Krieg die ersten Nachrichten aus der Heimat. Am 1. Juli 1945 schrieb er an Jenő Zádor, einen in Hollywood wohnenden ungarischen Komponisten: ‹Aus Ungarn kommen außerordentlich niederschmetternde Nachrichten: entsetzliche Verheerung, furchtbare Not, drohendes Chaos (es gelangen nämlich Budapester Originalzeitungen in großer Anzahl – wahrscheinlich durch die russische Gesandtschaft – zu der hiesigen ungarischen kommunistischen Zeitung, und diese bringt davon Faksimile-Reproduktionen; ein paar Leute haben auch auf privatem Wege Nachrichten erhalten). Wie ich die Dinge sehe, kann man an die Heimkehr vorläufig nicht einmal denken. Es gäbe auch gar keine Möglichkeit dazu: weder Transportmittel noch russische Genehmigung. Doch selbst wenn es eine Möglichkeit gäbe, würde ich es für ratsamer halten, die Entwicklung der Dinge abzuwarten. Weiß Gott, wie viele Jahre es dauern wird, bis das Land sich wieder einigermaßen erholen kann (wenn es das überhaupt kann). Und ich möchte doch so gern nach Hause fahren, aber endgültig...›

In Saranac Lake versucht Bartók, trotz seiner großen Entkräftung, immer noch zu komponieren. Er schreibt das *Bratschenkonzert* für Primrose und – in Gedanken an seine Frau – das *3. Klavierkonzert* (nach Skizzen zu einem *Konzert für zwei Klaviere*, das zu komponieren er aufgegeben hatte). Auf weitere Arbeiten mußte er verzichten. Im Sommer wandte sich Nat Shilkret, ein Dirigent aus Hollywood, der ein Schallplattenalbum mit

Kompositionen zum Thema des 1. Buches Mosis (unter dem gemeinsamen Titel *Genesis*) herauszugeben beabsichtigte, mit der Bitte an Bartók, dazu ein Orchesterpräludium zu schreiben. Der Komponist nahm den Auftrag an, doch als er merkte, daß er ihn nicht würde erfüllen können, sandte er Shilkret die Anzahlung zurück. Dieses Präludium hat schließlich Schönberg geschrieben, Autoren der übrigen Teile waren unter anderen Strawinsky, Milhaud und Tansman. Auch das von Bartók geplante *7. Streichquartett* kam nicht mehr zustande.

Nach der Rückkehr nach New York trat eine plötzliche Verschlechterung ein. Trotz großer körperlicher Schmerzen unternahm er alles Mögliche, um die begonnenen Werke zu beenden. Am 21. September, als ihn sein Freund und ehemaliger Schüler Tibor Serly besuchte, arbeitete Bartók im Bett an der Partitur zum *3. Klavierkonzert;* sein Sohn Péter zog ihm die Notenlinien auf dem Papier. Das war der letzte Tag, an dem der Komponist noch Noten schrieb. Am nächsten Tag wurde er in das New-Yorker West Side Hospital übergeführt. Nach vier Tagen, am 26. September 1945, trat der Tod ein.

Die beiden letzten Werke Bartóks blieben unvollendet. Im *3. Klavierkonzert* fehlte nur die Orchestrierung der letzten 17 Takte, das *Bratschenkonzert* dagegen war nur flüchtig im Klavierauszug skizziert. Beide Werke hat Tibor Serly beendet und zum Druck vorbereitet.

Das *3. Klavierkonzert* ist künstlerisch gewiß weniger anziehend als die beiden ersten; auch im Stil weicht es von ihnen erheblich ab. Die für die letzte Schaffensperiode charakteristischen Beziehungen Bartóks zur Tradition kommen hier besonders zur Geltung, und zwar sowohl im Typ des Klaviersatzes als auch in den harmonischen Mitteln. Es dominieren Dreiklänge und Terzvierklänge, manchmal auch Quartakkorde. Die vorübergehend auftretenden Dissonanzen wendet der Komponist eher diskret an und vermeidet grundsätzlich die in den früheren Werken typische Schärfe und Aggressivität des Klangs. Das allgemeine Kolorit des Werkes ist milde und pastoral, erreicht aber darin eine Frische und – trotz sichtbarer Anknüpfungen an die Tradition – eine unverkennbare Originalität des Stils. Der übersichtliche und etwas filigranhafte, ornamentale Klaviersatz erinnert an den Stil der *3 Volkslieder aus dem Komitat Csík* für Klavier vom Jahre 1907.

Das betrifft vor allem den 1. Satz (*Allegretto*). Vor dem Hintergrund eines Ostinatos der Streicher (Sechzehntel auf dem Quartakkord *e–fis–a–h*) führt das Klavier das unisono im Abstand von zwei Oktaven gespielte erste Thema ein:

Die Melodie fußt auf dem mixolydischen *E* mit lokal veränderlicher 3. und 4. Stufe. In den folgenden Takten wird sie dichter chromatisiert, doch ihre Tonalität bleibt weiterhin deutlich: *e* bildet hier zweifellos das Zentrum. Für den Ausdruck dieser Melodie sind in erster Reihe die ornamentale Zeichnung und die außerordentlich reiche rhythmische Gestalt – in jedem Takt eine andere – entscheidend. Auch das ist ein weiteres Beispiel der Inspiration von Bartóks Musik durch die instrumentale Folklore.

Die delikate und feinfühlige Rhythmik bleibt auch in der Gruppe des zweiten Themas erhalten, in welcher die Gestalt der pianistischen Figuren die Deutlichkeit der Intervalle in der Melodie überschattet. Die Harmonik ist fast ausschließlich konsonant und gelangt sogar zu bloßen Terzen oder Sexten in Oktavverdopplungen. Das Intervall der großen Terz bestimmt die heitere Stimmung dieser Musik; seine eigenartige Apotheose bringt der Schluß der Exposition, in dem naiv-idyllischen Dialog des Klaviers im unisono mit der Klarinette. Die klangliche und satztechnische Einfachheit erreicht hier den Gipfel:

Die Durchführung mit typisch romantischen Passagen und Figurationen fußt auf der variierten Umwandlung des ersten Themas; die überlieferte Modulationsfolge wird hier durch motivische Arbeit ersetzt. Die Harmonik ist auf ein Minimum vereinfacht: 11 Takte lang hören wir nur den As-Dur-Dreiklang, im folgenden Abschnitt B-Dur, weiter C-Dur und schließlich – schon in schnellerer Folge – D, E und Fis. In der Reprise wird das erste Thema in Zweiklängen (in beiden Händen) gespielt; die unter anderem auftretenden Folgen paralleler Quinten erhöhen die Frische und Einfachheit des Kolorits. Das zweite Thema kehrt in einer ornamental und figural noch reicheren Gestalt wieder. Der Satz endet pianissimo mit einer hirtenflötenartigen Phrase der Flöte, die an das erste Thema anknüpft, und mit dem Zweiklang der Terz *e–gis* im Klavier.

Der 2. Satz (*Adagio religioso*) präsentiert einen würdevollen, einfach gehaltenen Dialog der Streicher und der Klarinette mit choralartigen Akkorden des Klaviers. Die polyphonen Teilstücke der Streicher fußen auf der überwiegend nicht vollständigen diatonischen Skala (Pentatonik, zuweilen deren nur aus 4 und 3 Tönen bestehenden Ausschnitte) und den aus diesem Stoff abgeleiteten Zusammenklängen. Die Akkorde des Klaviers beschränken sich auf Dreiklänge und Septimvierklänge, die eine einfache diatonische Melodie untermauern, obwohl sie sich selbst manchmal chromatisch verbinden. Im letzten Abschnitt wird auch die Melodie chromatisiert und die aus Terzen, zwei kleinen und einer großen, gebildeten Akkorde verschieben sich in Terzschritten abwärts und gewinnen die Merkmale eines echten romantischen Pathos.

Das im ganzen Werk interessanteste Mittelfragment (*Poco più mosso*) bringt ein extrem andersartiges Klangklima: der spezifisch Bartóksche ‹Punktualismus› und die Vogelmotivik (schon aus den früheren Werken *Klänge der Nacht*, *2. Klavierkonzert*, *4.* und *5. Streichquartett* bekannt) werden mit einer radikal neuartigen Harmonik verbunden. Über dem Tremolo des Geräuschklusters der Streicher (*a–b–h–cis–d–dis–e*) erklingen in den Holzblasinstrumenten und im Klavier einzelne Töne und kurze, abgerissene Motive, die auf dem Stoff zweier entlegener pentatonischer Skalen fußen:

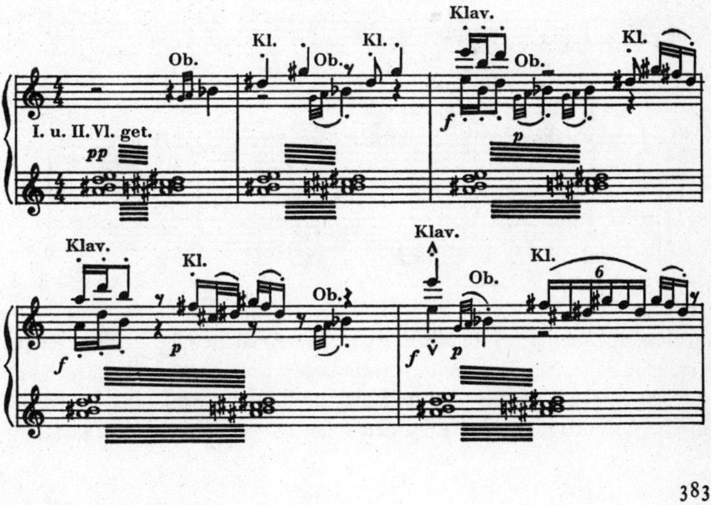

Die hohen Staccatoklänge des Klaviers, später vom Xylophon unterstützt, und das beschränkte Skalenmaterial verleihen diesem Abschnitt einen exotischen Anflug. Im weiteren Verlauf werden die typischen Vogelmotive der Holzbläser von rotierenden Zweiunddreißigstelfiguren des Klaviers auf in beiden Händen veränderlichen Ganztonreihen begleitet, was die kühnsten Werke von Bartók in Erinnerung ruft.

In der Reprise werden die Choralakkorde von den Holzbläsern gespielt und vom Klavier in einem polyphonen, neobachschen zweistimmigen Satz begleitet. In dem letzten, den Höhepunkt bildenden Abschnitt knüpft der Komponist jedoch unzweifelhaft an den Stil der romantischen Konzerte an.

Das virtuose Finale (*Allegro vivace*) hat Rondoform. Das Thema mit volkstümlichen Merkmalen erscheint anfänglich im Klavier und wird von Dreiklang- und Quartakkorden harmonisiert.

Es kehrt jedesmal in einer anderen melischen und harmonischen Fassung wieder, behält aber immer dieselbe typisch ungarische rhythmische Struktur. Am Gipfelpunkt erklingt es im Orchester in einer besonders effekt- und temperamentvollen Gestalt:

In diesem Satz treten im Klavierpart manchmal ziemlich scharfe Klänge auf, zum Beispiel die parallel verschobenen großen Sekunden; im allgemeinen bilden aber der Durdreiklang und der Quartakkord die harmonische Grundlage. In den Episoden spielt die polyphone und Imitationstechnik eine große Rolle; hier zeichnet sich insbesondere das lebhafte und glänzende Fugato nach dem ersten Auftritt des Hauptthemas ab. Das *Konzert* schließt mit der üblichen harmonischen Kadenz in E-Dur, die den tonalen Sinn des Werkes eindeutig erhärtet.

Am 8. September, also knapp drei Wochen vor seinem Tod, schrieb Bartók an Primrose: ‹Ich freue mich, Ihnen mitteilen zu können, daß Ihr Violakonzert im Entwurf fertig ist und daß bloß noch die Partitur geschrieben zu werden braucht, was gewissermaßen nur eine mechanische Arbeit ist. Wenn nichts dazwischenkommt, kann ich es in fünf oder sechs Wochen schaffen, das heißt, ich kann Ihnen in der zweiten Oktoberhälfte ein Exemplar der Partitur und wenige Wochen später ein oder mehrere Exemplare (wenn Sie es wünschen) des Klavierauszugs schicken.› Diesen Brief führt Tibor Serly in seinem Vorwort zur Ausgabe des *Konzerts* an, und er schreibt weiter: ‹Was für Bartók «nur eine mechanische Arbeit» gewesen wäre, war eine langwierige Aufgabe, die viel Geduld und Mühe erfordert hat. Die Schwierigkeiten, die zu überwinden waren, waren dreifach:

Vor allem bestand das Problem, die Handschrift zu entziffern. Bartók pflegte seine Skizzen auf irgendwelche losen Blätter zu schreiben, die er gerade zur Hand hatte und die gelegentlich auch andere Skizzen enthielten. Gedanken, die ihm gerade kamen, wurden ohne Rücksicht auf einen Zusammenhang hingeworfen. Die Blätter waren nicht numeriert und Anfang und Ende der Sätze nicht angegeben. Die größte Schwierigkeit jedoch war die Entzifferung von Korrekturen, da Bartók nichts ausradierte, sondern Änderungen über den ursprünglichen Text schrieb.

Das zweite Problem betraf die Vervollständigung von Harmonien und Verzierungen, die Bartók in einer Art Kurzschrift notiert hatte. In seinem Brief hatte er denn auch gesagt: «Wahrscheinlich werden einige Stellen unbequem oder unspielbar.»

Schließlich fehlte es an jeglicher Angabe der Instrumentation, ausgenommen Bartóks Bemerkung, daß die Instrumentation sehr durchsichtig sein werde. Sonderbarerweise boten sich hier die geringsten Schwierigkeiten, denn die führenden Stimmen und das kontrapunktische Gewebe des musikalischen Hintergrundes waren in der Handschrift deutlich angegeben.›

Die von Boosey & Hawkes herausgegebene Partitur trägt den Titel: *Concerto for Viola and Orchestra op. posth.* und die ergänzende Bemerkung: ‹Zur Veröffentlichung nach der originalen Handschrift des Komponisten von Tibor Serly vorbereitet.› Doch allein das oben angeführte Vorwort weist darauf hin, daß es sich hier um eine weitgehende Bearbeitung handelt, die man – wenigstens was Form und Entwicklung des musikalischen

Gedankens betrifft – schwerlich als eine Rekonstruktion der ursprünglichen Vorstellung von Bartók nennen kann. Es ist ein Werk von Bartók-Serly, obwohl der darin enthaltene Stoff deutlich von Bartók stammt und es in seinem musikalischen Wert sogar das *3. Klavierkonzert* zu übertreffen scheint. Das Ganze ist sehr geschickt konstruiert, unter Beibehaltung von Bartóks individuellen stilistischen Merkmalen.

Das interessanteste Element im *Violakonzert* ist die Melodik, ihre Intervallstruktur und die Technik der veränderlichen diatonischen Schritte wie auch die rhythmisch-ornamentale Gestalt. Im 1. Satz (*Moderato*) ist die sehr präzise Wahl der Intervalle wichtiger als die tonale Kraft der Melodie. Schon das erste Thema meidet – trotz des beschränkten Materials und der scheinbar diatonischen Wendungen – eine deutliche Anlehnung an die Tonika:

Aufmerksamkeit weckt die Frische und die Originalität der Melodiezeichnung mit der hartnäckigen Wiederholung der Motive. In der weiteren Entwicklung verdichtet sich die Veränderlichkeit der diatonischen Schritte und bildet nicht herkömmliche Klangstrukturen, während das zweite Thema sämtliche chromatischen Töne im Ambitus *e–cis* in rotierender Bewegung ausnutzt und dabei – in der Bewegung in einer Richtung – nicht über die diatonische Reihe hinausschreitet. Dieses Thema zeigt große Ähnkeit mit dem Thema der Fuge aus der *Cantata profana:*

Der 1. Satz mit seinem weiten, epischen Drang (er ist länger als die beiden anderen zusammengenommen) endet mit einem ernsten und etwas dramatischen *Lento*, nach welchem unmittelbar (attacca) der 2. Satz (*Adagio religioso*), ein stilistisches Gegenstück zum Mittelsatz des *2. Violinkonzerts*, folgt. Der in seiner lyrischen Einfachheit berückende melodische Hauptgedanke fußt auf der Diatonik (mixolydisches E) und überwiegend auf der Dreiklangharmonik. Einen starken Kontrast bringt das Interludium (*Allegretto*), das sich im ganzen, sowohl in der Orchesterbegleitung als auch in den Akkorden der Bratsche, im Bereich der Quartenharmonik bewegt:

Die scharfe, ‹zerfetzte› Rhythmik und die rotierenden Schritte der Halbtöne auf einem Unisonoabschnitt bringen die letzten Erinnerungen an den Stil der besten Schaffensperiode Bartóks. Nach diesem Abschnitt folgt unmittelbar der 3. Satz (*Allegro vivace*), dessen Thema in Sechzehnteln der Musik einen ungestümen rhythmischen Charakter verleiht, ähnlich wie in den Finales der *Kontraste* und des *Konzerts für Orchester:*

Das von Primrose erstmals am 2. Dezember 1949 in Minneapolis aufgeführte *Violakonzert* gewann keine Popularität. Eine große Karriere machte dagegen das *3. Klavierkonzert*, dessen Uraufführung am 8. Februar 1946 in Philadelphia stattfand (Pianist György Sándor, Dirigent E. Ormandy) und für das sich in kurzer Zeit viele europäische Klaviervirtuosen zu interessieren begannen. Nicht geringere Triumphe feierten in dieser Zeit in Europa und in Amerika das *Konzert für Orchester*, das *2. Violinkonzert* und das *Divertimento*. Schon Ende der vierziger Jahre erzielte Bartóks Musik eine Popularität wie nie zu Lebzeiten des Komponisten. Nach den Werken aus der letzten Periode begannen auch die früheren Kompositionen, *Musik für Saiteninstrumente, Schlagzeug und Celesta*, *Sonate für zwei Klaviere und Schlagzeug*, *Der wunderbare Mandarin*, die Quartette und Klavierwerke das Interesse der Aufführenden, der Kritiker und (etwas später) auch des Publikums zu wecken. Neue Bücher über Bartók kamen heraus: von D. Dille (Brüssel 1947), S. Moreux (Paris 1949, deutsch: Zürich und Freiburg i. Br. 1950), H. Geraedts (Haarlem 1952), H. Stevens (New York 1953). In Kreisen der Anhänger der modernen Musik wurde Bartók in jener Zeit Gegenstand des stärksten Interesses; in seinen Werken wurden wiederholt kühnere und neuartigere Merkmale entdeckt als in der Musik des in seinem Ruf längst gefestigten Strawinsky.

Die Nachkriegsjahre waren die Zeit einer gründlichen Abrechnung mit dem Schaffen aus der ersten Hälfte des Jahrhunderts. Nach 1950 fand Schönberg die ihm gebührende Anerkennung und auch der bisher kaum beachtete Webern, dessen radikale Neuerungssucht die Vorhaben der jungen musikalischen Avantgarde anregte. Das gesteigerte Interesse für die Dodekaphonie führte jedoch manchmal zu sehr einseitigen Urteilen; die junge Generation ihrer Anhänger beschränkte sich nicht auf die Ehrenrettung dieser bisher kaum populären Kompositionstechnik, sondern begann, ihr absolutes Primat zu verkünden und die mit ihr nicht verbundenen Richtungen in der Musik des 20. Jahrhunderts herabzusetzen. Es fehlte nicht an Äußerungen, in welchen Bartók mangelnder Mut, ein Dodekaphonist zu werden, vorgeworfen wurde, obwohl er schon nahe daran gewesen wäre (R. Leibowitz), oder wo sein Schaffen unter dem Gesichtspunkt einer Annäherung an die Technik der Wiener Komponisten beurteilt wird.

Glücklicherweise waren – und sind noch immer – die Entwicklungswege der Musik unseres Jahrhunderts viel komplizierter, als es die dogmatischen Anhänger der Dodekaphonie und des Postwebernismus wahrhaben wollten. Die universelle Rolle, die man dieser Richtung zuzuschreiben versuchte, erwies sich als eine Illusion. Heute beurteilen wir die Bedeutung der Dodekaphonie nur nach dem Wert von einigen oder mehreren Meisterwerken, die in dieser Technik geschrieben wurden, und bejahen die Musik der letzten Jahrzehnte in ihrem ganzen Reichtum und ihrer Vielartigkeit. Die Richtigkeit dieser Haltung wird durch die weitere Entwicklung der avantgardistischen Richtungen bestätigt; es fällt nicht schwer, Werke aufzuzeigen, denen Bartóks Musik, seine Ästhetik und sein Verhältnis zum Klang näher steht als das Schaffen von Schönberg und Webern.

Selbstverständlich liegt kein Grund vor, Bartók unter dem Gesichtspunkt zu beurteilen, was in der Musik nach ihm geschah, noch ihn an die heutigen Verhältnisse anzupassen. Sein Schaffen ist ein abgeschlossenes Kapitel, dessen Wert schon nach absoluten Kategorien gemessen wird. Wenn auch diese Musik für viele Hörer noch nicht aufgehört hat, neu und überraschend zu sein, und wenn viele Werke wie *Klänge der Nacht*, das Prestissimo aus dem *4. Streichquartett*, das Andante aus dem *1.* und das Presto aus dem *2. Klavierkonzert* noch heute den Geschmack des Neuartigen nicht verloren haben, so gehören sie doch schon zur Geschichte, zu jener umfassenden Geschichte, die nie aufhört, lebendig zu sein, und die von den Namen der größten Koryphäen vergangener Epochen gezeichnet ist. Bartók, der am Anfang einer neuen Tradition stand, gehört immer mehr dazu.

ANHANG

BIBLIOGRAPHIE

MONOGRAPHIEN

Citron, Pierre, *Bartók*, Editions du Seuil, Paris 1963

Csobadi, Péter, *Bartók*, Békebizottsagok Kiskönyvtara, Budapest 1955

Demény, Janos, *Bartók élete és müvei*, Székesfovarosi Irodalmi és Müvészeti Intézet, Budapest 1948

Dille, Denijs, *Béla Bartók*, N.V. Standaard-Boekhandel, Antwerpen 1939

Dille, Denijs, *Béla Bartók*, Nationaal Instituut voor Radio-Omroep, Brussels 1947

Geraedts, Henri, *Béla Bartók*, Gottmer, Haarlem-Antwerpen 1952

Haraszti, Emil, *Bartók Béla*, A ‹Studium› Kiadása, Budapest 1930

Haraszti, Emil, *Béla Bartók, His Life and Works*, Lyrebird Press, Paris 1938

Láng, Geörgy, *Bartók élete és müvei*, Grill Károly, Budapest 1947

Lesznai, Lajos, *Béla Bartók, sein Leben – seine Werke*, Deutscher Verlag für Musik, Leipzig 1961

Martynow, Ilia, *Béla Bartók*, Isdatelstwo ‹Sowjetskij kompositor›, Moskau 1968

Moreux, Serge, *Béla Bartók, sa vie, ses œuvres, son langage*, Richard-Masse, Paris 1949

Moreux, Serge, *Béla Bartók, Leben, Werk, Stil*, Atlantis Verlag, Zürich 1950

Nestew, Izrael, *Béla Bartók*, Shisn i twortschestwo, Isdatelstwo ‹Musyka›, Moskau 1969

Stevens, Halsey, *The Life and Music of Béla Bartók*, Oxford University Press, New York 1953

Szabolcsi, Beede, *Béla Bartók, Leben und Werk*, Reclam, Leipzig 1961

Uhde, Jürgen, *Béla Bartók (Köpfe des 20. Jahrhunderts)*, Colloquium Verlag, Berlin 1959

Ujfalussy, Jòzsef, *Bartók Béla*, Gondolat Kiadó, Budapest 1965 (englisch: Corvina, Budapest 1971)

VERSCHIEDENES

Bónis, Ferenc, *Béla Bartók, Leben in Bildern*, Corvina, Budapest 1964

Demény, János (Hg.), *Ausgewählte Briefe*, Corvina, Budapest 1960

Dille, Denijs (Hg.), *Documenta bartókiana* (deutsch), Heft 1, 2, 3, Bartók-Archiv, Budapest 1964, 1965, 1968

Engelmann, Hans Ulrich, *Béla Bartóks Mikrokosmos*, Triltsch, Würzburg 1953

Fassett, Agatha, *The naked face of genius, Béla Bartók's American years*, Houghton Mifflin, Boston 1958

Helm, Everett, *Béla Bartók in Selbstzeugnissen und Bilddokumenten*, Rowohlt, Reinbek bei Hamburg 1965

‹Musik der Zeit›, Nr. 3, *Béla Bartók*, Boosey & Hawkes, Bonn 1953

Nüll, Edwin von der, *Béla Bartók, Ein Beitrag zur Morphologie der neuen Musik*, Mitteldeutscher Verlag, Halle 1930

Petzoldt, Richard, *Béla Bartók, Sein Leben in Bildern*, Enzyklopädie, Leipzig 1958

Reich, Willi (Hg.), *Béla Bartók, Eigene Schriften und Erinnerungen der Freunde*, Benno Schwabe & Co., Basel/Stuttgart 1958

Rudziński, Witold, *Warsztat kompozytorski Béli Bartóka* (Béla Bartóks kompositorisches Metier), Polnischer Musikverlag, Krakau 1964

Seiber, Matyas, *The string quartets of Béla Bartók*, Boosey & Hawkes, London 1945

Szábolcsi, Bence (Hg.), *Béla Bartók, Weg und Werk, Schriften und Briefe* (Autoren: B. Bartók, Z. Kodály, E. Lendvai, B. Szábolcsi), Corvina, Budapest 1957, sowie Bärenreiter-Verlag und Deutscher Taschenbuch-Verlag, Kassel/München 1972

Uhde, Jürgen, *Bartóks Mikrokosmos, Die Einführung in das Werk und seine pädagogischen Absichten*, Bosse Verlag, Regensburg 1953

Vinton, John, *The Case of The Miraculous Mandarin*, The Musical Quarterly, No. 1, January 1964, New York

BARTÓKS PUBLIKATIONEN

(angegeben sind Titel, Ort und Datum der ersten Ausgabe)

Cântece popolare românesti din comitatul Bihor (Rumänische Volkslieder aus dem Komitat Bihar), Academia Romana, Bucuresti 1913

Die Volksmusik der Rumänen von Maramures, Sammelbände für Vergleichende Musikwissenschaft, Bd. IV, München 1923

A magyar Népdal (Das ungarische Volkslied), Rózsavölgyi és Társa, Budapest 1924 (deutsch: Walter de Gruyter & Co., Berlin/Leipzig 1925)

Népzenénk és a szomszéd népek népzenéje (Die Volksmusik der Magyaren und der benachbarten Völker), Népszerü Zenefüzetek, Nr. 3, Budapest 1934 (deutsch: Walter de Gruyter & Co., Berlin/Leipzig 1935)

Die Melodien der rumänischen Colinde (Weihnachtslieder), Universal Edition, Wien 1935

Halk Müzigi Hakkinda (Über die Volksmusik), Receb Ulusoglu, Ankara 1936

Miért és hogyan gyüjtsünk népzenét? (Weshalb und wie soll man Volksmusik sammeln?), Népszerü Zenefüzetek, Nr. 5, Budapest 1936

Serbo-Croatian Folk Songs (gemeinsam mit B. Lord), Vorwort und S. 3–244 von Bartók, Columbia University Press, New York 1951

WERKVERZEICHNIS

Die unveröffentlichten Werke sind in Klammern angegeben; ihre Aufzählung ist nicht vollständig. Die mit einem ★ bezeichneten Kompositionen sind Bearbeitungen von Volksmelodien. Die auf das Entstehungsjahr folgenden Zahlen beziehen sich auf die Seiten dieses Buches.

INSTRUMENTALMUSIK

KLAVIER ALLEIN

(*Der Lauf der Donau* für Klavier), 1890 15–17, 18, 19

(*3 Klavierstücke*), 1894

3 Klavierstücke (Nr. 2 und 3 unveröffentlicht), 1896/97 25f.

(*Klaviersonate*), 1897 26, 30

Scherzo für Klavier, 1897 26, 28

3 Klavierstücke (Nr. 3 unveröffentlicht), 1898 27f.

Variationen für Klavier auf ein Thema von F. Fábián, 1901 34f.

4 Klavierstücke, 1903

Etüde für die linke Hand 44–46, 50, 51, 54, 60, 62, 66, 92

1. Fantasie 46–48, 50, 51, 60, 61, 62, 66, 100, 132, 135

2. Fantasie 60–62, 66

Scherzo 58–60, 61, 62, 65, 66, 67

Rhapsodie op. 1 für Klavier, 1904 67, 73–76, 81, 91, 100, 131, 136, 142, 251, 271, 275, 369

Bearb.: für Klavier und Orchester, 1905 78, 124, 200, 266

3 volkstümliche Kunstlieder, 1904

★*3 Volkslieder aus dem Komitat Csík* für Klavier, 1907 93, 129, 171, 381

14 Bagatellen op. 6 für Klavier, 1908 102, 103, 107–115, 117, 129, 132, 133, 134, 135, 136, 138, 141, 144, 164, 165, 193, 195, 209, 227, 288, 310, 356

10 leichte Klavierstücke, 1908 103, 115–120, 121f., 134, 164, 176, 188, 282

2 Elegien für Klavier op. 8b, 1908/09 100f., 114, 131, 138, 164, 200

★*Für Kinder*, 85 Volksliederbearbeitungen für Klavier, 1908/09 125–129, 141, 164, 170, 172, 189, 219, 260, 282, 288, 340

2 rumänische Tänze für Klavier op. 8a, 1910 132–135, 138, 141, 144, 159, 164, 182, 222, 227, 238, 276

Esquisses für Klavier op. 9b, 1908–1910 131, 138–141, 144, 147, 164

4 Klagelieder (4 Nénies) op. 9a für Klavier, 1910 141, 164, 209, 222, 227, 282

3 Burlesken für Klavier op. 8c, 1910 131, 144–146, 159, 164, 182, 205, 222, 223, 276, 282

Allegro barbaro für Klavier, 1911 158, 164, 217, 266

Die erste Zeit am Klavier, 18 Klavierstücke für die Klavierschule Bartók-Reschofsky, 1913 168–169

(*Orientalischer Tanz* für Klavier), 1913

★*Sonatine* für Klavier, 1915 170, 238, 276, 282

Bearb.: Tänze aus Siebenbürgen für Orchester, 1931

VIOLINE ALLEIN

MUSIK FÜR ZWEI INSTRUMENTE

MUSIK FÜR DREI INSTRUMENTE

QUARTETTE

QUINTETTE

ORCHESTERMUSIK

SINFONISCHE WERKE

KONZERTANTE WERKE

VOKALMUSIK

LIEDER FÜR SINGSTIMME UND KLAVIER

5 *Lieder* für eine Singstimme und Klavier op. 15, 1916 176–177

5 *Lieder* für Gesang und Klavier op. 16, Gedichte von Endre Ady, 1916 176–178, 200, 211, 219, 238, 243

**8 ungarische Volkslieder* für Gesang und Klavier, 1907–1917 190–191

**Dorfszenen*, 7 slowakische Volkslieder für eine Frauenstimme und Klavier, 1924 233–234, 260, 276

Bearb.: (für vier Frauenstimmen und Kammerorchester), 1926

**20 ungarische Volkslieder* für Gesang und Klavier, 1929 276–277

Bearb.: (Nr. 1, 2, 11, 14, 12 für Gesang und Orchester), 1933 289

**Ukrainisches Volkslied* für Gesang und Klavier, 1945

CHORWERKE

**4 altungarische Volkslieder* für Männerchor, 1912

*(*2 rumänische Volkslieder* für Frauenchor), 1915 172

**Slowakische Volkslieder* für Männerchor, 1917 191

**4 slowakische Volkslieder* für gemischten Chor und Klavier, 1917 191

**Ungarische Volkslieder* für gemischten Chor, 1930

**Siebenbürgisch-ungarische Lieder (Szekler Lieder)* für sechsstimmigen Männerchor, 1932 289

Zwei- und dreistimmige Chöre für Kinderchor a cappella, 1935

Aus vergangenen Zeiten für dreistimmigen Männerchor a cappella, Bearbeitung alter Volkslieder- und Kunstliedertexte, 1935 302

KANTATEN

Cantata profana für doppelten gemischten Chor, Tenorsolo, Baritonsolo und Orchester, 1930 277–280, 302, 386

BÜHNENWERKE

Herzog Blaubarts Burg op. 11, Oper in einem Aufzug; Libretto von Béla Balázs, 1911 142, 143, 147–158, 162, 164, 168, 176, 179, 180, 192, 205, 223, 237, 239, 252, 277, 289, 351, 368

Der holzgeschnitzte Prinz op. 13, Tanzspiel in einem Aufzug; Libretto von Béla Balázs, 1916 168, 170, 179–184, 192, 205, 223, 237, 298

Der wunderbare Mandarin op. 19, Pantomime in einem Akt, Text von Menyhért Lengyel und B. Bartók, 1919; instrumentiert 1924 57, 144, 153, 161, 196, 200–208, 211, 228, 230, 237, 259–260, 266, 280, 297, 367, 388

PERSONENREGISTER

ABBILDUNGSVERZEICHNIS

NACHWEISE

Kata Kálmán, Budapest (192 und 193 oben), Marian Reismann, Budapest (193 unten). Alle übrigen Vorlagen stellten freundlicherweise das Bartók-Archiv in Budapest und dessen ehemaliger Leiter, Prof. Denijs Dille, zur Verfügung.

Im Umkreis der Musik

Ernest Ansermet
Die Grundlagen der Musik im menschlichen Bewußtsein
847 Seiten mit 230 Notenbeispielen und 32 Diagrammen. Serie Piper 388

Ernest Ansermet / J.-Claude Piguet
Gespräche über Musik
120 Seiten. Serie Piper 74

Claudio Arrau
Leben mit der Musik
Aufgezeichnet von Joseph Horowitz. Aus dem Engl. von Rudolf Hermstein.
320 Seiten mit 56 Notenbeispielen. Serie Piper 597

Kurt Blaukopf
Musik im Wandel der Gesellschaft
Grundzüge der Musiksoziologie. 383 Seiten und 4 Farbtafeln. Geb.

Volkmar Braunbehrens
Mozart in Wien
512 Seiten mit 42 Abbildungen auf Tafeln und im Text. Serie Piper 8233

Alfred Brendel
Nachdenken über Musik
Mit einem Interview von Jeremy Siepman.
228 Seiten und 61 Notenbeispiele. Serie Piper 265

Carl Dahlhaus
Musikalischer Realismus
Zur Musikgeschichte des 19. Jahrhunderts. 166 Seiten. Serie Piper 239

Carl Dahlhaus
Richard Wagners Musikdramen
165 Seiten. Serie Piper 752

Im Umkreis der Musik

Ulrich Dibelius
Moderne Musik I
1945–1965. 392 Seiten mit 31 Abbildungen und 45 Notenbeispielen. Serie Piper 363

Ulrich Dibelius
Moderne Musik II
1965–1985. 447 Seiten mit 44 Abbildungen und 42 Notenbeispielen. Serie Piper 629

Hans Heinrich Eggebrecht
Bachs Kunst der Fuge
Erscheinung und Deutung. 131 Seiten mit 61 Notenbeispielen. Serie Piper 367

Hans Heinrich Eggebrecht
Die Musik Gustav Mahlers
305 Seiten mit 73 Notenbeispielen. Serie Piper 637

August Everding
Mir ist die Ehre widerfahren
An-Reden, Mit-Reden, Aus-Reden, Zu-Reden. Vor-Rede von Joachim Kaiser.
357 Seiten mit 8 Abbildungen. Geb.

Dietrich Fischer-Dieskau
Töne sprechen, Worte klingen
Zur Geschichte und Interpretation des Gesangs. 501 Seiten. Leinen

Glenn Gould
Von Bach bis Boulez
Schriften zur Musik I.
Herausgegeben und eingeleitet von Tim Page.
Aus dem Amerik. von Hans-Joachim Metzger.
358 Seiten mit zahlreichen Notenbeispielen. Leinen

Im Umkreis der Musik

Glenn Gould
Vom Konzertsaal zum Tonstudio
Schriften zur Musik II.
Herausgegeben und eingeleitet von Tim Page. Aus dem Amerik. von Hans-Joachim Metzger. 321 Seiten. Leinen

Martin Gregor-Dellin
Heinrich Schütz
Sein Leben – Sein Werk – Seine Zeit.
494 Seiten mit 26 Abbildungen auf Tafeln und 4 Farbtafeln. Serie Piper 717

Martin Gregor-Dellin
Richard Wagner
Sein Leben – Sein Werk – Sein Jahrhundert. 930 Seiten. Leinen

Martin Gregor-Dellin
Richard Wagner
Eine Biographie in Bildern. 220 Seiten mit 325 farbigen und schwarzweißen Abbildungen. Leinen

Gernot Gruber
Mozart und die Nachwelt
323 Seiten. Serie Piper 592

Joachim Kaiser
Große Pianisten in unserer Zeit
292 Seiten mit 25 Notenbeispielen und 27 Fotos. Kt.

Joachim Kaiser
Mein Name ist Sarastro
Die Gestalten in Mozarts Meisteropern von Alfonso bis Zerlina.
299 Seiten mit 25 Abbildungen. Leinen

Im Umkreis der Musik

Willi Reich
Alban Berg
Leben und Werk. 217 Seiten mit 76 Abbildungen und Notenbeispielen. Serie Piper 288

Rolf U. Ringger
Von Debussy bis Henze
Zur Musik unseres Jahrhunderts. 187 Seiten. Serie Piper 502

Albrecht Roeseler
Große Geiger unseres Jahrhunderts
397 Seiten mit 70 Abbildungen. Leinen

Romain Rolland
Georg Friedrich Händel
Mit einem Vorwort von Carl Dahlhaus. 195 Seiten mit Notenbeispielen. Serie Piper 359

Max Rostal
Ludwig van Beethoven:
Die Sonaten für Klavier und Violine
Gedanken zu ihrer Interpretation. Mit einem Nachtrag aus pianistischer Sicht von Günter Ludwig. 195 Seiten mit 13 Abbildungen auf Tafeln, 5 Faksimiles und Notenbeispielen. Geb.

Mstislaw und Galina Rostropowitsch
Die Musik und unser Leben
Aufgezeichnet von Claude Samuel. Aus dem Franz. von Annette Lallemand. 223 Seiten. Serie Piper 781

Sigfried Schibli
Franz Liszt
Rollen, Kostüme, Verwandlungen. 170 Seiten mit 13 Abbildungen und 7 Notenbeispielen. Serie Piper 5238